应用型高等院校财会系列教材

财务管理

主编／蒋平　刘梅
副主编／谭春兰

图书在版编目(CIP)数据

财务管理 / 蒋平，刘梅主编. —上海：立信会计出版社，2019.8

ISBN 978-7-5429-6273-7

Ⅰ.①财… Ⅱ.①蒋… ②刘… Ⅲ.①财务管理—教材 Ⅳ.①F275

中国版本图书馆 CIP 数据核字(2019)第 180549 号

责任编辑　赵志梅
封面设计　南房间

财务管理

出版发行	立信会计出版社				
地　　址	上海市中山西路 2230 号		邮政编码	200235	
电　　话	(021)64411389		传　　真	(021)64411325	
网　　址	www.lixinaph.com		电子邮箱	lixinaph2019@126.com	
网上书店	http://lixin.jd.com		http://lxkjcbs.tmall.com		
经　　销	各地新华书店				
印　　刷	上海肖华印务有限公司				
开　　本	710 毫米×960 毫米		1/16		
印　　张	26				
字　　数	450 千字				
版　　次	2019 年 8 月第 1 版				
印　　次	2019 年 8 月第 1 次				
印　　数	1—3100				
书　　号	ISBN 978-7-5429-6273-7/F				
定　　价	48.00 元				

如有印订差错，请与本社联系调换

前　言

本书是根据教育部关于精品课程教材建设的总体要求,在编者多年理论研究和教学实践的基础上,结合财务管理国际化发展的趋势编写而成。

本书的编写体现了三个方面的特色:一是结构完整,本书以财务活动为主线,系统介绍了公司财务管理的基本理论、基本方法,充分展示了财务管理的核心内涵和研究分析的方法,有助于增强对财务管理体系的整体性认识;二是国际化视角,本书紧密跟随财务管理发展的国际化进程,有机地嵌入了财务管理国际前沿的基本理论以及美国注册管理会计师(CMA)资格考试的部分内容,反映了财务管理理论和实践的最新发展,充分实现知识体系的国际协同;三是操作性强,通过每章开始的学习目标引入学习内容,利用每章后的框架图、讨论题和习题等形式,巩固所学的理论知识,培养学生分析问题、解决问题的能力。

本书既可作为应用型高等院校财务管理、会计等相关专业学生的教学用书,又可作为广大财会实务工作者的参考用书。

非常感谢立信会计出版社以及赵志梅编辑,没有他们的大力支持与帮助,本书不可能这么及时与大家见面。

由于编者水平有限,本书难免会存在不妥或疏漏之处,恳请读者批评指正。

编　者

目 录

第一章 导论 1
   第一节 企业与财务管理 1
   第二节 财务管理目标 6
   第三节 财务管理环境 13
   习题 21

第二章 财务理论基础 24
   第一节 资金时间价值 24
   第二节 风险与报酬 35
   第三节 利息率 54
   习题 58

第三章 投资管理 66
   第一节 资本预算 66
   第二节 投资决策评价指标 69
   第三节 投资项目决策方法应用 89
   第四节 投资风险分析 98
   习题 103

第四章 价值评估 110
   第一节 债券价值评估 110
   第二节 股票价值评估 119
   第三节 企业价值评估 124

习题 ………………………………………………………………………… 129

第五章 筹资管理 ………………………………………………………… 135
第一节 筹资概述 ………………………………………………………… 135
第二节 股权筹资 ………………………………………………………… 147
第三节 长期债务筹资 …………………………………………………… 156
第四节 混合筹资 ………………………………………………………… 170
习题 ……………………………………………………………………… 179

第六章 资本成本 ………………………………………………………… 186
第一节 资本成本概述 …………………………………………………… 186
第二节 权益资本成本 …………………………………………………… 190
第三节 债务资本成本 …………………………………………………… 195
第四节 加权平均资本成本 ……………………………………………… 199
第五节 边际资本成本 …………………………………………………… 201
习题 ……………………………………………………………………… 204

第七章 资本结构 ………………………………………………………… 208
第一节 资本结构理论 …………………………………………………… 208
第二节 杠杆效应 ………………………………………………………… 214
第三节 最优资本结构 …………………………………………………… 226
习题 ……………………………………………………………………… 235

第八章 收益分配管理 …………………………………………………… 241
第一节 收益分配理论与股利政策 ……………………………………… 241
第二节 股利支付 ………………………………………………………… 252
第三节 股票分割与股票回购 …………………………………………… 259
习题 ……………………………………………………………………… 264

第九章 营运资本管理 …………………………………………………… 270
第一节 营运资本管理策略 ……………………………………………… 270

第二节　现金管理 ………………………………………… 276
　　第三节　应收款项管理 …………………………………… 287
　　第四节　存货管理 ………………………………………… 295
　　第五节　短期筹资管理 …………………………………… 305
　　习题 ………………………………………………………… 317

第十章　财务分析 ……………………………………………… 325
　　第一节　财务分析概述 …………………………………… 325
　　第二节　财务比率分析 …………………………………… 335
　　第三节　财务综合分析 …………………………………… 358
　　习题 ………………………………………………………… 366

附录 ……………………………………………………………… 374
　　习题参考答案 ……………………………………………… 374
　　附表一　复利终值系数表 ………………………………… 398
　　附表二　复利现值系数表 ………………………………… 400
　　附表三　年金终值系数表 ………………………………… 402
　　附表四　年金现值系数表 ………………………………… 404

第一章 导　　论

 **学习目标**

通过对本章的学习,你能够了解到:
1. 企业财务管理的必要性
2. 财务管理的目标及利益相关者
3. 财务管理所处的经济和金融环境

第一节　企业与财务管理

财务或金融(finance),是关于个人、企业和其他组织进行资金或资本运筹的科学。财务管理是企业管理的重要组成部分,是企业组织各种财务活动、处理相关财务关系的一项综合性的管理工作。

一、企业

企业是依法设立、自主经营、独立核算的营利性经济组织。它通过生产、流通、提供服务等经济活动来满足社会需要,是社会资源配置的有效机制。从企业的组织形式来看,企业一般分为个人独资企业(sole proprietorship)、合伙企业(partnership)和公司制企业(corporation)三种。

(一)个人独资企业

个人独资企业是指由一个自然人投资,财产为投资人个人所有,投资人以其个人财产对企业债务承担无限责任的经济实体。企业所有者的个人财富与企业融为一体,这使得所有者对企业债务具有无限的偿还义务,可追索到他甚至他的后代的私人财物。独资企业一般规模小,易于控制,开办成本较低,全部损益归于所有者，存续期间受所有者个人变动的影响较大。个人独资企业在市场经济中占较大部分，部分独资企业发展壮大后演变为其他类型的企业。

（二）合伙企业

合伙企业是指由两个或两个以上合伙人（自然人或法人），按照协议共同出资、共同经营、共担风险、共负盈亏的企业组织。合伙企业的形式又可分为普通合伙和有限合伙两类。

普通合伙企业合伙人对企业债务负无限连带责任。若某一合伙人无力承担其债务，则其他合伙人代其清偿，然后再向该合伙人追偿，直至其原始投资之外的个人财产。企业按协议分配损益，合伙人分别据此向政府交纳个人所得税。合伙人转让其所有权时要征得其他合伙人同意，甚至需要修改合伙协议。

有限合伙企业是指以专门知识和技能为客户提供有偿服务的专业机构，如律师事务所、会计师事务所等。有限合伙中至少由一名普通合伙人和至少一名有限合伙人共同组成，普通合伙人对债务承担无限责任，有限合伙人承担的责任仅限于其在合伙企业的出资额。有限合伙企业应事先标明"有限合伙"字样。

（三）公司制企业

公司制企业是指由出资人依法成立的，拥有独立于所有者和经营者的财产，自主经营、自负盈亏的营利性法人经济组织。公司的所有者仅就其出资额为限对公司承担有限责任，投资者风险降低，并且容易在资本市场上筹集资金或者转让其股份，提高了资产的流动性。

企业三种组织形式比较，如表1-1所示。

表1-1 企业三种组织形式比较

企业组织形式	优点	缺点
个人独资企业	一个自然人出资，创立容易，维持运营成本低，经营灵活，无需交纳企业所得税	所有者对企业债务承担无限责任，资本有限，融资困难，不容易实现所有权转移，存续期间受制于所有者个人的变动情况
合伙企业	两个或两个以上自然人或法人出资，组建成本不高，只需交纳个人所得税	合伙人承担无限连带责任，有限的存续期，产权转让和融资较为困难
公司制企业	出资者承担有限责任，容易转让所有权，无限存续	组建成本高，双重课税，存在代理问题

上述三种企业组织形式中，虽然个人独资企业、合伙企业数量众多，但公

制企业的资本和经营规模较大。因此,财务管理通常把公司制企业作为研究的重点,也称公司理财。

二、财务管理

财务管理(financial management)是根据财经法规制度,按照财务管理的原则,通过对企业资金或资本的运筹管理,协调处理各利益相关者之间的关系,最终提高资金或资本的运筹效率和效果,实现创造财富的目标。作为一种价值管理,财务管理研究的核心问题是资产定价与资源配置效率。财务管理在研究资源配置时,需要借助于其他学科,诸如数学、计量经济学、运筹学、会计学等各种分析工具,搜集各种必要的信息,以便在不确定条件下选择最优方案。

在企业中,一切涉及资金的收支活动,都与财务管理有关。事实上,企业内部各部门不与资金发生联系的现象是很少见的。因此,财务管理的触角,常常伸向企业经营的各个角落。每一个部门都会通过资金的使用与财务部门发生联系。每一个部门也都要在合理使用资金、节约资金支出等方面接受财务部门的指导,受到财务制度的约束,以此来保证企业经济效益的提高。

财务管理工作既有其独立性,又受整个企业管理工作的制约。财务部门应通过自己的工作,向企业管理者及时通报有关财务指标的变化情况,以便把各部门的工作都纳入提高经济效益的轨道,努力实现财务管理的目标。

三、财务管理的内容

财务管理作为企业管理的核心,关系到整个企业资源的获得和有效配置。为使企业创造更大的价值,财务决策渗透到可以计量的、增加企业价值的各个领域和环境中。因此,现代财务管理的内容变得十分广泛和复杂。企业的财务活动在价值形态上表现为资金运动过程。企业的生产经营活动,一方面表现为物资的不断购进和售出,另一方面则表现为资金的支出和收回,企业的经营活动不断进行,也就会不断产生资金的收支。企业资金的收支,构成了企业经济活动的一个独立方面,这便是企业的财务活动。财务管理的主要内容分为投资活动(investing)、筹资活动(financing)和营运活动(working capital)三个部分。

(一)投资活动

企业把资金投资于企业内部用于购置固定资产、无形资产等,便形成企业的对内投资;企业把资金投资于其他企业的股票、债券或与其他企业联营进行投资,形成企业的对外投资。企业变卖其对内投资的各种资产或收回其对外投资时,则会产生资金的收入。这种因企业投资而产生的资金的收支,就是由投资而引起的财务活动。企业财务经理需要根据企业经营和发展目标,分析可供投资的各种机会,选择对企业发展最有利的某项投资或某组投资组合,并根据项目的进度,确定各阶段的投资计划。不仅如此,现代财务管理的投资项目的范畴也被进一步拓宽了。购买建造生产设施是投资,购买金融衍生产品也是投资;新建项目是投资,购并其他企业也是投资;长期项目是投资,短期项目也是投资。投资多元化、跨地域已成为企业集团的经常战略。由此导致投资分析更加复杂,投资管理向体系化方向发展,投资形成的资产也更为丰富。财务经理尤其关注投资现金流量的规模、时间和风险,因此,关于投资活动现金流量的规划,就被称作资本预算。

（二）筹资活动

投资活动与筹资活动是密不可分的。企业要及时合理地筹集到投资所需的资金,以保证生产经营活动按预定计划顺利进行。为此,财务经理要估算各种资金来源的使用成本,选择适当的筹资渠道和筹资方式,研究资本的最佳结构,使资金成本和筹资风险相配合,满足企业资本需要。通常,企业筹资的来源有两方面:一方面是权益资本,其来源包括直接吸收投资者投资,发行股票或通过留存收益取得;另一方面是债务资本,其来源包括银行借款、发行债券、商业信用等。权益资本和债务资本的特定组合就是资本结构,确定合理的资本结构是企业一项重要的筹资决策。

企业筹资活动还涉及收益或股利分配。股利分配决策同时也是企业的内部筹资决策,净利润本应属于股东权益,如果企业留存部分利润不分配给股东而用于企业未来发展,实际上就是向现有股东筹集权益资本,即利润的资本化。

（三）营运活动

营运活动是指企业供、产、销过程中的资金收付活动,即资金在企业内部日常经营活动中的运用,就其资金占用形态而言,主要表现为现金、应收款项和存货等。从企业生产经营的第一天起,就面临着如何合理地分配经营所需资本到原材料、半成品、产成品及结算、分配等环节上的问题。在不影响正常企业运转的前提下,企业试图最大限度地减少各环节的占用,提高资本使用效率,降低经营资本成本。一般而言,这些资金周转速度越快,则资金营运越顺畅,其使用效率越高。

对营运资金的管理主要涉及短期筹资和短期投资决策,与营业现金流有密切关系。由于企业营业现金流的时间和数量具有不确定性,以及现金流入和流出在时间上不匹配，使得公司经营中经常出现现金流的缺口。企业如果配置较多的营运资金，虽然有利于减少经营现金缺口，但会增加资金成本，降低企业利润水平。因此，企业要根据经营情况权衡风险和回报，制定合理的营运资本政策。

财务管理的三个部分是相辅相成、有机联系、相互制约的。没有新的投资选择，不会产生新的筹资需要，日常经营管理也不会产生新的业务，更不会有增长的盈利。反过来，有效的营运管理，又为投资的回收、筹资的归还本息创造条件。如果以财务的视角来看，企业及其经营活动、财务活动构成了一张资产负债表。资产负债表左边的资产反映了企业的各项投资活动，而这些活动所需筹集的资金则反映在资产负债表右边，即负债和所有者权益。而其中的流动资产和流动负债，反映了企业的短期投资和筹资活动，即营运活动。从企业的资产负债表模式，我们就不难理解企业财务管理活动的主要内容就是投资活动、筹资活动和营运活动。

四、财务管理的发展

财务管理活动起源于15世纪末16世纪初，西方资本主义的萌芽客观上要求企业合理预测资本需要量，有效筹集资本。财务管理作为一门独立的学科，产生于19世纪末，发展于20世纪，这个阶段财务管理的重点是如何利用股票、债券等方式来筹集大量资金，建立相关的财务制度。1929年，经济危机促使财务管理的重点转移到了资产保值、增值，企业流动性和合并重组方面，同时政府加强了对微观活动的干预。比如，美国政府1933年颁布的《证券法》和1934年颁布的《证券交易法》，对企业财务管理的发展起了巨大的推动作用。

20世纪50年代以后，财务管理取得了突飞猛进的发展，一个重要的原因就是数学和计算机等专门技术在财务管理领域的应用。财务管理在其方法上，经历了从定性管理方法为主到定性管理方法与定量管理方法并重的过程。尤其是针对财务风险的控制与财务决策，财务管理的数量化方法更加受到重视。这主要得益于效用理论、线性规划、对策论、概率分布、模拟技术等数量方法在财务管理研究中的应用。在财务管理手段上，计算机技术和网络技术得以广泛应用，这使得21世纪的财务管理成为一种网络财务管理，形成财务管理的信息系统。随着高科技手段成为信息处理和传递的主要手段，财务管理的效率迅速提高，从而为扩大信息处理和传递范围，及时、准确、充分地处理和传递各种信息提供了可能，由此一些远程的管理、控制以及跨国财务管理能够顺利实现。

我国财务管理的发展大体上经历以下几个阶段：

在中华人民共和国成立前的半个世纪里，由于"门户开放"政策受到西方财务的影响，财务管理活动的发展在我国传统财务管理思想的基础上有所创新。1914年，北洋政府颁布《证券交易所法》。1918年至1920年，北京证券交易所、上海证券物品交易所、上海华商证券交易所三家规模最大的交易所相继开业。上海和江浙一带的不少大中型企业设立财务总管，一些大学开设了专门的财务管理课程。值得关注的是"理企业之财"的概念形成，一批民族资本家提出了一系列独到的、富有极强操作性的财务管理思想，比如郑观应提出的"重视经营规划、成本核算和利润分成"的见解、张謇的"制定预算、以专责成、事有权限"的思想等。

中华人民共和国成立以后，我国企业财务管理工作是在高度集中的计划与财政体制体系下建立和发展的。财务管理研究围绕国营企业实行经济核算制，建立企业财务管理体系而展开。中共十一届三中全会拉开了以城市为重点的全方位经济体制改革序幕，我国财务管理研究进入了一个新的转折时期。以国有企业的财税改革、财务管理改进为核心的财务研究也全面展开，研究的重点集中在企业基金制度、利润留成制度、两步利改税、承包制和税利分流等改革举措方面。

以1993年实施"两则两制"为起点和契机，随着我国证券市场的建立和发展，在与国际惯例的接轨过程中，我国财务管理的视野、方法、内容等呈现出明显的大发展，"财务管理是企业管理的中心"已经成为架构企业管理体系的基本理念。财务管理实证研究方兴未艾，以公司制企业尤其是上市公司为分析对象，重点以融资、投资为内容来介绍企业财务管理的一般性问题，具有一定的系统性和完整性。随着经济的全球化和竞争的国际化，财务管理的内涵还在不断拓展。

第二节 财务管理目标

一、财务管理的基本目标

企业是营利性组织，其出发点和归宿都是为了获利。虽然企业也有扩大市场份额、提高产品质量、改善劳动条件、减少环境污染等多种目标，但营利始终是企业最基本、最重要的目标。财务管理的目标取决于企业的目标。财务管理的目标也称理财目标，是指企业财务管理要达到的目的，它体现了企业财务管理的基本方向，是建立财务管理体系的逻辑起点。

财务管理目标作为价值理念，它意味着财务决策的价值取向。不同的价值取向会产生不同的决策后果。随着宏观经济环境的变化，人们对财务管理目标的认识是不断深化的，例如，西方财务管理目标就经历了"筹资数量最大化""利润最大化""股东财富最大化"等多种理论，我国在过去计划经济体制下，财务管理是围绕国家下达的产值指标来进行的，目标可以概括为"产值最大化"。目前，财务管理基本目标至少有三种不同的表达。

（一）利润最大化

利润最大化（profit maximization）观点认为，利润反映了一定期间企业所得与所费的对比关系，代表了企业新创造的价值。通过企业的财务活动创造的利润越多，企业的财富就越多，企业的目标就越容易实现。企业追求利润最大化，就需要合理配置资源，有效运用资金，降低资金成本，提高企业财务管理水平。因此，利润最大化作为财务管理目标有其合理的一面。事实上，很多财务经理都将提高利润作为企业财务管理追求的短期目标。

但是利润最大化作为企业财务管理的目标也有局限：

（1）利润是企业过去经营活动创造的业绩，追求利润最大化没有考虑利润取得的时间价值。当投资与收入不在同一年度而需进行长期决策时，往往不能正确决策。

（2）利润是对已发生的事件进行确认计算的结果，而财务上往往需要面对很多未来不确定的因素进行决策，因此追求利润最大化没有考虑到取得利润和所承担风险的大小，难以作出正确判断。

（3）利润是一个绝对数指标，它不能反映所获利润与投资额之间的对比关系，缺乏不同投资额企业之间的横向可比性，不能全面、完整反映企业财务管理的目标。

（二）每股收益最大化

每股收益最大化（EPS maximization）观点认为，应该将企业实现的净利润与投入的资本或普通股股本进行对比，从相对数的角度反映企业投资与获利的关系。每股收益是净利润与普通股股本之比，该指标可以进行不同规模企业之间的比较或同一企业不同时期之间进行比较。追求每股收益最大化能够克服利润最大化目标的局限性。事实上，许多投资者把每股收益最大化作为评价企业业绩的关键指标。

但是这个目标仍然没有考虑每股收益获取的时间和面临风险的大小，也不能避免企业的短期行为。

(三) 股东财富最大化

股东财富最大化(stockholder' wealth maximization)观点认为,投资者(股东)开办企业的目的就是增加财富,因此满足所有者的目的就是财务管理所追求的目标,这样能够最大限度保证股东的利益,否则就难以为市场经济的持续发展提供动力。因为股东权益是剩余权益,股东是公司的剩余所有者,股东只有在职工、供应商和债权人等利益相关者都得到他们应得的部分后,才能享有剩余资产的所有权。因此,如果股东的剩余权益都能得到增长,那么权益其他利益相关者的要求也能得到满足。

股东财富的大小可以用股东权益的市场价值来衡量,也就是股东权益的市场增加值,这是公司为股东创造的价值。有时可以表述为股价最大化,在股东投资资本不变的情况下,股价的变化代表了投资者对股东权益的市场评价,与增加股东财富具有同等意义。当然股价可能还会受到其他因素影响而波动,并不一定只代表股东财富的变化。

对于非股份制企业,这个目标也可以表述为企业价值最大化。企业价值并非企业账面的价值,而是企业全部资产的市场价值,以及企业未来的、潜在的获利能力。企业价值的增加取决于所有者权益价值和债务价值的增加。如果债务价值不变,企业价值最大化与股东财富最大化具有同等意义。

这个目标避免了上述其他目标所存在的问题,考虑了收益的风险、时间价值和企业未来现金流量,有效地克服了管理上的片面性和短期行为,有利于社会资源的合理配置,优化社会效益。

当然以股东财富最大化作为财务管理目标也有一定的局限,如影响股价的因素很多,有些因素不属于企业可控范围,股价并非完全表示了股东财富的变动影响,因此只有股价的长期趋势,才能反映股东财富的价值。另外,对于非上市的公司,由于它们没有公开市场机制形成股价,股东财富的确定有一定的难度。

财务管理目标不是单一的,而是适应多因素变化的多元综合目标群。企业在努力实现"股东财富最大化"这一基本目标的同时,还必须努力实现履行社会责任、加速企业成长、提高企业偿债能力等一系列辅助目标。

二、利益相关者的目标

利益相关者(stakeholders)是指与企业生产经营行为和后果具有利害关系的群体或个人,是企业外部环境中受企业决策和行动影响的任何相关者。对企业而言,其利益相关者一般可以分为四类:资本市场利益相关者(股东和债权人),产品市场利益相关者(供应商和经销商),企业内部的利益相关者(管理者和其他员工)以及社会利益相关者(政府机构、当地社团和工会)。这些利益相关者与企业的生存和发展密切相关,他们有的分担了企业的经营风险,有的为企业的经营活动付出了代价,有的对企业进行监督和制约,企业的财务经营决策必须要考虑他们的利益或接受他们的约束。

(一)企业所有者或股东

企业所有者或股东(stockholders)向企业投入资金,经营者将筹集的资金投入生产经营以获取收益,并将实现的净收益按出资比例或合同、章程或董事会的规定,向其所有者或股东分配利润。企业所有者或股东为企业提供了财务资源,但他们通常处于企业之外,由经营者即管理层在企业里直接从事管理工作。除非企业所有者或股东确信投资会带来满意的回报,否则,他们不会出资,其他利益相关者的要求也就无法实现。因此,企业所有者或股东拥有企业真正的所有权,对企业的财务管理有重大影响。企业财务管理目标实质上就是企业所有者或股东的目标。

(二)企业管理者

企业管理者(managers)是受所有者委托,借助自身的专业优势和经验来经营管理企业,协助所有者实现股东财富最大化目标。但在大型公司里,所有权可能分散在大量的投资者中,这种分散意味着管理者有效地控制了公司。管理者会更关注自身的收益、规避风险以及社会地位的提升等。由于与所有者目标并不完全一致,管理者可能为了自身利益而背弃股东利益。股东和管理者之间的关系被称为代理关系。在这类关系中由于双方目标不一致,委托人和代理人之间就可能存在利益上的冲突,称为代理问题(agency problem)。

(三)企业债权人

企业扩大经营规模,除利用自有资金进行经营活动外,还要向债权人(debt holders)借入一定数量的资金。债权人为保护自身利益,会要求企业按照规定用途使用资金,保持良好的资本结构和一定的偿债能力。债权人通过借贷契约或破产机制等制度性安排来参与企业控制权,对企业的经营施加影响或约束以降低风险。

(四)企业的供应商或经销商

企业的供应商和经销商都是产业链上的重要环节,是企业生产经营的纽带,这部分利益相关者追求的是能够与企业保持稳定的关系,按时收到货款、得到企业供货等。

(五) 企业的员工

企业员工在生产经营过程中为企业提供了智力或体力劳动，必然要求企业及时足额地支付相应的薪酬或福利，同时要求企业提供与劳动相关的安全环保措施或用品以及休息时间等。员工是企业财富的创造者，个人利益与企业利益密切相关。

(六) 政府机构

政府机构为企业提供各种公共产品和服务，也就要求企业依法交纳税款，直接影响企业的财务绩效。同时，政府通过颁布各项宏观经济、财政、货币等政策影响企业的各项财务活动的决策，实现就业和社会的稳定。

(七) 企业消费者

企业价值的实现在很大程度上取决于企业消费者的选择。企业消费者追求的是获得优质的商品、满意的服务等。为此，企业应该在生产经营过程中确保产品质量、保障消费安全；诚实守信，维护消费者知情权；提供完善的售后服务等。

三、财务管理目标的冲突与协调

企业财务管理的目标代表了投资者的利益和目标，但债权人为企业提供了资金却不能参与企业的经营管理，而由股东委托经营者直接从事经营管理及理财活动。因此，财务活动涉及不同的经济利益主体，如何协调他们之间的目标和冲突，实现股东财富最大化，是理财工作中的一项重要内容。

在实现财务管理目标中，股东（投资者）、经营者与债权人之间构成了最重要的财务关系。它们之间的矛盾和协调，主要表现为以下方面。

(一) 股东与经营者

当所有权与经营权分离后，股东委托经营者管理生产经营活动并要求以股东财富最大化作为理财的目标。作为经营者而言，其追求的目标与所有者不完全一致，他们希望在提高股东财富的同时，能取得较高的报酬和享受成本（所有者放弃的利益也就是经营者所得的利益。在西方，这种被放弃的利益也称为所有者支付给经营者的享受成本）而又能降低和避免风险。这样，经营者的目标和股东不完全一致，经营者有可能为了自身的目标而背离股东的利益。这种背离表现在两个方面。

第一，道德风险。

经营者为了自己的目标，不是尽最大努力去实现企业财务管理的目标。他们没有必要为提高股价而冒险,因为股价上涨的好处将归于股东,如若失败,他们的"身价"将下跌。他们不做什么错事,只是不十分卖力,以增加自己的闲暇时间。这样做,不构成法律和行政责任问题,只是道德问题,股东很难追究他们的责任。

第二,逆向选择。

经营者为了自己的目标而背离股东的目标。例如,装修豪华的办公室,购置高档汽车等;借口工作需要乱花股东的钱;或者蓄意压低股票价格,以自己的名义借款买回,导致股东财富受损。

股东为了防止经营者背离股东的目标,通常采用下列两种制度性措施。

第一,监督。

经营者背离股东的目标,其前提是双方的信息不对称,经营者了解的信息比股东多。避免"道德风险"和"逆向选择"的办法是完善公司治理结构,使股东获取更多企业的信息,对经营者进行制度性监督。当经营者背离股东目标时,减少其各种形式的报酬,甚至解雇他们。不满意的股东借以更换现任管理层的一个重要机制就是委托书争夺战(proxy fight)。委托书是代表他人投票的授权。当股东搜集委托书以便投票更换现任管理层时,委托书争夺战就会发生。更换管理层的另一种方式是接管(take over),管理不善的企业在市场中被收购的可能性更大。一旦收购,管理者将失去现有的一切。

但是,股东是分散的或者远离经营者,经营者比股东有更大的信息优势,比股东更清楚什么是对企业更有力的行动方案。全面监督管理行为的代价是高昂的,很可能超过它所带来的收益。因此,股东支付审计费聘请注册会计师,往往限于审计财务报表,而不是全面审查所有管理行为。监督可以减少经营者违背股东意愿的行为,但不能解决全部代理问题。

第二,激励。

防止经营者背离股东利益的另一种制度性措施是采用激励方式,使经营者分享企业增加的财富,鼓励他们采取符合股东最大利益的行动。一种方式是将管理层的薪酬与企业业绩、特别是股票价值相关联,如股票期权。另一种方式是将激励与管理者的工作前景相关联,管理者表现好的可以得到晋升,在未来人力资源市场上实现更好的选择。

尽管企业可以采用监督和激励两种制度性措施来解决代理问题,但仍不可能使管理者完全按照股东的利益来决策。监督成本、激励成本和偏离目标的损失共同构成了代理成本,此消彼长、相互制约,需要股东权衡以尽量降低代理成本。

(二) 股东与债权人

当企业向债权人借入资金后,两者也形成了一种委托代理关系。债权人把资金借给企业,其目标是到期时收回本金,并获得约定的利息收入;企业借款的目的是用它扩大经营,投入有风险的生产经营项目,两者的目标并不一致。

债权人事先知道借出资金是有风险的,并把这种风险的相应报酬纳入利率。但是,借款合同一旦成为事实,资金划到企业,债权人就失去了控制权,股东可以通过经营者为了自身利益而伤害债权人的利益。其表现为:一是股东不经债权人的同意,投资于比债权人预期风险更高的新项目。如果高风险的计划侥幸成功,超额的利润归股东独享;如果计划不幸失败,公司无力偿债,债权人与股东将共同承担由此造成的损失。二是股东为了提高公司的利润,不征得债权人的同意而指使管理者发行新债,致使旧债券的价值下降,旧债权人蒙受损失。

债权人为了防止其利益被伤害,除了寻求立法保护,如破产时先行接管、先于股东分配剩余财产等,通常会在借款合同中加入限制性条款,如规定资金的用途、规定不得发行新债或限制发行新债的数额等;一旦发现公司有损害其债权意图时,拒绝进一步合作,不再提供新的借款或提前收回借款。

四、财务管理目标与社会责任

财务管理的目标和社会的目标(环境保护、安全生产、社会公益等)在许多方面是一致的。企业在追求自己的目标时,自然会使社会受益。例如,企业为了生存,必须要生产出符合顾客需要的产品,满足社会的需求;企业为了发展,要扩大规模,自然会增加职工人数,解决社会的就业问题;企业为了获利,必须提高劳动生产率,改进产品质量,改善服务,从而提高社会生产效率和公众的生活质量。

国家颁布了一系列保护公众利益的法律,通过这些法律调节企业和社会公众的利益。一般说来,企业只要依法经营,在谋求自己利益的同时就会使公众受益。但是,法律不可能解决所有问题,企业有可能在合法的情况下从事不利于社会公众的活动。因此,企业还要受到商业道德的约束,要接受政府有关部门的行政监督,以及社会公众的舆论监督,承担社会责任。由此进一步协调企业和社会的矛盾,促进社会健康发展。

第三节 财务管理环境

财务管理环境又称理财环境,是对企业财务活动产生影响作用的企业内外因素。例如,对于企业而言,国家的政治经济形势、经济法规的完善程度、市场供求状况、社会文化、企业内部生产条件等,都构成了企业财务管理的环境。

按照环境与企业的关系不同,可将财务管理环境分为企业内部财务管理环境和企业外部财务管理环境。企业内部财务管理环境主要包括企业组织形式、整体管理水平、经营规模和生产状况、资本结构、员工素质等。企业外部财务管理环境主要是指金融环境、经济环境、法律环境和文化环境等。企业外部财务管理环境是企业财务决策难以改变的外部约束条件,企业财务决策更多的是适应它们的要求和变化。而对于企业内部财务管理环境,企业可以采取措施,改善不利环境,以利于企业财务决策。

财务管理环境对企业财务管理活动的影响不尽相同,企业只有充分地把握这些环境的特征,利用好这些环境,才能与环境相协调发展。本书将着重论述宏观环境中与企业财务活动密切相关的经济环境和金融环境。

一、经济环境

经济环境是指构成企业生存和发展条件的社会经济状况及国家的经济政策,包括社会经济结构、经济发展水平、经济体制、宏观经济政策、当前经济状况和其他一般经济条件等要素。经济环境对企业生产经营会产生直接又具体的影响。

(一)经济发展水平

经济发展水平是指一个国家经济发展的规模、速度和所达到的水平。反映一个国家经济发展水平的常用指标有国内生产总值(GDP)、国民收入等。经济发展水平提高,将会促进企业改变战略和手段,推动了财务管理的不断创新和发展,企业财务管理水平也会提高。

(二)经济周期

经济周期是指整个国民经济活动中,所出现的由扩张到收缩的往复循环。这种循环往复呈现出周期性波动的特征,它具体分为复苏、繁荣、衰退和萧条四个阶段。经济的周期性波动对财务管理活动有着非常重要的影响。在不同的发展时期,企业的生产规模、销售能力、获利能力以及由此而产生的资本需求都会出现重大差异。企业对经济周期要有全面了解和把握，这样就可以通过事前预测采取相应对策来应对变化的经济周期带来的影响。

（三）通货膨胀

通货膨胀是由于流通中的货币供应量超过需求量而引起的物价上涨、纸币贬值的一种经济现象。通货膨胀给企业理财带来很大困难，产品成品上升、资金流失、利润虚增、利率上升、筹资困难等。企业面对通货膨胀，为了实现期望的报酬率，必须加强收入和成本管理。同时，使用套期保值等办法减少损失，如提前购买设备和存货、买进现货卖出期货等。

（四）宏观经济政策

宏观经济政策是指政府有计划地运用一定的政策工具，调节控制宏观经济运行，以弥补市场自发调节的缺陷。例如，利用或紧或松的财政政策来调节国民收入分配格局及社会产品和货币的供求关系、国民经济的重大发展比例等，以达到调节收入差距、稳定物价、充分就业、经济增长的目的，保持国民经济的快速健康持续发展；利用行政法规的地区倾斜政策来调节经济结构、缩小地区差距等。这些宏观经济政策的实施对企业的财务活动有重大影响。企业在财务决策时，要认真研究经济政策，按照政策导向行事，才能扬长避短。同时，在财务决策时，为政策的变化留有余地，甚至预见其变化的趋势，对企业理财大有好处。

（五）市场竞争环境

竞争广泛存在于市场经济之中，任何企业都不可回避。企业之间、各产品之间、现有产品和新产品之间的竞争，涉及设备、技术、人才、营销、管理等各个方面。竞争能促使企业用更好的方法来生产更好的产品，对经济发展起推动作用。但对企业来说，竞争既是机会，也是威胁。为了改善竞争地位，企业往往需要大规模投资，成功之后企业盈利增加，但若投资失败则竞争地位更为不利。竞争是一种"商业战争"，检验了企业的综合实力，经济增长、通货膨胀和利率波动带来的财务问题以及企业的相应对策都会在竞争中体现出来。

从企业所处的市场环境竞争态势来看，市场的类型可以划分为完全垄断市场、完全竞争市场、不完全竞争市场和寡头垄断市场，不同的市场环境对企业财务管理有不同影响。

在完全垄断市场下，由于价格由垄断企业来决定，因而具有垄断地位的企业不会遇到竞争的压力，其购销活动一般都不成问题，价格波动不大，企业不仅可以取得稳定的垄断利润，而且面临的市场风险极小。这时候的企业因掌握着经营的主动权，其财务活动也往往处于有利地位，比如，可以融通和使用大量债务资金,或采用预收货款形式减少资金占用等。

在完全竞争市场下,由于商品或劳务的购销价格完全由市场来决定,价格和购销量都容易出现波动,企业时刻都面临竞争风险,企业利润也不稳定。为了扩大销售,企业不得不采取宽松的信用条件,应收款项可能会大量增加,同时企业有可能采取薄利多销方式,致使企业收益水平下降。这时候的企业在竞争中时刻都面临危机和风险,这种完全自由的讨价还价的竞争条件决定了企业的财务风险因经营风险或市场风险的存在而加大,此时的财务管理必须考虑现金流量问题以及可能陷入财务困境之前如何谨慎运用债务资金。

在不完全竞争和寡头垄断市场下,企业经营财务管理面临的竞争风险小于完全竞争市场,通过优质或特色服务可以使自身处于垄断和优势地位,增强对市场的控制力。因此,这种企业的垄断和优势地位是必须付出代价的,如研发投入、广告宣传、放宽信用条件等。在这些代价的基础上,企业的购销可能会相对稳定,价格也会在一定时期相对稳定,企业可以取得一定的垄断利润。但是,由于其他企业可能在很短的时间内赶超本企业,企业还是面临着一定的市场风险和经营风险,进而引发企业的财务风险。因此,考虑到竞争风险的存在,财务管理上也必须注意财务风险存在的可能性,采取预防措施。

二、金融环境

(一) 金融市场

金融市场(financial market)是资金提供者和需求者通过一定的金融工具进行交易融通资金的场所。金融市场和普通商品市场类似,也是一种交换商品的场所。只不过金融交易大多只是货币资金使用权的转移,而普通商品交易是所有权和使用权的同时转移。金融市场交易的对象是股票、债券、银行存单、保险单等证券。这些证券对于投资者来说是一种索取权,是可以产生现金流的资产,对于发行企业来说是一种筹资工具,是将来需要支付现金的义务。金融市场的构成要素包括资金提供者和资金需求者、金融机构、金融工具、交易价格等。金融市场为企业融资和投资提供了场所,可以帮助企业实现长短期资金转换、引导资本流向和流量,提高资本效率。

一个国家有许多金融市场,每个金融市场服务于不同交易者。金融市场可以是一个有形的交易场所,也可以是无形的交易场所,如通过通讯网络进行交易。按不同标准,金融市场有不同的分类。

1. 货币市场和资本市场

按照所交易的金融工具的期限是否超过1年,金融市场可以分为货币市场和资本市场。货币市场是短期金融工具交易的市场,交易的证券期限不超过1年,包括短期国债、商业票据、可转让存单和银行承兑汇票等。货币市场的主要功能是保持金融资产的流动性,以便随时变现满足企业短期资金需求,同时充分利用了企业的闲置资金。

资本市场是期限在1年以上的金融工具的交易市场,包括银行中长期存贷市场和有价证券市场。由于长期融资证券化成为一种趋势,因此资本市场也称证券市场。与货币市场相比,资本市场所交易的证券期限较长(超过1年),风险较大,利率或投资者要求的报酬率较高。资本市场的主要功能是进行长期资本的融通,包括股票、公司债券、长期政府债券和银行长期贷款等。

2. 债务市场和股权市场

按照证券的不同属性,金融市场可以分为债务市场和股权市场。债务市场交易对象是债务凭证,如公司债券、抵押票据等。债务凭证是一种契约,借款者要按期支付本息。债务工具的期限在1年以下的是短期债务工具,期限在1年以上的是长期债务工具。

股权市场交易的对象是股票,股票是分享一个公司净利润和净资产权益的凭证。持有者的权益按照公司总权益的一定份额表示,没有确定金额。股票的持有者还可以不定期地收取股利,且股票没有到期期限。股票持有者的索偿权在债权人之后,是企业排在最后的权益要求人。股票持有者可以分享公司盈利和净资产价值的增长,但股票的收益不固定,因此股票风险高于债务工具。

3. 一级市场和二级市场

按照交易证券是否初次发行,金融市场可以分为一级市场和二级市场。一级市场也称发行市场或初级市场,是资金需求者将证券首次出售给公众时形成的市场。它是新证券和票据等金融工具的买卖市场。该市场的主要经营者是投资银行、经纪人和证券自营商。它们承担政府、公司新发行证券的承销或分销。

二级市场也称流通市场或次级市场,是在各种证券发行后在不同投资者之间买卖流通所形成的市场。该市场的主要经营者是证券商和经纪人。证券持有者在需要资金时,可以在二级市场将证券变现,潜在投资者也可以进入二级市场购买已经上市的证券。

发行市场是流通市场的基础,流通市场是发行市场存在和发展的重要条件之一。流通市场使证券更具流动性,正是这种流动性使得证券受到欢迎,投资者才更愿意在一级市场买卖证券。二级市场上证券价格越高,公司在一级市场出售证券价格越高,发行公司筹措的资金就越多。因此,与企业理财关系最密切的是二级市场,而不是一级市场。

4. 场内交易市场和场外交易市场

按照交易程序的不同,金融市场可以分为场内交易市场和场外交易市场。场内交易市场是指各种证券交易所。证券交易所有固定的场所、固定的交易时间和规范的交易规则。交易所按拍卖市场的程序进行交易。证券交易所通过网络形成全国性的证券市场,甚至形成国际化市场。

场外交易市场没有固定场所,由很多拥有证券的交易商分别进行,任何人都可以在交易商的柜台上买卖证券,价格由双方协商形成。这些交易商互相利用计算机网络联系,掌握各自开出的价格,竞价充分,与有组织的交易所并无多大差别。

金融市场的基本功能是融通资金,在转移资金的同时又将实际资产预期现金流的风险重新分配给资金提供者和需求者。除此之外,金融市场还具有价格发现、调节经济和节约信息成本的功能。要实现上述功能,必须不断完善金融市场的构成和机制。

(二) 金融中介机构

金融市场的参与者主要是资金的提供者和需求者,包括居民、公司和政府。他们是不以金融交易为主业的主体,参与金融交易的目的是调节自身的资金余缺。他们之间的金融交易称为直接金融交易,即公司或政府在金融市场上通过发行股票或债券直接融通货币资金。

此外还有一类专门从事金融活动的机构,包括银行、证券公司等金融中介机构(financial intermediaries),它们充当金融交易的媒介。金融市场上的资金供求双方通过金融中介机构实现资金转移和交易称为间接金融交易。

金融中介机构一般分为银行与非银行金融机构两大类。银行是指经营存款、贷款、储蓄、汇兑等金融业务,承担信用中介的金融机构,包括商业银行、信用社等。非银行金融机构是指不从事存贷款业务的金融机构,包括保险公司、证券市场机构、投资基金等。

(三) 金融工具

金融工具(financial instruments)是指形成一方的金融资产并形成其他方的金融负债或权益工具的契约,包括债券、股票、外汇、保单等。金融工具具有在必要时转变为现金而不致遭受损失的能力,有些具有规定的偿还期限,金融工具能够带来价值增值,也存在损失的可能性。一般认为,金融工具具有流动性、风险性和收益性的特征。

金融工具按其收益性特征可分为以下三种。

1. 固定收益证券

固定收益证券是指能够提供固定或根据固定公式计算出来的现金流的证券。例如,公司债券的发行人承诺每年向债券持有人支付固定的利息。有些债券的利率是浮动的,但也规定有明确的计算方法。例如,某公司债券规定按国库券利率上浮2个百分点计算并支付利息。固定收益证券是公司筹资的重要形式,它的收益和发行人的财务状况相关程度低。除非发行人破产或违约,证券持有人将按规定数额取得收益。

2. 权益证券

权益证券代表特定公司所有权的份额。发行人事先不对持有者作出支付承诺,收益多少不确定,要看公司经营业绩和净资产的价值,因此其风险高于固定收益债券。权益证券是公司筹资的最基本形式,任何公司都必须有股权资本。权益证券的收益与发行人的经营成果相关程度高,其持有人非常关心公司的经营状况。

3. 衍生证券

衍生证券(derivative security)因其价值依赖于其他资产的价格而得名。衍生证券的种类繁多并不断创新,包括各种形式的金融期权、期货、远期和互换合约等。由于衍生品的价值依赖于其他证券,因此它既可以用来套期保值,也可以用来投机。公司可利用衍生证券进行套期保值或转移风险,但不应依靠投机获利。衍生品投机失败导致公司巨大损失甚至破产的案件时有发生。

三、资本市场效率

一般而言,资本市场效率是指资本市场实现资本资源优化配置功能的程度,主要体现在两方面:一是资本市场以最低交易成本为资本需求者提供资本资源的能力;二是资本市场的需求者使用资本资源配置到效益最好的公司及行业进而创造最大价值的市场。财务管理的基本理论以市场有效为假设前提,有效资本市场对于公司财务管理实践具有指导意义。

所谓有效资本市场,是指资本市场上的价格能够同步地、完全地反映全部的可用信息。一个高效公平的资本市场,不但能够为集结和调配资本提供有效服务,而且能够将有限的资本调配到最能有效使用资本的公司。因此,经营业绩良好的公司就能吸引较多的资本从而发展壮大,提升公司价值,反之亦然。尽管投资者都力图获取最大的收益,追求超出平均收益的回报,但是如果资本市场上的有关信息对每个投资者都是均等共享的,而且每个投资者都能根据自己掌握的信息及时地进行理性的投资决策,那么每个投资者都不能获得超额收益,这种资本市场就是有效资本市场。在有效资本市场中,价格会对新的信息作出迅速、充分的反应。当新的信息传播到一个竞争市场上,投资者会根据自己的预期对信息立即作出不同反应,通过证券的买卖实现价格的调整,价格在竞争中波动,随后逐渐趋于均衡。

有效资本市场对于企业财务管理,尤其是筹资决策,具有重要的指导意义。管理者不能通过改变会计方法提升股票价值,更不能企图愚弄市场,这不仅有悖于职业道德,在技术上也是行不通的。管理者也不能通过金融投机获利,企业在资本市场上的主要角色应该是筹资者而不是投资者。管理者要重视资本市场对企业价值的估价,资本市场既是企业的一面镜子,又是企业行为的矫正器,因此关注自己公司的股价是有益的。

资本市场有效程度不同,价格可以吸纳的信息类别也不同。根据不同类别的信息,可以将资本市场分为三种有效程度。

（一）弱式有效资本市场

弱式有效资本市场(weak-form market efficiency)是指证券价格反映了所有过去证券价格变动的资料和信息,但是却不能及时、有效、全面地反映所有公开信息,更不能反映内部信息。这是最低程度的有效资本市场。判断弱式有效的标志是,证券价格的未来走向与其历史变化没有任何必然联系,证券价格过去的波动并不能影响其未来价格的波动。如果证券的历史信息与现在和未来的证券价格无关,说明这些历史信息的价值已经在过去为投资者所用,有关证券的历史信息已经被充分披露、均匀分布和完全使用,任何投资者都无法借助历史信息来有效判断目前证券价格是否合理,从而获取超额收益。

值得指出的是,在一个达到弱式有效的资本市场上,并不意味着投资者不能获取一定的收益,也不是说每个投资者的每次交易都不会获利或亏损。市场有效只是平均而言,从长期观察大量交易来看,任何利用历史信息的投资策略所获取的平均收益,都不会超过简单购买持有策略所获取的平均收益。

（二）半强式有效资本市场

半强式有效资本市场(semi-strong market efficiency)是指证券价格反映了所有历史信息以及所有公开信息,但却不能反映内部信息。半强式有效资本市场的特征是现有股票价格能充分反映所有公开可得的信息。对投资者来说,在半强式有效资本市场中不能通过对公开信息的分析获得超额收益。公开信息已经反映于股票价格,所以基本面分析是无用的。通过对资本市场进行的许多实证检验表明,绝大多数的金融市场都属于半强式有效资本市场。

(三)强式有效资本市场

如果一个市场的价格不仅反映历史的和公开的信息,还能反映内部信息,则它是一个强式有效资本市场(strong market efficiency)。强式有效资本市场的特征是无论可用信息是否公开,价格都可以完全地、同步地反映所有信息。由于股票价格能够充分反映所有公开和私下的信息,对于投资者来说,不能从公开的和非公开的信息分析中获得超额收益,所以内幕消息无用。

本章框架图

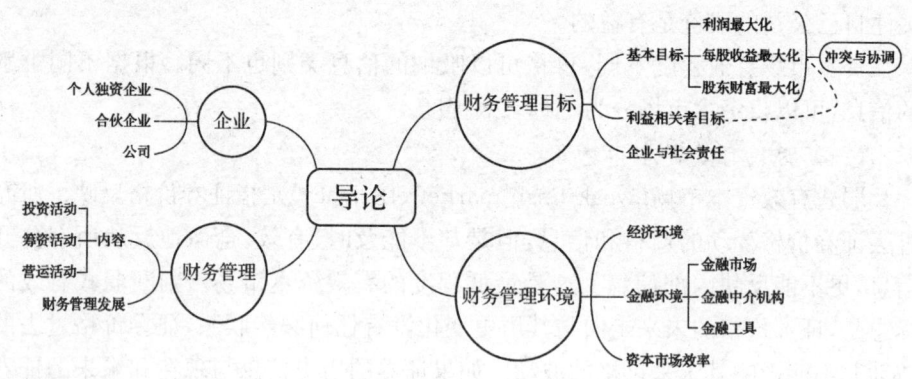

讨论题

1. 什么是财务管理?它包括哪些基本内容?
2. 什么是利益相关者?这些利益相关者对企业财务管理有何影响?
3. 从可持续发展的角度谈谈企业应树立何种财务管理目标。
4. 如何协调所有者与经营者的代理问题?
5. 谈谈企业外部的金融环境对企业财务管理活动有怎样的影响。

习 题

一、单项选择题

1. 财务管理是企业组织财务活动,处理与各方面( )的一项经济管理工作。
   A. 筹资关系　　　B. 投资关系　　　C. 分配关系　　　D. 财务关系

2. 在协调企业所有者与经营者的关系时,通过所有者监督经营者的一种方法是( )。
   A. 解聘　　　　　B. 市场接管　　　C. 激励　　　　　D. 提高报酬

3. 下列各项经济活动中,属于企业筹资活动的是( )。
   A. 支付现金股利　B. 购买无形资产　C. 支付工资　　　D. 购买原材料

4. 下列各项中,体现债权债务的是( )之间的财务关系。
   A. 企业与政府机关　　　　　　　　B. 企业与管理者
   C. 企业与借贷银行　　　　　　　　D. 企业与员工

5. 作为企业财务目标,每股收益最大化较之利润最大化的优点在于( )。
   A. 考虑了资金时间价值因素　　　　B. 反映了创造利润与投入资本的关系
   C. 考虑了风险因素　　　　　　　　D. 能够避免企业的短期行为

6. 在下列经济活动中,能够体现企业与其投资者之间财务关系的是( )。
   A. 企业向股东分配股利　　　　　　B. 企业向国家税务机关交纳税款
   C. 企业向供应商支付货款　　　　　D. 企业向职工支付工资

7. 股东财富最大化目标强调的是企业的( )。
   A. 实际利润额　B. 实际利润率　　C. 预期获利能力　D. 生产能力

8. 在企业的组织形式中,一般承担有限责任的企业类型为( )。
   A. 合伙企业　　B. 公司　　　　　C. 独资企业　　　D. 个体经营

9. 下列各项中,不属于企业财务管理主要内容的是( )。
   A. 营运活动　　　　　　　　　　　B. 投资活动
   C. 筹资活动　　　　　　　　　　　D. 分配活动

10. 企业价值是指企业( )。
    A. 全部资产的账面价值　　　　　　B. 净资产的账面价值
    C. 全部财产的市场价值　　　　　　D. 净资产的市场价值

11. 下列各项中,不属于公司制企业特点的是( )。
    A. 承担有限责任　　　　　　　　　B. 资本转让困难
    C. 更容易筹集资金　　　　　　　　D. 存在代理问题

二、多项选择题

1. 下列经济活动中,属于企业财务活动的有( )。
   A. 资金营运活动　B. 利润分配活动　C. 筹集资金活动　D. 投资活动

2. 下列各项中,属于企业利益相关者的有( )。
   A. 供应商　　　　　　　　　　B. 企业员工
   C. 当地社团　　　　　　　　　D. 政府机构
3. 下列各项中,属于企业资金营运活动的有( )。
   A. 采购原材料　　B. 销售商品　　C. 购买国库券　　D. 支付利息
4. 下列各项中,可用来协调公司债权人与所有者矛盾的方法有( )。
   A. 规定借款用途　　　　　　　B. 规定借款的信用条件
   C. 要求提供借款担保　　　　　D. 收回借款或不再借款
5. 下列行为中,属于企业投资活动的有( )。
   A. 企业购买专利权　　　　　　B. 企业支付银行利息
   C. 企业提取盈余公积金　　　　D. 企业与其他企业联营
6. 以股东财富最大化作为理财目标的优点有( )。
   A. 考虑了资金的时间价值和风险价值　　B. 有利于社会资源的合理配置
   C. 有利于克服管理上的短期行为　　　　D. 考虑了资金的风险价值
7. 股东通过经营者损害债权人利益的常见形式有( )。
   A. 未经债权人同意发行新债券　　B. 未经债权人同意向银行借款
   C. 投资于比债权人预计风险要高的新项目　D. 不尽力增加企业价值
8. 协调股东与经营者之间矛盾的措施包括( )。
   A. 解聘　　　　B. 接管　　　　C. 股票期权　　　D. 规定资金的用途
9. 按照资本效率的不同,资本市场的类型有( )。
   A. 无效率资本市场　　　　　　B. 弱式有效资本市场
   C. 强式有效资本市场　　　　　D. 半强式有效资本市场
10. 利润最大化不是企业最优的财务目标,原因有( )。
    A. 没有考虑利润获取的时间　　　B. 没有考虑投入的资本大小
    C. 没有考虑获取利润时承受的风险大小　D. 没有考虑企业新创的价值
11. 下列关于金融市场分类的说法中,正确的有( )。
    A. 按照期限分为黄金市场和资本市场
    B. 按照交易的程序分为一级市场和二级市场
    C. 按照金融工具的属性分为基础性市场和衍生品市场
    D. 按照交割方式分为现货市场、期货市场和期权市场

三、判断题

1. 财务管理环境是指对企业各项财务活动产生影响的外部条件。　　　　　　　(　)
2. 流通市场是金融工具的发行企业和最初购买者之间交易的市场。　　　　　　(　)
3. 企业利益相关者的目标肯定了股东的重要地位,同时强调各个利益相关者之间保持协调关系。　　　　　　　　　　　　　　　　　　　　　　　　　　　　　　　(　)

4. 短期金融市场由于交易对象易于变成货币,也称为资本市场。( )
5. 金融市场按功能的不同可划分为场内交易市场和场外交易市场。( )
6. 金融市场具有使中短期资金凝结为长期资金的功能。( )
7. 金融市场的主体是金融机构。( )
8. 利润最大化、股东财富最大化、企业价值最大化以及相关者利益最大化等各种理财目标,都以相关者利益最大化为基础。( )

第二章　财务理论基础

 学习目标

通过对本章的学习,你能够了解到:
1. 资金时间价值的计算
2. 风险与收益的关系
3. 利息率对企业的影响

第一节　资金时间价值

一、资金时间价值的概念

资金时间价值(time value of money)是指一定量的货币经历一定时间的投资和再投资后所增加的价值。

在市场经济的条件下,即使不存在通货膨胀,等量资金在不同的时点上价值量也不相等。如果把今天的1元钱存入银行,可以得到1年的银行利息,如果把它用于投资可以取得一定的利润。将今天的1元钱存入银行,如果1年后得到1.10元,那说明1元钱经过1年时间的投资增加了0.10元,这个增值额就是资金的时间价值。资金的时间价值有两种表现形式:一种是相对数形式,即资金的时间价值率,指一定时期内一定量的资金增值额与本金的比率,如前述例子中的资金时间价值为10%;另一种是绝对数形式,即资金的时间价值额,指一定时期内一定量的资金的增值额,如前述例子中的资金时间价值为0.10元。

理论上,资金的时间价值是没有风险和没有通货膨胀条件下的社会平均资金利润率。由于竞争,市场经济中各部门投资的利润率趋于平均化,因此,资金

的时间价值成为评价投资方案的基本标准。在实务中,通常以利率、报酬率等来替代资金的时间价值率。把资金的时间价值引入财务管理,主要是对资金的筹集、投放、使用和回收等活动从量上进行分析,是提高财务管理水平,搞好筹资、投资、分配决策的有效保证。

二、资金时间价值的计算

由于资金随时间的延续而增值,所以不同时间的资金价值不宜直接比较,需要把它们折算到同一时点上,才能计算价值和进行比较决策。

例如,如果将100元资金存入银行,期限为1年,假定银行1年期的定期存款利率为5%,1年后该项资金的本利和105元。该例中,原存入的100元资金,是1年后收到的本利和105元的现值,而1年后收到的本利和105元则是原100元资金的终值。

这里,现值又称本金,是指未来某一时点上的一定量资金折现为现在的价值。终值又称将来值,是指一定量的现金在未来某一时点上的价值,俗称本利和。

资金时间价值的计算有单利(simple interest)和复利(compound interest)两种。单利是指在规定的期限内,只就本金计算利息,而不将以前计息期产生的利息累加到本金中去计算利息的一种计息方法。即利息不计息。复利是指在一定期间(如1年)按一定利率将本金所生利息加入本金再计利息,逐期滚算,俗称"利滚利"。从企业经济活动增值情况看,货币时间价值是以复利的形式增值的,因为无论最初的资金还是后续赚来的资金,均可以用于再投资,也就是收益的增加是以复利的形式增加的。财务管理一般是站在企业角度进行研究的,所以财务管理用到的折现计算都是复利折现计算。本书主要讲述采用复利方式计算资金的时间价值。

(一)复利的计算

复利的计算包括计算复利利息、复利终值和复利现值。在复利计算中,经常使用以下符号:

I代表利息;P代表现值;F代表终值;i代表每一计息期的利率(折现率);n代表计算利息的期数。

1. 复利终值

复利终值(future value)是指现在一定量的资金按复利计算的将来一定时间的价值。其计算公式为:

$$F = P \cdot (1+i)^n$$

式中,$(1+i)^n$ 被称为复利终值系数或 1 元的复利终值,表示现在的 1 元钱按一定的利率计算若干时期以后价值多少,用符号$(F/P,i,n)$表示。复利终值系数也可以通过查阅"复利终值系数表"直接获得,该表见书后附表一。

【例 2-1】 商运公司将 100 000 元存入银行,年存款利率为 5%,则经过 3 年时间的本利和是多少?

本例中,$(F/P,5\%,3)$表示利率为 5%,3 年期复利终值系数。通过查"复利终值系数表",$(F/P,5\%,3)$为 1.157 6。

$$F = 100\,000 \times (F/P,i,n) = 100\,000 \times (F/P,5\%,3) = 100\,000 \times 1.157\,6 = 115\,760(元)$$

2. 复利现值

复利现值(present value)是复利终值的对称概念,是指未来某一特定时间的一定量资金,按复利所计算出的现在时点的价值。其计算公式为:

$$P = F \cdot \frac{1}{(1+i)^n}$$

即:
$$P = F \cdot (1+i)^{-n}$$

式中,$(1+i)^{-n}$ 是把终值折算为现值的系数,称复利现值系数或 1 元的复利现值,表示未来一定时期的 1 元钱按一定的利率折算相当于现在的价值多少,用符号$(P/F,i,n)$表示。复利现值系数可以通过查阅"复利现值系数表"直接获得,该表见书后附表二。

【例 2-2】 商运公司准备将暂时闲置的资金一次性存入银行,以备 3 年后更新价值为 500 000 元的设备之用,银行存款年利率为 5%,按复利计算该公司目前应该存入多少资金?

查复利现值系数表,其中 $i=5\%,n=3$ 相对应的复利现值系数为 0.863 8,该公司目前应该存入资金数为:

$$P = 500\,000 \times (P/F,i,n) = 500\,000 \times (P/F,5\%,3)$$
$$= 500\,000 \times 0.863\,8 = 431\,900(元)$$

3. 复利利息

复利利息是指在规定的期限内,每期均是以上期期末本利和为基数计算的利息。其计算公式为:

$$I = F - P$$

【例 2-3】 商运公司将 200 000 元资金存入银行,期限为 5 年,利率为 5%,

按复利计算的利息额为:

$$I = 200\,000 \times (F/P, 5\%, 5) - 200\,000 = 55\,260(元)$$

(二) 年金的计算

年金(annuity)是指一定时期内每次等额、定期收付的资金,通常记作 A。年金有两个特点:其一是每期相隔时间相同;其二是每期收入或支出的金额相等。年金的形式多种多样,如租金、折旧、保险费、等额分期收款、等额分期付款、偿债基金等。年金按每次收付发生的时点不同,可分为普通年金、即付年金、递延年金、永续年金等几种。其中,普通年金应用最为广泛,其他几种年金均是在普通年金的基础上推算出来的。

1. 普通年金

普通年金是指从第一年起,在一定时期内每期期末等额发生的年金,又称后付年金。

1) 普通年金终值的计算

普通年金终值是指每期期末收入或支出等额资金的复利终值之和。其计算公式为:

$$F = A \cdot \frac{(1+i)^n - 1}{i}$$

式中,$\frac{(1+i)^n - 1}{i}$ 称作"年金终值系数",是普通年金为 1 元、利率为 i、经过 n 期的年金终值和,记为 $(F/A, i, n)$,通过直接查阅"年金终值系数表"求得有关数值,该表见书后附表三。

【例 2-4】 商运公司拟在今后 10 年中,每年年末存入银行 10 000 元,银行存款利率为 6%,10 年后的本利和是多少?

查年金终值系数表,其中 $i = 6\%$,$n = 10$ 相对应的年金终值系数为 13.181,10 年后的本利和为:

$$F = 10\,000 \times (F/A, 6\%, 10) = 10\,000 \times 13.181 = 131\,810(元)$$

2) 偿债基金的计算

偿债基金是指为了在约定的未来某一时点清偿某种债务或积聚一定数额的资金而必须分次等额形成的存款准备金。每次形成的等额准备金类似年金,同样可以获得按复利计算的利息,债务实际上等于年金终值。偿债基金的计算是年金终值的逆运算。其计算公式为:

$$A = F \cdot \frac{i}{(1+i)^n - 1}$$

式中,$\frac{i}{(1+i)^n - 1}$ 称作"偿债基金系数",记为 $(A/F, i, n)$,是普通年金终值系数的倒数。上式也可写为:

$$A = F \cdot (A/F, i, n)$$

或:
$$A = F \cdot \frac{1}{(F/A, i, n)}$$

【例 2-5】 商运公司拟在 5 年后还清 100 000 元债务,从现在起每年等额存入银行一笔款项。银行存款利率为 5%,每年需要存入多少元?

查年金终值系数表,其中 $i=5\%$,$n=5$ 相对应的年金终值系数为 5.525 6,则偿债基金系数为其倒数 0.180 97(1÷5.525 6)。

每年需要存入数额为:

$$A = 100\,000 \times (A/F, 5\%, 5) = 100\,000 \times 0.180\,97 = 18\,097(元)$$

或: $A = 100\,000 \times [1 \div (F/A, 5\%, 5)] = 100\,000 \times (1 \div 5.525\,6)$
$= 18\,097(元)$

3) 普通年金现值的计算

普通年金现值是指一定时期内每期期末等额收付款项的复利现值之和。其计算公式为:

$$P = A \cdot \frac{1-(1+i)^{-n}}{i}$$

式中,$\frac{1-(1+i)^{-n}}{i}$ 称作"年金现值系数",是普通年金为 1 元,利率为 i,经过 n 期的年金现值和,记为 $(P/A, i, n)$,通过直接查阅"年金现值系数表"求得有关数值。该表见书后附表四。

【例 2-6】 商运公司租入某设备,每年年末需要支付租金 500 元,年复利率为 6%,则 5 年内应支付租金总额的现值为:

查年金现值系数表,其中 $i=6\%$,$n=5$ 相对应的年金现值系数为 4.212 4,5 年内应支付租金总额的现值为:

$$P = 500 \times (P/A, 6\%, 5) = 500 \times 4.212\,4 = 2\,106.2(元)$$

4) 投资回收额的计算

投资回收额是指在给定的年限内等额回收初始投入资本或清偿所欠的价值指标,是年金现值的逆运算。其计算公式为:

$$A = P \cdot \frac{i}{1-(1+i)^{-n}}$$

式中,$\frac{i}{1-(1+i)^{-n}}$ 称作"投资回收系数",记为$(A/P, i, n)$,通过普通年金现值系数的倒数推算出来。上式也可写为:

$$A = P \cdot (A/P, i, n)$$

或:

$$A = P \cdot \frac{1}{(P/A, i, n)}$$

【例 2-7】 商运公司以 7% 的利率借得 200 000 元,投资某个寿命期为 10 年的项目,每年至少收回多少现金才是有利的?

查年金现值系数表,其中 $i = 7\%$, $n = 10$ 相对应的普通年金现值系数为 7.023 6,则投资回收系数为 0.142 4(1÷7.023 6)。

每年需要收回数额为:

$$A = P \cdot (A/P, i, n) = 200\ 000 \times 0.142\ 4 = 28\ 475.43(元)$$

或:$A = P/(P/A, i, n) = 200\ 000 \div (P/A, 7\%, 10) = 200\ 000 \div 7.023\ 6$
$= 28\ 475.43(元)$

公司每年至少收回现金 28 475.43 元,才能还清贷款本息。

2. 预付年金

预付年金是指从第一期起,在一定时期内每期期初等额发生的年金,又称先付年金。它与普通年金的区别仅在于收付款时间的不同。

1) 预付年金终值的计算

预付年金的终值是其最后一期期末时的本利和,是各期收付款项的复利终值之和。n 期预付年金与 n 期普通年金的付款次数相同,但 n 期预付年金终值比 n 期普通年金终值多计算一期利息。因此,在 n 期普通年金终值的基础上乘上$(1+i)$就是 n 期预付年金终值。其计算公式为:

$$F = A \cdot \frac{(1+i)^n - 1}{i} \cdot (1+i) = A \cdot \left[\frac{(1+i)^{n+1} - 1}{i} - 1\right]$$

式中,$\frac{(1+i)^{n+1}-1}{i} - 1$ 称作"预付年金终值系数",它是在普通年金终值系数的基础上,期数加 1,系数值减 1 所得的结果,通常记为 $[(F/A,i,n+1)-1]$。通过查阅"年金终值系数表"得到 $(n+1)$ 期的值,然后减去 1 便可得出对应的预付年金终值系数的值。

【例 2-8】 商运公司决定连续 5 年于每年年初存入 100 000 元作为住房基金,银行存款利率为 10%,则该公司在第 5 年年末能一次取出本利和为:

$$F = A \cdot [(F/A,i,n+1)-1]$$
$$= 100\,000 \times [(F/A,10\%,5+1)-1]$$
$$= 100\,000 \times (7.715\,6 - 1) = 671\,560(元)$$

或: $F = A \times (F/A,i,n) \times (1+i) = 100\,000 \times (F/A,10\%,5) \times (1+10\%)$
$$= 671\,560(元)$$

2) 预付年金现值的计算

n 期预付年金现值与 n 期普通年金现值的期限相同,但由于其收付款时间不同,n 期预付年金现值比 n 期普通年金现值少折现一期。因此,在 n 期普通年金现值的基础上乘上 $(1+i)$ 就是 n 期预付年金的现值。其计算公式为:

$$P = A \cdot \left[\frac{1-(1+i)^{-n}}{i}\right] \cdot (1+i) = A \cdot \left[\frac{1-(1+i)^{-(n-1)}}{i}+1\right]$$

式中,$\frac{1-(1+i)^{-(n-1)}}{i}+1$ 称作"预付年金现值系数",它是在普通年金现值系数的基础上,期数减 1,系数值加 1 所得的结果。通常记为 $[(P/A,i,n-1)+1]$,通过查阅"年金现值系数表"得到 $(n-1)$ 期的值,然后加 1,便可得出对应的预付年金现值系数的值。预付年金现值公式可写为:

$$P = A \cdot [(P/A,i,n-1)+1]$$

或: $$P = A \cdot (P/A,i,n) \cdot (1+i)$$

【例 2-9】 商运公司拟 6 年分期付款购物,每年年初付 2 000 元,银行存款利率为 10%,该项分期付款相当于一次现金支付的买价是多少?

$$P = A \cdot [(P/A,i,n-1)+1]$$
$$= 2\,000 \times [(P/A,10\%,5)+1] = 2\,000 \times (3.791+1) = 9\,582(元)$$

或: $P = A \cdot (P/A,i,n) \cdot (1+i) = 2\,000 \times (P/A,10\%,6) \times (1+10\%) = 9\,582(元)$

3. 递延年金

递延年金是指第一次收付资金发生时间是从第二期或第二期以后才开始发生的年金。它是普通年金的特殊形式,年金首次发生不是从第一期开始的年金都是递延年金。一般用 m 表示递延期。

递延年金终值的大小，与递延期无关，故计算方法与普通年金终值相同。

递延年金的现值的计算有两种方法：

第一种方法：

$$P = A \cdot \left[\frac{1-(1+i)^{-n}}{i} - \frac{1-(1+i)^{-m}}{i} \right]$$
$$= A \cdot [(P/A, i, n) - (P/A, i, m)]$$

第二种方法：

$$P = A \cdot \frac{1-(1+i)^{-(n-m)}}{i} \cdot (1+i)^{-m}$$
$$= A \cdot (P/A, i, n-m) \cdot (P/F, i, m)$$

上述第一种方法是先计算出 n 期普通年金现值，然后减去前 m 期的普通年金现值，即得递延年金的现值；第二种方法是先将此递延年金视为 $(n-m)$ 期普通年金，求出在第 m 期的现值，然后再折算为现值。

【例 2-10】 商运公司在年初存入一笔资金，存满 5 年后每年年末取出 10 000元，到第 10 年年末取完，银行存款利率为 10%，则此人应在最初一次存入银行的资金为：

$$P = A \times [(P/A, 10\%, 10) - (P/A, 10\%, 5)]$$
$$= 10\,000 \times (6.144\,6 - 3.790\,8) = 23\,538(元)$$

或：
$$P = A \times (P/A, 10\%, 5) \times (P/F, 10\%, 5)$$
$$= 10\,000 \times 3.790\,8 \times 0.620\,9 = 23\,538(元)$$

4. 永续年金

永续年金是指无限期等额收付的年金，可视为普通年金的特殊形式，即期限趋于无穷的普通年金。现实中的存本取息，可视为永续年金的例子。

永续年金没有终止的时间，也就没有终值。通过普通年金现值可推导出永续年金现值的计算公式为：

$$P = A \cdot \sum_{t=1}^{\infty} \frac{1}{(1+i)^t} = \frac{A}{i}$$

【例 2-11】 商运公司在年初存入银行一笔资金作为奖励基金，每年年底奖励优秀员工 40 000 元。银行存款利率为 4%。则商运公司应在最初一次存入银行的资金为：

$$P = \frac{A}{i} = 40\,000 \div 4\% = 1\,000\,000(元)$$

商运公司必须年初存入 1 000 000 元作为基金,才能保证每年的奖励足额发放。

三、资金时间价值计算中的特殊问题

(一)折现率(利息率)的推算

根据复利终值(或现值)的计算公式可得折现率的计算公式为:

$$i = \left(\frac{F}{P}\right)^{\frac{1}{n}} - 1$$

普通年金折现率 i 的计算比较复杂,可以采用插值法。

根据已知的普通年金终值或年金现值可推算出年金终值系数或年金现值系数的值,通过查年金终值或现值系数表,直接找到或利用相近系数估算出折现率的大小。

以年金现值公式为例,采用插值法估算折现率的步骤是:

(1)计算出 $P \div A$ 的值,设其为 $P \div A = a$。

(2)查年金现值系数表。沿着已知 n 所在的行横向查找,若恰好能找到某一系数值等于 a,则该系数值所在的列相对应的利率便为所求的 i 值。

(3)若无法找到恰好等于 a 的系数值,就应在表中 n 行上找与 a 最接近的两个左右临界系数值,设为 β_1、β_2,读出 β_1、β_2 所对应的临界利率 i_1、i_2,然后运用插值法。

(4)在插值法下,假定利率 i 同相关的系数在较小的范围内线性相关,因而可根据临界系数 β_1、β_2 和临界利率 i_1、i_2 计算出 i。其计算公式为:

$$i = i_1 + \frac{\beta_1 - a}{\beta_1 - \beta_2} \cdot (i_2 - i_1)$$

【例 2-12】 商运公司于第 1 年年初借款 160 000 元,每年年末还本付息额均为 40 000 元,连续 5 年还清。问借款利率是多少?

根据题意,已知 $n=5, P=160\,000, A=40\,000$,则:

$$(P/A, i, 5) = P \div A = 160\,000 \div 40\,000 = 4$$

查 $n=5$ 的年金现值系数表。在 $n=5$ 一行上无法找到恰好等于 $a(a=4)$ 的系数值,于是在该行上找大于和小于 4 的临界系数值,分别为 $\beta_1 = 4.100\,2, \beta_2 =$

3.992 7,相对应的临界利率为 $i_1=7\%$,$i_2=8\%$,则:

$$i = i_1 + \frac{\beta_1 - \alpha}{\beta_1 - \beta_2} \cdot (i_2 - i_1)$$

$$= 7\% + \frac{4.100\ 2 - 4}{4.100\ 2 - 3.992\ 7} \times (8\% - 7\%) = 7\% + 0.93\% = 7.93\%$$

（二）期间的推算

期间的推算,其原理和步骤同折现率的推算相类似。现以普通年金为例,说明在已知 P,A,i 的情况下,推算期间 n 的基本步骤。

(1) 计算出 $P \div A$ 的值,设其为 $P \div A = a$。

(2) 查年金现值系数表。沿着已知 i 所在的列纵向查找,若恰好能找到某一系数值等于 a,则该系数值所在行的 n 值便为所求的期间值。

(3) 若无法找到恰好等于 a 的系数值,就在该列查找与 a 最接近的两个上下临界系数值 β_1、β_2 及对应的临界期间 n_1、n_2,然后运用插值法求 n。其计算公式为:

$$n = n_1 + \frac{\beta_1 - \alpha}{\beta_1 - \beta_2} \cdot (n_2 - n_1)$$

【例 2-13】 承[例 2-12],假设借款利率 8%,问几年能还清?

根据题意,已知 $i=8\%$,$P=160\ 000$,$A=40\ 000$,则:

$$(P/A,8\%,n) = P \div A = 160\ 000 \div 40\ 000 = 4$$

查年金现值系数表。在 $i=8\%$ 的列上纵向查找,无法找到恰好等于 a($a=4$)的系数值,于是在该行上找大于和小于 4 的临界系数值:分别为 $\beta_1 = 3.992\ 7$,$\beta_2 = 4.622\ 9$,相对应的临界期间 $n_1=6$,$n_2=5$,则:

$$n = n_1 + \frac{\beta_1 - \alpha}{\beta_1 - \beta_2} \cdot (n_2 - n_1)$$

$$= 6 + \frac{4.622\ 9 - 4}{4.622\ 9 - 3.992\ 7} \times (5 - 6)$$

$$= 5.011\ 6 (年)$$

（三）复利息的计算

本金 P 的 n 期复利息计算公式为:

$$I = F - P$$

【例 2-14】 现有本金 100 000 元,投资 5 年,年利率为 8%,每年复利一次,其复利息为:

$$I = F - P = 100\,000 \times (1 + 8\%)^5 - 100\,000$$
$$= 100\,000 \times 1.469\,3 - 100\,000$$
$$= 46\,930(元)$$

当1年内复利几次时,实际得到的利息要比按已知利率计算的利息高。如[例2-14]改为每季度复利一次,其他条件不变,则:

$$每季度利率 = 8\% \div 4 = 2\%$$
$$复利次数 = 5 \times 4 = 20$$
$$I = F - P = 100\,000 \times (1 + 2\%)^{20} - 100\,000$$
$$= 100\,000 \times 1.485\,9 - 100\,000$$
$$= 48\,590(元)$$

比每年复利一次的利息高1 660元(48 590 - 46 930)。

(四)不等额现金流量现值的计算

在财务管理实践中,相比年金,更多的情况是每次收入或支出的款项并不相等,而且经常需要计算这些不等额现金流量(现金流入量或现金流出量)的现值之和。

假设:

A_0 代表第0年年末的付款;

A_1 代表第1年年末的付款;

A_2 代表第2年年末的付款;

……

A_n 代表第n年年末的付款;

则其现值计算公式为:

$$P = A_0 \cdot \frac{1}{(1+i)^0} + A_1 \cdot \frac{1}{(1+i)^1} + A_2 \cdot \frac{1}{(1+i)^2} + \cdots + A_{n-1} \cdot \frac{1}{(1+i)^{n-1}} + A_n \cdot \frac{1}{(1+i)^n}$$
$$= \sum_{t=0}^{n} A_t \frac{1}{(1+i)^t}$$

【例2-15】 某人第1年年初存入10 000元,第1年年末存入20 000元,以后连续6年每年年末都比上一年年末多存入10 000元,折现率为5%,求这笔不等额存款的现值。

依题意,这笔不等额存款每年的存款额如表2-1所示。

表2-1 某人各年存款金额表　　　　　　　　　　　　　单位:元

年份	0	1	2	3	4	5	6	7
存款金额	10 000	20 000	30 000	40 000	50 000	60 000	70 000	80 000

$$P = 10\,000 \times \frac{1}{(1+5\%)^0} + 20\,000 \times \frac{1}{(1+5\%)^1} + 30\,000 \times \frac{1}{(1+5\%)^2} + 40\,000 \times \frac{1}{(1+5\%)^3} +$$
$$50\,000 \times \frac{1}{(1+5\%)^4} + 60\,000 \times \frac{1}{(1+5\%)^5} + 70\,000 \times \frac{1}{(1+5\%)^6} + 80\,000 \times \frac{1}{(1+5\%)^7}$$
$$= 10\,000 \times 1 + 20\,000 \times 0.952\,4 + 30\,000 \times 0.907\,0 + 40\,000 \times 0.863\,8 + 50\,000 \times 0.822\,7$$
$$+ 60\,000 \times 0.783\,5 + 70\,000 \times 0.746\,2 + 80\,000 \times 0.710\,7$$
$$= 288\,045(元)$$

(五) 年金和不等额现金流量混合情况下的现值计算

在年金和不等额现金流量混合情况下,能用年金计算现值部分用年金计算,不能用年金计算现值的部分用复利公式计算,然后与年金计算现值部分加总,即可得出年金和不等额现金流量混合情况下的现值和。

【例 2-16】 某公司投资了一个新项目,新项目投产后每年获得的净现金流量如表 2-2 所示,折现率为 10%,求该项目净现金流量的现值。

表 2-2　项目净现金流量表　　　　　　　　　　　　单位:元

年份	1	2	3	4	5	6	7	8
净现金流量	20 000	20 000	20 000	30 000	40 000	40 000	40 000	50 000

在该例中,第 1 至第 3 年每年净现金流量相等,可看作是求普通年金的现值,第 5 至第 7 年的净现金流量也相等,看作是求递延年金的现值,第 4 年和第 8 年分别求复利现值。然后将各计算结果加总,即可得到该项目现金流量的现值。

$$P = 20\,000 \times (P/A, 10\%, 3) + 30\,000 \times (P/F, 10\%, 4) + 40\,000$$
$$\times [(P/A, 10\%, 7) - (P/A, 10\%, 4)]$$
$$+ 50\,000 \times (P/F, 10\%, 8)$$
$$= 20\,000 \times 2.486\,9 + 30\,000 \times 0.683\,0 + 40\,000 \times (4.868\,4 - 3.169\,9) + 50\,000 \times 0.466\,5$$
$$= 161\,493(元)$$

或:$P = 20\,000 \times (P/A, 10\%, 3) + 30\,000 \times (P/F, 10\%, 4) + 40\,000 \times (P/A, 10\%, 3)$
$$\times (P/F, 10\%, 4) + 50\,000 \times (P/F, 10\%, 8) = 161\,493(元)$$

第二节　风险与报酬

风险和报酬的关系,实质上就是要确定财务估价时的折现率问题。折现率应当根据投资者要求的必要报酬率来确定,而必要报酬率的高低取决于投资的风险,风险越大要求的报酬率就越高。不同风险的投资,需要使用不同的折现率。因此,投资风险的计量以及特定风险的补偿就成为选择折现率的关键问题。

一、报酬

报酬(return)是指资产的价值在一定时期的增值。它既可以用绝对数表示,即资产报酬额;也可以用相对数表示,即资产报酬率。该报酬率包括两部分,利(股)息的报酬率和资本利得的报酬率。在实际工作中,由于角度和目的不同,资产报酬率有以下几种类型。

1. 实际报酬率

实际报酬率是指已经实现的或确定可以实现的资产报酬率。这种资产报酬率因为已经基本确定,很难通过决策来改变,通常具有更多的参考意义。

2. 预期报酬率

预期报酬率也称期望报酬率,是指在不确定的条件下,预测的某资产未来可能实现的报酬率。对预期报酬率的估算,可以根据报酬率的历史数据和各种可能情况,预测各种可能情况发生的概率,然后利用加权平均等方法计算出预期报酬率。

3. 必要报酬率

必要报酬率也称最低要求的报酬率,是指投资者对某资产合理要求的最低报酬率。必要报酬率与投资者对风险的认识有关,不同投资者对资产的安全性有不同的看法。如果认为投资某公司的股票产生损失的可能性很大,投资者就会要求一个相对较高的报酬率。

二、风险

风险(risk)是预期结果的不确定性。风险不仅可能带来超出预期的损失,也可能带来超出预期的收益。风险不仅包括负面效应的不确定性,还包括正面效应的不确定性。风险的概念比危险广泛,危险只是风险的一部分。危险专指负面效应,是损失发生及其程度的不确定性。风险的另一部分即正面效应,可以称为"机会"。人们对于机会,需要识别、衡量、选择和获取。理财活动不仅要管理危险,还要识别、衡量、选择和获取增加企业价值的机会。风险的概念反映了人们对财务现象深刻的认识,也就是危险与机会并存。风险概念的演进,实际上是逐步明确什么是与收益相关的风险,与收益相关的风险才是财务管理中所说的风险。

在使用风险概念时,不要混淆投资对象本身固有的风险和投资人需要承担的风险。投资对象是指一项资产。投资对象的风险具有客观性。例如,无论企业还是个人,投资于国库券其收益的不确定性较小,而投资于股票则其收益的不确定性大得多。这种不确定性是客观存在,不以投资人的意志为转移的。因此,我们才可以用客观尺度来计量投资对象的风险。投资人是通过投资获取收益并承担风险的人,他可以是任何单位或个人。财务管理主要研究企业投资。一个企业可以投资一项资产,也可以投资于多项资产。研究结果证明投资分散化可以降低风险,作为投资人的企业,承担的风险可能会小于企业单项资产的风险。一个股东可以投资于一个企业,也可以投资于多个企业。由于投资分散化可以降低风险,作为股东个人所承担的风险可能会低于他投资的各个企业的风险。投资人是否去冒风险及冒多大风险,是可以选择的,是主观决定的。在什么时间、投资于什么样的资产,各投资多少,风险是不一样的。

一般来说,风险分析的前提是假设投资者全部都是风险厌恶型的(risk averse)。所谓风险厌恶,是指如果投资者承担了增量的风险,那么他(她)一定要求额外的回报作为承担风险的补偿。因此,与低风险投资相比,高风险投资应能给投资人提供更高的期望报酬率。

(一)风险的种类

1. 市场风险和公司特有风险

按投资主体的不同划分,风险分为市场风险和公司特有风险。

市场风险是指那些对所有公司都会产生影响的因素引起的风险,如战争、经济衰退、通货膨胀、高利率等。这类风险涉及所有的投资对象,不能通过多角化投资来分散,因此又称不可分散风险或系统风险。例如,一个人投资于股票,不论买哪一种股票,他都要承担市场风险,经济衰退时各种股票的价格都会有不同程度的下跌。

公司特有风险指发生于个别公司的特有事件所造成的风险,如罢工、新产品开发失败、没有争取到重要合同、诉讼失败等。这类事件是随机发生的,因而可以通过多角化投资分散,这类风险称为可分散风险或非系统风险。例如,一个人投资股票时,买几种不同的股票,比只买一种股票风险小。

2. 经营风险和财务风险

按风险形成的原因划分,风险分为经营风险和财务风险。

经营风险是指生产经营的不确定性带来的风险,它是任何商业活动都有的,也叫商业风险。企业在生产经营过程中,受到来自企业内部和外部诸多因素的影响，具有很大的不确定性。比如，由于市场需求、市场价格、企业可能生产的数量等不确定，尤其是竞争使供产销不稳定，加大了风险；由于原料的供应和价格、工人和机器的生产率、工人的工资和奖金等不确定因素，因而产生风险；由于设备事故、产品发生质量问题、新技术的出现等因素产生风险；由于出现了新的竞争对手，消费者爱好发生变化，销售决策失误产生风险。所有这些生产经营方面的不确定性，都会引起企业的利润或利润率的变化。

  财务风险是指由于举债而给企业财务成果带来的不确定性，也叫筹资风险。目前，绝大部分企业都要采用负债经营的形式。企业的全部资金中，除自有资金外，就是借入资金。借入资金的多少，对企业自有资金的盈利能力有一定的影响，当企业息税前（扣除利息和所得税之前）资金利润率高于借入资金利息率时，使用借入资金获得的利润除了补偿本身负担的利息外还有剩余，因而使自有资金利润率提高。但是，如果企业息税前资金利润率低于借入资金利息率，使用借入资金获得的利润还不够支付利息，就要用自有资金的一部分利润来支付利息，使自有资金利润率降低，甚至发生亏损。如果企业亏损情况得不到有效的控制，财务情况进一步恶化，丧失支付能力，就会出现无法还本付息甚至招致破产的危险。总之，基于诸多因素的影响，企业息税前资金利润率和借入资金利息率差额具有不确定性，从而引起自有资金利润率的变化，这种风险即为筹资风险，或称财务杠杆风险。财务风险程度的大小受借入资金对自有资金比例的影响。借入资金比例越大，风险程度随之增大；反之，借入资金比例越小，风险程度也随之减少。

  （二）风险的衡量

  风险总是客观存在的，并广泛地影响着企业的财务和经营活动。因此，正视风险并将风险程度予以量化，进行较为准确的衡量，便成为企业财务管理中的一项重要的工作。人们在对风险进行计量时，一般采用概率和统计的方法。

  1. 概率分布

  在现实生活中，某一事件在完全相同的条件下可能发生也可能不发生，既可能出现这种结果又可能出现那种结果，我们称这类事件为随机事件。概率就是用百分数或小数来表示随机事件发生可能性大小的数值。用 X 表示随机事件，X_i 表示随机事件的第 i 种结果，P_i 为出现该种结果的相应概率。若 X_i 出现，则 $P_i=1$。若不出现，则 $P_i=0$。把一般随机发生的事件的概率定为 0～1 之间的某个数值。概率的数值越大，发生的可能性越大。所有可能结果出现的概率之和必定为 1。概率必须满足以下两个要求：

(1) 所有概率(P_i)都在 0～1 之间,即 $0 \leqslant P_i \leqslant 1$。
(2) 所有结果的概率之和等于 1。

将随机事件各种可能的结果按一定的规则进行排列,同时列出各种结果出现的相应概率,这一完整的描述称为概率分布。

【例 2-17】 商运公司有两个投资机会,其未来的预期报酬率及其发生的概率如表 2-3 所示。

表 2-3 预期报酬率及其发生的概率

经济状况	A项目		B项目	
	概率(P_i)	预期报酬率(X_i)	概率(P_i)	预期报酬率(X_i)
繁荣	0.2	40%	0.2	70%
一般	0.6	20%	0.6	20%
衰退	0.2	0	0.2	−30%
合计	1		1	

在表 2-3 中可以看出,未来经济状况出现繁荣的可能性有 0.2。假如这种情况真的出现,B 项目可获得高达 70% 的报酬率。这也就是说,采纳 B 项目获利 70% 的可能性是 0.2。报酬率作为一种随机变量,受多种因素的影响。在此,假设其他因素都相同,只有经济状况一个因素影响报酬率。

概率分布分为两种类型:一种是离散型分布,即概率分布在几个特定的随机点上,概率分布图也只有几条直线,如图 2-1 所示;另一种是连续的概率分布,即概率分布在一定区间的连续各点上,概率分布图形成为一条曲线,如图 2-2 所示。

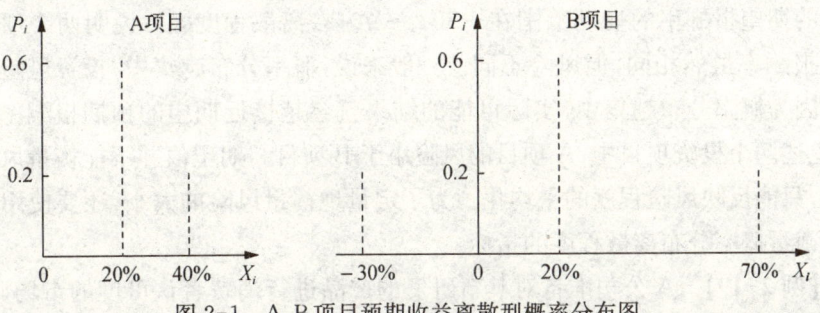

图 2-1　A、B 项目预期收益离散型概率分布图

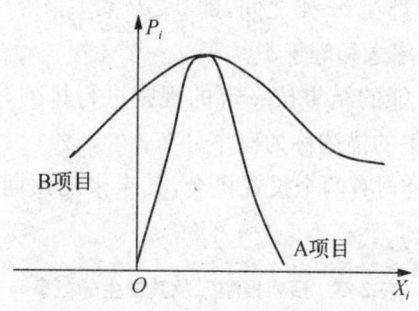

图 2-2　A、B 项目连续概率分布

2. 期望值

期望值(expected value)是一个概率分布中的所有可能结果,以各自相应的概率为权数计算的加权平均值。期望报酬率是各种可能的报酬率以其概率为权数进行加权平均得到的报酬率。期望报酬率反映预期收益的平均化,在各种不确定因素影响下,它代表着投资者的合理预期。其计算公式为:

$$\overline{E} = \sum_{i=1}^{n} X_i P_i$$

式中,$\overline{E}$ 代表期望报酬率;n 代表可能结果的个数。

【例 2-18】　以[例 2-17]中有关资料为依据,计算 A 项目和 B 项目的期望报酬率。

A 项目　$\overline{E}=40\%\times0.2+20\%\times0.6+0\%\times0.2=0.2$
B 项目　$\overline{E}=70\%\times0.2+20\%\times0.6-30\%\times0.2=0.2$

上述计算结果表明:两个项目的期望报酬率都是 20%,但是期望报酬率的分散程度相差很大。A 项目期望报酬率的变动范围在 0~40%,离散程度小;而 B 项目的期望报酬率的变动范围在-30%~70%,离散程度大。说明两个项目的期望报酬率虽然相同,但风险不同。一般来说,概率分布越集中,投资风险就越小。因为概率分布越集中,实际可能的结果就会越接近期望的预期报酬率。因此,上述两个投资项目中,A 项目的风险小于 B 项目。期望值并不能衡量风险的大小,只能反映风险程度的平均化。为了定量地衡量风险的大小,还要使用统计学中衡量概率分布离散程度的指标。

【例 2-19】　A 公司准备对其新研发的产品进行消费者认可度的市场调查。估计持乐观和悲观态度的消费者各占 50%。如果消费者给出乐观的估计,则新产品成功的概率为80%,预期帮助公司获得600万美元的盈利,失败的概率为20%,估计造成100万美元的亏损。若客户给出悲观的估计,则新产品预期可以取得成功的概率为40%,预期帮助公司获得400万美元的盈利;失败的概率为60%,估计造成300万美元的亏损,则预期新产品可以给公司带来的盈利(亏损)数额为多少?

新产品研发情况的联合概率分析如图2-3所示。

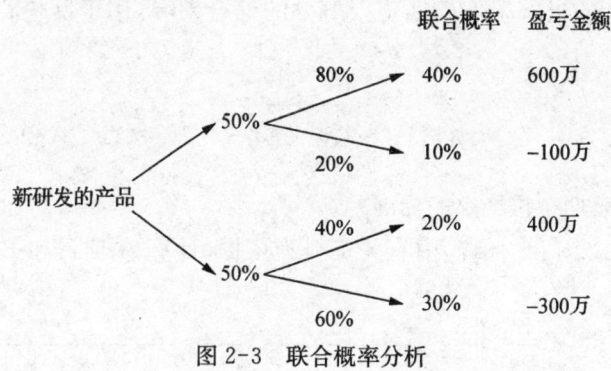

图2-3 联合概率分析

预期收益(期望值)＝40%×600＋10%×(－100)＋20%×400＋30%
　　　　　　　　×(－300)＝220(万元)

3. 离散程度

离散程度是用于衡量风险大小的统计指标。一般说来,离散程度越大,风险越大;离散程度越小,风险越小。反映随机变量离散程度常用的指标有方差、标准离差、标准离差率等。

1) 方差

方差(variance)是用来表示随机变量与期望值之间的离散程度的一个数值。其计算公式为:

$$\delta^2 = \sum_{i=1}^{n}(X_i - \overline{E})^2 \cdot P_i$$

式中,δ^2表示方差。

【例2-20】 以[例2-17]中有关资料为依据,计算A项目和B项目的方差。

A项目 $\delta^2 = \sum_{i=1}^{n}(X_i - \overline{E})^2 \cdot P_i$

$= (40\% - 20\%)^2 \times 0.2 + (20\% - 20\%)^2 \times 0.6 + (0\% - 20\%)^2 \times 0.2$

$= 0.016$

B项目 $\delta^2 = (70\% - 20\%)^2 \times 0.2 + (20\% - 20\%)^2 \times 0.6 + (-30\% - 20\%)^2 \times 0.2 = 0.1$

方差越小，说明离散程度越小，风险也就越小；方差越大，则离散程度越大，其风险也越大。计算结果表明，A项目的风险比B项目的风险小。

2）标准离差

标准离差（standard deviation）也叫均方差、标准差，是方差的平方根。标准离差是各种可能的报酬率偏离期望报酬率的综合差异，用于反映离散程度。其计算公式为：

$$\delta = \sqrt{\sum_{i=1}^{n}(X_i - \overline{E})^2 \cdot P_i}$$

式中，δ 代表期望报酬率的标准差。

【例2-21】 以[例2-17]中有关资料为依据，计算A项目和B项目的标准离差。

A项目标准离差 $\delta = \sqrt{(40\% - 20\%)^2 \times 0.2 + (20\% - 20\%)^2 \times 0.6 + (0 - 20\%)^2 \times 0.2}$
$= 12.65\%$

B项目标准离差 $\delta = \sqrt{(70\% - 20\%)^2 \times 0.2 + (20\% - 20\%)^2 \times 0.6 + (-30\% - 20\%)^2 \times 0.2}$
$= 31.62\%$

标准离差越小，说明离散程度越小，风险也就越小；标准离差越大，则离散程度越大，其风险也越大。计算结果表明，A项目的风险比B项目的风险小。

3）标准离差率

标准离差率（coefficient of variation）是反映随机变量离散程度的重要指标，是标准离差同期望值的比值，也称变异系数，通常用符号 q 表示。其计算公式为：

$$q = \frac{\delta}{E}$$

方差和标准离差是一个绝对数，只能用来比较相同的各项投资的风险程度，而不能用来比较期望值不同的投资项目的风险程度。对于期望值不同的投资项目的风险程度的比较，只能借助标准离差率这一相对数值。它是从相对角度观察的差异和离散程度，在期望值不同的情况下，标准离差率越大，风险也越大；反之，标准离差率越小，风险越小。

【例2-22】 以[例2-17]中有关资料为依据，计算A项目和B项目的标准离差率。

$$A 项目 q = \frac{\delta}{E} = \frac{12.65\%}{20\%} = 0.6325$$

$$B 项目 q = \frac{31.62\%}{20\%} = 1.581$$

计算结果表明,A 项目的风险比 B 项目的风险小。

三、风险报酬

企业财务和经营管理活动总是处于或大或小的风险之中,一般来说,高风险伴随高收益,也伴随高损失。因冒风险而得到的额外报酬就是风险报酬。

风险报酬是指投资者因冒风险进行投资而要求的,超过资金时间价值的那部分额外报酬,用风险报酬率来表示。如果不考虑通货膨胀的话,投资者进行风险投资所要求的或期望的投资报酬率便是资金时间价值(无风险报酬率)与风险报酬率之和。即:

$$期望投资报酬率 = 资金时间价值(或无风险报酬率) + 风险报酬率$$

假定资金时间价值为 5%,某项投资期望投资报酬率为 15%,如果不考虑通货膨胀因素,该项投资的风险报酬率便是 10%。

标准离差率虽然能正确评价投资风险程度的大小,但还不是我们所要求的风险报酬率。要计算风险报酬率还必须借助于一个系数——风险价值系数。风险价值系数是指风险报酬率与标准离差率的比率,它是把标准离差率换算成风险报酬的一个参数。它可以是经验数值,通常由投资者根据以往的同类项目或主观经验加以确定,也可以根据有关历史资料采用高低点法计算求得,一般用 b 表示。

风险报酬率与风险程度有关,风险越大,要求的报酬率越高。风险报酬率、风险价值系数和标准离差率之间的关系可用下式表示:

$$RR = b \cdot q$$

式中,RR 代表风险报酬率,b 代表风险价值系数。

期望投资报酬率可表示为:

$$K = R_f + RR = RF + b \cdot q$$

式中,K 代表投资总报酬率,R_f 代表无风险报酬率。

假设前述例题 A 项目的风险价值系数为 5%,B 项目风险价值系数为

8%,则：

$$A 项目 RR = 5\% \times 63.25\% = 3.16\%$$
$$B 项目 RR = 8\% \times 158.1\% = 12.65\%$$

如果无风险报酬率为10%,则期望投资报酬率分别为：

$$A 项目 K = 10\% + 3.16\% = 13.16\%$$
$$B 项目 K = 10\% + 12.65\% = 22.65\%$$

通过上述方法将决策方案的风险加以量化后,决策者便可据此作出决策。就一个投资方案而言,决策者可将其标准离差(率)同设定的可接受的此项指标最高限值对比看前者是否低于后者,然后作出决策。如果有多个投资方案进行选择,总的原则是,投资收益越高越好,风险程度越低越好。具体来说有以下几种情况：

（1）如果两个投资方案的预期收益率基本相同,应当选择标准离差率较低的那一个投资方案。

（2）如果两个投资方案的标准离差率基本相同,应该选择预期收益率较高的那一个投资方案。

（3）如果甲方案预期收益率高于乙方案,而其标准离差率低于乙方案,则应当选择甲方案。

（4）如果甲方案预期收益高于乙方案而其标准离差率也高于乙方案,在此情况下则不能一概而论,而要取决于投资者对风险的态度。

如投资者愿意冒较大的风险,以追求较高的收益率,则可选甲方案；如果投资者不愿意冒较大的风险,宁可接受较低的收益率,则可以选择乙方案。但如果甲方案收益率高于乙方案较多,而其收益标准离差率高于乙方案较少,则选择甲方案可能是比较适宜的。因此,成功的管理者总是要在风险与收益的相互协调中进行权衡,努力在收益一定的情况下使风险保持在较低的水平。

四、投资组合的报酬

如果你仅持有一种证券,在你获得的收益非常少时就可能遭受损失；如果持有两种以上的证券,且这些证券分散在不同种类上,风险就会降低。这种由两个或两个以上的资产所构成的集合,称为投资组合(investment portfolio)。投资组合理论认为,企业如果有选择地将资金同时投资于多种资产,如既投资于国库券、又投资于企业债券,还投资于企业股票,就可以有效地分散投资风险。现代投资组合理论经过几十年的发展,已经形成比较完整的理论体系,并逐步为人们的投资实践所应用。

那些证券持有量占总财富相当比例的投资者,通常要作投资组合,而不是仅持有某一公司股票。从投资者的角度看,某一特定股票的价格涨跌并不重要,重要的是对它们所组成的证券组合的风险和收益影响。因此,不同风险和收益的证券,应根据他们对所组成的证券组合的总收益和总风险的影响进行分析。这里的"证券"是"资产"的代名词,它可以是任何产生现金流的载体。

投资组合的报酬率是投资组合中单项资产预期报酬率的加权平均数。其计算公式为:

$$K_p = \sum_{i=1}^{n} K_i \cdot W_i$$

式中,K_p 为投资组合的报酬率;K_i 为第 i 项资产的预期报酬率;W_i 为第 i 项资产在组合中所占比例;n 为投资组合中资产的种类数。

【例2-23】 某投资组合中包括 A,B,C 三种证券,其预期报酬率分别为 18%,16%,20%,在这个组合中,证券 A,B,C 所占比例分别为 50%,25%,25%,则这个投资组合的报酬率为:

$$K_p = 50\% \times 18\% + 25\% \times 16\% + 25\% \times 20\% = 18\%$$

五、投资组合的风险

投资组合理论认为,若干种证券组成的投资组合,其收益是这些证券收益的加权平均数,但是其风险不是这些证券风险的加权平均风险,因此投资组合能降低风险。

投资组合报酬率的风险(标准差)计算公式是:

$$\sigma_p = \sqrt{\sum_{j=1}^{m} \sum_{k=1}^{m} A_j A_k \sigma_{jk}}$$

式中,σ_p 表示投资组合报酬率的标准差,m 表示组合内证券种类总数,A_j 表示第 j 种证券在投资总额中的比例,A_k 表示第 k 种证券在投资总额中的比例,σ_{jk} 表示第 j 种证券与第 k 种证券报酬率的协方差。

由上可见,投资组合的风险不仅取决于组合内各证券的风险,还取决于各个证券之间的关系。协方差和相关系数是有效的投资组合量度指标,揭示了两组随机变量(投资组合中的两项投资)的趋同程度,都是统计量度指标。

（一）协方差

方差衡量的是单一随机变量自身的运动，协方差（covariance）拓展了这一概念，它衡量一个随机变量怎样随另一随机变量运动。协方差反映的是投资组合中的两项不同资产预期会怎样共同变动而非独立变动，即一项资产的回报相对于另一项资产回报的运动方式。例如，汽车行业和钢铁行业回报率的变化就有可能呈现同方向变动。随着投资组合中资产数目的增多，各种资产两两之间的协方差变得更加重要。资产之间的运动差异性越大，投资组合的风险就越小。

协方差的计算公式为：

$$\sigma_{jk} = Corr_{jk}\sigma_j\sigma_k$$

式中，σ_{jk} 表示第 j 种资产与第 k 种资产报酬率的协方差（也可以表示为 Cov_{jk}），$Corr_{jk}$ 表示资产 j 与资产 k 报酬率之间的预期相关系数，σ_j 表示第 j 种报酬率的标准差，σ_k 表示第 k 种资产报酬率的标准差。

投资组合协方差的计算取决于单一资产的方差和所有资产两两之间的相关系数。

（二）相关系数

相关系数（correlation coefficient）是反映两项资产收益率的相关程度即两项资产收益率之间相对运动的状态。理论上，相关系数介于区间[-1,1]。相关系数大小可以表示风险的分散程度。正相关是指两个变量变动方向相同，一个变量由大到小或由小到大变化时，另一个变量亦由大到小或由小到大变化。负相关是指两个变量变动方向相反，一个变量由大到小或由小到大变化时，另一个变量由小到大或由大到小变化。当相关系数为 1 时，两项资产的收益率完全正相关，即两项资产的收益率变化方向和变化幅度完全相同，此时两项资产的风险完全不能相互抵消。当相关系数为 -1 时，表明两项资产的收益率具有完全负相关的关系，即它们的收益率的变化方向和变化幅度完全相反，此时两项资产之间的风险可以充分的相互抵消，甚至完全消除；当相关系数在从 1 到 -1 递减变化时，分散风险的效果是越来越强的。相关系数为零代表变量之间不存在线性关系，即不能通过线性方法基于某一资产的报酬率来预测另一资产的报酬率。

其实，当两种股票完全负相关时，所有的非系统性风险都可以分散掉；当两种股票完全正相关时，从降低风险的角度来看，分散持有股票没有好处。实际上，通过对现实证券市场的研究表明，尽管大部分证券之间存在着一种正相关关系，但两种证券的收益之间从来不可能达到完全的正相关。一般来说，随机选取两种股票,相关系数平均为 0.6 左右。对绝大多数股票而言,它们之间的相关系数将位于 0.5 到 0.7 之间,即部分正相关。在这种情况下,把两种股票组合成证券组合能在不降低投资者期望收益率的条件下,降低证券投资风险,但不能全部消除风险。不过,如果股票种类较多,则能分散掉大部分风险,而当股票种类足够多时,几乎能把所有的非系统性风险分散掉。

风险厌恶型的投资者一般愿意分散持有各种证券。只要投资组合里的证券不是完全正相关的,分散化就会降低投资组合的风险。一般来说,投资组合中来自同一行业的股票越少,该组合就越有可能具有较低的相关系数和较低的风险。设计良好的分散化投资能降低投资组合上下波动的可能性,并能在各种经济条件下创造更稳定的业绩。

【例 2-24】 假设某投资组合中包括 A,B 两种证券,其期望报酬率分别为 10%,18%,标准差分别为 12%,20%。在这个组合中,证券 A,B 所占比例相同,即各占 50%,则这个投资组合的期望报酬率为:

$$K_p = 50\% \times 10\% + 50\% \times 18\% = 14\%$$

如果这两种证券预期报酬率的相关系数为 1,没有任何抵消作用,在等比例投资的情况下,该组合的标准差等于两个证券各自标准差的算数平均数,即 $16\% = (12\% + 20\%) \div 2$。

如果这两种证券预期报酬率的相关系小于 1,组合的标准差就会小于加权平均的标准差。如当相关系数为 0.2 时,组合的标准差是:

$$\sigma_p = \sqrt{0.12^2 \times 0.5 \times 0.5 \times 1.0 + 0.2^2 \times 0.5 \times 0.5 \times 1.0 + 2 \times 0.5 \times 0.5 \times 0.2 \times 0.12 \times 0.2}$$
$$= 12.65\%$$

由此可以看出,只要两种证券预期报酬率的相关系数小于 1,投资组合报酬率的标准差(12.65%)就小于各证券报酬率标准差的加权平均数(16%)。

(三) 系统风险和非系统风险

一般来讲,随着资产组合中资产个数的增加,资产组合的风险会逐渐降低,当资产的个数增加到一定程度时,投资组合的风险程度将趋于平稳,这时组合风险的降低将非常缓慢直至不再降低。那些只反映资产本身特性、可通过增加组合中资产的数目而最终消除的风险称为非系统性风险。那些反映资产之间相互关系,共同运动,无法最终消除的风险称为系统性风险。

1. 系统性风险

系统性风险(systematic risk)是由于外部经济环境因素变化引起整个证券

市场的不确定性加强,从而对市场上所有证券都产生影响的共同性风险。例如,宏观经济状况的变化、通货膨胀、经济衰退、高利率以及战争等不可抗力的影响等,都会使证券预期收益率发生变动。系统性风险影响到市场上所有证券,无法通过投资多样化的证券组合而加以避免,也称为不可分散风险或市场风险。

系统性风险通常会波及所有证券,最终将反映在证券市场平均利率的提高上,实际上所有的系统性风险几乎都可以归结为利率风险。利率风险是由于市场利率变动引起证券价值变化的可能性。市场利率反映了社会平均报酬率,投资者对证券投资报酬率的预期总是在市场利率基础上进行的。当证券投资报酬率大于市场利率时,证券价值才会高于证券市价。一旦市场利率提高,就会引起证券价值的下降,投资者就不易得到超过社会平均报酬率的超额报酬。

2. 非系统性风险

非系统性风险(unsystematic risk)是由于特定的经营环境或特定事件变化所引起的不确定性,从而对个别公司产生影响的特有性风险。非系统性风险源于每个公司自身特有的营业活动和财务活动,与某个具体的证券相关联,同整个证券市场无关。例如,公司面临的产品市场风险、工人罢工、新产品开发成功与诉讼失败等。因为这些事件的成功与失败,从本质上讲是非预期的、随机发生的,只影响一个或少数公司而不会对整个市场产生太大影响。所以非系统性风险可以通过投资多样化来抵消,即发生于一家公司的不利事件可以被其他公司的有利事件所抵消,因此也称为可分散风险。

非系统性风险是公司特有风险,从公司内部管理的角度考察,公司特有风险的主要表现形式是公司经营风险和财务风险。从公司外部的证券市场投资者的角度考察,公司经营风险和财务风险的特征无法明确区分,公司特有风险是以违约风险、变现风险、破产风险等形式表现出来的。

非系统性风险能够通过证券投资组合来分散。至于风险能被分散掉的程度,则取决于投资组合中不同证券预期收益率之间的相关程度。按投资组合理论,理想的投资组合完全可以消除各证券本身的非系统性风险,证券投资组合只需考虑系统性风险即市场风险问题。

因此,对于一个风险充分分散的证券组合来说,重要的是该组合总的风险,即系统风险的大小,而不是每一证券的个别风险的大小。当一个投资者在考虑是否要在已有的证券组合中加入新的证券时,所考虑的重点也是这一证券对证券组合总的风险(系统风险)的贡献,而不是其个别风险的大小。其计算公式为:

$$投资组合的总风险 = 系统性风险 + 非系统性风险$$

投资组合的风险如图 2-4 所示。

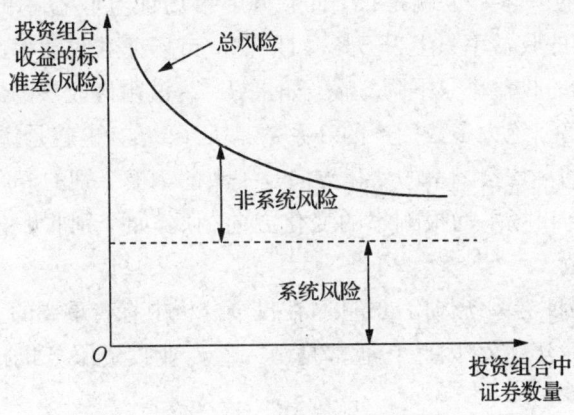

图 2-4　投资组合的风险

六、投资组合的风险报酬

（一）单项资产的系统风险系数（β 系数）

系统性风险的程度通常用 β 系数来计量。单个证券的 β 系数是指可以反映单项资产收益率与市场平均收益率之间变动关系的一个量化指标，它表示一项投资对市场变动的敏感程度。具体而言，β 系数用来表示市场每变动 1%，投资人预期一项投资的价格变动程度。可以采用回归直线法或定义公式计算 β 系数的大小。

β 系数的定义式为：

$$\beta_j = \frac{Cov(R_j, R_m)}{\sigma_m^2} = \frac{Corr_{jm} \sigma_j \sigma_m}{\sigma_m^2} = Corr_{jm} \left(\frac{\sigma_j}{\sigma_m} \right)$$

式中，$Cov(R_j, R_m)$ 代表第 j 种证券的报酬率与市场组合报酬率之间的协方差，它等于该证券的标准差 σ_j、市场组合的标准差 σ_m 以及两者相关系数 $Corr_{jm}$ 的乘积。

市场组合是指由市场上所有资产组成的组合。它的收益率就是市场平均报酬率，在实务中，通常用股票价格指数的报酬率来代替。而市场组合报酬率的标准差则代表了市场整体的风险，由于组合包含了市场上所有的资产，其中的非系统风险已经抵消，市场组合的风险就是市场风险或系统风险。

作为整体的证券市场的 β 系数为 1。如果某种证券的风险情况与整个证券市场的风险情况一致，则这种证券的 β 系数等于 1；如果某种证券的 β 系数大于 1，说明其风险大于整个市场的风险；如果某种证券的 β 系数小于 1，说明其风险小于整个市场的风险。如果 $\beta=0.5$，表明该证券的系统风险只相当于整个市场总的系统风险的一半。也就是说，如果整个市场证券收益率的平均水平上升 10%，则该证券的收益率只上升 5%；如果整个市场证券收益率的平均水平下降 10%，则该证券的收益率只下降 5%。如果 $\beta=2$，说明该股票的风险是整个市场股票风险的 2 倍。绝大多数资产的 β 系数是大于 0 的，也就是说，它们报酬率的变化方向和市场平均报酬率的变化方向是一致的。极个别的资产 β 系数小于 0，表明这类资产与市场平均报酬率的变化方向相反，如个别收账公司的 β 系数就是接近 0 的负数。

β 系数作为证券系统风险的量度，在投资分析中有着重要的意义。但由于其实际计算过程十分复杂，因此它通常是由一些专业投资服务机构定期计算并公布以供投资决策。

（二）投资组合的 β 系数和风险报酬

单项资产或投资的 β 系数可以由有关的投资服务机构提供。那么证券投资组合的 β 系数该怎样计算呢？投资组合的系数是单个证券 β 系数的加权平均数，权数为各种证券在投资组合中所占的比重。其计算公式为：

$$\beta_p = \sum_{i=1}^{n} \beta_i \cdot W_i$$

式中，β_p 代表证券组合的 β 系数；W_i 代表证券组合中第 i 种股票所占的比重；β_i 代表第 i 种股票的 β 系数；n 代表证券组合中股票的数量。

投资者进行证券组合投资与进行单项投资一样，都要求对承担的风险进行补偿，证券投资的风险越大，要求的报酬就越高。但与单项投资不同，证券组合投资要求补偿的风险不是全部风险，只是不可分散风险，不要求对可分散风险进行补偿。可分散风险只能通过投资者的多元化投资组合来分散掉风险。因为如果有可分散风险的补偿存在，善于进行投资组合的投资者将购买这部分股票，并抬高其价格，其最后的报酬率也只反映不可分散的风险。因此，证券组合的风险报酬是补偿投资者因承担不可分散风险而要求的、超过时间价值的那部分额外报酬。

投资组合的风险报酬因此可用下列公式计算：

$$R_p = \beta_p \cdot (K_m - R_f)$$

式中，R_p 代表证券组合的风险报酬率；β_p 代表证券组合的 β 系数；K_m 代表所有证券的平均报酬率，也就是由市场上所有证券组成的证券组合的报酬率，简称市场报酬率；R_f代表无风险报酬率，一般用国库券的利率来衡量。

【例 2-25】 某企业投资于 A,B,C 三种股票，构成证券投资组合，经测算，它们的 β 系数分别是 1.0,0.5,1.5，它们在证券组合中所占的比重分别为 20%,30% 和 50%，股票的市场平均报酬率为 16%，无风险报酬率为 12%，试计算这种证券组合的风险报酬率。

（1）确定证券组合的 β 系数：

$$\beta_p = 1.0 \times 20\% + 0.5 \times 30\% + 1.50 \times 50\% = 1.10$$

（2）计算该证券组合的风险报酬率：

$$R_p = 1.10 \times (16\% - 12\%) = 4.4\%$$

从以上计算可以看出，在其他因素不变的情况下，风险报酬率的大小主要取决于证券组合的 β 系数。β 系数越大，风险报酬就越大；反之，则越小。

【例 2-26】 承[例 2-25]，该企业为了降低风险，出售部分风险较高的 C 股票，买进部分 B 股票，使 A,B,C 三种股票在证券组合中的比重变为 20%,50%,30%。试计算此时的风险报酬率。

$$\beta_p = 1.0 \times 20\% + 0.5 \times 50\% + 1.50 \times 30\% = 0.9$$
$$R_p = 0.9 \times (16\% - 12\%) = 4.4\%$$

由此可见，调整各种证券在证券组合中的比重可改变证券组合的风险和风险报酬率。

七、资本资产定价模型与证券市场线

上述风险报酬率的计算只考虑因承担不可分散风险而要求的、超过时间价值的那部分额外收益。事实上，市场上可供选择的各种证券中，除具有风险性外，还具有无风险性。也就是说，不考虑风险因素的情况下，投资的资本至少还具有一定的无风险收益，即资金时间价值。因此，计算投资组合收益率必须全面考虑风险与收益的关系。

证券投资组合能够分散非系统性风险，而且如果组合充分有效，非系统性风险能完全被消除。因此，证券组合关心的是系统性风险。在证券市场达到均衡而无套利行为时，一种证券应当能提供与系统性风险相对称的期望报酬率。市场的系统性风险越大，投资者从该证券获得的期望报酬率也应当越高。

（一）资本资产定价模型

美国财务学家夏普（W.F. Sharpe）在 1964 年提出的风险资产价格决定理论，即资本资产定价模型(CAPM),就有效地揭示了多元化投资组合中资产风险与所要求的收益之间的联系,综合反映了证券的无风险收益和风险收益的结合,也就是必要收益率,进而为确定证券的价值提供了计量前提。资本资产定价模型是财务学形成和发展中最重要的里程碑。它第一次使人们能够量化市场风险的程度,并且能够对风险进行具体定价。这一模型听起来令人迷惑,实际上"资本资产"就是指股票,"定价模型"就是试图解释股票市场上股票价格是如何决定的。

这一模型具体形式为:

$$K_i = R_f + \beta_i \cdot (K_m - R_f)$$

式中,K_i 代表第 i 种证券或证券组合的必要报酬率;R_f 代表无风险报酬率;β_i 代表第 i 种证券或证券组合的 β 系数;K_m 代表市场上所有证券的平均报酬率,即市场报酬率。

资本资产定价模型也说明了必要报酬率 K_i 与不可分散风险 β 系数之间的关系。也就是说,β 系数越高,要求的风险报酬率就越高,在无风险报酬率不变的情况下,必要报酬率也就越高。

【例 2-27】 某公司股票的 β 系数为 1.2,无风险报酬率为 8%,市场上所有股票的平均报酬率为 14%,根据资本资产定价模型可计算出该公司股票的必要报酬率为:

$$\begin{aligned} K_i &= R_f + \beta_i \cdot (K_m - R_f) = 8\% + 1.2 \times (14\% - 8\%) \\ &= 15.2\% \end{aligned}$$

即该企业股票的报酬率达到或超过 15.2% 时,投资者才会进行投资;如果低于 15.2%,投资者不会购买该股票。

资本资产定价模型描述了证券资产风险与报酬的均衡关系,其核心是 β 系数。β 系数反映个别证券报酬率相对于证券市场所有证券报酬率的变化幅度,用于衡量个别证券的市场风险而不是全部风险。β 系数的经济意义在于,它告诉我们相对于市场组合而言,特定资产的系统风险是多少。

当然,系统性风险不能通过投资于更多的证券而分散掉,但可以通过投资组合来降低或提高投资组合资产的 β 值,从而降低或扩大投资组合的市场风险。

资本资产定价模型建立在如下基本假设之上:

(1) 所有的投资者均追求单期财富的期望效用最大化,并以各备选组合的期望收益和标准差为基础进行组合选择。

(2) 所有投资者均可以无风险利率无限制地借入或贷出资金。

(3) 所有投资者拥有同样预期，即对所有资产收益的均值、方差和协方差等，投资者均有完全相同的主观估计。

(4) 所有的资产均可被完全细分，拥有充分的流动性且没有交易成本。

(5) 没有税金。

(6) 所有投资者均为价格接受者。即任何一个投资者的买卖行为都不会对股票价格产生影响。

(7) 所有资产的数量是给定的和固定不变的。

在以上假设的基础上，夏普提出了具有奠基意义的资本资产定价模型。随后，每一个假设逐步被放开，并在新的基础上进行研究，这些研究成果都是对资本资产定价模型的突破和发展。多年来，资本资产定价模型经受住了大量的实践上的证明，尤其是 β 系数的概念。尽管该模型存在许多疑问，但是它以其科学的简单性、逻辑的合理性赢得了人们的支持。各种实证研究验证了 β 系数概念的科学性和适用性。资本资产定价模型用途广泛，如资本结构优化决策中权益资本成本率的确定，证券投资决策中证券市场价值的确定等。

（二）证券市场线

如果以上的概念能够用数学形式表示出来，那么就可以得出一个利用风险来定义股票所要求的报酬率的简单等式。这个等式就是证券市场线(SML)，它是资本资产定价模型的核心。证券市场线给出了股票所要求的报酬率的决定因素。

其计算公式为：

$$K_i = R_f + \beta_i \cdot (K_m - R_f)$$

式中，R_f 代表无风险报酬率，它根据短期国库券利率确定；K_m 代表市场平均报酬率；β_i 代表第 i 种股票的 β 值；$(K_m - R_f)$ 代表市场平均风险报酬；$\beta_i \cdot (K_m - R_f)$ 代表第 i 种股票的风险报酬。

资本资产定价模型的数学方程式在以 β 为横轴，投资者要求的报酬率为纵轴的坐标系上表达，如图 2-5 中的直线 SML 即为证券市场线。

证券市场线的主要含义如下：

(1) 纵轴为必要报酬率，横轴为以 β 系数表示的风险。

(2) 无风险证券的 $\beta=0$，故 R_f 成为证券市场线在纵轴上的截距。

(3) 证券市场线的斜率表示经济系统中风险厌恶感的程度。一般说来，投资者对风险的厌恶感越强，证券市场线的斜率就越大，对风险资产所要求的风险补偿越大，对风险资产的要求的报酬率也越高。

(4) 从图 2-5 中可以看出，β 值越大要求的报酬率越高。

从证券市场线可以看出，投资者要求的报酬率不仅仅取决于市场风险，而且还取决于无风险利率（SML 的截距）和市场风险补偿程度（SML 的斜率）。由于这些因素始终处于变动之中，所以证券市场线也不会一成不变。当预计通货膨胀提高时，无风险利率会随之提高，进而导致证券市场线的向上平移。风险厌恶感的加强，也会提高证券市场线的斜率。

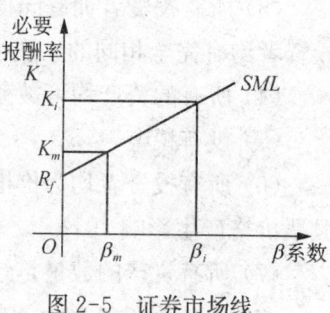

图 2-5　证券市场线

CAPM 模型由于它的简易形式得到广大投资者的信赖，由此模型得出的几何形式 SML，形式简单易于理解，这在众多的数学模型和统计模型中是很少见的。

第三节　利　息　率

一、利息率的含义

利息率（interest rate）又称利率，是资金使用权的交易价格，是一定时期内利息与本金的比率，通常用百分比表示。利率根据计量的期限不同，表示方法有年利率、月利率、日利率等。利率作为资本的价格，受到各种因素的综合影响，包括产业平均利润水平、货币供给与需求状况、经济发展状况、物价水平和利率管制等。政府往往根据其经济政策来干预利率水平，同时又通过调节利率来影响经济。对于企业来说，利率是企业财务投资决策的重要杠杆，在筹资决策中发挥重要作用，同时也影响企业的分配政策，因此在企业财务管理中具有重要意义。

基准利率是金融市场上具有普遍参照作用的利率，其他利率水平或金融资产价格均可根据基准利率水平确定。基准利率是利率市场化的重要前提之一，在利率市场化条件下，融资者衡量融资成本，投资者计算投资收益，客观上都要求有一个普遍公认的利率水平做参考，基准利率是利率市场化机制的核心。国际上一般用中央银行的再贴现率表示，在我国一般指中央银行对其他商业银行的再贷款利率。

二、报价利率和有效利率

有关资金时间价值的计算中均假定利率为年利率,每年复利 1 次。但实际上,复利的计息期不一定总是 1 年,有可能是季度、月或日。计息期越短,1 年中按复利计息的次数就越多,每年的利息额就会越大。

报价利率(quoted interest rate)也称名义利率,就是银行等金融机构在为利息报价时提供的一个年利率,并且同时提供每年的复利次数(或计息期天数)。

计息期利率就是借款人对每 1 元本金每期支付的利息。它可以是年利率,也可以是半年利率、季度利率、月利率或日利率等。

$$\text{计息期利率} = \text{报价利率} \div \text{每年复利次数}$$

有效利率(effective annual rate)也称为等价年利率或实际利率,是指在按照给定的计息期利率和每年复利次数计算利息时,能够产生相同结果的每年复利 1 次的年利率。

资金时间价值计算时折现率一般要采用有效利率。由于年内多次计息而使得年有效利率大于市场的报价利率,因此需要将报价利率换算为有效利率。例如,对于 1 年内多次复利的情况,可采用两种方法计算资金时间价值。

第一种方法是按有效利率与报价利率关系公式将报价利率调整为有效利率,然后按有效利率计算时间价值。

$$i = \left(1 + \frac{r}{m}\right)^m - 1$$

式中:r 代表报价利率;m 代表复利次数;i 代表有效利率。

【例 2-28】 某公司年初存入 100 000 元,年利率 8%,每季复利一次,到第 5 年年末,该公司能得到多少本利和?

将数据代入:

$$i = \left(1 + \frac{r}{m}\right)^m - 1 = \left(1 + \frac{8\%}{4}\right)^4 - 1 = 8.24\%$$

$$F = P \cdot (1+i)^n = 100\,000 \times (1 + 8.24\%)^5 = 148\,600(元)$$

第二种方法是不计算有效利率,而相应调整有关指标,即折现率变为 $\frac{r}{m}$,期数相应变为 $m \cdot n$,然后将调整后的指标带入时间价值的计算公式中。

依[例 2-28],用第二种方法计算本利和。

$$F = P \cdot \left(1+\frac{r}{m}\right)^{m \cdot n} = 100\,000 \times \left(1+\frac{8\%}{4}\right)^{4 \times 5}$$
$$= 100\,000 \times 1.486 = 148\,600(元)$$

三、市场利率的影响因素

在市场经济条件下,市场利率可用下式表示:

$$市场利率 = 纯利率 + 通货膨胀溢价 + 风险溢价$$

纯利率也称真实无风险利率,是指无通货膨胀、无风险情况下资金市场的平均利率。例如,在没有通货膨胀时,短期政府债券的利率可以视为纯利率。纯利率的高低,受社会平均利润率、资金供求关系和国家政策调节的影响。

通货膨胀溢价是指证券存续期间预期的平均通货膨胀率。预期通货膨胀会使资金购买力下降、货币贬值,投资者的真实报酬下降。因此,投资者在把资金交给借款人时,会在纯粹利息率的水平上再加上预期的平均通货膨胀溢价,以弥补通货膨胀对投资报酬率的影响。

纯利率与通货膨胀溢价之和,称为"名义无风险利率",简称无风险利率。

通货膨胀条件下的名义无风险利率是指金融机构公布的未调整通货膨胀因素的利率,其中包含对物价上涨风险补偿的因素。而真实无风险利率是扣除物价因素的补偿,在货币购买力不变情况下的真实利率水平,其两者间的关系为:

$$(1+R) = (1+r) \times (1+IP),$$
$$R = r + IP + r \times IP$$

式中,R 代表名义无风险利率;r 代表真实无风险利率;IP 表示预计的通货膨胀率。

上述关系可简化为:

$$R = r + IP$$

【例 2-29】 某商业银行 1 年期的存款年利率为 4%。假设通货膨胀率为 3%,则目前的真实利率水平是多少?

$$(1+R) = (1+r) \times (1+IP)$$
$$1 + 4\% = (1+r) \times (1+3\%)$$
$$r = 0.97\%$$

由于物价不断上涨是一种普遍趋势,所以名义无风险利率一般都高于真实无风险利率。

风险溢价是投资者要求的除纯利率和通货膨胀溢价之外承担风险的补偿。这类风险越大,投资人要求的收益率越高。实证研究表明,公司长期债券的风险大于国库券,要求的收益率也高于国库券;普通股票的风险大于公司债券,要求的收益率也高于公司债券;小公司普通股票的风险大于大公司普通股票,要求的收益率也大于大公司普通股票。风险越大,要求的收益率也越高,风险和收益之间存在对应关系。

一般来说,这类风险主要有:违约风险、流动性风险、期限性风险等。违约风险是指证券发行方到期无法按照约定足额支付本金或利息的风险,这种风险越大,投资者要求的风险溢价就越高。政府债券通常被认为没有违约风险,违约风险溢价为零。公司债券的评级越高,违约风险就越小,风险溢价也就越低。流动性风险,就是证券持有者无法在短期内以合理价格变现的风险。交易越频繁、信誉越好的证券,流动性就越强。国债的流动性较好,风险溢价较低;而不知名小公司的债券流动性较差,风险溢价高。期限性风险,是由于证券存续期间较长而给投资者带来的风险。随着投资期间的延长,投资者面临的不确定因素就越多,承担的风险就越大,因此风险溢价较大。

本章框架图

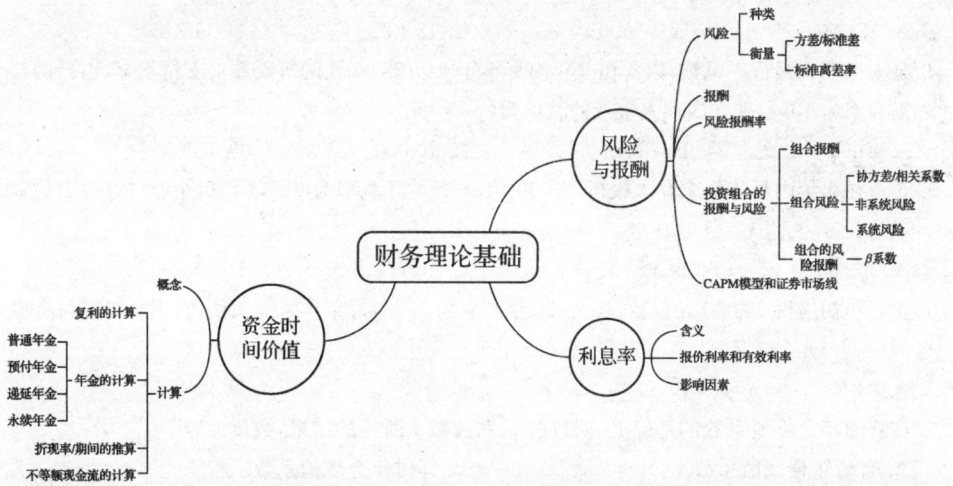

讨论题

1. 什么是资金时间价值？如何计算资金时间价值？
2. 什么是风险？衡量风险的指标有哪些？
3. 风险和报酬的关系是什么？如何计算风险报酬？
4. 资本资产定价模型的作用是什么？
5. 什么是利率？利率如何反映风险的大小？

习 题

一、单项选择题

1. 资金的时间价值是在没有风险和没有通货膨胀条件下的(　　)。
   A. 利息率　　　　　　　　　　B. 额外收益
   C. 社会平均资金利润率　　　　D. 收益率

2. 某人现在将 10 000 元存入银行,银行的年利率为 10%,按复利计算 4 年后可从银行取的本利和为(　　)元。
   A. 12 000　　B. 13 000　　C. 14 641　　D. 13 500

3. 某人准备在 5 年后以 20 000 元购买一台数字电视,银行年复利率为 12%,现在应存入银行的款项为(　　)元。
   A. 15 000　　B. 12 000　　C. 13 432　　D. 11 348

4. 某人拟存入银行一笔钱,以备在 5 年内每年年末以 2 000 元的等额款项支付租金,银行的年复利率为 10%,现在应存入银行的款项为(　　)元。
   A. 8 000　　B. 7 582　　C. 10 000　　D. 5 000

5. 企业在 4 年内每年年末存入银行 10 000 元,银行的年利率为 9%,4 年后企业可以提取的款项为(　　)元。
   A. 30 000　　B. 12 700　　C. 45 731　　D. 26 340

6. 企业年初借得 50 000 元贷款,10 年期,年利率为 12%,每年年末等额偿还,则每年应付金额为(　　)元。
   A. 8 849　　B. 5 000　　C. 6 000　　D. 28 251

7. 在普通年金终值系数的基础上,期数加 1、系数减 1 所得的结果,数值上等于(　　)。
   A. 普通年金现值系数　　　　B. 即付年金现值系数
   C. 普通年金终值系数　　　　D. 即付年金终值系数

8. 下列各项年金中,只有现值没有终值的年金是( )。
   A. 普通年金　　　　　　　　　　B. 即付年金
   C. 永续年金　　　　　　　　　　D. 先付年金

9. 如果两个项目预期收益的标准离差相同,而期望值不同,则这两个项目( )。
   A. 预期收益相同　　　　　　　　B. 标准离差率相同
   C. 预期收益不同　　　　　　　　D. 未来风险报酬相同

10. 一定时期内,每期期初等额收付的系列款项是( )。
   A. 即付年金　　　　　　　　　　B. 永续年金
   C. 递延年金　　　　　　　　　　D. 普通年金

11. 下列各项中,会引起企业财务风险的是( )。
   A. 举债经营　　　　　　　　　　B. 生产组织不合理
   C. 销售决策失误　　　　　　　　D. 新材料研制开发

12. 当1年内复利 m 次时,其名义利率 r 与实际利率 i 之间的关系是( )。
   A. $i = \left(1+\dfrac{r}{m}\right)^{m} - 1$　　　　B. $i = \left(1+\dfrac{r}{m}\right) - 1$
   C. $i = \left(1+\dfrac{r}{m}\right)^{-m} - 1$　　　D. $i = 1 - \left(1+\dfrac{r}{m}\right)^{m}$

13. 普通年金终值系数的倒数称为( )。
   A. 复利终值系数　　　　　　　　B. 偿债基金系数
   C. 普通年金现值系数　　　　　　D. 投资回收系数

14. 某一项年金,前4年没有流入,后5年开始每年年初流入1 000元,则该年金的递延期是( )年。
   A. 4　　　　B. 3　　　　C. 2　　　　D. 5

15. 标准离差是各种可能的报酬率偏离( )的综合差异。
   A. 风险报酬率　　　　　　　　　B. 概率
   C. 期望报酬率　　　　　　　　　D. 实际报酬率

16. 只有现值没有终值的年金,一般称为( )。
   A. 后付年金　　　　　　　　　　B. 永续年金
   C. 递延年金　　　　　　　　　　D. 即付年金

17. 投资者甘愿冒着风险进行投资,是因为进行风险投资可使企业获得( )。
   A. 等同于时间价值的报酬　　　　B. 利润
   C. 平均报酬　　　　　　　　　　D. 超过时间价值以上的报酬

18. 比较期望报酬率不同的两个或两个以上的方案的风险程度,应采用的指标是( )。
   A. 标准离差率　　　　　　　　　B. 标准离差
   C. 概率　　　　　　　　　　　　D. 风险报酬率

19. 甲某在 3 年中每年年初付款 100 元,乙某在 3 年中每年年末付款 100 元,若利率为 10%,则两者在第 3 年年末时终值相差( )元。

A. 31.3　　　　B. 33.1　　　　C. 133.1　　　　D. 13.31

20. 假设以 10% 的年利率借得 30 000 元,投资于某个寿命为 10 年的项目,为使该项目成为有利可图的项目,每年至少收回的现金数额为( )元。

A. 5 374　　　B. 6 000　　　C. 4 882　　　　D. 3 000

21. 下列说法中,错误的是( )。

A. 资金的时间价值可以使用纯利率表示

B. 偿债基金系数与年金现值系数互为倒数

C. 在现值和利率一定的情况下,计息期数越多复利终值越大

D. 利率既包含时间价值,也包含风险价值和通货膨胀因素

22. 从财务的角度来看,风险主要指( )。

A. 使企业的实际收益与预计收益发生背离的可能性

B. 生产经营风险

C. 筹资决策带来的风险

D. 不可分散的市场风险

23. 有甲、乙两个投资方案,其投资报酬率的期望值均为 18%,甲方案标准离差为 10%,乙方案标准离差为 20%,则( )。

A. 甲方案风险等于乙方案　　　　B. 甲方案风险小于乙方案

C. 甲方案风险大于乙方案　　　　D. 甲、乙方案风险无法确定

24. 企业发行债券,在名义利率和实际利率相同的情况下,对其比较有利的复利计息期是( )。

A. 1 季度　　　B. 半年　　　　C. 1 年　　　　D. 1 个月

25. 已知某种证券的 β 系数为 1,则表明该证券( )。

A. 基本没有风险　　　　　　　　B. 与市场上的所有证券的平均风险一致

C. 投资风险很低　　　　　　　　D. 比市场上的所有证券的平均风险高 1 倍

26. 某公司股票的 β 系数为 2.0,无风险利率为 4%,市场上所有股票的平均报酬率为 10%,则该股票的报酬率为( )。

A. 8%　　　　　B. 14%　　　　C. 16%　　　　D. 20%

27. β 系数是反映个别股票相对于平均风险的股票的变动程度的指标。它可以衡量( )。

A. 个别股票的市场风险

B. 个别股票的公司特有风险

C. 个别股票的非系统风险

D. 个别股票相对于整个市场平均风险的反向关系

28. 下列各项中,不属于投资风险的是( )。

A. 违约风险 B. 经营风险 C. 流动性风险 D. 期限风险

29. 投资于国库券时可不必考虑的风险是( )。
   A. 违约风险 B. 利率风险 C. 购买力风险 D. 再投资风险

30. 进行合理的投资组合能降低投资风险,如果投资组合包括市场上全部股票,则投资者( )。
   A. 只承担市场风险,不承担公司特有风险
   B. 既承担市场风险,又承担公司特有风险
   C. 不承担市场风险,也不承担公司特有风险
   D. 不承担市场风险,但承担公司特有风险

31. 下列证券中,能够更好地避免证券投资通货膨胀风险的是( )。
   A. 普通股 B. 优先股
   C. 公司债券 D. 国库券

32. 从投资人的角度来看,下列观点中,不能被认同的是( )。
   A. 有些风险可以分散,有些风险则不能分散
   B. 额外的风险要通过额外的收益来补偿
   C. 投资分散化是好的事件与不好的事件的相互抵消
   D. 投资分散化降低了风险,也降低了预期收益

33. 下列关于资本资产定价模型的说法中,错误的是( )。
   A. 股票的预期收益率与 β 系数线性相关
   B. 在其他条件相同时,经营杠杆较高的公司 β 系数较大
   C. 在其他条件相同时,财务杠杆较高的公司 β 系数较大
   D. 若投资组合的 β 系数等于1,表明该组合没有市场风险

34. 下列因素引起的风险中,企业可以通过多角化投资予以分散的是( )。
   A. 市场利率上升 B. 社会经济衰退
   C. 技术革新 D. 通货膨胀

35. 若某投资组合由收益呈完全负相关的两只股票构成,则该组合的( )。
   A. 非系统性风险能完全抵消
   B. 风险收益为零
   C. 投资收益大于其中任一股票的收益
   D. 投资收益标准差大于其中任一股票收益的标准差

二、多项选择题

1. 下列表述中,正确的有( )。
   A. 复利终值系数与复利现值系数互为倒数
   B. 普通年金终值系数与普通年金现值系数互为倒数
   C. 普通年金终值系数与偿债基金系数互为倒数
   D. 普通年金现值系数与偿债基金系数互为倒数

2. 影响资金时间价值大小的因素主要包括（　　）。
   A. 期限　　　　　B. 风险　　　　　C. 资金额　　　　　D. 利率
3. 风险和报酬的关系可以表述为（　　）。
   A. 风险越大，期望投资报酬越大
   B. 风险越大，获得的投资收益越大
   C. 风险越大，要求的收益越高
   D. 风险越大，期望投资报酬越小
4. 影响利率的主要因素有（　　）。
   A. 资金的供求
   B. 通货膨胀
   C. 国家的经济政策
   D. 风险
5. 永续年金的特点有（　　）。
   A. 没有终值
   B. 没有期限
   C. 每期不等额支付
   D. 每期等额支付
6. 下列关于递延年金的说法中，正确的有（　　）。
   A. 递延期越长，递延年金的现值越大
   B. 递延年金终值的大小与递延期无关
   C. 递延年金现值的大小与递延期有关
   D. 最后若干期没有收付款项
7. 在财务管理中，经常用来衡量风险大小的指标有（　　）。
   A. 标准离差　　　B. 期望值　　　C. 风险报酬率　　　D. 标准离差率
8. 下列各项中，属于经营风险的有（　　）。
   A. 开发新产品不成功而带来的风险
   B. 消费者偏好发生变化而带来的风险
   C. 自然气候恶化而带来的风险
   D. 原材料价格变动而带来的风险
9. 企业的财务风险有（　　）。
   A. 借款带来的风险
   B. 筹资决策带来的风险
   C. 外部环境变化造成的风险
   D. 销售量变动引起的风险
10. 下列关于风险报酬的表述中，正确的有（　　）。
    A. 风险报酬是必要投资报酬中不能肯定实现的部分
    B. 风险报酬只与投资时间的长短有关
    C. 风险越大，获得的风险报酬应该越高
    D. 风险报酬率只与投资风险有关
11. 投资报酬率的构成要素包括（　　）。
    A. 通货膨胀率　　B. 资金时间价值　　C. 风险报酬率　　D. 投资成本率
12. 按照资本资产定价模型，影响股票预期收益的因素有（　　）。
    A. 无风险收益率
    B. 所有股票的平均收益率
    C. 特定股票的 β 系数
    D. 经营杠杆系数
13. 下列各种风险中，属于系统性风险的有（　　）。
    A. 宏观经济状况的变化
    B. 国家货币政策的变化
    C. 公司经营决策失误
    D. 税收法律变化

三、判断题

1. 一般来说,资金时间价值是指没有通货膨胀情况下的投资报酬率。（   ）
2. 在本金和利率相同的情况下,若只有1年计息期,单利终值与复利终值是相等的。（   ）
3. 先付年金与后付年金的区别仅在于计息时间的不同。（   ）
4. 当利率大于零、计息期一定的情况下,复利现值系数大于1。（   ）
5. 根据风险与收益对等的原理,高风险的投资项目必然会获得高收益。（   ）
6. 名义利率是指每年复利次数超过一次时给出的年利率,实际利率是每年只复利一次的利率。（   ）
7. 企业利用借入资金经营时,企业只承担财务风险,并不承担经营风险。（   ）
8. 在终值和计息期数一定的情况下,贴现率越高,则计算出的现值越小。（   ）
9. 对于多个投资方案而言,无论各方案的期望值是否相同,标准离差率最大的方案一定是风险最大的方案。（   ）
10. 有效的证券组合,可以减少证券投资风险。（   ）
11. 把投资报酬率呈完全正相关的证券组合在一起,可以降低风险。（   ）
12. 股票投资的市场风险是无法避免的,不能用多样化投资来回避,而只能靠更高的报酬率来补偿。（   ）
13. 当风险系数等于0时,表明投资无风险,期望收益率等于市场平均收益率。（   ）
14. β系数反映的是个别股票相对于平均风险股票的变动程度。它可以衡量股票的公司特有风险,但不能反映个别股票的市场风险。（   ）
15. 证券组合风险的大小,等于组合中各个证券风险的加权平均数。（   ）
16. 当代证券组合理论认为,不同股票的投资组合可以降低风险,股票的种类越多风险越小,包括全部股票的投资组合风险为零。（   ）
17. 证券市场线反映股票的必要收益率与β值线性相关,而且证券市场线无论对于单个证券还是投资组合都是成立的。（   ）

四、计算分析题

1. 某企业于20×8年1月1日从银行取得贷款100万元,贷款年利息率为7%,每年计复利一次,该贷款满3年后一次还本付息。
   要求:计算3年后偿还的本利和。
2. 某企业准备在5年后投资350万元建一条生产线,现在提前存入银行一笔钱,5年后连本带利恰好取出350万元,银行年利息率为6%,每年计一次复利。
   要求:计算现在需一次存入银行的本金。
3. 某企业于第1年至第3年每年年初分别投资200万元、100万元和180万元,投资是从银行取得的贷款,年利息率为8%,每年计复利一次。
   要求:计算总投资额的现值。
4. 某企业准备3年后进行一项投资,投资额150万元,为此打算今后3年每年年末等额存入银行一笔资金用于投资。银行存款年利息率为 4%，每年复利一次。

要求：计算今后 3 年每年年末应等额存入的资金。

5. 某企业准备购买一台设备，需钱款 36 000 元，现存入银行 14 800 元，如果银行存款年利率为 9%。

   要求：计算该企业需存入多少年才能购买这台设备。

6. 企业在第 1 年年初借款 10 000 元，打算第 5 年年末偿还 15 500 元。

   要求：计算企业借款利率。

7. 双龙企业连续 3 年于每年年末向建设银行借款 1 000 万元，对原有企业进行改建和扩建。假定借款的年利率为 12%，若改扩建工程于第 4 年年初建成投产。

   要求：

   (1) 计算该项改、扩建工程第 4 年年初总投资额。

   (2) 若该企业在工程建成投产后，分 8 年等额归还建设银行全部借款的本息，每年年末应归还多少钱？

   (3) 若该企业在工程建成投产后，每年可获净利 900 万元，全部用来偿还建设银行的全部贷款本息，那么要多少年可以还清？

8. 假设双龙公司现有 A、B 两个投资方案可供选择，A、B 两项目的一次投资总额均为 30 万元，经济寿命均为 10 年。若投资款项从银行借入，利率为 8%，但 A 项目在 10 年内每年年末可收回投资 4 万元，回收总额为 40 万元；B 项目在前 5 年内，每年年末可回收投资 5 万元，后 5 年内，每年年末可回收 3 万元，回收总额为 40 万元。

   要求：为双龙公司作出 A、B 两个投资方案的决策分析。

9. 双龙公司需用一台设备，买价为 15 000 元，使用寿命为 10 年，如果租入，则每年年末需支付租金 2 200 元，除此以外，其他情况相同，假设年利率为 8%。

   要求：试说明该公司购买设备好还是租用设备好？

10. 某种债券的年名义利率为 8%，每个季度计算一次利息，使用的计息方法为复利计息。

    要求：

    (1) 计算该债券的实际年利率。

    (2) 若另一种债券每半年计算利息一次，实际年利率与前者相同，则其名义利率是多少？

11. 某化工集团拟投资某种农药生产项目。该化工集团经市场调查预测情况如表 2-4 所示。

表 2-4　市场预测情况表

供求状况	预计年报酬(万元)	概率
供不应求	600	0.5
供求适度	400	0.3
供过于求	−200	0.2

该行业风险报酬系数为 8%，无风险报酬率为 8%。

要求：
(1) 计算期望报酬。
(2) 计算投资报酬的标准离差。
(3) 计算标准离差率。
(4) 计算投资总报酬率。

12. 某人欲购买一幢房屋，按销售协议规定，如果购买时一次付清房款，需要支付房款 20 万元，如果采用 5 年分期付款方式，则每年需要支付房款 5 万元，如果采用 10 年分期付款方式，则每年需要支付 3 万元。假设银行存款利率为 10%，复利计息。

要求：
(1) 如果银行允许在每年年末支付款项，试确定某人采用的付款方式。
(2) 如果银行规定必须在每年年初支付款项，试确定某人采用的付款方式。

13. 某投资人的投资组合中包括 3 种证券，债券占 40%，A 股票占 30%，B 股票占 30%，其 β 系数分别为 1，1.5 和 2，市场全部股票的平均收益率为 12%，无风险收益率为 5%。

要求：
(1) 计算投资组合的 β 系数。
(2) 计算投资组合的预期收益率。

第三章 投资管理

学习目标

通过对本章的学习,你能够了解到:
1. 企业资本预算的内涵
2. 各种投资决策评价指标的计算
3. 各种投资决策方法的应用
4. 投资风险的评价方法

第一节 资本预算

对于创造价值而言,投资决策是最重要的决策,决定着企业的筹资规模、经营方式以及未来发展。投资管理也称资本预算,其主要内容是对投资项目的分析评价。简单来说,资本预算编制是制定长期投资决策的过程。其主要目的是企业评估长期项目的可行性以及该项目是否值得投资。

一、营业预算与资本预算

在企业经营过程中,企业会进行两种类型的投资:流动投资或资本投资。

(一)流动投资与营业预算

流动投资(或称流动支出)本质上是短期投资。这类投资在费用发生的当年即可结转冲销。工资、薪金、许多管理费用以及制造业的原材料支出都是流动投资。

营业预算(或称流动预算)是对当期经营活动的费用和收入的计划,具体决策过程会在营运资本管理中讲述。

（二）资本投资与资本预算

资本投资(或资本支出)本质上是长期投资。这类投资要求现金流出发生在当期,但是有预期的未来收益。资本投资的例子包括新添或重置设备的支出,建筑支出和土地支出,以及新产品和服务的研究、设计和开发相关的投资。

资本预算(capital budget)是指为了获取长期收益而就项目的支出以及为此融资的方式所制订的计划。企业的稳定性和未来的成功常常取决于企业的资本投资。因此,企业需要建立健全的资本预算流程,以分析并控制长期资产投资。对企业而言,要收回不良资产投资通常十分困难。

本章所讲的长期资产投资主要指项目投资。项目投资是以特定建设项目为投资对象的一种长期投资行为,它是企业扩大资本积累,提高收益能力,增强市场竞争力并抵御风险的重要手段。

二、资本预算应用范围

资本预算应用范围主要是经营性长期资产投资项目,可分为下列五种类型:

(1) 新产品开发或现有产品的规模扩张项目。该类项目通常需要添置新的固定资产,并增加企业的营业现金流入。

(2) 设备或厂房的更新项目。该类项目通常需要更换固定资产,但不改变企业的营业现金收入。

(3) 研究与开发项目。该类项目通常不直接产生现实的收入,而是得到一项是否投产新产品的选择权。

(4) 勘探项目。该类项目通常使企业得到一些有价值的信息。

(5) 其他项目。该类项目包括劳动保护设施建设、购置污染控制装置等。这些决策不直接产生营业现金流入,而使企业在履行社会责任方面的形象得到改善。企业有可能减少未来的现金流出。

这些投资项目的现金流量分布有不同的特征,分析的具体方法也有区别。最具一般意义的是第一种投资即新添置固定资产的投资项目。

三、资本预算编制的阶段划分

资本预算各阶段或各步骤的具体名称因企业而异。总体来说,企业的资本预算项目会涉及下面几个阶段:

第一阶段:确认。资本预算编制的第一阶段就是确认哪种类型的资本预算支出是必要的并与组织目标和战略相一致。

第二阶段:调查。第二阶段涉及全面调查初始资本投资计划,发掘备选投资项目。

第三阶段:评价。第三阶段是预计并比较每一个备选方案在整个生命周期内的收入、财务和非财务收益、成本以及现金流。管理人员必须评价该项目会对企业的资源造成何种影响以及企业能否承受这些成本。

第四阶段:选择。第四阶段是选择将要实施的项目,一般选择那些预计财务收益超过成本的差额最大的项目。此外,非财务(定性)结果也应予以考虑。

第五阶段:融资。第五阶段是取得项目融资,可以是内部融资,也可以通过在资本市场出售债务和权益进行外部融资。

第六阶段:实施和控制。第六阶段是实施资本项目,并采用必要的监控工具和评估工具,以使该项目始终保持在资本预算的范围内。选择该项目时所采用的预测要与实际结果进行比较。必要的话(并且可能的话),可能需要作出预算调整以在项目生命周期中获得最优结果。

四、资本预算项目投资计算期

项目计算期是指投资项目从投资建设开始到最终清理结束整个过程所需要的时间,一般以年为计量单位。由于投资项目的规模往往较大,需要较长的建设时间,所以,常常将投资项目的整个时间分为建设期和生产经营期。其中,建设期(记作 s,$s \geqslant 0$)的第一年年初称为建设起点,建设期的最后一年年末(第 s 年)称为投产日;生产经营期(记作 p,$p > 0$)是指从投产日到清理结束日之间的时间间隔;项目计算期的最后一年年末(记作 n 年)称为终结点。显然,如果用 n 表示投资项目计算期,则:

$$n = s + p$$

项目计算期对评价结果将产生重大影响,所以,必须力求准确。

五、资本预算项目资金确定及投入方式

原始总投资是反映项目所需现实资金的价值指标。从投资项目的角度看,原始总投资等于企业为使投资项目完全达到设计生产能力而投入的全部现实资金(包括固定资产投资、流动资产投资、开办费投资及无形资产投资等)。

投资总额是反映投资项目总体规模的价值指标,它等于原始总投资与建设期资本化利息之和。其中,建设期资本化利息是指在建设期应计入投资项目价

值的有关借款利息。

投资项目的资金投入方式可分为一次投入和分次投入两种。一次投入方式是指投资行为集中在一次发生或资金集中在某一个时点上投入。如果投资行为涉及两个或两个以上的时点,则属于分次投入方式。当建设期为零时,一般为一次投资方式。

六、资本预算项目投资的特点

项目投资的特点包括：目标性、唯一性、时间长、耗资多、不可逆和风险大等特点。一旦决策失误,会严重影响企业的现金流量和财务状况,甚至会造成企业破产清算。因此,企业应按照一定的程序,运用科学的方法进行论证,以保证决策的正确性和有效性。

第二节 投资决策评价指标

一、现金流量的含义及作用

(一)现金流量的含义

1. 现金流量的概念

现金流量(cash flow)也称现金流动量。在投资项目决策中,现金流量是指投资项目在计算期内因资本循环而可能或应该发生的各项现金流入量和现金流出量的统称,它是计算投资项目决策评价指标的主要根据和重要信息之一。这里的"现金"是广义的现金,它不仅包括各种货币资金,而且还包括项目需要投入企业拥有的非货币资产(如原材料、设备等)的变现价值。

2. 估算现金流量的假设

现金流量是计算投资项目评价指标的主要依据和重要信息,其本身也是评价投资项目是否可行的一个基础性指标。为了便于确定现金流量的具体内容,简化现金流量的计算过程,首先作出以下假设：

(1)财务可行性分析假设。即假设投资项目决策从企业投资者的立场出发,只考虑该项目是否具有财务可行性,而不考虑该项目是否具有国民经济可行性或技术可行性。

(2)全投资假设。即假设在确定投资项目的现金流量时,只考虑全部投资的运动情况,而不具体考虑和区分自有资金和借入资金等具体形式的现金流量。

即使实际存在借入资金也将其作为自有资金对待。

（3）建设期间投入全部资金的假设。即假设投资项目的资金都是在建设期投入的，在生产经营期没有投资。

（4）经营期和折旧年限一致假设。即假设项目主要固定资产的折旧年限或使用年限与经营期一致。

（5）时点指标假设。为了便于利用资金时间价值形式，将投资项目决策所涉及的价值指标都作为时点指标处理。其中，建设投资在建设期内有关年度的年初或年末发生，流动资金投资在建设期末发生，经营期内各年的收入、成本、摊销、利润、税金等项目的确认均在年末发生，新建项目最终报废或清理所产生的现金流量均发生在终结点。

3. 估算现金流量应注意的问题

1）增量现金流

在确定投资项目相关的现金流量时，应注意只有增量现金流量才是与项目相关的现金流量。所谓增量现金流量，是指接受或拒绝某个投资项目时，企业总现金流量会因此发生变动。只有那些由于采纳了某个项目引起的现金收支增加量才是该项目的现金流入和流出。

2）区分相关成本与非相关成本

相关成本是指与特定决策有关的、在分析评价时必须加以考虑的成本。例如，差额成本、未来成本、重置成本和机会成本等都属于相关成本。与此相反，与特定决策无关的、在分析评价时不必加以考虑的成本是非相关成本。例如，沉没成本、历史成本、账面成本等往往属于非相关成本。

3）不要忽视机会成本

机会成本是指由于某个项目使用某项资产而失去了采用其他方式使用该资产所丧失的潜在收益。也就是说，在投资方案的选择中，如果选择了一个投资方案，则必须放弃投资于其他途径的机会。其他投资机会可能取得的收益是实行本方案的一种代价，被称为这项投资方案的机会成本，它不是一种支出或费用，而是失去的收益。这种收益不是实际发生的，而是潜在的。机会成本总是针对具体方案的，离开被放弃方案就无从计量确定。

4）要考虑投资项目对其他部门的影响

当我们采纳一个新的项目后，该项目可能对公司的其他项目造成不利或有利的影响。

例如，某新款手机上市后，老款手机的销售量受到影响，所以新手机的增量收入中,要考虑到老款手机销量减少造成的收入减少的情况。当然,有些新项目上市后会促进其他项目的销售增长。这要看新项目和原有项目是竞争关系还是互补关系。当然,诸如此类的交互影响,事实上很难准确计量。但决策者在进行投资分析时仍要将其考虑在内。

5)要考虑投资方案对净营运资金的影响

在一般情况下,当公司开办一个新业务并使销售额扩大后,一方面,对于存货和应收账款等流动资产的需求也会增加;另一方面,公司扩充的结果使应付账款与一些应付费用等流动负债也会同时增加,从而对公司营运资本提出了不同需求。

(二)现金流量的作用

财务管理以现金流量作为投资项目的重要价值信息,源于现金流量有如下作用:

(1)现金流量所揭示的未来期间资金收支运动,可以序时、动态地反映投资项目的流出与回收之间的投入产出关系,使决策者处于投资主体的立场上,便于更完整、准确、全面地评价具体投资项目的经济效益。

(2)利用现金流量指标代替利润指标作为反映投资效益的信息,可以摆脱在贯彻财务会计的权责发生制时所面临的困境,即由于不同的投资项目可能采取不同的固定资产折旧方法、存货估价方法或费用摊配方法,从而导致不同方案的利润信息相关性差、透明度不高和可比性差。

(3)利用现金流量信息,排除了非现金收付内部周转的资本运动形式,从而简化了有关投资决策评价指标的计算过程。

(4)由于现金流量信息与项目计算期的各个时点密切结合,有助于在计算投资决策评价指标时,应用资金时间价值的形式进行动态投资效果的综合评价。

二、现金流量的构成与估算

现金流量由现金流入量和现金流出量两部分构成。

(一)现金流入量的构成

现金流入量(CIF)是指能够使投资方案的资金增加的项目,简称现金流入。包括:

(1)营业收入。即项目投产后每年实现的全部销售收入或业务收入。

(2)固定资产变价净收入。投资项目在终结阶段,原有固定资产将退出生产经营,企业对固定资产进行清理处置。固定资产变价净收入,是指固定资产出售或报废时的出售价款或残值收入扣除清理费用后的净额。

(3) 垫支营运资金的收回。伴随着固定资产的出售或报废,投资项目的经济寿命结束,企业将与该项目相关的存货出售,应收账款收回,应付账款也随之偿付。营运资金恢复到原有水平,项目开始垫支的营运资金在项目结束时得到回收。

回收固定资产余值和垫支的营运资金统称为回收额。

(4) 其他现金流入量。其他现金流入量是指以上三项指标以外的现金流入量项目。

(二) 现金流出量构成

现金流出量(COF)是指能够使投资方案的资金减少或需要动用现金的项目,简称现金流出。包括:

(1) 建设投资(含更新改造投资)。即在建设期内按一定生产经营规模和建设内容进行的固定资产投资、无形资产投资和其他资产投资等项投资的总称,它是建设期发生的主要现金流出量。其中,固定资产投资是指项目用于购置或安装固定资产应当发生的投资。无形资产投资是指项目用于取得无形资产应当发生的投资。其他资产投资是指建设投资中除固定资产投资和无形资产投资以外的投资,包括生产准备和开办费投资。

(2) 营运资金垫支。它是指投资项目形成了生产能力,需要在流动资产上追加的投资。由于扩大了企业生产能力,原材料、在产品、产成品等流动资产规模也随之扩大,需要追加投入日常营运资金。同时,企业日常营业规模扩充后,应付账款等结算性流动负债也随之增加,自动补充满足了一部分日常营运资金的需求。因此,为该投资项目垫支的营运资金是追加的流动资产扩大量与结算性的流动负债扩大量的净差额。

(3) 付现成本。即在经营期内为满足正常生产经营而动用资金支付的成本费用。成本中不需要每年支付现金的部分称为非付现成本,其中主要的是折旧费。所以付现成本可以用总成本减折旧、摊销等来估计。它是生产经营阶段上最主要的现金流出量项目。

另外,营业期内某一年发生的大修理支出,如果会计处理在本年度内一次性作为收益性支出,则直接作为该年付现成本;如果跨年摊销处理,则本年作为投资性的现金流出量,摊销年份以非付现成本形式处理。营业期内某一年发生的改良支出是一种投资,应该作为该年的现金流出量,以后年份通过折旧回收。

(4) 所得税。所得税是投资项目的现金支出,即现金流出量。

(5) 其他现金流出，即不包括在以上内容中的现金流出项目(如营业外净支出等)。

（三）现金净流量的估算

现金流量由现金流入量和现金流出量两部分构成，但现金流量有现金流入量、现金流出量和现金净流量三个具体概念。现金净流量(NCF)是指在项目计算期内由每年现金流入量与同年现金流出量之间的差额所形成的序列指标，它是计算投资项目决策评价指标的重要依据。在一般情况下，投资决策中的现金流量通常指现金净流量。

现金净流量具有以下两个特征：第一，无论是在经营期内还是在建设期内都存在现金净流量；第二，由于项目计算期不同阶段上的现金流入和现金流出发生的可能性不同，使得各阶段上的现金净流量在数值上表现出不同的特点，建设期内的现金净流量一般小于或等于零，经营期内的现金净流量则多为正值。

根据现金净流量的定义，可将其理论计算公式归纳为：

$$现金净流量 = 现金流入量 - 现金流出量$$

为简化现金净流量的计算，可以根据项目计算期不同阶段上的现金流入量和现金流出量具体内容，直接计算各阶段现金净流量。

1. 不考虑所得税因素的现金净流量的计算

投资项目在项目计算期内均可发生现金流入量和现金流出量，所以现金净流量的计算可分为建设期现金净流量、经营期现金净流量和经营期终结点现金净流量。

1) 建设期现金净流量的计算

建设期现金净流量的计算公式可表示为：

$$现金净流量 = -该年投资额$$

由于在建设期通常没有现金流入量，所以建设期的现金净流量为负值。另外，建设期现金净流量还取决于投资额的投入方式，若投资额是在建设期期初一次全部投入的，上述公式中的该年投资额即为原始总投资。

2) 经营期现金净流量的计算

经营期现金净流量是指投资项目投产后，在经营期内由于生产经营活动而产生的现金净流量。

其计算公式为：

$$现金净流量 = 营业收入 - 付现成本$$
$$= 营业收入 - (总成本 - 非付现成本)$$
$$= 利润 + 非付现成本$$

式中,非付现成本主要是固定资产年折旧费用、长期资产摊销费用和资产减值准备等。其中,长期资产摊销费用主要有跨年的大修理摊销费用、改良工程折旧摊销费用和筹建开办费摊销费用等。

3) 经营期终结点现金净流量的计算

经营期终结点现金净流量是指投资项目在项目计算期结束时所发生的现金净流量。其计算公式为:

$$现金净流量 = 营业现金净流量 + 回收额$$

其中,营业现金净流量是企业经营期所发生的现金净流量。

2. 考虑所得税因素的现金净流量的计算

众所周知,加大成本会减少利润,从而使所得税减少。如果不计提折旧,企业的所得税将会增加许多。折旧可以起到减少税负的作用,这种作用称为"折旧抵税"。

在不考虑所得税的情况下,折旧变化对现金流量没有影响。因为不论公司采取什么样的折旧方式,所改变的只是会计利润的大小,不会改变实际现金流量的发生模式。也就是说,折旧额增加(减少)与利润减少(增加)的数额是相等的,因此折旧变化不影响投资价值。但引入所得税后,折旧抵税作用直接影响投资现金流量的大小。

在考虑所得税后,现金流量的计算有三种方法。

1) 根据直接法计算

根据现金流量的定义,所得税是一种现金支付,应当作为每年现金净流量的一个减项。现金净流量的计算公式为:

$$现金净流量 = 营业收入 - 付现成本 - 所得税$$

2) 根据间接法计算

根据间接法,现金净流量的计算公式为:

$$现金净流量 = 营业收入 - 付现成本 - 所得税$$
$$= 营业收入 - (营业成本 - 折旧) - 所得税$$
$$= 营业利润 + 折旧 - 所得税$$
$$= 税后净利润 + 折旧$$

3) 根据所得税对收入和折旧的影响计算

$$税后成本 = 支出金额 \times (1-税率)$$
$$税后收入 = 收入金额 \times (1-税率)$$
$$折旧抵税 = 折旧 \times 税率$$

因此,现金净流量应当按下式计算:

$$现金净流量 = 税后收入 - 税后付现成本 + 折旧抵税$$
$$= 收入 \times (1-税率) - 付现成本 \times (1-税率) + 折旧 \times 税率$$

【例3-1】 商运公司有一投资项目需要固定资产投资210万元,开办费用20万元,流动资金垫支30万元。其中,固定资产投资和开办费用在建设期初发生,开办费用于投产后的前4年内摊销完毕。流动资金在经营期初垫支,在项目结束时收回。建设期为1年,该项目的经营期为10年。计提固定资产折旧采用直线法,期满有残值10万元。投产后前4年每年产生税前利润40万元;其后5年每年产生税前利润60万元;最后1年产生税前利润30万元。企业适用所得税税率为25%。试计算该项目的现金净流量。

根据以上资料计算有关指标如下:

第一,不考虑所得税因素的现金净流量的计算。

$$固定资产每年计提折旧额 = \frac{210-10}{10} = 20(万元)$$

$$开办费每年摊销额 = \frac{20}{4} = 5(万元)$$

建设期每年现金净流量:

$$NCF_0 = -(210+20) = -230(万元)$$
$$NCF_1 = -30(万元)$$

经营期每年现金净流量:

$$NCF_{2\sim5} = 40+20+5 = 65(万元)$$
$$NCF_{6\sim10} = 60+20 = 80(万元)$$

终结点现金净流量:

$$NCF_{11} = 30+20+30+10 = 90(万元)$$

第二,考虑所得税因素的现金净流量的计算。

$$固定资产每年计提折旧额 = \frac{210-10}{10} = 20(万元)$$

$$开办费每年摊销额 = \frac{20}{4} = 5(万元)$$

建设期每年现金净流量：

$$NCF_0 = -(210+20) = -230(万元)$$
$$NCF_1 = -30(万元)$$

经营期每年现金净流量：

$$NCF_{2\sim5} = 40 \times (1-25\%) + 20 + 5 = 55(万元)$$
$$NCF_{6\sim10} = 60 \times (1-25\%) + 20 = 65(万元)$$

终结点现金净流量：

$$NCF_{11} = 30 \times (1-25\%) + 20 + 30 + 10 = 82.5(万元)$$

【例3-2】 某固定资产项目需要一次投入价款110万元，建设期为1年，该固定资产可使用10年，按直线法折旧，期满有净残值10万元。投入使用后，可使经营期第1至第7年每年产品销售收入（不含增值税）增加80万元，第8至第10年每年产品销售收入（不含增值税）增加70万元，同时使第1至第10年每年的付现成本增加35万元。该企业的所得税税率为25%，不享受减免税优惠。

根据所给资料计算相关指标如下：

(1)   项目计算期=1+10=11(年)

(2)   年折旧=$\frac{110-10}{10}$=10(万元)

(3)   经营期第1至第10年每年增加总成本=35+10=45(万元)

(4)   经营期第1至第7年每年增加营业利润=80-45=35(万元)

          经营期第8至第10年每年增加营业利润=70-45=25(万元)

(5)   经营期第1至第7年每年增加应交所得税=35×25%=8.75(万元)

         经营期第8至第10年每年增加应交所得税=25×25%=6.25(万元)

(6)   经营期第1至第7年每年增加净利润=35-8.75=26.25(万元)

          经营期第8至第10年每年增加净利润=25-6.25=18.75(万元)

按简化公式计算的建设期每年现金净流量为：

$$NCF_0 = -110(万元)$$

$$NCF_1 = 0(万元)$$

按简化公式计算的经营期每年现金净流量为:

$$NCF_{2\sim8} = 26.25 + 10 = 36.25(万元)$$
$$NCF_{9\sim10} = 18.75 + 10 = 28.75(万元)$$
$$NCF_{11} = 18.75 + 10 + 10 = 38.75(万元)$$

根据上述结果可编制该项目现金流量表如表3-1所示。

表3-1　某固定资产项目现金流量表(全部投资)　　　单位:万元

项目计算期 (第 t 年)	建设期		经营期							合计
	0	1	2	3	…	8	9	10	11	
现金流入量:										
营业收入	0	0	80	80	…	80	70	70	70	770
回收固定资产余值	0	0	0	0	…	0	0	0	10	10
现金流入量合计	0	0	80	80	…	80	70	70	80	780
现金流出量:										
固定资产投资	110	0	0	0	…	0	0	0	0	110
经营成本	0	0	35	35	…	35	35	35	35	350
所得税	0	0	8.75	8.75	…	8.75	6.25	6.25	6.25	80
现金流出量合计	110	0	43.75	43.75	…	43.75	41.25	41.25	41.25	540
现金净流量	−110	0	36.25	36.25	…	36.25	28.75	28.75	38.75	240

三、投资决策评价指标

投资项目决策评价指标是指用于衡量和比较投资项目可行性,以便据以进行方案决策的定量化标准与尺度,是由一系列综合反映投资效益、投入产出关系的量化指标构成的。投资项目评价指标比较多,本章主要从财务评价的角度介绍投资利润率、静态投资回收期、动态投资回收期、净现值、现值指数、内含报酬率和年均净现值等指标。

(一)投资利润率

投资利润率又称会计报酬率,记作 ROI,是指正常年度利润或年均利润占原始投资额的百分比。其计算公式为：

$$投资利润率 = \frac{年平均利润额}{投资总额} \times 100\%$$

或：
$$ROI = \frac{P(或\ P')}{I'} \times 100\%$$

式中，P 代表正常达产年份的年度利润总额；P' 代表经营期内全部利润除以经营年数的平均数；I' 代表投资总额。

【例 3-3】 仍以[例 3-1]的有关资料为例，计算商运公司投资利润率指标。

$$年平均利润总额(P') = \frac{(40+40+40+40+60+60+60+60+60+30)}{10}$$
$$= 49(万元)$$

$$投资总额(I') = 固定资产投资 + 流动资产投资 + 开办费投资$$
$$= 210 + 30 + 20 = 260(万元)$$

$$投资利润率(ROI) = P' \div I' \times 100\% = 49 \div 260 \times 100\% \approx 18.85\%$$

投资利润率的决策标准是不低于企业资本成本或投资者要求的最低报酬率。

投资利润率的优点是：它是一种衡量盈利性的简单方法，使用的概念易于理解；使用财务报告的数据容易取得；考虑了整个项目寿命期的全部利润；揭示了采纳一个项目后财务报表将如何变化，使经理人员知道业绩的预期，也便于项目的后续评价。

投资利润率的缺点是：使用账面收益而非现金流量；忽视了折旧对现金流量的影响；忽视了净收益的时间分布对项目经济价值的影响。

（二）静态投资回收期

静态投资回收期简称回收期（PP），是指投资引起的现金流入累计到与投资额相等所需要的时间。它代表收回投资所需要的年限。回收期是反指标，回收年限越短越好。回收期包括两种形式：包括建设期的投资回收期（记作 PP）和不包括建设期的投资回收期（记作 PP'）。显然：

$$PP = PP' + S$$

式中，S 为建设期。通常只需要计算出其中一种投资回收期即可。

投资回收期的计算，视每年的营业现金净流量是否相等而有所不同。

第一，如果某一项目的投资均集中发生在建设期内，投产后一定期间内每年经营现金净流量（NCF）相等，且其合计大于或等于原始投资额，则投资回收期可按下式计算：

$$\text{不包括建设期的投资回收期} = \frac{\text{原始投资合计}}{\text{投产后前若干年每年相等的净现金流量}}$$

$$\text{包括建设期的回收期} = \text{不包括建设期的投资回收期} + \text{建设期}$$

【例3-4】 商运公司有一投资项目，建设期为1年，需一次投资200万元，使用寿命为5年，每年现金净流量为60万元。试计算该项目的投资回收期。

$$\text{不包括建设期的投资回收期} = \frac{200}{60} = 3.33(\text{年})$$

$$\text{包括建设期的回收期} = 3.33 + 1 = 4.33(\text{年})$$

第二，每年的经营现金净流量不相等，或者投产后一定时期内每年经营现金净流量相等，但其合计小于原始投资额，那么，计算回收期应根据"累计现金净流量"确定（不论每年现金净流量是否相等，都可以用此方法来确定静态投资回收期）。

根据回收期的定义，包括建设期的投资回收期 PP 满足以下关系式：

$$\sum_{t=0}^{PP} NCF_t = 0$$

这表明在现金流量表的"累计现金净流量"一栏中，包括建设期的投资回收期 PP 恰好是累计现金净流量为零的年限。

【例3-5】 如果某项目的现金净流量如表3-2所示，试计算该项目的静态投资回收期。

表 3-2　某项目现金净流量表　　　　　　　　　　　　　　单位：万元

年份	0	1	2	3	4	5
NCF_t	-100	20	30	40	50	40

先计算出该项目的累计现金净流量，如表3-3所示。

表 3-3　某项目累计现金净流量　　　　　　　　　　　　　单位：万元

年份	0	1	2	3	4	5
$\sum NCF_t$	-100	-80	-50	-10	40	80

从累计现金净流量可知，该项目的投资回收期介于第3至第4年，可用插值公式计算出具体投资回收期。

$$\left.\begin{array}{l}\text{期数}\\ 3\\ PP\\ 4\end{array}\right\}PP-3\Big\}1 \qquad \left.\begin{array}{l}\text{累计}NCF\\ -10\\ 0\\ 40\end{array}\right\}10\Big\}50$$

$$\frac{PP-3}{1}=\frac{10}{50} \quad PP=3.2(\text{年})$$

不包括建设期的回收期 $PP'=PP-0=3.2-0=3.2(\text{年})$

应用静态投资回收期法的决策规则是：

(1) 确定一个要求达到的回收期 E，作为判断的标准。一般经验值为：$PP \leqslant$ 项目计算期的一半；$PP' \leqslant$ 生产经营期的一半。

(2) 方案的 $PP \leqslant E$，为可行方案；否则，为不可行方案。

(3) 对单项的投资决策而言，$PP \leqslant E$ 时，即采纳，否则，即拒绝。对互斥选择的投资决策，在可行方案中，选择投资回收期最短的方案。

静态投资回收期法的优点是概念易懂，计算简便，并可促使企业尽快回收投资，减少风险，可以粗略地快速衡量项目的流动性和风险；其缺点是没有考虑时间价值，更没有考虑投资期满后的现金流量状况而难以全面衡量方案的经济效益。正因为其明显的缺陷，所以静态投资回收期法只作为辅助性的决策方法使用，一般应用于项目的初选评估。

(三) 动态投资回收期

动态回收期需要将投资引起的未来现金净流量进行贴现，以未来现金净流量的现值等于原始投资额现值时所经历的时间为动态回收期。

1. 未来每年现金净流量相等时

在这种年金形式下，假定动态回收期为 n 年，则：

$$(P/A,i,n)=\text{原始投资额现值}\div\text{每年现金净流量}$$

计算出年金现值系数后，通过查年金现值系数表，利用插值法，即可推算出动态回收期 n。

前述[例 3-4]中，$(P/A,i,n)=$ 原始投资额现值 $\div$ 每年现金净流量
$$=200\div 60=3.33$$

假设资本成本率为 10%，查表得知当 $i=10\%$，第 4 年年金现值系数为 3.169 9，第 5 年年金现值系数为 3.790 8。运用插值法求得动态回收期为 4.26 (年)。

2. 未来每年现金净流量不相等时

在这种情况下,应把每年的现金净流量逐一贴现并加总,根据累计现金流量现值来确定回收期。

【例 3-6】 沿用[例 3-5]的资料,假设资本成本率为 10%。试计算该项目的动态投资回收期。

先计算出该项目的累计现金净流量,如表 3-4 所示。

表 3-4 某项目累计现金净流量现值表　　　　　单位:万元

年份	0	1	2	3	4	5
NCF_t	−100	20	30	40	50	40
$(P/F, i, n)$	1	0.909 1	0.826 4	0.751 3	0.683 0	0.620 9
NCF 现值	−100	18.182	24.792	30.052	34.15	24.836
$\sum NCF_t$ 现值	−100	−81.818	−57.026	−26.974	7.176	32.012

从表 3-4 可以看出,动态回收期应该介于第 3 至第 4 年,利用插值法可以计算出该项目的动态回收期为 3.78 年。

动态回收期与静态回收期相比,考虑了时间价值,但是仍然没有考虑投资回收期满以后的现金流量。

(四) 净现值

净现值(net present value,简称 NPV)是指特定项目未来现金流入的现值与未来现金流出的现值之间的差额。它是评价项目是否可行的最重要指标。

净现值的基本公式为:

$$\text{净现值}(NPV) = \sum_{t=0}^{n} NCF_t \cdot (P/F, i_c, t)$$

式中,i_c 代表该项目折现率的资本成本率或投资者要求的报酬率;$(P/F, i_c, t)$ 代表第 t 年、折现率为 i_c 的复利现值系数。

1. 净现值的计算步骤

(1) 测算出项目各期的现金净流量 NCF_t。

(2) 按行业基准收益率、资本成本率或企业设定的贴现率,将投资项目各期所对应的复利现值系数确定下来。

(3) 将各期现金净流量与其对应的复利现值系数相乘,计算出现值。

(4) 最后加总各期现金净流量的现值,即得到该投资项目的净现值 NPV。

2. 采用净现值法评价投资项目的判断标准

(1) 单项决策时,若 $NPV>0$,说明项目的投资报酬率大于贴现率(资本成本率),可以增加股东财富,则项目可行;若 $NPV<0$,则项目不可行;$NPV=0$,则项目只能获得行业平均报酬率(贴现率),不改变股东财富。

(2) 多项互斥投资决策时,在净现值大于 0 的投资项目中,选择净现值较大的投资项目。

3. 净现值计算的几种特殊情况

(1) 全部投资在建设起点一次性投入,建设期为 0,投产后各年的现金净流量均相等,则构成普通年金形式,此时有:

$$净现值 = -原始投资额 + 投产后各年现金净流量 \times 年金现值系数$$

或:

$$NPV = NCF_0 + NCF_{1 \sim n} \cdot (P/A, i_c, n)$$

【例 3-7】 商运公司需投资 200 万元引进一条生产线,该生产线使用期限为 5 年,采用直线法折旧,期满无残值。该生产线当年投产,预计每年可获净利润 15 万元。如果该项目的行业基准贴现率为 8%,试计算其净现值并评价该项目的可行性。

原始投资额$(NCF_0) = -200$(万元)

投产后每年相等的现金净流量$(NCF_{1 \sim 5}) = 15 + 200 \div 5 = 55$(万元)

$$\begin{aligned}净现值(NPV) &= -200 + 55 \times (P/A, 8\%, 5) \\ &= -200 + 55 \times 3.9927 \approx 19.62(万元)\end{aligned}$$

由于该项目的净现值大于 0,所以项目可行。

(2) 全部投资在建设期起点一次投入,建设期为 0,投产后每年的现金净流量(不含回收额)相等,但终结点第 n 年有回收额 R_n,此时净现值可按两种方法计算。

方法一:将第 1 至第 $(n-1)$ 年每年相等的现金净流量视为普通年金,第 n 年的现金净流量视为第 n 年终值。其计算公式为:

$$NPV = NCF_0 + NCF_{1 \sim (n-1)} \cdot (P/A, i_c, n-1) + NCF_n \cdot (P/F, i_c, n)$$

方法二:将第 1~第 n 年每年相等的现金净流量按普通年金处理,第 n 年发生的回收额单独作为该年终值。其计算公式为:

$$NPV = NCF_0 + NCF_{1 \sim n} \cdot (P/A, i_c, n) + R_n \cdot (P/F, i_c, n)$$

【例 3-8】 假定有关资料与[例 3-7]相同,固定资产报废时有 20 万元净残值。则其净现值计算如下:

方法一：

$$净现值(NPV) = -200 + \left(15 + \frac{200-20}{5}\right) \times (P/A, 8\%, 4) +$$

$$\left(15 + \frac{200-20}{5} + 20\right) \times (P/F, 8\%, 5)$$

$$= -200 + 51 \times 3.3121 + 71 \times 0.6806$$

$$\approx 17.24(万元)$$

方法二：

$$净现值(NPV) = -200 + 51 \times (P/A, 8\%, 5) + 20 \times (P/F, 8\%, 5)$$

$$= -200 + 51 \times 3.9927 + 20 \times 0.6806$$

$$\approx 17.24(万元)$$

由于该项目的净现值大于0，所以项目可行。

(3) 全部投资在建设起点一次投入，建设期为 s，投产后每年的现金净流量第 $(s+1) \sim$ 第 n 年均相等，则后者具有递延年金的形式，此时的净现值计算公式为：

$$NPV = NCF_0 + NCF_{(s+1)\sim n} \cdot [(P/A, i_c, n) - (P/A, i_c, s)]$$

$$= NCF_0 + NCF_{(s+1)\sim n} \cdot (P/A, i_c, n-s) \cdot (P/F, i_c, s)$$

【例3-9】 假定有关资料与[例3-7]相同，建设期为1年，则其净现值计算为：

$$净现值(NPV) = -200 + 55 \times [(P/A, 8\%, 6) - (P/A, 8\%, 1)]$$

$$= -200 + 55 \times (4.6229 - 0.9259)$$

$$\approx 3.33(万元)$$

或：

$$净现值(NPV) = -200 + 55 \times (P/A, 8\%, 5)(P/F, 8\%, 1)$$

$$= -200 + 55 \times 3.9927 \times 0.9259$$

$$\approx 3.33(万元)$$

由于该项目净现值大于0，所以项目可行。

(4) 全部投资在建设期内分次投入，投产后第 $(s+1)$ 至第 n 年每年现金净流量相等，此时净现值的计算公式为：

$$NPV = NCF_0 + NCF_1 \cdot (P/F, i_c, 1) + \cdots + NCF_s \cdot (P/F, i_c, s)$$

$$+ NCF_{(s+1)\sim n} \cdot [(P/A, i_c, n) - (P/A, i_c, s)]$$

【例 3-10】 假定有关资料与[例 3-7]相同,建设期为 1 年,建设投资分别于年初、年末各投入资金 100 万元。其净现值计算如下:

$$净现值(NPV) = -100 - 100 \times (P/F, 8\%, 1) + 55 \times [(P/A, 8\%, 6) - (P/A, 8\%, 1)]$$
$$= -100 - 100 \times 0.9259 + 55 \times (4.6229 - 0.9259)$$
$$\approx 10.75(万元)$$

由于该项目净现值大于 0,所以项目可行。

4. 净现值指标的优缺点

净现值法是投资项目评价中常用的方法,其主要优点是考虑了资金的时间价值,增强了投资经济性评价的实用性;完整地考虑了项目计算期内全部现金流量,体现了流动性与收益性的统一;考虑了投资风险,投资项目风险可以通过提高贴现率加以控制。

净现值也存在某些缺点,主要有:净现值是一个绝对数,不能从动态的角度直接反映投资项目的实际收益率;净现值的计算比较复杂,且较难理解和掌握;净现值的计算需要有较准确的现金净流量的预测,并且要正确选择贴现率,而实际上现金净流量的预测和贴现率的选择都比较困难。

5. 贴现率的确定

在投资项目评价中,正确选择贴现率非常重要,它直接关系到投资项目的评价结果。如果选择的贴现率过低,则会使本来不应该采纳的投资项目得以通过,由此加大企业的经营风险。如果选择的贴现率过高,则会导致一些经济效益较好的投资项目不能通过,一方面会使有限的社会资源得不到充分的运用,另一方面会使企业失去有利的投资机会。在实务中,一般可采取以下几种方法确定投资项目的贴现率:

(1) 必要报酬率。必要报酬率代表公司在选择一项投资时可以接受的最低未来报酬。换句话说,它是公司在其他风险相似的资本投资中预期收到的回报。必要报酬率也指预期回报率、预设回报率、门槛回报率或(机会)资本成本。

在实务中,确定所有潜在投资的必要报酬率极富挑战性,也极费时间。确认并评估特定时点所有可行的投资机会对企业来说既困难又费钱。企业倾向于使用两种方法来简化该过程:最低回报率或资本成本(WACC)。

(2) 最低回报率。企业一般会设定一个最低回报率用于评估各项投资。最低回报率的设定通常基于企业的战略目标、行业平均值和常见的投资机会。如果企业将最低回报率作为投资基准,那么资本投资项目必须满足该最低回报率的要求。

（3）资本成本。企业经常使用加权平均资本成本（WACC）来评价与企业总体风险具有相同风险特征的资本投资的成本（例如具有企业平均风险的项目）。

因此，在制定资本投资决策时，资本成本可以用作估算项目现金流量现值的理论贴现率。资本成本也可以作为必要报酬率的基准和资本投资项目内含报酬率的取舍分界点。

（五）现值指数

现值指数（profitabilily index，简称 PI）亦称获利指数，是指投产后按行业基准收益率或企业设定贴现率折算的各年经营期现金净流量的现值合计（可简称报酬总现值）与原始投资的现值合计（投资总现值）之比，其实质是每1元初始投资所能获取的未来收益的现值额。用公式表示为：

$$PI = \frac{\sum_{t=s+1}^{n} NCF_t \cdot (P/F, i_c, t)}{\left| \sum_{t=0}^{s} NCF_t \cdot (P/F, i_c, t) \right|}$$

现值指数是一个贴现的相对量评价指标，采用这种方法的判断标准是：如果 $PI \geqslant 1$，则该投资项目可行；如果 $PI < 1$，则该投资项目不可行。如果几个投资项目的获利指数都大于1，那么获利指数越大，投资项目越好。但在进行互斥性投资决策时，正确的选择原则不是选择获利指数最大的项目，而是在保证获利指数大于1的情况下，追加投资收益最大化。

【例 3-11】 根据[例 3-7]的资料，假设该项目的行业基准折现率为10%，其获利指数计算如下：

$$获利指数(PI) = \frac{55 \times (P/A, 8\%, 5)}{|-200|} = 1.098$$

由于该项目的获利指数大于1，根据判断标准，该项目可行。

获利指数法的优缺点与净现值法的优缺点基本相同，但有一重要区别是：获利指数法可以从动态的角度反映投资项目的资金投入与总产出之间的关系，使各种不同投资额项目之间可直接用获利指数进行对比。其缺点除了无法直接反映投资项目的实际收益率外，计算比净现值指标复杂，计算口径也不一致。

（六）内含报酬率

1. 内含报酬率的含义

内含报酬率（internal rate of return，简称 IRR）又叫内部收益率，就是指项目在计算期内各年现金净流量现值累计等于零时的折现率。简而言之,能使投资方案净现值等于零的折现率就是该方案的内含报酬率,是投资项目预期可以实现的收益率。显然,内含报酬率 IRR 满足下列等式:

$$\sum_{t=0}^{n} NCF_t \cdot (P/F, IRR, t) = 0$$

内含报酬率是个折现的相对量正指标,采用这一指标的决策标准是将所测算的各方案的内含报酬率与其资本成本或投资者要求的最低报酬率对比。如果方案的内含报酬率大于其资本成本,该方案可行;如果方案的内含报酬率小于其资本成本,该方案不可行。如果几个投资方案的内含报酬率都大于其资本成本,且各方案的投资额相同,那么内含报酬率与资本成本之间差异最大的方案最好。

2. 内含报酬率的计算

内含报酬率可以分两种情况分别进行计算:

第一种情况,当建设期为 0,全部投资于建设期起点一次性投入,营业期间各年现金净流量相等,可采用简化方法计算。

第一步,先求年金现值系数 C。由内含报酬率的定义可知:

各年 NCF × 年金现值系数 = 原始投资额现值

所以:　　年金现值系数 C = 原始投资额现值 ÷ 各年现金净流量

第二步,查年金现值系数表,如果在期数为 n 的行中恰好找到等于上述数值的年金现值系数 C,则该系数所对应的贴现率即为所求的内含报酬率。

第三步,如果在年金现值系数表中无法在期数为 n 的行中找到与计算出的数值相等的年金现值系数 C,则可在期数为 n 的行中找出与之相邻的两个临界年金现值系数 C_m 和 C_{m+1} 及其相应的两个折现率 r_m 和 r_{m+1},然后采用内插法近似计算该投资项目的内含报酬率。

$$IRR = r_m + \frac{C_m - C}{C_m - C_{m+1}} \cdot (r_{m+1} - r_m)$$

为缩小误差,按照有关规定,r_m 和 r_{m+1} 之间的差不得大于 5%。

在实际工作中,如遇到某投资方案各年的 NCF 相等,只是期末因有固定资产的残值回收,造成最后一期的现金流量与各年的现金流量不等时,为了简化计算,一般也可把这种情况视作各年 NCF 相等,即把最后一期的残值平均分摊到各年 NCF 中去,并将以上计算公式中的分母改为"各年平均的 NCF"。

第二种情况,各年现金净流量不相等时,可用逐步测试法。

该方法的计算步骤如下：先估计一个贴现率，并用其计算投资项目的净现值。若净现值等于 0，则该贴现率即为投资项目的内含报酬率，计算终止。若净现值大于 0，即表明原先估计的贴现率低于该方案的内含报酬率，应提高贴现率，再进行测算（贴现率提高的幅度应该视已经计算出的净现值而定，即如果已经计算出的净现值越大，则贴现率提高的幅度就应该越大）；反之，若净现值小于 0，则表明原先估计的贴现率高于该项目的内含报酬率，应降低贴现率，再进行测算（贴现率降低的幅度也应该视计算出的净现值而定）。经过若干次的重复，最终一定会找到使净现值由正到负的两个相差不是很大的贴现率。再用插值公式计算出 IRR。

【例 3-12】 根据[例 3-7]的资料，可计算其内含报酬率如下：

$$(P/A, IRR, 5) = 200 \div 55 = 3.6364$$

查 5 年的年金现值系数表：
因为：

$$(P/A, 10\%, 5) = 3.7908 > 3.6364$$
$$(P/A, 12\%, 5) = 3.6048 < 3.6364$$

所以：

$$10\% < IRR < 12\%$$

$$IRR = 10\% + \frac{3.7908 - 3.6364}{3.7908 - 3.6048} \times (12\% - 10\%)$$

$$\approx 11.66\%$$

【例 3-13】 根据[例 3-2]的资料，计算该项目的 IRR。
因为该项目各年的现金净流量不等，所以只能用逐步测试法计算内含报酬率。
第一次测试：设折现率为 20%，以此折现率计算净现值如下：

$$NPV = -110 + 36.25 \times [(P/A, 20\%, 8) - (P/A, 20\%, 1)] + 28.75$$
$$\times (P/F, 20\%, 9) + 28.75 \times (P/F, 20\%, 10) + 38.75 \times (P/F, 20\%, 11)$$
$$= 14.32(万元)$$

由于 NPV 大于 0，说明设定的折现率低于 IRR，所以要提高折现率再次测试。
第二次测试：设折现率为 24%，以此折现率计算 NPV 为：

$$NPV = -110 + 36.25[(P/A, 24\%, 8) - (P/A, 24\%, 1)] + 28.75$$
$$\times (P/F, 24\%, 9) + 28.75 \times (P/F, 24\%, 10) + 38.75 \times (P/F, 24\%, 11)$$
$$= -4.09(万元)$$

通过上述两次测试,我们知道该方案的 IRR 一定是介于 20%～24%,现用内插法计算如下:

$$IRR = 20\% + \frac{14.32 - 0}{14.32 + 4.09} \times (24\% - 20\%) \approx 23.11\%$$

若资本成本＞23.11%,则方案不可行;资本成本＜23.11%,则方案可行。

3. 内含报酬率法的优缺点

内含报酬率法的主要优点是:

第一,内含报酬率反映了投资项目本身可能达到的报酬率,不受贴现率选择的影响,比较客观,易于被高层决策人员所理解。

第二,对于独立投资方案的比较决策,如果各方案原始投资额现值不同,可以通过计算各方案的内含报酬率,反映各独立投资方案的获利水平。

内含报酬率法的主要缺点是:

第一,计算复杂,不易直接考虑投资风险大小。

第二,在互斥投资方案决策时,如果各方案的原始投资额现值不相等,有时无法作出正确的决策。

(七)年均净现值

年均净现值是把投资项目的净现值,按年金现值系数,分摊为项目每年的平均净现值(用 ANPV 表示)。

年均净现值的计算公式为:

$$ANPV = \frac{NPV}{(P/A, i, n)}$$

应用 ANPV 的决策规则与 NPV 法相同。

【例 3-14】 商运公司计划投资 300 000 元建设一项目,现有甲、乙两个方案可供选择,甲方案寿命 5 年,每年现金流量为 80 000 元,乙方案寿命为 8 年,每年现金流量为 56 000 元,假设企业要求的投资报酬率为 8%。试比较甲、乙两方案优劣。

甲、乙方案现金流量的计算如表 3-5 所示。

表 3-5 甲、乙方案现金流量表　　　　　　　　　　单位:元

时间	0	1	2	3	4	5	6	7	8
现金	-30 000	80 000	80 000	80 000	80 000	80 000			
流量	-30 000	56 000	56 000	56 000	56 000	56 000	56 000	56 000	56 000

$NPV_甲 = 80\,000 \times (P/A, 8\%, 5) - 30\,000 = 19\,440(元)$

$NPV_乙 = 56\,000 \times (P/A, 8\%, 8) - 30\,000 = 21\,832(元)$

$ANPV_甲 = NPV_甲 \div (P/A, 8\%, 5) = 19\,440 \div 3.993 = 4\,868.52(元)$

$ANPV_乙 = NPV_乙 \div (P/A, 8\%, 8) = 21\,832 \div 5.747 = 3\,798.85(元)$

从净现值分析 $NPV_乙 > NPV_甲$，应选用乙方案，但由于两个方案寿命不同，不能单凭 NPV 总额指标作出判断，需要比较两方案的 ANPV 平均指标，选择 ANPV 较大的方案。因为 $ANPV_甲$ 大于 $ANPV_乙$，因此，应选用甲方案。

另外，用年均净现值法还特别适用于评价现金流入量相同，但现金流出量不同的各投资方案之优劣，这时，只需要比较各方案的等年现金流出量（即年平均成本）大小即可。

第三节 投资项目决策方法应用

财务可行性评价指标的首要功能就是用于评价某个具体的投资项目是否具有财务可行性。在投资决策的实践中，必须对所有已经具备技术可行性的投资备选方案进行财务可行性评价。

根据投资项目中投资方案的数量，可将投资方案分为单一方案和多个方案；根据投资方案之间的关系，可以将投资方案分为独立方案和互斥方案等。

一、独立方案的决策

所谓独立方案，是指在决策过程中，一组互相分离、互不排斥的方案或单一的方案。在独立方案中，选择某一方案并不排斥选择另一方案。独立方案的决策属于筛分决策，评价各方案本身是否可行，即方案本身是否达到某种要求的可行性标准，如 $NPV \geqslant 0$，$PI \geqslant 1$，$IRR \geqslant i$，$PP \leqslant \dfrac{n}{2}$，$ROI \geqslant i$（资本成本或投资者要求的最低报酬率）。一般来说，各折现指标对同一独立项目评价不会出现相互矛盾的结论，当折现指标与非折现指标（辅助指标）评价同一独立项目发生矛盾时，应以折现指标结论为准。独立方案之间比较时，决策要解决的问题是如何确定各种可行方案的投资顺序，即各独立方案之间的优先顺序。排序分析时，以各独立方案的获利程度作为评价标准，一般采用内含报酬率为主，结合 NPV 进行比较决策。如果各指标结论一致，则项目完全（不）具备财务可行性；如果折现指标可行而非折现指标不可行，则项目具备基本财务可行性；如果非折现指标可行而折现指标不可行,则项目基本不具备财务可行性。

二、互斥方案的决策

互斥方案是指互相关联、互相排斥的方案,即一组方案中彼此可以相互代替,采纳方案组中的某一方案,就会自动排斥这组方案中的其他方案。因此,互斥方案具有排他性。

企业在进行投资项目决策时,常常会碰到多个可供选择的投资项目,企业必须从中选择一个项目的情况,这就是互斥项目的投资决策问题。投资决策中的互斥项目决策是指在决策时涉及多个相互排斥、不能同时并存的投资方案。互斥方案决策过程是在每一个入选方案已具备财务可行性的前提下,利用具体决策方法比较各个方案的优劣,利用评价指标从各个备选方案中最终选出一个最优方案的过程。互斥方案决策的方法主要有净现值、获利指数、差额投资内含报酬率和年均净现值等。所谓净现值,是指通过比较所以已具备财务可行性投资方案的净现值指标的大小来选择最优方案的方法。该法适用于原始投资额相同且项目计算期相等的多方案比较决策。在此法下,净现值最大的方案为优。所谓差额投资内含报酬率法,是指在两个原始投资额不同方案的差量现金净流量(ΔNCF)的基础上,计算出差额内含报酬率(ΔIRR),并与基准折现率进行比较,进而判断方案孰优孰劣的方法。该法适用于两个原始投资方案不相同,但项目计算期相同的多方案比较决策。当差额内含报酬率指标大于或等于基准折现率或设定折现率时,原始投资额大的方案较优;反之,则投资少的方案为优。年均净现值(年等额净回收额)法,是指通过比较所有投资方案的年均净现值(年等额净回收额)指标的大小来选择最优方案的决策方法。该法适用于原始投资额不同,特别是项目计算期不同的多方案比较决策。在此法下年均净现值(年等额净回收额)最大的方案为优。另外,净现值、内含报酬率、获利指数等方法在互斥方案或非常规方案的应用中可能会得出不同的结果,应该引起注意。

1. 净现值和内含报酬率的比较

净现值法和内含报酬率法对项目的风险或不确定性具有相同的基本假设前提,并且这些假设前提都建立在估计的基础上,所作出的估计越精确,净现值法和内含报酬率法就越准确。

两者主要的区别是,净现值的最终结果是绝对数,而内含报酬率最终结果是相对数。就这一点而言,净现值法占优势,因为单个项目的 NPV 的值可以相加,从而能评价接受某种可能的项目组合,即在资本限量决策中可以应用净现值法。

而内含报酬率是相对数,多个项目的 IRR 不能相加或求平均值,所以,在资本限量决策中一般不用 IRR 法。

如果被评估的项目在项目计算期内的必要报酬率不断变化,则 NPV 法很有用。净现值法是确定投资项目现金流入量总现值与现金流出量总现值比较。计算结果不受不同回报率影响。但是内含报酬率法不同,因为各年的必要报酬率不同,意味着没有单一回报率或单一 IRR 值供参考,这导致在对可行的资本预算排序时会出现不同的结果。当净现金流入和净现金流出交替发生时,NPV 比 IRR 更可靠。因为净现值法能使股东财富最大化。

值得注意的是:

NPV 的可靠性取决于所选用的贴现率。不现实的贴现率会导致接受或拒绝项目的错误决策。资本投资项目不应仅仅因为有高的 IRR 值而被接受。对较高的 IRR 结果应作进一步评估,以确定这样的现金流投资机会是否真实。

NPV 和 IRR 具有不同的再投资回报率假设。NPV 法隐含的假设前提是,企业能以必要报酬率对所有现金流入进行再投资。与此相反,IRR 法隐含的假设前提是,企业能以 IRR 对所有现金流入进行再投资。一般认为,NPV 法的再投资回报率假设更合理。

2. 内含报酬率与现值指数的比较

内含报酬率法和现值指数法有相似之处,都是根据相对比率来评价项目,而不像净现值那样使用绝对数来评价项目。在评价项目时要注意到,比率高的项目绝对数不一定大;反之也一样。这种不同和利润率与利润额不同是类似的。

内含报酬率法与现值指数法也有区别。在计算内含报酬率时不必事先估计资本成本,只是最后才需要一个切合实际的资本成本来判断项目是否可行。现值指数法需要一个合适的资本成本,以便将现金流量折为现值,折现率的高低有时会影响方案的优先次序。

三、固定资产更新决策

固定资产更新是对技术上或经济上不宜继续使用的旧资产,用新的资产更换,或用先进的技术对原有设备进行局部改造。固定资产更新决策主要研究两个问题:一个是决定是否更新,即继续使用旧资产还是更换新资产;另一个是决定选择什么资产来更新。实际上,这两个问题是结合在一起考虑的,如果市场上没有比现有设备更适用的设备,那么就继续使用旧设备。由于旧设备总可以通过修理继续使用,所以更新决策是继续使用旧设备与购置新设备的选择。

（一）更新决策的现金流量分析

更新决策不同于一般的投资决策。一般来说，设备更换并不改变企业的生产能力，不增加企业的现金流入。更新决策的现金流量主要是现金流出。即使有少量的残值变价收入，也属于支出抵减，而非实质上的流入增加。由于只有现金流出，而没有现金流入，就给采用贴现现金流量分析带来了困难。下面给出更新改造投资项目现金净流量的简化公式，我们可以依此计算固定资产更新改造项目的现金净流量。

1. 建设期现金净流量的简化计算公式

如果更新改造投资项目的固定资产投资均在建设期内投入，建设期不为 0，且不涉及追加流动资金投资，则建设期的 NCF 简化公式为：

$$\text{建设期某年净现金流量} = -\left(\text{该年发生的新固定资产投资} - \text{旧固定资产变价净收入}\right)$$

$$\text{建设期末的净现金流量} = \text{因固定资产提前报废发生净损失而抵减的所得税额}$$

显然，如果建设期为 0，第二个公式无效。

2. 经营期现金净流量的简化计算公式

如果建设期为零，则经营期现金净流量的简化公式为：

$$\text{经营期第 1 年净现金流量} = \text{该年因更新改造而增加的净利润} + \text{该年因更新改造而增加的折旧} + \text{因旧固定资产提前报废发生净损失而抵减的所得税额}$$

$$\text{经营期第其他各年净现金流量} = \text{该年因更新改造而增加的净利润} + \text{该年因更新改造而增加的折旧} + \text{该年回收新固定资产净残值超过继续使用的旧固定资产净残值之差额}$$

如果建设期不为 0，则第一个公式无效，整个经营期现金净流量均可按第二个公式计算。

上面两个公式中，"因更新改造而增加的折旧"是指按使用新设备发生的年折旧与假定继续使用旧设备应当发生的年折旧的差额，其中旧设备的年折旧不是按其账面原值确定的，而是按更新改造当时旧设备的变价净收入扣除假定可继续使用若干年后的预计净残值，再除以预计可继续使用年限计算出来的。为简化计算，通常假定新设备的使用年限和旧设备的可继续使用年限相等。在这种情况下，"因更新改造而增加的折旧"等于更新设备比继续使用旧设备增加的投资额（即新设备的投资扣除旧设备的变价净收入后的差额）除以新设备的使用年限。

固定资产变现净损益对现金净流量的影响用公式表示如下：

固定资产变现净损益对现金净流量的影响＝（账面价值－变价净收入）×所得税税率

如果（账面价值－变价净收入）＞0，则意味着发生了变现净损失，可以抵税，减少现金流出，增加现金净流量；如果（账面价值－变价净收入）＜0，则意味着实现了变现净收益，应该纳税，增加现金流出，减少现金净流量。

变现时固定资产账面价值指的是固定资产账面原值与变现时按照税法规定计提的累计折旧的差额。如果变现时，按照税法的规定，折旧已经全部计提，则变现时固定资产账面价值等于税法规定的净残值；如果变现时，按照税法的规定，折旧没有全部计提，则变现时固定资产账面价值等于税法规定的净残值与剩余的未计提折旧之和。

（二）固定资产的平均年成本

固定资产的平均年成本是指该资产引起的现金流出的年平均值。如果不考虑资金的时间价值，它是未来使用年限内的现金流出总额与使用年限的比值。如果考虑资金的时间价值，它是未来使用年限内现金流出总现值与年金现值系数的比值，即平均每年的现金流出。

【例 3-15】 商运公司 3 年前购入一台小松挖掘机，价值 32 万元，目前维修成本很高，公司考虑购买一台新的挖掘机代替旧挖掘机，以节约成本。新、旧挖掘机的有关资料如表 3-6 所示。

表 3-6 新、旧设备资料 单位：元

项目	旧设备	新设备
原值	320 000	400 000
预计使用年限（年）	10	10
已使用年限（年）	3	0
最终报废残值	32 000	40 000
目前变现价值	180 000	400 000
年运行成本	80 000	50 000

假设两设备的生产能力相同，企业的资本成本为 10%，请问该公司是否应该更新设备？

由于没有适当的现金流入，无论哪个方案都不能计算其净现值和内含报酬率。通常,在收入相同时,我们认为成本较低的方案是好方案。那么,我们可否通过比较两个方案的总成本来判别方案的优劣呢?仍然不妥,因为旧设备尚可使用7年,而新设备可使用10年,两个方案取得的"产出"并不相同。因此,解决这类问题可直接比较新、旧设备的年平均成本,即获得1年的生产能力所付出的代价,据以判断方案的优劣。

年平均成本的计算有三种方法,现分别介绍如下:

第一种方法,将投资项目现金流出的总现值,按年金现值系数,转化为年平均成本。

即: 年平均成本＝现金流出总现值÷年金现值系数

$$新设备平均年成本 = \frac{400\,000 + 50\,000 \times (P/A, 10\%, 10) - 40\,000 \times (P/F, 10\%, 10)}{(P/A, 10\%, 10)}$$

$$= 112\,580.96(元)$$

$$旧设备平均年成本 = \frac{180\,000 + 80\,000 \times (P/A, 10\%, 7) - 32\,000 \times (P/F, 10\%, 7)}{(P/A, 10\%, 7)}$$

$$= 113\,603.94(元)$$

第二种方法,在设备各年运行成本相等情况下,可运用年金现值系数、年金终值系数分别将初始投资和残值平均分摊到各年,加各年运行成本,计算年平均成本。

即: 年平均成本＝投资额摊销＋年运行成本－残值摊销

依上例:

$$新设备平均年成本 = \frac{400\,000}{(P/A, 10\%, 10)} + 50\,000 - \frac{40\,000}{(P/A, 10\%, 10)}$$

$$= 112\,580.969(元)$$

$$旧设备平均年成本 = \frac{180\,000}{(P/A, 10\%, 7)} + 80\,000 - \frac{32\,000}{(P/A, 10\%, 7)}$$

$$= 113\,603.94(元)$$

第三种方法,将残值在初始投资额中减除,视同每年承担相应的利息,然后与净投资额及年运行成本总计,求出年平均成本。

$$年平均成本 = \frac{投资额 - 残值}{年金现值系数} + 残值 \times 贴现率 + 年运行成本$$

$$新设备平均年成本 = \frac{400\,000 - 40\,000}{(P/A, 10\%, 10)} + 40\,000 \times 10\% + 50\,000$$

$$= 112\,580.96(元)$$

$$旧设备平均年成本 = \frac{180\,000 - 32\,000}{(P/A, 10\%, 7)} + 32\,000 \times 10\% + 80\,000$$
$$= 113\,603.94(元)$$

运用三种方法计算的新设备的年运行成本低于旧设备的年运行成本,所以应该进行更新。

从上例可以发现:固定资产使用初期运行费用比较低,以后随着设备逐渐陈旧、性能变差,维护、修理、能源消耗逐步增加,运行费便会逐年增加。与此同时,固定资产价值逐渐减少,其占用资金的应计利息会逐年减少。随着时间的递延,运行成本和持有成本呈反方向变化,两者之和呈马鞍形,必然存在一个最经济的使用年限,如图3-1所示。

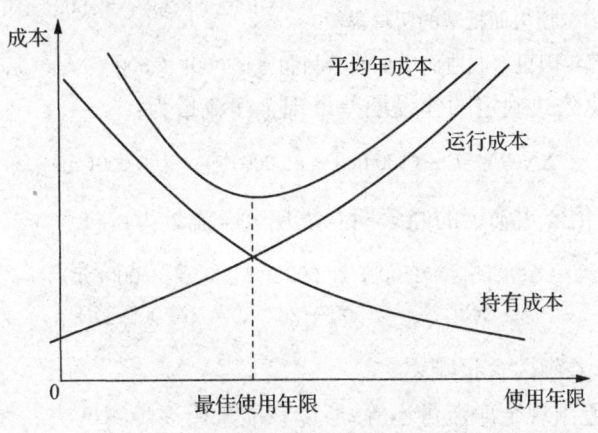

图3-1 固定资产经济使用年限图

(三)差额净现值法和差额内含报酬率法在更新改造投资决策中的运用

如果新、旧设备未来的使用年限相同,对于固定资产是否更新的决策,一般可以采用差额净现值法或差额内含报酬率法作出判断。

【例3-16】 商运公司打算变卖一套尚可使用5年的旧设备,另购置一套新设备来替代它。取得新设备的投资额为180 000元,旧设备的折余价值为90 000元,其变价净收入为80 000元,到第5年年末新设备与继续使用旧设备届时的预计净残值相等。新旧设备的替代将在当年内完成(即更新设备的建设期为零)。使用新设备可使企业每年增加营业收入60 000元,增加成本30 000元。设备采用直线法计提折旧。企业所得税税率为25%,假设与处理旧设备相关的税金可以忽略不计,行业基准折现率为9%。

要求：试计算该公司更新设备方案是否可行。

首先，计算该方案的现金净流量。

(1) 更新设备比继续使用旧设备增加的投资额 = 180 000 − 80 000 = 100 000(元)

(2) 每年因更新改造而增加的折旧 = 100 000 ÷ 5 = 20 000(元)

(3) 每年总成本的变动额 = 30 000 + 20 000 = 50 000(元)

(4) 每年营业利润的变动额 = 60 000 − 50 000 = 10 000(元)

(5) 因旧设备提前报废发生的处理固定资产净损失 = 90 000 − 80 000 = 10 000(元)

(6) 因更新改造而引起的每年所得税的变动额 = 10 000 × 25% = 2 500(元)

(7) 第一年因发生处理固定资产净损失而抵减的所得税额 = 10 000 × 25% = 2 500(元)

(8) 每年因更新改造而增加的净利润 = 10 000 − 2 500 = 7 500(元)

(9) 按简化公式确定的建设期差量现金净流量为：

$$\Delta NCF_0 = -(180\,000 - 80\,000) = -100\,000(元)$$

(10) 按简化公式确定的经营期差量现金净流量为：

$$\Delta NCF_1 = 7\,500 + 20\,000 + 2\,500 = 30\,000(元)$$

$$\Delta NCF_{2\sim5} = 7\,500 + 20\,000 = 27\,500(元)$$

其次，计算差额内含报酬率。

因为各年差额现金净流量不等，所以只能采用逐步测试法。

设折现率为12%，则：

$$NPV = -100\,000 + 30\,000 \times (P/F, 12\%, 1) + 27\,500 \times (P/A, 12\%, 4) \times (P/F, 12\%, 1) = 1\,371.12(元)$$

设折现率为15%，则：

$$NPV = -100\,000 + 30\,000 \times (P/F, 15\%, 1) + 27\,500 \times (P/A, 15\%, 4) \times (P/F, 15\%, 1) = -5\,594.13(元)$$

用内插法求出 ΔIRR 为 12.59%。

因为 $\Delta IRR > i(12.59\% > 9\%)$，所以应当更新设备。

四、资本限量决策

任何企业的资金都有一定限度，不可能投资于所有的可接受项目。当企业可用于投资的资金有限而可供选择的项目很多时,究竟应该选择哪些项目呢?这类问题称为资本限量决策。在资本限量决策中,待选投资项目很多,决策时一方面应尽可能充分利用可供投资的资本,另一方面又不能超过预定用于投资的资本限额。在这种情况下,可能会有很多的项目搭配方案可供选择。下面把这类方案的决策程序概括如下:

(1) 先计算所有方案的 NPV 及 PI 。
(2) 选择 $NPV \geqslant 0$ 或 $PI \geqslant 1$ 的方案为备选方案。
(3) 在资本限量内对各种备选方案进行组合,计算出各种组合的净现值(或获利指数)。
(4) 选择净现值最大的投资组合。

【例 3-17】 设有 A、B、C、D、E 五个投资项目,有关资料如表 3-7 所示。

表 3-7 投资项目资料表　　　　　　　　　　单位:万元

项目	原始投资	净现值	现值指数	内含报酬率
A	300	120	1.4	18%
B	200	40	1.2	21%
C	200	100	1.5	40%
D	100	22	1.22	19%
E	100	30	1.3	35%

若当年可用于投资的资金为 600 万元,作出投资方案组合决策。

依题意按各方案现值指数的大小排序,并计算累计原始投资和累计净现值数据,如表 3-8 所示。

表 3-8 累计原始投资和累计净现值计算表　　　　单位:万元

顺序	项目	原始投资	累计原始投资	净现值	累计净现值
1	C	200	200	100	100
2	A	300	500	120	220
3	E	100	600	30	250
4	D	100	700	22	272
5	B	200	900	40	312

由于限定投资额为 600 万元,所以方案 C+A+E 最优。

假定[例3-17]的投资额限定为200万元,只能选择C项目,因为C项目可获得100万元净现值,比另一组合E+D的净现值多48万元(100-52)。

由上可知,对于资本限量决策,现值指数排序并寻找净现值最大的组合就成为有用的工具,有限资源的净现值最大化成为具有一般意义的原则。

第四节 投资风险分析

任何投资项目都是有风险的,公司在制定资本预算时,不仅要考虑这些风险的大小并将其纳入项目的评估范围,还应在设计项目时尽可能减少这些不确定性。在项目分析中,项目的风险可以分成三个层次:第一层次是项目的特有风险,它可以用项目预期收益率的波动来衡量。通常,项目的特有风险不宜作为项目资本预算时风险的度量。第二个层次是项目的公司风险,可以用项目对于公司未来收益不确定性的影响大小来衡量。因为项目特有风险可以通过与公司其他项目组合而分散,所以要考虑某项目对公司现有项目组合的整体风险产生的影响增量。它不是这个项目的全部风险,而是扣除被项目组合分散掉的剩余部分。第三层次是项目的市场风险,即新项目给股东带来的风险。项目的公司风险中,股东可以通过多元化组合分散掉一部分,剩下的就是完全不可分散的系统风险。因此,唯一影响股东预期收益的是项目的系统风险,而这正是与项目分析相关的风险度量。

一、调整现金流量法

在风险投资决策中,由于各年的现金流量具有不确定性,这就必须进行调整。所谓肯定当量法,就是先把不确定的各年现金流量,按照一定的系数(通常称为约当系数)折算为大约相当于肯定的现金流量的数量,再利用无风险贴现率作为折现率计算净现值来评价风险投资项目的决策分析方法。其计算公式为:

$$风险调整后净现值 = \sum_{t=0}^{n} \frac{a_t \times 现金流量期望值}{(1+无风险报酬率)^t}$$

式中,a_t代表t年现金流量的肯定当量系数,即约当系数。约当系数是肯定的现金流量对与之相当的、不肯定的期望现金流量的比值,即:

$$约当系数(a_t) = \frac{肯定的现金流量}{期望现金流量}$$

在进行评价时,可根据各年现金流量风险的大小,选取不同的约当系数。当现金流量为肯定时,可取约当系数为 1;当现金流量的风险很小时,可取 $1 > a_t \geq 0.8$;当风险一般时,可取 $0.8 > a_t \geq 0.4$;当现金流量风险很大时,可取 $0.4 > a_t \geq 0$。

约当系数的选择,可能会因人而异,敢于冒险的分析者会选用较高的约当系数,而不愿意冒险的投资者可能选用较低的约当系数。为了防止因决策者的偏好不同而造成决策失误,有些企业根据标准离差率来确定约当系数。因为标准离差率是衡量风险大小的一个很好的指标,因而,用它来确定约当系数是合理的。标准离差率与约当系数的经验对照关系如表 3-9 所示。

表 3-9 标准离差率与约当系数的经验对照表

标准离差率	约当系数
0.01~0.07	1
0.08~0.15	0.9
0.16~0.23	0.8
0.24~0.32	0.7
0.33~0.42	0.6
0.43~0.54	0.5
0.55~0.70	0.4
...	...

有些时候,也可以对不同的分析人员各自给出的约当系数进行加权平均,用这个加权平均约当系数对未来不确定的现金流量进行折算。在约当系数确定后,决策分析就比较容易了。

【例 3-18】 假定某公司准备进行一项投资,其各年的预计现金流量和分析人员确定的约定系数如表 3-10 所示,无风险报酬率为 4%。试判断该项目是否可行。

表 3-10 项目的现金流量和约当系数

年数(t)	0	1	2	3	4	5
净现金流量(元)	−50 000	13 000	13 000	13 000	13 000	13 000
约当系数	1	0.9	0.8	0.7	0.6	0.5

根据表 3-10 计算调整前现金流量现值及调整后现金流量现值如表 3-11 所示。

表 3-11　项目调整前后净现值对照表　　　　　　　　　单位：元

年数	现金流量	约当系数	肯定现金流量	现值系数（4%）	未调整现值	调整后现值
0	−50 000	1	−50 000	1	−50 000	−50 000
1	13 000	0.9	11 700	0.961 5	12 500	11 250
2	13 000	0.8	10 400	0.924 6	12 020	9 616
3	13 000	0.7	9 100	0.889 0	11 557	8 090
4	13 000	0.6	7 800	0.854 8	11 112	6 667
5	13 000	0.5	6 500	0.821 9	10 685	5 342
净现值					7 874	−9 035

从以上计算可以看出，未调整前净现值为正数(7 874 元)，按风险程度对现金流量进行调整后，计算出的净现值为负数，所以不能进行投资。

调整现金流量法在理论上受到好评。该方法对时间价值和风险价值分别进行调整，先调整风险，然后把肯定现金流量用无风险报酬率进行折现。对不同年份的现金流量，可以根据风险的差别使用不同的约当系数进行调整。

二、风险调整折现率法

风险调整折现率法是更为实际、更为常用的风险处置方法。这种方法的基本思路是对高风险的项目，应当采用较高的折现率计算净现值。其计算公式为：

$$调整后净现值 = \sum_{t=0}^{n} \frac{预期现金流量}{(1+风险调整折现率)^t}$$

风险调整折现率可按照下式计算：

$$K_i = R_f + \beta_i \cdot (K_m - R_f)$$

式中，K_i 代表项目 i 按风险调整的贴现率或项目的必要报酬率。

【例 3-19】 假定某公司目前有两个投资项目可供选择，当前的无风险报酬率为 4%，市场平均报酬率为 12%，A 项目的 β 值为 1.5；B 项目的 β 值为 0.75。各年现金流量资料如表 3-12 所示。

表 3-12　A、B 项目现金流量表　　　　　　　　　　　　　　　　　　单位：元

年数(t)	0	1	2	3	4	5
A 项目现金净流量	−40 000	13 000	13 000	13 000	13 000	13 000
B 项目现金净流量	−45 000	14 000	14 000	14 000	14 000	14 000

首先，根据上述资料计算 A、B 项目的风险调整折现率：

A 项目的风险调整折现率=4%+1.5×(12%−4%)=16%

B 项目的风险调整折现率=4%+0.75×(12%−4%)=10%

其次，根据无风险利率和风险调整折现率计算的调整前后的净现值如表 3-13 所示。

表 3-13　A、B 项目调整前后的净现值表　　　　　　　　　　　　　单位：元

年数	现金流量	现值系数(4%)	未调整现值	风险调整折现率	调整后现值
A 项目（风险调整折现率 16%）					
0	−40 000	1.000 0	−40 000	1.000 0	−40 000
1	13 000	0.961 5	12 500	0.862 1	11 207
2	13 000	0.924 6	12 020	0.743 2	9 662
3	13 000	0.889 0	11 557	0.640 7	8 329
4	13 000	0.854 8	11 112	0.552 3	7 180
5	13 000	0.821 9	10 685	0.476 2	6 101
净现值			17 874		2 569
B 项目（风险调整折现率 10%）					
0	−45 000	1.000 0	−45 000	1.000 0	−45 000
1	14 000	0.961 5	13 461	0.909 1	12 727
2	14 000	0.924 6	12 944	0.826 4	11 570
3	14 000	0.889 0	12 446	0.751 3	10 518
4	14 000	0.854 8	11 967	0.683 0	9 562
5	14 000	0.821 9	11 507	0.620 9	8 693
净现值			17 325		8 070

如果不进行折现率调整,两个项目差不多,A 项目的净现值(17 874 元)比 B 项目的净现值(17 325 元)高一点,应该说 A 项目较好;调整后,两个项目有明显的区别,B 项目的净现值(8 070 元)比 A 项目的净现值(2 569 元)高很多,显然 B 项目好。

风险调整折现率法在理论上受到批评,因其用单一的折现率同时完成风险调整和时间调整。这种做法意味着风险随时间推移而加大,可能与事实不符,夸大远期现金流量的风险。

从实务上看,经常应用的是风险调整折现率法,主要原因是风险调整折现率比约当系数容易估计。此外,大部分财务决策都使用报酬率来决策,调整折现率更符合人们的习惯。

三、概率法

概率法是指通过发生概率来调整各期的现金流量,并计算投资项目的年期望现金流量和期望净现值,进而对风险投资作出评价的一种方法。概率法适用于各期的现金流量相互独立的投资项目,所谓各期的现金流量相互独立,是指前后各期的现金流量互不相关。

运用概率法时,各年的期望现金流量计算公式为:

$$\overline{NCF_t} = \sum_{i=1}^{n} NCF_{ti} P_{ti}$$

式中,$\overline{NCF_t}$ 代表第 t 年的期望现金净流量;NCF_{ti} 代表第 t 年的第 i 种结果的现金净流量;P_{ti} 代表第 t 年的第 i 种结果发生的概率;n 代表第 t 年可能结果的数量。

投资的期望净现值可以按下式计算:

$$\overline{NPV} = \sum_{t=0}^{n} \overline{NCF_t} \times (P/F, i, t)$$

式中,$\overline{NPV}$ 代表投资项目的期望净现值;$(P/F, i, t)$ 代表贴现率为 i,t 年的复利现值系数;n 代表未来现金流量的期数。

第三章 投资管理

本章框架图

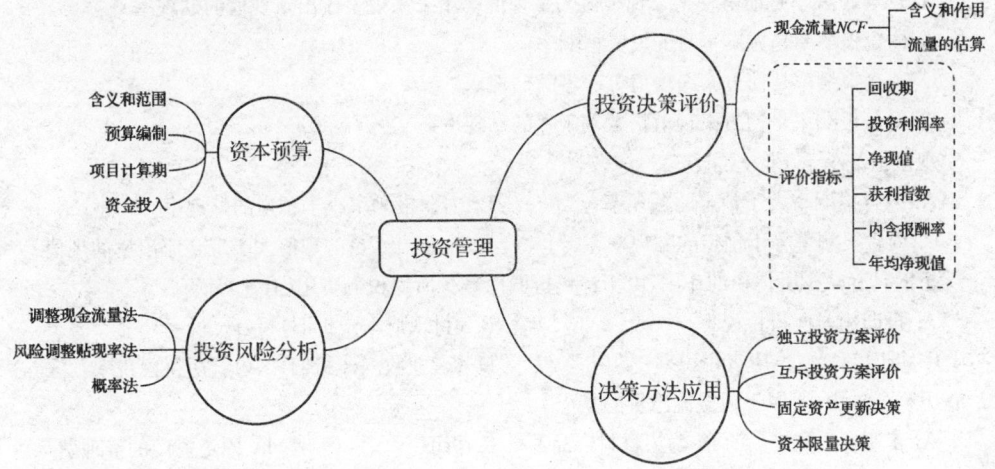

 讨论题

1. 什么是资本预算？它包括哪些基本内容？
2. 资本预算项目投资评价指标有哪些？各自的优缺点是什么？
3. 互斥和独立投资项目在决策时考虑内容有什么不同？
4. 如何调整投资项目中的风险因素？

习　题

一、单项选择题

1. 在项目投资的现金流量表上，节约的经营成本应当列作(　　)。
   A. 现金流入　　　B. 现金流出　　　C. 回收额　　　D. 建设投资
2. 当某方案的净现值大于零时，其内含报酬率(　　)。
   A. 可能小于零　　　　　　　B. 一定等于零
   C. 一定大于设定折现率　　　D. 可能等于设定折现率
3. 如果其他因素不变，一旦折现率提高，则下列指标中其数值将会变小的是(　　)。
   A. 净现值　　　B. 投资利润率　　　C. 内含报酬率　　　D. 投资回收期

4. 在单一方案决策过程中,与净现值评价结论可能发生矛盾的评价指标是( )。
   A. 年均净现值   B. 获利指数   C. 静态投资回收期   D. 内含报酬率
5. 下列说法中,不正确的是( )。
   A. 内含报酬率是能够使未来现金流入量现值等于未来现金流出量现值的贴现率
   B. 内含报酬率是方案本身的投资报酬率
   C. 内含报酬率是使方案净现值等于零的贴现率
   D. 内含报酬率是使方案现值指数等于零的贴现率
6. 现值指数小于1时意味着( )。
   A. 内含报酬率大于预定的贴现率   B. 内含报酬率小于预定的贴现率
   C. 内含报酬率等于预定的贴现率   D. 现金流入量的现值大于现金流出量的现值
7. 折旧具有减少所得税的作用,由于计提折旧而减少所得税额可用( )计算。
   A. 折旧额×所得税税率   B. (付现成本+折旧)×(1−税率)
   C. 折旧额×(1−所得税税率)   D. (营业收入−折旧)×(1−所得税税率)
8. 下列各项中,不属于现金流出量的是( )。
   A. 营业现金支出   B. 购买材料产品   C. 折旧   D. 固定资产的修理费
9. 现金流出项目的经营成本公式为( )。
   A. 经营成本=总成本费用(含期间费用)
   B. 经营成本=总成本费用+折旧费+无形资产摊销
   C. 经营成本=总成本−折旧额−无形资产摊销
   D. 经营成本=总成本+折旧额−无形资产摊销
10. 当折现率与内部收益率相等时( )。
    A. 净现值大于零   B. 净现值等于零   C. 净现值小于零   D. 无法确定
11. 下列指标的计算与行业基准收益率无关的是( )。
    A. 净现值   B. 年均净现值   C. 获利指数   D. 内部收益率
12. 如果某投资项目建设期为0,生产经营期为8年,基准投资利润率为5%,已知其净现值为80万元,静态投资回收期为5年,投资利润率为3%,则可以判断该项目( )。
    A. 完全具备财务可行性   B. 完全不具备财务可行性
    C. 基本具有财务可行性   D. 基本不具备财务可行性
13. 某公司评估不同的资本预算方案,资本预算过程的第一阶段是( )。
    A. 确定哪种类型的资本预算支出是必要的
    B. 制定资本预算
    C. 评估项目将如何影响本企业的资源以及公司是否可以承担费用
    D. 从其他资本项目审查历史结果
14. 某投资项目的净现值为8万元,则说明该投资项目的内含报酬率( )贴现率。
    A. 大于   B. 小于   C. 等于   D. 可能大于也可能小于

15. 在使用折现现金流量法对投资项目估计"税后现金流增量"时，下列选项中说法正确的是（　　）。
    A. 沉没成本不包括；净营运资金的变化包括；通货膨胀的预期影响包括
    B. 沉没成本不包括；净营运资金的变化不包括；通货膨胀的预期影响包括
    C. 沉没成本不包括；净营运资金的变化包括；通货膨胀的预期影响不包括
    D. 沉没成本包括；净营运资金的变化不包括；通货膨胀的预期影响不包括

16. 原始投资额不同，特别是项目计算期不同的多方案比较决策，最适合采用的评价方法是（　　）。
    A. 获利指数法　　　　　　　　B. 内部收益率法
    C. 净现值法　　　　　　　　　D. 年均净现值法

17. 下列各项中，关于资本预算的准确表述是（　　）。
    A. 资本预算评价公司对工厂和设备采购的长期需求的计划
    B. 资本预算确保有充足的资金满足公司经营需求的计划
    C. 资本预算设定公司的长期目标，包括考虑市场上其他因素所导致的外部影响的活动
    D. 资本预算导致经营周期内的现金需求的计划

18. 下列各项中，不是用现金流作为主要计算基础的资本预算分析技术是（　　）。
    A. 净现值　　　　　　　　　　B. 内部收益率
    C. 回收期法　　　　　　　　　D. 投资利润率

19. 一个项目的净现值（NPV）是 215 000 元。下列假设的变化将减少 NPV 的是（　　）。
    A. 减少估计所得税影响　　　　B. 延长项目期限以及现金流入
    C. 增加估计的残值　　　　　　D. 增加折现率

20. 下列陈述中，准确比较了动态回收期和静态回收期方法的是（　　）。
    A. 这两种方法都提供了衡量项目盈利能力的简单方法
    B. 这两种方法都要区分现金流入量的类型
    C. 动态回收期法忽略了在投资回收期后的现金流量，但静态回收期没有忽略
    D. 动态回收期使用折现后的现金流量，静态回收期没有

二、多项选择题

1. 当新建项目的建设期不为 0 时，建设期内各年的净现金流量可能（　　）。
    A. 小于 0　　　B. 等于 0　　　C. 大于 0　　　D. 大于 1

2. 在经营期内的任何一年中，该年的净现金流量等于（　　）。
    A. 原始投资的负值　　　　　　B. 原始投资与资本化利息之和
    C. 该年现金流入量与流出量之差　D. 该年净利润与非付现成本之和。

3. 下列说法中，正确的有（　　）。
    A. 净现值法能反映各种投资方案的实际报酬
    B. 净现值法不能反映投资方案的实际报酬

C. 投资利润率简明,但没有考虑资金时间价值

D. 获利指数有利于在初始投资额不同、项目计算期相同的投资方案之间进行对比

4. 当一项长期投资方案的净现值小于零时,则可以说明( )。

   A. 该方案折现后现金流入小于折现后现金流出

   B. 该方案的获利指数大于预定的贴现率

   C. 该方案的获利指数一定小零

   D. 该方案应该拒绝,不能投资

5. 内部收益率是指( )。

   A. 使投资方案净现值为零的贴现率

   B. 能使未来现金流入量现值与未来现金流出量现值相等的贴现率

   C. 投资报酬现值与总投资现值比率

   D. 投资报酬与总投资的比率

6. 现金流入量包括( )。

   A. 在固定资产上的投资

   B. 投资项目上垫支的流动资金

   C. 固定资产使用完毕时原垫支的流动资金回收

   D. 固定资产中途的变价收入

7. 下列关于净现值的说法中,错误的有( )。

   A. 考虑了资金时间价值,能反映投资方案的实际投资报酬率大小

   B. 在有多个互斥备选方案中,应选用净现值最大者

   C. 净现值等于投资现值减去未来报酬总现值的差额

   D. 在实际决策中被广泛运用

8. 如果某一项目的内部收益率大于设定的折现率,则一定存在( )。

   A. 净现值大于0   B. 获利指数大于1

   C. 净现值大于零,获利指数小于1   D. 净现值小于0

9. 当一项长期投资方案的净现值大于0,则说明( )。

   A. 该方案可以投资

   B. 该方案不可以投资

   C. 该方案未来报酬的总现值大于初始投资的现值

   D. 该方案获利指数大于1

10. 评价投资方案的投资回收期指标的主要缺点有( )。

   A. 考虑了资金的时间价值   B. 没有考虑资金时间价值

   C. 没有考虑回收期后的现金流量   D. 不能衡量投资报酬率的高低

11. 在完整的工业投资项目中,经营期期末发生的回收额可能包括( )。

   A. 原始投资   B. 回收流动资金

C. 折旧与摊销额　　　　　　　　D. 回收资产余值

12. 已知甲、乙两个互斥方案的原始投资额相同,如果决策结论是:"无论从什么角度看,甲方案均优于乙方案",则必然存在的关系有(　　)。
    A. 甲方案的净现值大于乙方案　　B. 甲方案的现值指数大于乙方案
    C. 甲方案的投资回收期大于乙方案　D. 甲方案的内部收益率小于乙方案

13. 内部收益率用作资本预算分析时,在计算中采用(　　)。
    A. 净增量投资　　　　　　　　　B. 增量平均营运收益
    C. 净年度现金流　　　　　　　　D. 净利润

14. 某公司评估两个相互排斥的项目,其中一个项目需要4 000万元的初始投资,另一个项目需要6 000万元的初始投资。财务部门对每个项目进行了深入的分析,财务总监表示对资本配给没有影响。下列陈述中,正确的有(　　)。
    A. 如果两个项目的投资回收期都比公司的标准长,则两个项目都应该被拒绝
    B. 应选择 IRR 最高的项目(假设两个项目的内含报酬率都超过最低资本回报率)
    C. 应选择正的净现值最高的项目
    D. 无论使用哪种评估方法,应选择其初始投资最小的项目

三、判断题

1. 经营期发生节约的经营成本应计入现金流入项目,而不列入现金流出项目。　　(　　)
2. 在对同一个独立投资项目进行评价时,用净现值、获利指数和内含报酬率指标会得出完全相同的决策结论,而采用静态回收期则有可能得出与前述结论相反的决策结论。(　　)
3. 一般情况下,使某投资方案的净现值小于0的折现率,一定高于该投资方案的内含报酬率。
　　　　　　　　　　　　　　　　　　　　　　　　　　　　　　　　　　　(　　)
4. 所有者和债权人如果从企业取得的收益数额相同,对企业现金流量的影响也相同。(　　)
5. 投资回收期越长,投资取得报酬的时间也就越长。　　　　　　　　　　　　(　　)
6. 运用内含报酬率法和净现值法进行单一投资项目决策得出的结果不会发生矛盾。(　　)
7. 某个投资方案,其内部收益率大于资本成本,则其净现值必然大于1。　　　　(　　)
8. 在评价两个相互排斥的投资方案时应该着重比较各自的内部收益率,选取内部收益率高的那个方案。　　　　　　　　　　　　　　　　　　　　　　　　　　　　　　(　　)
9. 某贴现率可以使某投资方案的净现值等于零,则该贴现率可以称为该方案的内部收益率。
　　　　　　　　　　　　　　　　　　　　　　　　　　　　　　　　　　　(　　)
10. 如果某一备选方案净现值比较大,那么该方案的内部收益率也相对较高。　　(　　)
11. 在资本限量情况下,应当选择的最佳投资方案是净现值合计最高的投资组合。(　　)
12. 只有当投资均在建设期内发生,项目投产后开头的若干年内每年的净现金流量必须相等,而且这些年内的经营净现金流量之和应大于或等于原始总投资,才可利用简化算法计算投资回收期。　　　　　　　　　　　　　　　　　　　　　　　　　　　　(　　)
13. 利用净现值、获利指数和内部收益率指标进行单一独立项目评价时,可能出现评价结论相

矛盾的情况。   (   )
14. IRR 的计算本身与计算净现值用的折现率高低无关。   (   )
15. 若 A 方案的内含报酬率高于 B 方案的内含报酬率,则 A 方案的净现值也一定大于 B 方案的净现值。   (   )
16. 在更新改造投资项目决策中,如果差额投资内部收益率小于设定折现率,就应当进行更新改造。   (   )

四、计算分析题

1. 双龙公司有一投资项目,需投资 120 000 元,按直线法提取折旧,使用寿命为 10 年,期末净残值为 6 000 元,投产后每年可获营业利润 20 000 元,所得税税率为 25%。

   要求:分别计算下述情况下的净现金流量。

   (1) 建设期 1 年,1 年完工后投产。建设初期投入自有资金 120 000 元。

   (2) 建设期 1 年,1 年完工后投产。年初投入借入资金 132 000 元,完工后投入流动资金 10 000 元,流动资金于终结点一次回收。

2. 双龙公司投资一大型项目,原始投资额为 60 万元,于 20×0 年年初投入该项目并开始动工,20×1 年年初正式投产,并垫支流动资金 20 万元,该项目自 20×1 年末就可获得收益。其中每年增加的销售收入为 45 万元,增加的付现成本为 10 万元,该项目共持续 10 年,按直线法计提折旧,预计期末没有残值,垫支的流动资金于期满时收回。资本成本率为 10%,所得税税率为 25%。

   要求:

   (1) 计算该项目的净现值。

   (2) 计算该项目的内含报酬率。

3. 双龙公司原有设备一台,目前出售可得收入 7.5 万元(设与旧设备的折余价值一致)预计使用 10 年,已使用 5 年,预计残值为 0.75 万元,该公司用直线法提取折旧。现该公司拟购买新设备替换原设备,以提高生产效率,降低成本。新设备购置成本为 40 万元,使用年限为 5 年,同样用直线法提取折旧,预订残值与使用旧设备的残值一致;使用新设备后公司每年的销售额可从 150 万元上升到 165 万元,每年的付现成本将要从 110 万元上升到 115 万元,该企业的所得税税率为 25%,资本成本率为 10%。

   要求:作出该设备是否应当更新的决策。

4. 某企业有一台旧设备,现在准备更新。资料如下:旧设备账面净值为 45 000 元,尚可使用 4 年,4 年后残值为 5 000 元;购买新设备需投资 80 000 元,可用 4 年,4 年后有残值 18 000 元;使用新设备可增加营业收入 8 000 元,降低经营成本 3 000 元;若现在出售旧设备可得价款 43 000 元,另外,由于出售设备损失可抵减所得税 660 元;所得税税率为 25%,资金成本率为 10%。

   要求:试作出是否更新设备的决策。

5. 双龙公司计划投资某一项目,原始投资额 200 万元,全部在建设起点一次投入,并于当年完工投产,投产后每年增加销售收入 90 万元,付现成本为 21 万元,该项固定资产预计使用 10 年,按直线法计提折旧,残值 10 万元。该项投资所需资金拟发行面值为 1 000 元,票面年利率为 15%,期限为 10 年的债券 1 600 张,债券的筹资费用率为 1%,剩余资金以发行优先股的方式筹集,固定股息率 19.4%,筹资费用率 3%,市场利率为 15%,所得税税率为 25%。

要求:
(1) 计算债券发行价格。
(2) 计算债券成本、优先股成本和项目综合资金成本。
(3) 计算项目各年度经营现金净流量。
(4) 计算项目的净现值和现值指数。
(5) 评价项目的可行性。

6. 双龙公司拟利用 A 公司的技术生产一种零件,并将该零件售给 A 公司,预计该项目需固定资产投资 750 万元,可以持续 5 年,会计部门估计每年固定成本为(不含折旧)40 万元,变动成本是每件 180 元。固定资产折旧采用直线法,折旧年限为 5 年,估计净残值为 50 万元,营销部门估计各年销售量均为 40 000 件,A 公司可以接受 25 元/件的价格。生产部门估计需要垫支 250 万元的流动资金。双龙公司适用的所得税税率为 25%。投资报酬率为 10%。

要求:
(1) 计算项目的净现值。
(2) 计算净现值为 0 的年销售量。
(3) 计算净利润为 0 的年销售量。

7. 某企业计划进行某项投资活动,拟有甲、乙两个方案。有关资料为:
甲方案原始投资为 150 万元,其中,固定资产投资 100 万元,流动资金投资 50 万元,全部资金于建设起点一次投入。该项目经营期 5 年,到期残值收入 5 万元。预计投产后年营业收入 90 万元,年总成本 60 万元。
乙方案原始投资为 210 万元,其中,固定资产投资 120 万元,无形资产投资 25 万元,流动资金投资 65 万元,全部资金于建设起点一次投入。该项目建设期为 2 年,经营期为 5 年,到期残值收入 8 万元,无形资产自投产年份起分 5 年摊销完毕。该项目投产后,预计年营业收入 170 万元,年经营成本 80 万元。
该企业按直线法折旧,全部流动资金于终结点一次回收,所得税税率为 25%,设定折现率为 10%。

要求:
(1) 采用净现值法评价甲、乙方案是否可行。
(2) 采用年均净现值法确定该企业应选择哪一种投资方案。

第四章 价值评估

学习目标

通过对本章的学习,你能够掌握:
1. 债券的估值方法
2. 股票的估值方法
3. 企业价值的估值方法

财务估价(valuation)是财务管理的核心问题,几乎涉及每一项财务决策。价值评估是指对一项资产价值的估计。这里的资产可能是金融资产,也可能是实物资产,甚至可能是一个企业。这里的价值是指资产的内在价值,或者称为经济价值,是指用适当的折现率计算的资产预期未来现金流量的现值。它与资产的账面价值、清算价值和市场价值既有联系,也有区别。目前,财务估价的主流方法是现金流量折现法。

第一节 债券价值评估

债券价值评估就是对债券在某一时点的价值量的估算。正确地进行债券的估价,对债券评价具有重要意义。对于新发行的债券而言,债券估价的结果反映了债券的发行价格。对于已经发行在外的债券,估价的结果体现了债券投资人要求的报酬。

一、债券的要素

债券是发行者为筹集资金而依照法定程序发行的、在约定时间支付一定比例的利息,并在到期时偿还本金的一种有价证券。债券的基本要素有面值、票面利率和到期日等。

(一)债券面值

债券面值是指设定的票面金额,它代表发行人承诺于未来某一特定日期偿付给债券持有人的金额。面值一旦确定就不会改变,这与债券的发行价格和发行后的交易的市场价格并不一定相同,后者会受到市场需求等多种因素影响,经常会变化。

(二)债券票面利率

债券票面利率,是指债券发行人预计1年内向投资者支付的利息占票面金额的比率。票面利率不同于有效利率(实际利率),由于债券的计息和付息方式有多种,而有效利率仅指按复利计算的1年期的利率,两者经常不一致。

(三)债券到期日

债券到期日是指偿还本金的日期。债券一般都有明确的到期日,以便及时足额偿还本金。

二、债券的价值

进行债券估价的目的是为了确定债券的内在价值,为企业决策提供依据。债券的价值是发行者按照合同规定从现在到债券到期日的利息和本金的现值,即可得到债券的内在价值。债券的内在价值也称为债券的理论价格,只有债券价值大于其购买价格时,该债券才值得投资。

(一)债券估值的基本模型

在一般情况下,典型的债券是固定利率、每年按复利方式计算并支付利息,到期归还本金的。其价值计算的基本模型为:

$$V = \sum_{t=1}^{n} \frac{I}{(1+i_2)^t} + \frac{F}{(1+i_2)^n}$$
$$= F \cdot i_1 \cdot (P/A, i_2, n) + F \cdot (P/F, i_2, n)$$

式中,V代表债券的价值;I代表每年利息;F代表债券面值;i_1代表债券票面利率;i_2代表市场利率(投资者要求的必要报酬率);n代表投资期限。

【例4-1】 某债券面值为100元,期限为3年,票面利率为8%,当前的市场利率为10%,则当前债券价格为:

$$V = 100 \times 8\% \times (P/A, 10\%, 3) + 100 \times (P/F, 10\%, 3)$$
$$= 8 \times 2.486\,9 + 100 \times 0.751\,3$$
$$= 95.03(元)$$

即该投资者如果能以低于 95.03 元的价格买到这种债券,对他来说就值得投资,因为此时债券的价值比他支付的价格高。

(二) 一次还本付息的债券估值模型

一次还本付息也称利随本清,我国很多债券属于这种一次还本付息且不计复利的债券。其估价计算公式为:

$$V = \frac{I+F}{(1+i_2)^n} = F \cdot (1+i_1 \cdot n) \times (P/F, i_2, n)$$

公式中的符号含义同前式。

【例 4-2】 某公司发行了利随本清的债券,该债券面值为 1 000 元,期限为 3 年,票面利率为 8%,不计复利,当前市场利率为 6%,则该债券价格为:

$$V = 1\,000 \times (1 + 8\% \times 3) \times (P/F, 6\%, 3)$$
$$= 1\,240 \times 0.839\,6$$
$$= 1\,037.76(元)$$

(三) 折现发行时债券的估值模型

有些债券以折现方式发行,没有票面利率,到期按面值偿还。这些债券在到期日前投资者不能得到任何现金支付,也称零息债券、纯贴现债券。这些债券价值的计算公式为:

$$V = \frac{F}{(1+i_2)^n} = F \times (P/F, i_2, n)$$

公式中的符号含义同前式。

【例 4-3】 某种以折现方式发行的债券面值为 1 000 元,期限为 5 年,期内不计利息,到期按面值偿还,当时市场利率为 10%,则其价值为:

$$V = 1\,000 \times (P/F, 10\%, 5)$$
$$= 1\,000 \times 0.620\,9$$
$$= 620.9(元)$$

(四) 流通债券的估值模型

流通债券是已发行并在二级市场上流通的债券。它不同于新发行债券,已经在市场上流通了一段时间,因此在估价时需要考虑现在至下次利息支付的时间因素。流通债券的价值在两个付息日之间呈周期性变动。越临近付息日,利息的现值越大,债券的价值有可能超过面值。付息日后债券的价值下降,会低于其面值。

在流通债券估价时应考虑未来债券的剩余期限,即从现在至债券到期日的期限,而无需考虑债券发行到现在的已流通期限。在市场上已流通期限是过去时,对债券当前价值无影响。

【例4-4】 有一面值为1 000元的债券,票面利率为8%,每年2月1日支付一次利息,20×3年2月1日发行,20×8年1月31日到期。假如现在是20×6年1月1日,此时市场利率为10%,则该债券的价值是多少?

处理这种问题时,先计算整数期,再处理不足一个计息期的折现问题。

本题先计算20×6年2月1日的价值,然后将其折算为1月1日得价值。

$20×6$年2月1日债券的价值 $= 80 + 80 \times (P/A, 10\%, 2) + 1\,000 \times (P/F, 10\%, 2)$
$= 1\,045.24(元)$

$20×6$年1月1日债券的价值 $V = \dfrac{1\,045.24}{(1+10\%)^{\frac{1}{12}}} = 1\,037(元)$

这里应注意,20×6年2月1日会支付一次利息,此时为现值。

三、债券价值的影响因素

从上述模型可以看出,影响债券价值的因素很多,主要有债券的折现率和到期时间等。

(一) 折现率

当折现率等于债券利率时,债券价值就是其面值;如果折现率高于债券票面利率,债券价值就低于其面值;如果折现率低于债券票面利率时,债券价值就高于其面值。

在发行债券时,票面利率是根据等风险投资的折现率(即投资者要求的报酬率或市场利率)确定的,此时票面利率与折现率相等。如果债券印刷或公告后市场利率发生了变动,可以通过溢价或折价来调节发行价格,而不会修改票面利率。它们之间的关系如表4-1所示。

表 4-1　债券价值与票面利率、市场利率的关系

票面利率＜折现率(市场利率)	债券价值＜面值	折价发行
票面利率＝折现率(市场利率)	债券价值＝面值	平价发行
票面利率＞折现率(市场利率)	债券价值＞面值	溢价发行

一般来说,市场利率上升会导致债券价值下降,市场利率下降会导致债券价值上升。长期债券对市场利率的敏感性会大于短期债券。在市场利率较低时,长期债券的价值远高于短期债券;在市场利率较高时,长期债券的价值远低于短期债券。市场利率低于票面利率时,债券价值对市场利率的变化较为敏感,市场利率超过票面利率后,债券价值对市场利率变化的敏感性减弱。

影响利息高低的因素不仅有利息率,还有复利期长短。因此,利息率必须与复利期同时报价,不能分割。为了便于不同债券的比较,在报价时需要把不同计息期的利率统一折算为年利率。折算时,报价利率根据实际的计息期乘以 1 年的复利次数得出。

（二）到期时间

债券的到期时间是指当前至债券到期日之间的时间间隔。由于市场利率的不同,债券期限发生变化时,债券价值也会随之波动,主要是债券票面利率与市场利率不一致引起的。随着时间的延续,债券的到期时间逐渐缩短,至到期日时为 0。一般来说,在折现率保持不变的情况下,不论它高于还是低于票面利率,债券价值随到期时间的缩短逐渐向债券面值回归,直至到期日债券价值等于债券的面值。这种变化如图 4-1 所示。

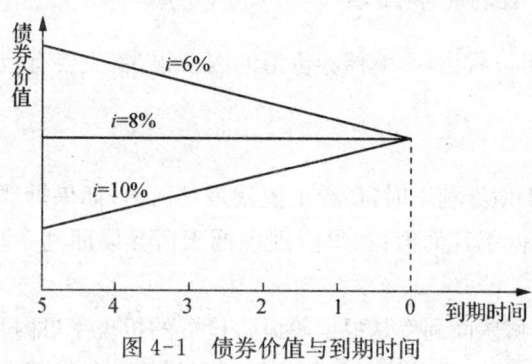

图 4-1　债券价值与到期时间

在实际的证券市场中,公司所发行债券的信用等级,将直接影响公司债券的价值。信用等级综合了发债公司的资产质量、资产负债率、盈利能力、信用记录、

债务构成、债权质量等,投资者将根据债券的信用等级确定该债券的市场利率。发债公司也要根据债券的信用等级确定所发债券的利率和价格。

同时,通货膨胀因素、企业预期的资本结构和收益率以及债券的期间结构都会对债券的价格产生一定的影响。

四、债券的收益

债券的投资收益来源于三个方面:利息收益、利息再投资收益和价差收益。利息收益是指按照债券面值和票面利率计算的利息。利息再投资收益是指分期收回的利息再投资于收益率同本金相同的项目的收益,只要坚持复利计算方法,则无需单独考虑此项。价差收益即债券买入价与卖出价或到期价的价差。收益的高低是影响证券投资的主要因素。在进行债券投资时,有必要比较各类债券的收益情况,以便做好投资决策。不同种类的债券,因计息方式不同、投资时间不同,其投资收益的计算方法也有所差异。通常,衡量债券投资收益的指标是债券收益率。

(一)票面收益率

票面收益率(coupon yield)又称名义收益率或息票率,是指印在债券票面上的固定利率。票面收益率反映了债券按面值购入、持有到期满所获得的收益水平。

(二)本期收益率

本期收益率(CY)又称直接收益率、当前收益率,是指债券的年实际收益与买入债券的实际价格之比。其计算公式为:

$$本期收益率 = \frac{债券年利息}{债券买入价} \times 100\%$$

本期收益率反映了购买债券的实际成本所带来的收益情况,但与票面收益率一样,不能反映债券的资本损益情况。

(三)到期收益率

债券的收益水平通常用到期收益率来衡量。到期收益率(YTM)是指以特定价格购买债券并持有至到期日所能获得的收益率,能综合反映债券持有期间的利息收入水平和资本损益水平。

1. 短期债券收益率的计算

短期债券由于期限较短,一般不用考虑资金的时间价值因素,只需考虑债券价差及利息,将其与投资额相比,即可求出短期债券收益率。其计算公式为:

$$i_2 = \frac{F - V_0 + I}{V_0} = \frac{F - V_0 + F \cdot i_1}{V_0}$$

式中，i_2 代表债券投资收益率；F 代表债券转让价格（或债券到期收回的本金）；V_0 代表购买价格；I 代表债券利息；i_1 代表债券的票面利率。

2. 长期债券收益率的计算

长期债券收益率的计算比较复杂，因为涉及的时间较长，所以必须要考虑资金的时间价值因素。企业进行债券投资，一般每年能获得固定的利息，并在债券到期时收回本金或在中途出售而收回资金。债券投资收益率是按复利计算的收益率，它是能使未来现金流入现值等于债券购入价格的折现率。

1) 一般债券收益率的计算

如前所述，一般债券估值的基本模型为：

$$V = \sum_{t=1}^{n} \frac{I}{(1+i_2)^t} + \frac{F}{(1+i_2)^n}$$
$$= F \cdot i_1 \cdot (P/A, i_2, n) + F \cdot (P/F, i_2, n)$$

我们要计算的债券投资收益率是 i_2，由于我们无法直接计算收益率，所以必须先用试误法测算出收益率的范围，再用内插法求出收益率。

【例 4-5】 某公司于 20×8 年 5 月 10 日以 912.50 元购入当天发行的面值为 1 000 元的公司债券，其票面利率为 6%，期限为 6 年，每年 5 月 1 日计算并支付利息。则该到期债券收益率是多少？

根据债券价值计算的基本公式得：

$$912.50 = 1\,000 \times 6\% \times (P/A, i_2, 6) + 1\,000 \times (P/F, i_2, 6)$$

第一步：先用试误法测试。

设 $i_2 = 7\%$，则：

$$V = 1\,000 \times 6\% \times (P/A, 7\%, 6) + 1\,000 \times (P/F, 7\%, 6)$$
$$= 60 \times 4.766\,5 + 1\,000 \times 0.666\,3$$
$$= 952.29(元)$$

由于 952.29 元大于 912.50 元，说明收益率应大于 7%。

再设 $i_2 = 8\%$，试算：

$$V = 1\,000 \times 6\% \times (P/A, 8\%, 6) + 1\,000 \times (P/F, 8\%, 6)$$
$$= 60 \times 4.622\,9 + 1\,000 \times 0.630\,2$$
$$= 907.57(元)$$

由于907.57元小于912.50元,说明收益率应小于8%,即应在7%~8%之间。

第二步:用内插法计算收益率。

$$\frac{7\% - i_2}{7\% - 8\%} = \frac{952.29 - 912.50}{952.29 - 907.57}$$

$$i_2 = 7\% + 0.89\% = 7.89\%$$

因试误法计算比较麻烦,为简化计算,还可以用下面方法求得收益率的近似值。

$$i_2 = \frac{I + (F - V) \div n}{(F + V) \div 2}$$

将上例数据代入得:

$$i_2 = \frac{60 + (1\,000 - 912.50) \div 6}{(1\,000 + 912.50) \div 2}$$

$$= 7.79\%$$

到期收益率是指导选购债券的标准,它是反映债券投资按复利计算的真实收益率。一般当它高于投资者要求的报酬率时,就可以买进;否则,就应放弃。

2) 一次还本付息的债券收益率的计算

一次还本付息,利息单利计息的债券估价模型为:

$$V = \frac{I + F}{(1 + i_2)^n} = F \cdot (1 + i_1 \cdot n) \times (P/F, i_2, n)$$

求投资收益率 i_2,先求复利现值系数,再查复利现值系数表,然后用内插法即可。

(四) 通货膨胀与债券真实收益率

通货膨胀会吞噬债券的收益。如果债券收益率高于通货膨胀率,则债券能产生正收益;如果债券收益率低于通货膨胀率,则债券将产生负收益。例如,如果债券收益率是6%,通货膨胀率是4%,则债券将产生2%的净收益;如果债券收益率是6%,通货膨胀率是8%,则债券将产生-2%的净收益。

考虑到通货膨胀的这种影响,通常我们会将债券收益率或贴现率、必要报酬率等区分为名义利率和实际利率。名义利率是指未通过通货膨胀调整的收益率或利率,实际利率是通过通货膨胀调整的收益率或利率。名义利率和实际利率之间的关系叫作费雪效应(fisher effect),因为投资者最终所考虑的是他的钱能

买到什么,因此他们会要求对通货膨胀给予补偿。费雪效应可以表达为:

$$1+R = (1+r) \times (1+h)$$

式中,R 表示名义利率;r 表示实际利率;h 表示通货膨胀率。

【例 4-6】 如果投资者要求 10% 的实际报酬率,而目前的通货膨胀率是 8%,那么名义利率要多少投资者才愿意投资?

$$1+R = (1+r) \times (1+h) = 1.10 \times 1.08 = 1.188$$
$$R = 18.8\%$$

因此,通货膨胀时名义收益率要达到 18.8%,投资者才能获得实际 10% 的收益率。

五、债券久期

经过长期研究,人们发现债券的期限并不是影响利率风险的唯一因素,事实上票面利率、利息支付方式、市场利率等因素都会影响利率风险。因此需要找到某种简单的方法,准确直观地反映出债券价格的利率风险程度。久期(duration)的概念,就是把所有影响利率风险的因素全部考虑进去,反映了债券价值对到期收益率的大致敏感程度。

久期是每次支付现金所用时间的加权平均值,权重为每次支付的现金流的现值占现金流现值总和的比率,反映了债券或债券组合的平均还款期限。久期用 D 表示。久期越短,债券对利率的敏感性越低,风险越低;反之,久期越长,债券对利率的敏感性越高,风险越高。久期是价格-收益率关系的近似,图 4-2 反映了债券的价格-收益率曲线,债券价格的上涨快于下跌。

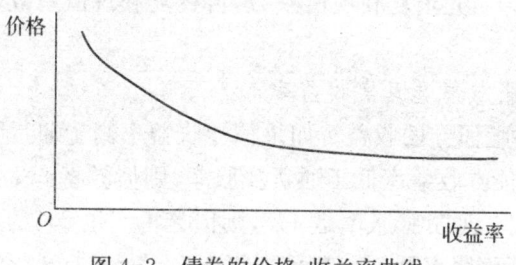

图 4-2 债券的价格-收益率曲线

久期的计算公式为:

$$久期 = \frac{(收益率下降时的债券价格 - 收益率上升时的债券价格)}{2 \times 初始价格 \times 以小数表示的收益率变化}$$

久期考虑了债券价格怎样随收益率的变化而变化,即到期收益率每变化 1%,债券价格的平均百分比变化。

【例 4-7】 如果 10 年期、半年付息、票面利率 9% 的债券,为获得 8% 的收益率,当前定价是 1 067.95 元。如果收益率降低到 7.5%,则债券价格会上升至 1 104.22 元。如果收益率上升为 8.5%,则债券价格会下降到 1 033.24 元,计算该债券的久期。

$$久期 = \frac{1\,104.22 - 1\,033.24}{2 \times 1\,067.95 \times 0.005} = 6.65(年)$$

因此,6.65 意味着该债券收益率变化 1%,债券价格大约会变化 6.65%。

了解债券价格将怎样随利率变动而变动,投资者就可以利用久期来比较不同到期日、票面利率和到期收益率的债券,根据自己对债券的态度来买卖债券。一般来说,票面利率越高,久期越低;债券期限越长,久期越高;到期收益率越高,久期越低。

第二节 股票价值评估

股票本身是没有价值的,仅是一种凭证。它之所以有价格,可以买卖,是因为它能给持有者带来预期收益。一般说来,公司第一次发行股票时要规定一个发行价格,一旦发行后上市流通,股票价格就与原来的面值分离,主要由预期股利和当时市场利率决定,即股利的资本化价值决定了股票价格。此外,股票价格还会受到整个经济环境的变化和投资者心理等多种因素影响。股票的价格会随着股票市场和公司经营状况的变化而升降。

一、股票的价值

股票估价是投资者对股票投资价值的估算。股票的价值又称经济价值、内在价值,在数量上等于股票未来各期净现金流量按一定的折现率折现后的现值之和。进行股票估价的目的是为了确定股票的内在价值,以判断股票被市场高估或低估。股票的价值就等于一系列股利和将来出售股票时售价的现值之和,也就是股票的理论价格。购买价格小于内在价值的股票,是值得投资者购买的。股票估价的主要决策方法是计算其价值,并将其与股票市价比较,根据它是低于、高于或是等于其市价,再决定是否买入、卖出或继续持有。

公司的净利润是决定股票价值的基础。股东获得的未来收益一般是以股利形式出现的,因此可以说股利决定了股票价值。

(一)股票估值的基本模型

股票带给投资者的现金流入包括:股利收入和出售时由价格的上涨(或下跌)形成的资本利得。

从理论上说,如果股东永久持有股票,不中途转让,则他就只获得一个永续的现金流入,即股利收入。这时,股利收入的现值就是股票的价值。其计算公式为:

$$V = \frac{D_1}{(1+i)^1} + \frac{D_2}{(1+i)^2} + \cdots + \frac{D_n}{(1+i)^n} + \cdots$$

即:

$$V = \sum_{t=1}^{\infty} \frac{D_t}{(1+i)^t}$$

式中,V 代表股票的价值;D_t 代表第 t 期的预计股利;i 代表贴现率,即投资者要求的必要报酬率或资本成本率。

该公式是股票价值计算的基本模型。它用股票期望未来现金股利现值来表达。该公式没有假设未来现金股利的任何特定形式,及有关何时出售这一股票的任何假设。但在实际应用时,必须确定如何预计未来每年的股利,以及如何确定贴现率。由于该模型要求无限期的预计历年的股利(D_t),实际上不可能做到。因而实际应用的模型都是采用简化方式。如假定每年股利相同或按固定比率增长等。贴现率应当是投资者所要求的必要报酬率。因为投资者要求的收益率一般不低于市场利率,是投资者投资于股票的机会成本,所以通常可以将市场利率作为贴现率。

(二)零成长股票的估值模型

如果投资者准备长期持有股票,假设每年股利稳定不变,就形成了零成长股票。这种股票股利的支付过程类似于一个永续年金的支付,因此股票的估价模型可简化为:

$$V = \frac{D}{i}$$

式中,D 代表每年固定股利;i 代表投资者要求的必要报酬率。

【例 4-8】 假设 A 公司未来每年支付普通股股利每股 5 元,该公司普通股的必要收益率是 12%,则该股票价值为:

$$V = \frac{5}{12\%} = 41.67(元)$$

该股票价值每股 41.67 元,即该股票每年会给你带来 5 元的收益,在市场利率 12% 的情况下,它相当于 41.67 元资本的收益,所以其价值是 41.67 元。当然市场上的股价不一定是 41.67 元,还要看投资者对风险的态度,可能高于或低于 41.67 元。如果股票市价低于股票价值,则预期收益率高于必要报酬率。

零成长的公司尽管不符合实际,但是由此能引申出市盈率、市净率等财务比率却可以作为金融分析的基础,因此具有重要的应用价值。

(三)固定成长的股票估值模型

一般来说,公司并不会将每年的盈余全部分配出去,留存的收益扩大了公司的资本额,不断增长的资本应当创造更多的盈余,进一步又引起下一期股利的增长。所以从理论上讲,一个正常发展的公司,股利是在不断增长的,如果投资者又准备长期持有股票,则股票的估价就比较困难了。尽管每个公司的增长率不同,但与国民生产总值的增长率大体相当。如果公司每年股利的增长为一恒定值,为了便于计算,我们可以假设股利是每年按照一个固定的比率 g 增长的,则根据股票估价的基本模型,当 $t \to \infty$ 时,通过数学推导,我们可以得到估价的简化模型:

$$V = \frac{D_0 \cdot (1+g)}{i-g} = \frac{D_1}{i-g}$$

式中,V 代表股票的价值;D_0 代表上年的股利;D_1 代表预期本年的股利;i 代表投资者要求的必要报酬率;g 代表股利固定增长率。

【例 4-9】 某公司的股票今年刚发完的上年股利为每股 3 元,预计以后每年以 2% 的增长率增长,股票的必要报酬率 10%,则该股票的内在价值应为:

$$V = \frac{3 \times (1+2\%)}{10\% - 2\%} = 38.25(元)$$

即该股票的内在价值为 38.25 元。当股票市价低于 38.25 元时,才值得购买,否则,就无法达到 10% 的必要报酬率。

当预期报酬率与必要报酬率相等时,形成著名的戈登模型 $i = \frac{D_1}{V} + g$,该模型常用于普通股资本成本的计算。

(四)非固定成长的股票估值模型

企业的每一个发展周期中,都会经历高速成长期、成熟期和衰退期。在成长期中,企业的发展速度会高于社会经济的平均增长率,成熟期与社会经济增长会大致相当,而衰退期则明显低于社会经济的增长速度。

如果某企业处于高速成长期,股利可能会超常增长;在成熟期股利会固定增长或固定不变。我们可以分段计算股利不同增长率条件下对股票价值的影响。非固定成长的股票估价模型为:

$V =$ 股利高速增长阶段的现值 + 股利固定增长阶段的现值 + 股利固定不变阶段的现值

【例4-10】 某公司的股票最近支付每股股利为2元,预计未来3年股利以5%的增长率高速增长,以后转为每年以2%的增长率稳定增长,股票的必要报酬率为10%,则该种股票的内在价值应为:

(1) 计算股利高速增长阶段股利的现值:

第1年股利的现值 $= 2 \times 1.05 \times (P/F, 10\%, 1) = 1.91$(元)
第2年股利的现值 $= 2 \times 1.05 \times 1.05 \times (P/F, 10\%, 2) = 1.82$(元)
第3年股利的现值 $= 2 \times 1.05 \times 1.05 \times 1.05 \times (P/F, 10\%, 3) = 1.74$(元)
未来3年股利的现值合计 $= 1.91 + 1.82 + 1.74 = 5.47$(元)

(2) 计算固定增长阶段股利的现值:

$$V_3 = \frac{D_3 \cdot (1+g)}{i-g} = \frac{D_4}{i-g} = \frac{2 \times 1.05^3 \times (1+2\%)}{10\% - 2\%}$$
$$= 29.52(元)$$

由于这部分股利价值是第3年年底以后的股利折算的内在价值,需将其折算为现值。即:

$$V_3 \times (P/F, 10\%, 3) = 29.52 \times 0.7513 = 22.18(元)$$

(3) 计算该股票的内在价值:

$$5.47 + 22.18 = 27.65(元)$$

运用股票估价模型计算的股票价值,主要根据未来经济利益流入的现值作为决定股票价值的因素,而其他许多影响因素可能导致股票的市场价格偏离计算出的股票价值。模型中的股利和折现率的选择有一定的人为性、主观性和偶然性,计算结果可能会放大这些因素的作用。

二、股票的期望收益率

股票期望收益率是指投资者在一定时期内的股票所得收益与股票投资额的比率。股票收益一般包括股息红利收益和买卖差价(资本利得)两方面。由于股票的收益具有较大的不确定性,这些收益很难在投资时就准确计算出来,因此我们可以通过测算现金流量的方法来预测,即股票的期望收益率就是能使未来现金流入量的现值等于目前购买价格的贴现率。其基本模型为:

$$V = \sum_{j=1}^{n} \frac{D_j}{(1+i)^j} + \frac{F}{(1+i)^n}$$

式中,i 代表股票收益率;V 代表股票的购买价格;F 代表股票的出售价格;D_j 代表股票投资报酬(各年获得的股利);n 代表投资期限。

股票期望收益率和债券的收益率的计算相类似,也可用试误法和插值法计算。

一般来说,正常发展的企业股票的股利是不断增长的,为了方便计算,我们可以假设股利是按照一个固定的比率 g 增加的,股票价格是公平的市场价格,证券市场处于均衡状态,任一时点证券价格都能反映该公司所有可获得的公开信息,这种情况下,股票的期望收益率等于其必要报酬率。这样根据股票的固定增长股利模型,我们可以得到计算固定增长股利的股票期望收益率的简化模型,即:

$$i = \frac{D_1}{V} + g$$

式中,D_1 代表第一年的预期股利;g 代表股利增长率。

根据公式可以看到,股票的期望收益包括两部分:一是股利收益率 $\frac{D_1}{V}$,另一个是股利增长 g。由于股利增加速度也就是股价的增长速度,g 表示股价增长率或资本利得收益率,可以根据公司的可持续增长率估计。

【例 4-11】 某公司股票的价格为 20 元,预计下一年的股利为 1 元,该股利将以约 10% 的速度持续增长。则该股票的期望收益率为:

$$i = 1 \div 20 + 10\% = 15\%$$

这个公式可以用来计算特定公司风险情况下股东要求的必要收益率。

不同公司的股票,其投资收益也会有较大差异。有的公司股利和股价都比较稳定,投资于这种公司股票,一般来说,风险较低,并能获得较稳定的股利收益,但在二级市场上的价差收益可能不会太高,所以这种股票比较适合谨慎的投资者投资;有的公司则相反,股利和股价变化较大,投资于这种股票风险较大,但很可能在二级市场上取得较大的投资收益,比较适合愿意冒险的投资者去投资。所以,投资者如何选择在很大程度上取决于投资者对风险的态度。

第三节 企业价值评估

企业价值评估是财务管理的重要工具之一,具有广泛的用途。企业价值评估是财务估价原理的一种应用形式,是财务估价的延续。企业价值受企业状况和市场状况的影响,随时都会变化。价值评估正是利用市场的不完善寻找被低估的资产。价值评估依赖的企业信息和市场信息也在不断流动,新信息的出现随时可能改变评估的结论。因此,企业价值评估提供的结论有很强的时效性。

一、价值评估的目的

企业价值评估又称价值估价或企业估值,主要通过分析和衡量一个企业的公允市场价值,提供相关信息来帮助投资者和管理者改善决策。价值评估是一种定量分析,但它并不是完全客观和科学的。一方面它使用许多定量分析模型,另一方面它又使用许多主观估计的数据,合理误差是不可避免的。

价值评估的目的是帮助投资者和管理者改善决策,主要表现为以下方面。

(一)价值评估可以用于投资分析

价值评估是基础分析的核心内容。企业价值与财务数据之间存在函数关系,这种关系在一定时间内是稳定的,证券价格与价值的偏离经过一段时间的调整会向价值回归。投资者据此原理寻找并且购进被市场低估的证券或企业,可以获得高于市场平均报酬率的收益。

(二)价值评估可以用于战略分析

战略管理是指涉及企业目标和方向、带有长期性、关系企业全局的重大决策和管理。战略分析是指使用定价模型清晰地说明经营设想和发现这些设想可能创造的价值,目的是评价企业目前和今后增加股东财富的关键是什么。价值评估在战略分析中起核心作用。例如,收购属于战略决策,收购企业要估计目标企业的合理价格,在决定收购价格时要对合并前后的价值变动进行评估,以判断收购能否增加股东财富,以及依靠什么来增加股东财富。

(三)价值评估可以用于以价值为基础的管理

企业决策正确性的根本标志是能否增加企业价值。不了解一项决策对企业价值的影响,就无法对决策进行评价。从这种意义上来说,价值评估是改进企业一切重大决策的手段。为了搞清楚财务决策对企业价值的影响,需要清晰地描述财务决策、企业战略和企业价值之间的关系。在此基础上实行以价值为基础的管理，依据价值最大化原则制订和执行经营计划，通过度量价值的增加来监控经营业绩并确定相应报酬。价值评估提供的是有关"公平市场价值"的信息。价值评估不否认市场的有效性，但是不承认市场的完善性。价值评估正是利用市场的缺点寻找被低估的资产。

二、价值评估的对象

价值评估的一般对象是企业整体的经济价值。企业整体的经济价值是指企业作为一个整体的公平市场价值。

（一）企业的整体性

企业作为整体虽然是由部分组成的，但是它不是各部分的简单相加，而是有机的结合。这种有机的结合，使得企业总体具有部分所没有的整体性功能，所以整体价值不同于各部分的价值。企业的整体性功能，表现为它可以通过特定的生产经营活动为股东增加财富，这是任何单项资产所不具有的。

各部分之间的有机联系是企业形成整体的关键。整体价值来源于要素的结合方式，因此，企业资源的重组即改变各要素之间的结合方式，可以改变企业的功能和效率。部分只有在整体中才能体现出它的价值，一旦离开整体，这个部分就失去了作为整体一部分的意义，就具有了另外的意义。企业的整体功能，只有在运行中才能得以体现。企业是一个运行着的有机体，一旦成立就有了独立的"生命"和特征，并维持它的整体功能。如果企业停止运营，整体功能随之丧失，不再具有整体价值。

（二）企业的经济价值

经济价值是经济学家所持有的价值观念。它是指一项资产的公平市场价值，通常用该资产所产生的未来现金流量的现值来计量。

由于历史成本计价存在许多缺点，各国会计准则的制定机构陆续引入现行市价、可变现净值、重置成本、预计应计数额的现值等多种计量，以改善财务报告信息与报告使用人决策的相关性。其实，会计报表数据的真正缺点，主要不是没有采纳现实价格，而在于没有关注未来。会计准则的制定者不仅很少考虑现有资产可能产生的未来收益，而且把许多影响未来收益的资产和负债项目从报表中排除。表外的资产包括良好管理、商誉、忠诚的顾客、先进的技术等；表外的负债包括未决诉讼、过时的生产线、低劣的管理等。因此，价值评估通常不使用历史购进价格，只有在其他方法无法获得恰当的数据时才将其作为质量不高的替代品。

按照未来售价计价，也称未来现金流量计价。从交易属性上来看，未来售价计价属于产出计价类型;从时间属性上来看,未来售价属于未来价格。它也经常被称为资本化价值即一项资产未来现金流量的现值。经济学家认为,未来现金流量的现值是资产的一项最基本的属性,是资产的经济价值。只有未来售价计价符合企业价值评估的目的。因此,除非特别指明,企业价值评估的"价值"是指未来现金流量现值。

企业价值评估的目的是确定一个企业的公平市场价值。所谓"公平的市场价值"是指在公平的交易中,熟悉情况的双方,自愿进行资产交换或债务清偿的金额。资产就是未来可以带来现金流入的东西。由于不同时间的现金不等价,需要通过折现处理,因此,资产的公平市场价值就是未来现金流入的现值。

它不同于现时市场价格,现时市场价格是指按现行市场价格计量的资产价值,它可能是公平的,也可能是不公平的。

三、价值评估的方法

企业价值评估方法是实现评定估算企业价值的技术手段,是在工程技术、统计、会计等学科的基础上,结合自身特点形成的一整套方法体系。该体系按分析原理和技术路线不同可以分为多种不同方法。

(一) 现金流量折现模型

现金流量模型是企业价值评估使用最广泛、理论上最健全的模型。它的基本思想是增量现金流量和时间价值原则,即任何资产的价值是其产生的未来现金流量按照含风险的折现率计算的现值。企业也是资产,也具有资产的一般特征,因此可以使用现金流量折现法对企业价值进行评估。但企业是持续经营的,现金流量的分布复杂,这就决定了企业价值评估比项目评价更困难。

根据现金流量的不同种类,企业估值模型可以分为以下几种模型。

1. 股利现金流量模型

股利现金流量模型的基本形式为:

$$股权价值\ V = \sum_{t=1}^{\infty} \frac{股利现金流量}{(1+股权资本成本)^t}$$

股利现金流量是企业分配给股东的现金流量。

2. 股权现金流量模型

股权现金流量模型的基本形式为:

$$股权价值\ V = \sum_{t=1}^{\infty} \frac{股权现金流量}{(1+股权资本成本)^t}$$

股权现金流量是一定时期企业可以提供给股东的现金流量,也可以称为股权自由现金流量。

3. 实体现金流量模型

实体现金流量模型的基本形式为:

$$实体价值 V = \sum_{t=1}^{\infty} \frac{实体现金流量}{(1+加权平均资本成本)^t}$$

实体现金流量是企业全部现金流入扣除成本费用和必要的投资后剩余部分,即企业一定时期内提供给所有投资者(股东和债权人)的税后现金流量。

$$股权现金流量 = 实体现金流量 - 债务现金流量$$
$$股权价值 = 实体价值 - 净债务价值$$
$$净债务价值 V = \sum_{t=1}^{\infty} \frac{偿还债务现金流量}{(1+等风险债务成本)^t}$$

在数据假设相同的情况下,三种模型的评估结果是相同的。有多少股权现金流量作为股利分配给股东,取决于企业的筹资和股利分配政策,股利现金流量很难估计。若假设企业将股权现金全部作为股利发放,则股权现金流量模型可以代替股利现金模型。因此,企业价值评估大多采用股权现金流量模型和实体现金流量模型。

模型中的"资本成本",是计算现值的折现率,它是反映风险的函数,要与现金流量相匹配。而产生现金流量的时间应当是企业的寿命,企业通常是假设持续经营,即无限期经营。因此,为了避免预测无限期的现金流量,大部分估价将预测期分为详细预测期和后续期。预测期现金流量有限且详细,后续期无限但稳定增长。

(二)相对价值法

现金流量折现法在理论上比较完善,但应用较为复杂。相对价值法是另外一种相对简单的估价方法。它假设存在一个支配企业市场价值的主要变量,市场价值与该变量的函数关系在类似企业中是可比的。这种方法是利用类似企业的市场定价来估计目标企业价值的一种方法。如果可比企业的价值高估,则目标企业价值也会高估。实际上,相对价值法是以可比企业价值为基准,评估的是目标企业的相对价值,而不是目标企业的内在价值。

1. 市盈率模型

市盈率是市价与每股收益的比值。运用市盈率模型估价如下:

目标企业每股价值 = 可比企业平均市盈率 × 目标企业每股收益

该模型假设股票市价是每股收益的倍数。每股收益越大，股票价值就越大，同类企业有相似的市盈率，所以目标企业的股权价值可以用每股收益乘以可比企业的平均市盈率来计算。

利用市盈率模型估价相对简单，数据容易获得，同时将价格和收益联系起来，直观地反映投入产出关系。市盈率是一个综合性较强的指标，全面涵盖了风险补偿、增长和股利支付的影响。但市盈率也容易受整个经济发展周期影响，在经济繁荣时市盈率上升，经济衰退时市盈率下降。如果企业具有周期性，则企业评估价值可能会扭曲。因此市盈率模型适合于连续盈利并且 β 值接近 1 的企业。

2. 市净率模型

市净率是市价与净资产的比率。这种方法假设股权价值是净资产的函数，类似企业有相同的市净率，股权价值是净资产的倍数，净资产越大则股权价值越大。因此，目标企业的价值为：

股权价值 = 可比企业平均市净率 × 目标企业每股净资产

该模型中的数据易于取得，容易理解。市净率极少为负值，可用于大多数企业。净资产账面价值相对稳定，不易操纵，能一定程度上反映企业价值的变化。但净资产的账面价值受会计政策的影响，可能缺乏可比性。固定资产较少的企业如服务业企业，净资产与企业关系不大，市净率的比较意义有限。因此，这种方法主要适用于拥有大量资产、净资产为正值的企业。

3. 市销率模型

市销率是指每股市价与每股营业收入的比率。这种方法是假设影响每股价值的关键变量是营业收入，每股价值是每股营业收入的函数，每股营业收入越大则每股价值越大。既然股权价值是每股营业收入的一定倍数，那么目标企业的股权价值可以用每股营业收入乘以可比企业市销率估计。其计算公式为：

股权价值 = 可比企业平均市销率 × 目标企业每股营业收入

该模型比较稳定可靠，不容易被操纵。它不会出现负值，对于亏损企业和资不抵债的企业，也可以计算出一个有意义的市销率。市销率对价格政策和企业战略变化敏感，可以反映这种变化的后果。但这种模型无法反映成本的变化，主要适用于销售成本率较低的服务类企业，或销售成本率趋同的传统行业的企业。

总之，由于认识价值是一切经济和管理的核心问题，增加企业价值是企业的根本目的，所以价值评估是财务管理的核心问题。价值评估是一个认识企业价值的过程，由于企业充满了个性化的差异，每一次评估都会不同，不能把价值评估看成是简单的程序性工作，而是始终要关注企业的真实价值水平。

本章框架图

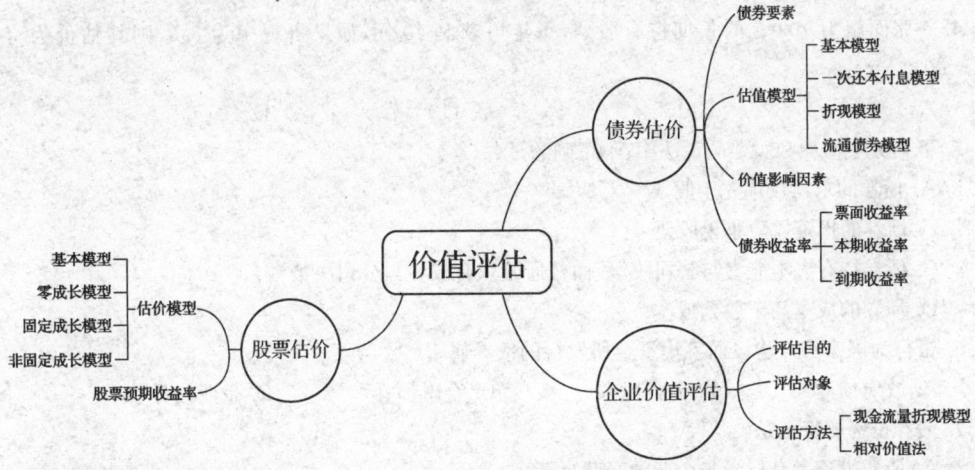

讨论题

1. 试述价值评估的意义。
2. 债券价值评估的模型有哪些？
3. 说明股票价值评估和预期收益率存在何种关系。
4. 企业价值评估的主要方法有哪些？分别适用于什么样的企业？

习　题

一、单项选择题

1. 某公司发行的股票，预期报酬率为20%，最近刚支付的股利为每股2元，估计股利年增长率为10%，则该种股票的价格为(　　)元。

A. 20　　　　　　B. 24　　　　　　C. 22　　　　　　D. 18

2. 某企业于20×9年4月1日以10 000元购得面额为10 000元的新发行债券,票面利率为12%,2年后一次还本,每年支付一次利息,该公司若持有该债券至到期日,其到期收益率为（　　）。

   A. 12%　　　　　B. 16%　　　　　C. 8%　　　　　D. 10%

3. 证券投资者购买证券时,可以接受的最高价格是证券的（　　）。

   A. 票面价格　　　　　　　　　B. 到期价格

   C. 市场价格　　　　　　　　　D. 内在价值

4. 一张面额为100元的长期持有股票,每年可获利10元,如果折现率为8%,则其估价为（　　）元。

   A. 100　　　　　B. 125　　　　　C. 110　　　　　D. 80

5. 下列关于债券和股票的说法中,不正确的是（　　）。

   A. 债券的求偿权优先于股票

   B. 债券的投资风险小于股票

   C. 债券持有人不能参与公司决策,而普通股东有权参与公司决策

   D. 债券的成本高于股票成本

6. 银行为国家重点建设而筹集资金所发行的债券属于（　　）。

   A. 政府债券　　B. 公司股票　　C. 金融债券　　D. 企业债券

7. 债券投资的特点是（　　）。

   A. 债券投资者有权参与企业的经营决策

   B. 债券投资的风险高于股票投资

   C. 债券投资能获得稳定收益

   D. 债券投资的购买力风险小

8. 投资者购买的债券期限越长,其利率风险（　　）。

   A. 越小　　　　B. 越大　　　　C. 为零　　　　D. 无法确定

9. 估算股票价值时的贴现率,不能使用（　　）。

   A. 股票市场的平均收益率

   B. 债券收益率加适当的风险报酬率

   C. 国债的利息率

   D. 投资人要求的必要报酬率

10. 某股票的未来股利不变,当股票市价低于股票价值时,则股票的投资收益率比投资人要求的最低报酬率（　　）。

    A. 高　　　　　B. 低　　　　　C. 相等　　　　D. 可能高于也可能低于

11. 某股票为固定成长股,其成长率为3%,预计第1年后的股利为4元。假定目前国库券收益率为13%,平均风险股票的必要收益率为18%,而该股票的β系数为1.2,则该股票的

价值为( )元。
A. 25　　　　　　B. 40　　　　　　C. 26.67　　　　　D. 30

12. 当市场利率上升时,长期固定利率债券价格的下降幅度( )短期债券的下降幅度。
A. 大于　　　　　B. 小于　　　　　C. 等于　　　　　D. 不确定

13. A公司于20×6年1月1日发行5年期债券,面值为1 000元,票面利率为8%,到期一次还本付息。B公司在20×8年1月1日以每张1150元购买A公司债券100张并打算持有到期,则该项债券投资的到期收益率是( )。
A. 2.54%　　　　B. 20%　　　　　C. 6.78%　　　　D. 8.26%

二、多项选择题

1. 股票投资与债券投资相比,其特点有( )。
A. 风险大　　　　B. 易变现　　　　C. 收益高　　　　D. 价格易波动

2. 长期债券投资收益率高于短期债券投资收益率,这是因为( )。
A. 长期债券持有时间长,难以避免通货膨胀影响
B. 长期债券流动性差
C. 长期债券面值高
D. 长期债券不记名

3. 下列关于投资者要求的投资报酬率的说法中,正确的有( )。
A. 风险程度越高,要求的报酬率越低
B. 无风险报酬率越高,要求的报酬率越高
C. 它是一种机会成本
D. 风险程度、无风险报酬率越高,要求的报酬率越高

4. 在复利计息,到期一次还本的情况下,债券票面利率与到期收益率不一致的情况有( )。
A. 债券平价发行,每年付息一次　　　B. 债券平价发行,每半年付息一次
C. 债券溢价发行,每年付息一次　　　D. 债券折价发行,每年付息一次

5. 下列各项中,能够影响债券内在价值的因素有( )。
A. 债券的价格　　　　　　　　　　　B. 债券的计息方式(单利或复利)
C. 当前的市场利率　　　　　　　　　D. 票面利率

6. 与股票投资相比,债券投资的主要缺点有( )。
A. 购买力风险大　　　　　　　　　　B. 变现力风险大
C. 没有经营管理权　　　　　　　　　D. 投资收益不稳定

7. 与股票内在价值呈反方向变化的因素有( )。
A. 股利年增长率　　　　　　　　　　B. 年股利
C. 预期报酬率　　　　　　　　　　　D. β系数

8. A公司去年支付每股0.22元现金股利,固定成长率为5%,现行国库券收益率为6%,市场平均风险条件下股票的必要报酬率为8%,股票的β系数为1.5,则( )。

A. 股票价值 5.775 元　　　　　　　B. 股票价值 4.4 元
C. 股票预期报酬率为 8%　　　　　D. 股票预期报酬率为 9%

9. 下列关于债券到期收益率的说法中，正确的有（　　）。
   A. 能够评价债券收益水平的指标之一
   B. 是指购进债券后，一直持有该债券至到期日所获取的收益率
   C. 是指复利计算的收益率
   D. 是指能使未来现金流入现值等于债券买入价格的贴现率

10. 若按年支付利息，则决定债券投资的到期收益率高低的因素有（　　）。
    A. 债券面值　　　B. 票面年利率　　　C. 购买价格　　　D. 偿还年限

11. 影响股票价格的因素有（　　）。
    A. 股票的预期股利　　　　　　　B. 市场利率
    C. 经济环境变化　　　　　　　　D. 投资者心理因素

12. 证券投资的收益包括（　　）。
    A. 现价与原价的价差　　　　　　B. 股利收益
    C. 债券利息收益　　　　　　　　D. 出售收入

三、判断题

1. 当票面利率大于市场利率时，债券发行时的价格大于债券的面值。（　　）
2. 债券的价格会随着市场利率的变化而变化。当市场利率上升时，债券价格下降；当市场利率下降时，债券价格会上升。（　　）
3. 投资者可以根据证券的内在价值与市场价格的比较来决定是否进行证券投资。（　　）
4. 在计算长期证券收益率时，应该考虑资金时间价值因素。（　　）
5. 以平价购买到期一次还本付息的债券，其到期收益率和票面利率相等。（　　）
6. 股票的价值是指其实际股利所得和资本利得所形成的现金流入量的现值。（　　）
7. 从长期来看，公司股利的固定增长率不可能超过公司的资本成本率。（　　）
8. 一种 10 年期的债券，票面利率为 10%；另一种 5 年期的债券，票面利率也为 10%。两种债券的其他方面没有区别，在市场利息率急剧上涨时，前一种债券价格下降的更多。（　　）
9. 当投资者要求的收益率高于债券票面利率时，债券的市场价值会低于债券的面值；当投资者要求的收益率低于债券的票面利率时，债券的市场价值会高于债券面值；当债券接近到期日时，债券的市场价值向其面值回归。（　　）
10. 市净率是每股市价与每股净利的比率，是投资者用来衡量分析股票是否具有投资价值的工具之一。（　　）

四、计算分析题

1. 甲公司拟购买乙公司发行的债券，该债券的面值为 100 元，票面利率为 10%，期限为 5 年。甲公司要求的必要报酬率为 12%。

   要求（计算以下两种情况下甲公司可以接受的债券市场价格）：

(1) 债券每年年末付息一次,到期还本。

(2) 债券到期一次性还本付息(按单利计息)。

2. 甲投资者拟投资购买 A 公司的股票。A 公司去年支付的股利是 1 元/股,根据有关信息,投资者估计 A 公司年股利增长率可达 10%。A 股票的 β 系数为 2,证券市场所有股票的平均报酬率为 15%,现行国库券利率为 8%。

要求:

(1) 计算该股票的预期报酬率。

(2) 计算该股票的内在价值。

3. LD 公司于 20×8 年 7 月 1 日发行面值为 1 000 元、票面利率为 8%、期限为 5 年的债券,债券每年 7 月 1 日付息,5 年后还本。

要求:

(1) 如果发行时市场利率为 5%,债券发行价格为 1 100 元,请问是否应投资购买该债券?

(2) 若该债券发行价格为 1 080 元,则债券的到期收益率是多少?

4. 甲公司持有 A、B、C 三种股票,在由上述股票组成的证券投资组合中,各股票所占的比重分别为 50%、30%、20%,其 β 系数分别为 2.0、1.0 和 0.5。市场收益率为 15%,无风险收益率为 10%。A 股票当前每股市价为 12 元,刚收到上一年度派发每股 1.2 元的现金股利,预计股利以后每年将增长 8%。

要求:

(1) 计算以下指标:甲公司证券组合的 β 系数;甲公司证券组合的风险收益率;甲公司证券组合的必要投资收益率;投资 A 股票的必要投资收益率。

(2) 利用股票估价模型分析当前出售 A 股票是否对甲公司有利。

5. A 企业于 20×8 年 1 月 5 日以每张 1020 元的价格购买 B 企业发行的利随本清的企业债券。该债券面值为 1000 元,期限为 3 年,票面年利率为 10%,不计复利。购买时市场年利率为 8%。不考虑所得税。

要求:

(1) 利用债券估价模型评价 A 企业购买此债券是否合算。

(2) 如果 A 企业于 20×9 年 1 月 5 日将该债券以 1130 元的市价出售,计算该债券的投资收益率。

6. A 公司股票的 β 系数为 2.5,无风险利率为 6%,市场上所有股票的平均报酬率为 10%。

要求:

(1) 计算该公司股票的预期收益率。

(2) 若该股票为固定成长股票,成长率为 6%,预计 1 年后的股利为 1.5 元/股,则该股票的价值为多少?

(3) 若股票未来 3 年股利为零成长,每年股利额为 1.5 元/股,预计从第 4 年起转为正常增长,增长率为 6%,则该股票价值为多少?

7. 某公司于 20×4 年 1 月 1 日平价发行新债券,每张面值为 1 000 元,票面利率为 10%,5 年期,每年 12 月 31 日付息。

要求:

(1) 计算 20×9 年 1 月 1 日到期收益率是多少?

(2) 假定 20×8 年 1 月 1 日的市场利率下降到 8%,那么此时债券的价值是多少?

(3) 假定 20×8 年 1 月 1 日的市价为 900 元,此时购买该债券的到期收益率是多少?

(4) 假定 20×6 年 1 月 1 日的市场利率为 12%,债券市价为 950 元,你是否应购买该债券?

五、综合题

1. 某公司在 20×5 年 6 月 3 日将 400 万元的资金进行证券投资,目前市场上有甲、乙两种股票可以买入。相关资料如下:购买甲 100 万股,在 20×6、20×7、20×8 年 4 月每股可得股利 0.4、0.6、0.7 元,并于 20×8 年 4 月以每股 5 元将甲股票全部出售;购买乙 80 万股,在以后的 3 年中,每股均可获股利 0.7 元,并于 20×8 年 4 月以每股 6 元全部抛出。

要求:确定该公司应投资于哪种股票,并说明理由。

2. 某投资者 20×9 年准备投资购买股票,现有 A、B 两家公司可供选择。从 A、B 公司 20×8 年有关财务报表和资料中可知,20×8 年 A 公司发放每股股利 5 元,股票每股市价 40 元;20×8 年 B 公司发放每股股利 2 元,股票每股市价 20 元。预计 A 公司未来 5 年内股利恒定,在此以后转为正常增长,增长率为 6%;预期 B 公司股利将持续增长,年增长率为 4%。假定目前无风险收益率为 8%,市场上所有股票的平均收益率为 12%,A 公司股票的 β 系数为 2,B 公司股票的 β 系数为 1.5。

要求:

(1) 通过计算股票价值并与股票市价相比较,判断两公司股票是否应当购买。

(2) 若投资购买两种股票各 100 股,该投资组合的预期收益率为多少?

(3) 计算该投资组合的 β 系数。

3. 一个投资人持有 ABC 公司的股票,他的投资最低报酬率为 15%。预计 ABC 公司未来 3 年股利将高速增长,增长率为 20%。在此以后转为正常增长,增长率为 12%。公司最近支付的股利是 2 元。

要求:计算该公司股票的价值。

4. 某投资人准备投资于 A、B 两种股票,已知 A、B 股票最后一次的股利分别为 2 元和 2.8 元。A 股票成长率为 10%,B 股票预期 2 年内成长率为 18%,以后 12%。现行 A 股票市价 25 元,当时国库券利率为 8%,证券市场平均必要收益率为 16%,A 股票的 β 系数为 1.2,B 股票的 β 系数为 1。

要求:

(1) 判断该投资人是否应以当时市价购入 A 股票。如购入其预期投资报酬率为多少?

(2) 如果该投资人要投资 B 股票,其购入的最高价为多少?

第五章 筹资管理

 学习目标

通过对本章的学习,你能够了解到:
1. 企业筹资管理的基本内容
2. 股权筹资的各种筹资方式
3. 债务筹资的各种筹资方式
4. 混合筹资的各种筹资方式

第一节 筹资概述

一、筹资的种类

任何企业为了形成一定规模的生产能力,保证日常生产经营的正常进行,必须持有一定数量的资金。同时,由于季节性、临时性原因以及扩大生产经营的原因等,也需要筹集一定的资金。筹资(finance)是企业根据其生产经营、对外投资及调整资金结构等活动对资金的需要,通过一定的渠道,采取适当的方式,获取所需资金的一种行为。

筹资管理是企业财务管理的一项基本内容。资金筹措对企业的投资项目的有效运行、生产经营的高效运作,有着极为重要的影响。因此,筹资既是企业生产经营活动的前提,也是企业再生产顺利进行的保障。同时,筹资又为投资提供了基础和前提,没有资金融通,就无法进行资金的投放和使用。

筹资可按不同的标准进行不同的分类。

（一）按资金的筹集渠道分类

按资金的筹资渠道不同，企业筹资可以分为股权筹资、债务筹资及混合筹资。

股权筹资形成股权资本，这是企业依法长期拥有，能够自主调配运用的资本。股权资本是企业从事生产经营活动和偿还债务的本钱，代表企业基本资产状况的一个主要指标。企业通过发行股票、吸收直接投资、内部积累等方式筹集的资金都属于企业的股权资本。股权资本一般不用还本，因而称为企业的自有资本或权益资金。企业在持续经营期内，采用股权筹集，财务风险小，但付出的资金成本相对较高。

债务筹资是企业通过发行债券、向银行借款、融资租赁等方式筹集资金，形成企业的负债，到期要归还本金和利息，因而又称为借入资金或债务资本。企业采用债务筹集，一般承担较大的财务风险，但付出的资金成本相对较低。

混合筹资是兼具股权和债务特性的融资方式。它是以股权或债权为基础产生的新的融资方式，如我国目前常见的可转换债券融资和认股权证融资。

（二）按资金使用期限的长短分类

按资金使用期限的长短，企业筹资可以分为短期筹资和长期筹资两种。

短期筹资是指筹集1年内使用的资金，主要用于企业的流动资产和资金日常周转等，短期内需偿还。短期资金通常采用商业信用和银行短期借款等方式来筹集。

长期筹资一般是指筹集1年以上使用的资金，一般需几年甚至十几年才能收回。长期资金主要投资于厂房和设备的更新、生产规模的扩大、新产品的开发和推广等。长期资金通常采用发行股票、债券，取得长期借款等方式来筹集。

（三）按资金的来源范围分类

按资金的来源范围不同，企业筹资可以分为内部融资和外部融资两类。

内部融资是指企业在企业内部通过留用利润而形成的筹资来源。内部融资是在企业内部"自然"形成的，因此被称为"自动化的资本来源"，其数量通常由企业可分配利润的规模和利润分配政策所决定，一般无须花费筹资费用。

外部融资是指企业在内部融资不能满足需要时，向企业外部筹集而形成的资本来源。处于初创期的企业，内部筹资的可能性是有限的；处于成长期的企业，内部融资往往难以满足需要。于是企业就要广泛进行外部融资，如发行股票、发行债券、银行借款等。企业向外部融资大多需要花费一定的筹资费用。

(四) 按是否以金融机构等为媒介

按是否以金融机构等为媒介分类,企业筹资可以分为直接筹资和间接筹资。

直接筹资是企业直接与资金提供者协商筹集资金,主要有发行股票、发行债券、吸收直接投资等方式。尽管按规定,有价证券的发行要由证券公司等中介机构来承销,但资金的提供者并没有将资金使用权让渡给证券公司等金融机构。直接融资筹资费用较高,但筹资范围广,有利于提高企业的知名度和资信度。

间接筹资是企业通过银行和非银行金融机构筹集资金,主要有银行借款、融资租赁等方式。在这种方式下,银行等金融机构发挥了中介的作用,预先聚集资金,资金提供者让渡了资金的使用权,然后由银行等金融机构将资金贷给企业。间接融资手续简便,筹资费用低,但容易受金融政策的影响。

二、筹集资金的动机

企业在持续的生存与发展中,其具体的筹资活动通常受到特定的筹资动机所驱使。企业具体的筹资动机是多样的,如为购置设备、引进新技术、开发新产品或者为对外投资等筹资,有时这些具体的筹资动机是单一的,有时又是综合的,我们可以将其归纳为四种类型。

(一) 设立性筹资动机

设立性筹资动机是指企业设立时为取得资本金而产生的筹资动机,资本金是企业进行生产经营活动的基本条件,需要按照企业的经营规模确定长期资金需要量,形成企业的经营能力。

(二) 扩张性筹资动机

扩张性筹资动机是指企业为了扩大生产经营规模或增加对外投资而产生的筹资动机。这种筹资动机往往是处于成长期、具有良好发展前景的企业产生的。例如,企业要开发生产适销对路的产品、追加有利的对外投资,这些都需要企业进行扩张性筹资,它可以直接使企业资产总额和资本总额增加。

(三) 调整性筹资动机

调整性筹资动机是指企业因调整现有资本结构的需要而产生的筹资动机。一个企业在不同时期由于筹资方式的不同会形成不同的资本结构。随着企业的发展,现有的资本结构也许不再合理,这就需要进行相应的调整,使之适应企业的发展,优化资本结构,合理利用财务杠杆效应。

(四) 混合性筹资动机

混合性筹资动机是指企业通过追加筹资,既为扩张规模又为调整资本结构而产生的综合筹资动机。在这种筹资动机的驱使下，企业通过筹资，既扩大了资金规模，又调整了资本结构。事实上，企业很少是为了单一的动机进行筹资的，往往是混合性的筹资动机。

三、企业筹集资金的渠道和方式

（一）企业筹集资金的渠道

企业筹集资金的渠道是指筹措资金的来源方向与通道。它主要解决从哪里可以筹集资金的问题。我国企业筹集资金的来源渠道可归纳为以下几项。

1. 国家财政资金

国家对企业的投资历来是国有企业的主要资金来源，特别是国有独资企业，其资本全部由国家投资形成。现有的国有企业，包括国有独资公司，其筹资来源的大部分，仍然是政府通过中央和地方财政部门以拨款的方式投资而形成的。从产权关系上看，它们都属于国家投入资金，产权归国家所有。

2. 银行信贷资金

银行对企业贷款，是企业最为重要的资金来源。银行主要是以营利为目的，从事信贷资金投放。银行信贷资金拥有单位存款、居民储蓄等经常性的资金来源，且贷款方式灵活多样，可以适应各类企业债务资金筹集的需要。

3. 非银行金融机构资金

非银行金融机构主要是指证券公司、租赁公司、保险公司、信托投资公司等。它们提供各种金融服务，主要包括信贷资金投放、承销证券、物资的融通等。它们具有不同的资金来源，通过不同的方式将资金借贷给企业，这种筹资渠道的财力虽然要小于银行信贷资金。但是随着我国外汇市场、货币市场和资本市场等金融市场的发展，这类资金会具有广阔的发展前景，而且可以预见在不远的将来可以成为企业筹集资金的有力支撑。

4. 其他企业投入资金

企业在生产经营过程中，往往有部分暂时闲置资金，可以为一定目的而进行相互投资，在企业间相互调剂使用。还有企业间的购销业务可以通过商业信用方式来完成，从而形成企业间的债权债务关系。企业间的相互投资和商业信用的存在，使其他企业资金也成为企业资金的重要来源，这种资金渠道具有很强的生命力。

5. 社会公众资金

社会公众投资属于个人资金渠道。集中社会力量解决企业的资金来源不足，是今后企业筹资具有发展前景的渠道。目前这部分资金数额不大，但是随着我国市场经济的发展,这部分资金在企业资金来源中将会占有越来越重要的地位。

6. 企业内部形成的资金

企业内部形成的资金主要是指企业从税后利润中提取的盈余公积及未分配利润等。这些资金的重要特征之一是它们不需企业通过特定的方式去筹集,而直接由企业内部自动生成或转移。这类资金形成于企业内部,比较便捷,同时财务风险较低。

7. 国外资金

在国际化的趋势下,国外投资者持有的资金也可以加以吸收。这部分资金的筹集可以通过直接筹资与间接筹资方式实现。直接筹资是指吸收国外投资者直接提供的外汇、设备和技术等;间接筹资是指企业向国际金融组织贷款,如国际货币基金组织、世界银行贷款等。

由于各种筹资渠道在资金供应量方面,存在着较大差异,有些渠道资金供应量少,如内部形成的资金等;有些渠道资金供应量多,如银行信贷资金和非银行金融机构资金等。各种企业应根据生产经营活动的需要,选择适当的资金供应渠道,同时尽可能保证资金供应量充足,供应条件有利,便于筹集。

(二)企业筹集资金的方式

企业筹集资金的方式是指企业取得资金的具体形式,它是解决如何取得资金的问题。由于企业可以从各种不同的渠道找到资金,为此就可以采用不同的方式加以筹集。

1. 吸收直接投资

吸收直接投资是指企业以合同、协议的形式筹集政府、法人、自然人等直接投入的资金。它不以股票等证券为载体,是非股份制企业取得股权资金的基本方式。

2. 发行股票筹资

发行股票筹资是股份公司按照公司章程依法发售股票直接筹集资金,形成公司股本的一种筹资方式。它以股票为媒介,仅适用于具备发行股票资格的股份有限公司,是上市公司取得股权资本的基本方式。

3. 发行债券筹资

发行债券筹资是企业按照债券发行协议通过发售债券直接筹资,形成企业债务资金的一种筹资方式。在我国,具备发行债券资格的公司可以依法发行债券进行筹资,获得大额的长期债务资金。

4. 利用留存收益

留存收益是指企业按规定从税后利润中提取的盈余公积以及根据投资人意

愿和企业具体情况留存的未分配利润。利用留存收益筹资是企业将留存收益转化为投资的过程,它是企业筹集权益性资本的一种重要方式。

5. 银行借款筹资

银行借款筹资是各类企业按照借款合同从银行等金融机构借入各种款项的筹资方式。它广泛适用于各类企业,具有方便灵活的特点,是企业获得长期和短期债务资本的主要筹资方式。

6. 商业信用筹资

商业信用筹资是企业之间通过赊购商品、预收货款等商品交易行为所形成的借贷信用关系。它是企业筹集短期债务资金的一种常见的筹资方式。这种筹资方式比较灵活,为各类企业所采用。

7. 租赁筹资

租赁筹资是企业按照租赁合同租入资产,通过对租赁物的使用实现筹资目的的特殊筹资方式。这种方式不是直接取得资金,而是通过租赁信用关系,先直接取得实物资产,快速形成生产经营能力,再通过分期支付租金的方式偿还资产的价值,形成企业的债务筹资方式。

(三)筹资渠道与筹资方式的对应关系

筹资渠道解决的是资金来源问题,筹资方式解决以何种方式取得资金的问题,它们之间存在一定的对应关系。一定的筹资方式可能只适用于某一特定的筹资渠道,但是同一渠道的资金往往可采用不同的方式去取得。因此,企业在筹资时应实现两者的合理配合。它们之间的对应关系,可以用表5-1来表示。

表5-1 筹资渠道与筹资方式的对应关系

筹资方式 筹资渠道	吸收直接投资	发行股票	利用留存收益	银行借款	发行公司债券	商业信用	租赁
国家财政资金	✓	✓					
银行信贷资金				✓			
非银行金融机构资金	✓			✓	✓		✓
其他企业资金	✓				✓	✓	✓
社会公众资金	✓	✓			✓		
企业内部形成的资金	✓		✓				
国外资金	✓	✓		✓	✓	✓	✓

四、企业资金需要量的预测

确定企业的资金需要量是筹资的前提,必须科学合理地进行预测,合理确定筹资规模。只有这样,才能使筹集来的资金既能保证满足生产经营的需要,又不会有太多的闲置。下面是几种预测资金需要量常用的方法。

(一) 因素分析法

因素分析法又称分析调整法,是以有关资金项目上年度的实际平均需要量为基础,根据预测年度的生产经营任务和加速资金周转的要求,进行分析调整,来预测资金需要量的一种方法。这种方法计算比较简单,容易掌握,但预测结果不太精确,因此它常用于品种繁多、规格复杂、价格较低的资金占用项目的预测,也可以用于测算企业全部资金的需要量。采用这种方法时,首先应在上年度资金平均占用额基础上,剔除其中呆滞积压不合理部分,然后根据预测期的生产经营任务和加速资金周转的要求进行测算。因素分析法的基本模型是:

资本需要量 =(上年资金实际平均占用额 - 不合理平均占用额)×
(1 ± 预测年度销售增减率)×(1 ± 预测年度资金周转速度变动率)

【例 5-1】 某公司上年度资金平均占用额为 2 200 万元,经分析其中不合理部分为 200 万元,预计本年度销售增长 5%,资金周转加速 2%。试计算企业本年度资金需要量。

本年度资金需要量 =(2 200 - 200)×(1 + 5%)×(1 - 2%)= 2 058(万元)

(二) 销售百分比法

销售百分比法是根据基期销售额与资产负债表和利润表项目之间的比例关系,按照预测期销售额的增长情况来预测需要相应追加多少资金的一种定量方法。应用销售百分比法进行资金预测时,首先假定企业的相关资产和负债与销售收入同比例变化,存在稳定的百分比关系,然后根据预计销售收入和相应的百分比预计相关资产、负债,最后确定融资需求。

销售百分比法的基本公式是:

$$\Delta F = \frac{A}{S_1}(\Delta S) - \frac{B}{S_1}(\Delta S) - PES_2$$

或:

$$\Delta F = \frac{\Delta S}{S_1}(A - B) - PES_2$$

式中,ΔF 代表外界资金需要量;A 代表随销售变化的资产(变动资产);B 代表随销售变化的负债(变动负债);S_1代表基期销售额;S_2代表预测期销售额;ΔS代表销售的变动额;P代表销售净利率;E代表收益留存比率。

销售百分比法的关键是确定资产负债表中预计随销售变动而变动的项目。在资产类项目中,货币资金、应收账款和存货等项目,一般会因销售量的增加而相应的增加,固定资产是否需要增加,则要看固定资产利用程度。如果其生产能力已经饱和,那么增加产销量需要扩大固定资产投资额。此时,固定资产属于随销售变动而变动的资产;若生产能力有剩余,扩大销售不需增加固定资产,那此时固定资产属于不变项目。而无形资产、长期投资一般不随销售量的增加而增加。负债和所有者权益项目中,一般应付账款、应付费用会随销售的增加而增加,但实收资本、公司债券、短期借款等一般不会自动增加。

【例 5-2】 商运公司 20×7 年 12 月 31 日的资产负债表如表 5-2 所示。

表 5-2 商运公司简要的资产负债表

20×7 年 12 月 31 日　　　　　　　　　　　　　　　　单位:元

资产		负债和所有者权益	
货币资金	6 000	应付费用	8 000
应收账款	20 000	应付账款	15 000
存货	35 000	短期借款	30 000
固定资产净值	39 000	公司债券	12 000
		实收资本	22 000
		留存收益	13 000
资产合计	100 000	负债和所有者权益合计	100 000

已知该公司 20×7 年的销售收入为 100 000 元,现在还有剩余生产能力,增加销售无需追加固定资产投资。假定销售净利率为 10%,股利支付率为 60%,经预测 20×8 年的销售收入将提高到 120 000 元,公司的销售净利率和利润分配政策不变。问需要筹集多少资金?

第一,预测销售收入增长。

$$销售收入增长率 = \frac{120\,000 - 100\,000}{100\,000} \times 100\% = 20\%$$

$$销售收入增长额 = 120\,000 - 100\,000 = 20\,000(元)$$

第二,确定资产负债表中随销售变动而变动的项目,如表 5-3 所示。

表 5-3 公司销售收入百分比表

资产	销售百分比	负债和所有者权益	销售百分比
货币资金	6%	应付费用	8%
应收账款	20%	应付账款	15%
存货	35%	短期借款	不变动
固定资产净值	不变动	公司债券	不变动
		实收资本	不变动
		留存收益	不变动
合计	61	合计	23

表 5-3 中的销售收入百分比用表 5-2 中的各项目数字除以 20×7 年销售收入求得。假设企业的资产、负债等与销售收入存在稳定的百分比关系,即该百分比关系也适用于 20×8 年的情况。不变动是指该项目不随销售收入的变化而变化。

第三,确定需要增加的资金。

从表 5-3 中可以看出,销售收入每增加 100 元,必须增加 61 元的资金占用,但同时会自动增加 23 元的资金来源。从 61% 的资金需求中减去 23% 的自动产生的资金来源,还剩下 38% 的资金需求。该公司 20×8 年销售收入增加 20 000 元,按照 38% 的比率预测将增加 7 600 元(20 000×38%)的资金需求。若企业还有可动用现存的金融资产,也将会减少企业的融资需求。

$$融资需求额 = 预计销售收入增长 \times (资产销售百分比 - 负债销售百分比)$$
$$= 20\ 000 \times (61\% - 23\%) = 7\ 600(元)$$

第四,确定对外筹资数额。

留存收益是企业内部的融资来源。只要企业有盈利并且不全部支付股利,留存收益就会使股东权益增长,可以部分或全部满足企业的融资需求。这部分资金的多少,取决于净利润的多少和股利支付率的高低。本例中预计 20×8 年公司的净利润为 12 000 元(120 000×10%),公司的股利支付率为 60%,则将有 40% 的利润即 4 800 元被留存下来。上述 7 600 元的资金需求,减去 4 800 元的留存收益,则还有 2 800 元的资金缺口企业必须从外部融通。

$$外部资金需要量 = 融资需求 - 预计销售收入 \times 销售利润率 \times (1 - 股利支付率)$$
$$= 7\ 600 - 10\% \times (1 - 60\%) \times 120\ 000$$
$$= 2\ 800(元)$$

需要的外部融资额,可以通过增加借款或增发股本筹集。融资总需求计算公式为:

$$融资总需求 = 可动用的金融资产 + 增加留存收益 + 增加借款$$

销售百分比法能为企业财务管理提供短期预计的财务报表,以适应外部筹资的需要,简便易行。但它假定现有的一些比例关系会延续至下一期,并不适用于不确定性较大的长期预测。而且如果有关固定比例关系的假定失实,据以进行预测就会形成错误的结果。因此,在有关因素发生变化的情况下,必须相应地进行调整。

(三)资金习性预测法

资金习性预测法是指根据资金习性预测未来资金需要量的一种方法。所谓资金习性,是指资金的变动同产销量变动之间的依存关系。按照资金同产销量之间的依存关系,可以把资金区分为变动资金、不变资金和混合资金。

变动资金是指随产销量变动而同比例变动的资金,一般包括直接构成产品实体的原材料、外购件等占用的资金,在最低储备以外的现金、存货、应收账款等也具有变动资金的性质。

不变资金是指在一定的产销量范围内,不受产销量变动的影响而保持固定不变的那部分资金。这部分资金包括:为维持营业而占用的最低数额的现金、原材料的保险储备、必要的成品储备,以及厂房、机器设备等固定资产占用的资金。

混合资金受产销量变动的影响,但又不呈同比例的变化。比如,一些辅助材料所占用的资金。混合资金总是可以采用一定的方法划分为变动资金和不变资金两部分。

资金习性预测法把企业的总资金划分为不变资金和变动资金,再进行资金需求量的预测。这主要有以下两种形式。

1. 回归分析法

这种方法是根据历史上资金占用额与产销量之间的关系,把资金划分为不变和变动两部分,然后结合预计的销售量来预测资金需要量。该方法假设产销量为自变量 x,资金占用额为因变量 y,它们之间的关系可用下式表示:

$$y = a + bx$$

式中,a 代表不变资金;b 代表单位产销量所需的变动资金。

只要求出 a 和 b,根据预计的产销量,就可以通过上述公式测算资金的需要量。a 和 b 可用最小平方法(也称回归直线法)求出:

$$a = \frac{\sum y - b \sum x}{n}$$

$$b = \frac{n \sum xy - \sum x \cdot \sum y}{n \sum x^2 - (\sum x)^2}$$

【例 5-3】 某公司过去几年的产销量和资金变化情况如表 5-4 所示,20×7 年预计销售量为 30 万台,试计算 20×7 年的资金需要量。

表 5-4 产销量与资金变化情况表

年度	产销量(万台)	资金需要量(万元)	$x \cdot y$	x^2
20×2	15	100	1 500	225
20×3	18	105	1 890	324
20×4	20	110	2 200	400
20×5	22	112	2 464	484
20×6	25	115	2 875	625
合计 $n=5$	$\sum x = 100$	$\sum y = 542$	$\sum xy = 10\ 929$	$\sum x^2 = 2\ 058$

$$b = \frac{5 \times 10\ 929 - 100 \times 542}{5 \times 2\ 058 - 100 \times 100} = 1.53$$

$$a = \frac{542 - 1.53 \times 100}{5} = 77.8$$

将 a 和 b 的值代入回归方程得:

$$y = 77.8 + 1.53x$$

当 20×7 年销售量为 30 万台时:

$$资金需要量 y = 77.8 + 30 \times 1.53 = 123.7(万元)$$

从理论上讲,回归直线法是一种计算结果较为精确的方法,但运用线性回归必须注意资金需要量与产销量之间线性关系的假定应符合实际情况,如果线性关系不存在,则需考虑多元回归法。另外,确定不变资金规模和单位变动资金规模时,应利用预测年度前连续几年的历史资料,一般认为历史跨度越长,计算也越准确。为满足计算需要,在条件允许的情况下,应尽量使历史资料不少于 3 年。

2. 高低点法

根据各资金占用项目(如现金、存货、应收账款、固定资产)同产销量之间的关系,还可以采用逐项分析预测,即把各项目的资金都分成变动和不变动两部分,然后汇总在一起,求出企业变动资金总额和不变资金总额,进而预测资金需要量。

【例 5-4】 某公司历史上现金占用与销售收入之间的关系如表 5-5 所示,如果 20×9 年预计销售收入为 350 000 元,试计算 20×9 年的资金需要量。

表 5-5　现金占用与销售收入之间的关系　　　　　　　　　　　　单位:元

年度	20×4 年	20×5 年	20×6 年	20×7 年	20×8 年
销售收入(x)	200 000	240 000	260 000	280 000	300 000
现金占用(y)	11 000	13 000	14 000	15 000	16 000

根据以上资料,可用高低点法或前述回归分析法来计算变动资金和不变资金的数额。本例用高低点法计算 a、b 的值。

资金预测的高低点法是指根据企业一定期间资金占用的历史资料,按照资金习性原理和 $y=a+bx$ 直线方程式,选用最高收入期和最低收入期的资金占用量之差,同这两个收入期的销售额之差进行对比,先求 b 的值,然后再代入原直线方程,求出 a 的值,从而推测资金发展趋势,其计算公式为:

$$b = \frac{最高收入期的资金占用量 - 最低收入期的资金占用量}{最高销售收入 - 最低销售收入}$$

a = 最高销售收入的资金占用额 - 单位产销量所占用的变动资金 × 最高产销量

或:a = 最低销售收入的资金占用额 - 单位产销量所占用的变动资金 × 最低产销量

本例中:

$$b = \frac{16\,000 - 11\,000}{300\,000 - 200\,000} = 0.05$$

$$a = 16\,000 - 0.05 \times 300\,000 = 1\,000(元)$$

或:
$$a = 11\,000 - 0.05 \times 200\,000 = 1\,000(元)$$

存货、应收账款、流动负债、固定资产等也可根据历史资料作相似划分,再汇总列表,如表 5-6 所示。

表 5-6　资金需要量预测表(分项预测)　　　　　　　　　　　　单位:元

项目	年度不变资金(a)	每项销售收入所需变动资金(b)
流动资产:		
现金	1 000	0.05
应收账款	6 000	0.14

(续表)

项目	年度不变资金(a)	每项销售收入所需变动资金(b)
存货	10 000	0.22
小计	17 000	0.41
减:流动负债		
应付账款及应付费用	8 000	0.11
净资金占用	9 000	0.30
固定资产厂房、设备	51 000	0
所需资金合计	60 000	0.30

20×9年的资金需要量 $y = a + bx = 60\,000 + 0.3 \times 350\,000 = 165\,000$(元)

高低点法简便易行,在企业资金变动趋势比较稳定的情况下,较为适宜。

资金习性预测法从数量上反映资金需要量和产销量之间的规律性,对准确预测资金需要量有很大帮助,销售百分比法实际上是资金习性预测法的具体运用。

第二节 股权筹资

权益资本是企业最基本的资本,代表了公司的资本实力。股权筹集的资金是企业永久性权益资本,也是其他方式筹资的基础,对于保障企业对资本的最低需求,促进企业长期稳定经营具有重要意义。尽管权益资本无须归还,财务风险较小,股利负担比较灵活,但通常股权筹资的资本成本要高于债务筹资。同时,由于引入新投资者或发售新股,必然导致企业所有权结构的改变,分散企业控制权。吸收直接投资、发行普通股、留存收益筹资和风险资本筹资都是企业筹集权益资本的重要方式。

一、吸收直接投资

吸收直接投资是指企业按照"共同投资、共同经营、共担风险、共享利润"的原则直接吸收国家、法人、个人投入资金的一种筹资方式。吸收直接投资是非股份制企业筹集权益资本的基本方式。采用吸收直接投资方式筹资的企业,资本分成不等额股份,无须公开发行股票。所有认购股份的出资者,都是企业的所有者,对企业拥有经营管理权。如果企业经营状况好,盈利多,出资各方可按出资额的比例分享利润;否则,出资各方要在出资的限额内按出资比例承担损失。

(一) 吸收直接投资的种类

1. 吸收国家投资

国家投资是指有权代表国家投资的政府部门或者机构以国有资产投入企业,这种情况下形成的资本叫国有资本。根据《企业国有资本与财务管理暂行办法》的规定,国家对企业注册的国有资本实行保全原则。企业在持续经营期间,对注册的国有资本除依法转让外,不得抽回,并且以出资额为限承担责任。

吸收国家投资的特点是产权归属国家,资金的运用和处置受国家约束较大,所以在国有企业中采用比较广泛。

2. 吸收法人投资

法人投资是指法人单位以其依法可以支配的资产投入企业,这种情况下形成的资本叫法人资本。吸收法人投资的特点是筹资发生在法人单位之间,以参与企业利润分配或控制为目的,出资方式灵活多样。

3. 吸收社会公众投资

社会公众投资是指社会个人或本企业内部员工以个人合法财产投入企业,这种情况下形成的资本叫个人资本。吸收社会公众投资的特点是参与投资的人员较多,每人投资的数额相对较少,以参与企业利润分配为目的。

(二) 吸收直接投资的形式

企业在采用吸收投资方式筹资时,投资者可以用货币资金、厂房、机器设备、材料物资、无形资产等作价出资。

1. 以货币资金出资

货币资金出资是企业吸收直接投资最为主要的形式之一。有了货币资金,便可以获得其他物资资源,支付各种费用,满足企业的创建开支和日常周转需要。因此,企业应鼓励投资者采用货币资金方式投资。

2. 以实物出资

吸收实物投资是投资者以厂房、建筑物、设备等固定资产和原材料、燃料等流动资产所进行的投资。一般来说,企业吸收的实物投资应确为企业科研、生产、经营所需,技术性能比较好,而且作价公平合理。投资实物的价格,可以由出资各方协商确定,也可聘请专业评估机构评估确定,作为出资作价基础。

3. 以工业产权出资

吸收工业产权投资是投资者以专有技术、商标权、专利权等无形资产所进行的投资。企业吸收的工业产权应能帮助企业研究和开发新的高科技产品,生产出适销对路的高科技产品,改进产品质量,提高生产效率,大幅度降低各种消耗,而且作价公平合理。

企业吸收工业产权投资的风险较大,因为以工业产权投资,实际上把相关技术资本化,把技术的价值固定化,而技术具有时效性,会随时间推移或技术进步而导致价值不断减少甚至完全丧失。因此筹资时应特别谨慎,认真进行可行性研究。

4. 以土地使用权出资

土地使用权是指出资者按有关法规和合同的规定使用土地进行建筑、生产经营或其他活动的权利。土地使用权具有相对的独立性,投资者也可以用土地使用权进行投资。企业吸收土地使用权投资应为企业科研、生产、销售活动所需要的,交通、地理条件比较适宜,而且作价公平合理。

(三) 吸收直接投资的特点

1. 有利于尽快形成生产能力

吸收直接投资不仅可筹集部分货币资金,而且能够直接取得所需的先进设备和先进技术,有利于尽快形成生产经营能力,尽快开拓市场。

2. 有利于信息沟通

吸收直接投资的投资者比较少,股权没有分散化、社会化,有些投资者直接参与企业的经营管理,企业与投资者之间信息沟通方便,有利于各项经营决策的制定和贯彻。

3. 资金成本较高

由于企业向投资者支付报酬,是根据其出资的数额和企业实现利润的多寡来计算的,所以负担的资金成本较高,特别是企业经营状况较好和盈利较多时,投资者往往要求将大部分盈余作为红利分配。

4. 企业控制权容易分散

作为投资者,一般要求获得与投资数量相适应的经营管理权。如果外部投资者的投资较多,则投资者会有相当大的管理权,甚至会对企业实行完全控制,容易损害其他投资者的利益。

5. 筹资规模受到限制

由于没有证券做媒介,不便于产权交易,投资者资本进来容易、出去难,难以吸收大量的社会资本参与,因而限制了筹资规模。

二、普通股筹资

（一）普通股的含义

股票是股份公司为筹集权益资本而发行的有价证券，是公司签发的证明股东所持股份的凭证，代表了股东对股份制公司的所有权。购买股票的所有者称为股东，以股东权利和义务的大小为标准，可把股票分为普通股和优先股。普通股(ordinary share)是股份有限公司发行的无特别权利的股份，也是最基本的、标准的股份。持有普通股股份者为普通股股东，每一份股权包含对公司的财产享有的平等权利。

（二）普通股股东的权利

1. 对公司的管理权

普通股股东对公司的管理权主要体现在董事会选举中有选举权和被选举权，通过选出的董事会成员代表全体股东对企业进行控制和管理，包括重大决策参与权、经营者选择权、财务监控权等。

2. 分享收益权

普通股股东有权通过股利方式获取公司的税后利润。收益的分配方案由股东大会决定，每一个会计年度由董事会根据企业的盈利数额和财务状况来决定分发股利的多少，并经股东大会批准通过。

3. 股份出售或转让的权利

股东有权将其所持有的股票出售或转让，而无需其他股东的同意。股东可以在证券市场上自由转让或出售，这也是股东的一项基本权利。

4. 优先认股权

当公司增发普通股股票时，普通股股东具有优先于其他投资者购买公司增发新股票的权利，即原有股东有权按持有公司股票的比例，在一定的期限内以低于市价的认购价格购买新股。这种特权是为了使原有股东能保持其对公司资本的既有份额，使股权不至于过度分散。

5. 剩余财产的要求权

当公司解散、清算时，普通股股东对剩余财产有要求权。但公司破产清算时，普通股股东是最后的财产分配者。财产的变卖收入首先用来支付工人工资和清偿债务，然后支付给优先股股东，最后才分给普通股股东。所以，破产清算时，普通股股东实际很少能分到多少剩余财产。

（三）股票的首次发行

股份有限公司在设立时，通常以发行股票的方式来筹集资金用于生产经营，称为首次发行(IPO)。股票的发行实行公开、公平、公正的原则，必须同股同权、同股同利。同次发行的股票，每股的发行条件和价格应当相同。发行股票要接受证券监督管理机构的管理和监督。按国际惯例，股份公司发行股票必须具备一定的发行条件，取得发行资格，并办理必要手续后才能发行。

1. 股票首次发行的程序

（1）提出募集股份的申请。

（2）公告招股说明书，制作认股书，签订承销协议和代收股款协议。

（3）招认股份，交纳股款。

（4）召开创立大会，选举董事会、监事会。

（5）办理设立登记，交割股票。

2. 股票发行的方式

按股票是否面向社会公众，股票发行方式可以分为公开发行和不公开直接发行两类。

公开发行是指发行公司公开向社会公众发行股票，筹集资金。按有无中介机构参与，公开发行方式又可分为公开直接发行和公开间接发行。公开直接发行是指发行公司自己办理发行事宜，承担发行风险；公开间接发行又称公募发行，是指由投资银行或证券公司等中介机构承担发行股票事宜。股票公开发行方式发行范围广、发行对象多，易于足额募集资金；股票的变现能力强、流通性好，有助于提高发行公司的知名度和扩大其影响力。但这种发行方式手续繁杂，发行成本高。我国股份有限公司采用募集设立方式向社会公开发行新股时，须由证券经营机构承销的做法，就属于公开间接发行。

不公开直接发行又称私募发行，是指不公开对外发行股票，只向少数特定对象直接发行，因而不需经中介机构承销。不公开直接发行的筹备时间短、费用低、手续简单，但发行范围小、股票变现能力差。我国股份有限公司采用发起设立方式和以不向社会公开募集的方式发行新股，都属于这种方式。

3. 股票的发行价格

股票的发行价格是股票发行时所使用的价格，也就是投资者认购股票时所支付的价格。股票的发行价格一般有三种：等价、时价和中间价。

等价就是以股票的票面额为发行价格，也称为平价发行或面额发行。这种发行价格，一般在股票的初次发行或在股东内部分摊增资的情况下采用。等价发行可确保及时、足额地筹措资金。

时价就是以股票在流通市场上买卖的实际价格为基准确定的股票发行价格,也称市价发行。选用时价发行股票,考虑了股票的现行市场价值,对投资者有较大的吸引力。

中间价就是以时价和等价的中间值确定股票的发行价格。按时价或中间价发行股票,股票的发行价格会高于或低于其面额。前者称溢价发行,后者称折价发行。我国《公司法》规定,股票的发行价格不得低于票面金额(折价)。股票采用溢价发行的,其发行价格由发行人与承销的证券公司协商确定。发行人通常会参考公司经营业绩、净资产、发展潜力、发行数量、行业特点、股市状态等确定发行价格。

4. 承销商

如果选择发行股票等证券筹资,企业管理层会与投资银行等金融机构联系,由投资银行负责公司股票发行的承销工作。投资银行(investment bank)是现代金融业适应市场经济发展形成的一个新兴行业。它属于金融服务业,主要服务于资本市场,从事一级市场上的承销业务、并购和融资业务的财务顾问等资本市场活动。承销是指投资银行从发行方购买新发行的证券,并将这些证券转售给投资公众。承销商(underwriter)主要提供为发行方拟定发行证券的方式、为新证券定价以及发售新证券等服务。承销商一般以低于发行价的价格购买证券并接受未来不能售出证券的风险,为此承销商常常会联合起来组成团队,即承销团,来共同销售证券、承担风险。投资银行或承销团可以采用私募发行形式,也可以采用公开发行形式,他们帮助公司发行证券,目的是获取支付给发行方的价款与面向公众的发行价之间的差额。

(四)股权再融资

公司通过证券市场进行股权再融资(SEO),是公司持续发展的重要动力源泉之一,也是发挥证券市场资源配置功能的基本方式。股权再融资的方式主要有增发新股和向现有股东配股。

已设立的股份有限公司为不断扩大生产经营规模,也需通过发行股票来筹集所需资金,此类发行为增资发行,包括公开增发和非公开增发。公开增发与首次发行类似,而非公开增发(也称定向增发),主要针对机构投资者、大股东及关联方。其中的战略投资者是与发行人具有合作关系或意向并愿意按照发行人配售要求与发行人签署战略投资配售协议的法人,他们与发行公司业务紧密联系并打算长期持有公司股票。上市公司通过非公开增发引入战略投资者,不仅获得战略投资者的资金,还有助于引入其管理理念和经验,改善公司治理。

配股是向原普通股股东按其持股比例、以低于市价的某一特定价格配售一定数量新发行股票的融资行为。配股赋予企业现有股东配股权,使现有股东拥有合法的优先购买新发股票的权利。配股权实际上是一种短期看涨期权,配股权的行权价格一般低于当前股票价格,因此配股权具有价值。配股融资鼓励原有股东认购新股,能够增加发行量,并不改变原有的控制权结构,通过折价配售可以补偿原有股东由于新股发行带来的每股收益稀释。

(五)股票上市

股票上市指的是股份有限公司公开发行的股票经批准在证券交易所进行挂牌交易。经批准在交易所上市交易的股票称为上市股票。

公司一旦上市,就可以有更多的机会从证券市场上筹集资金,会有更多的投资者认购公司股票,资本大众化有助于分散公司风险、改善财务状况。股票上市后,股票有市价可循,容易确定公司的价值,有利于促进公司财富最大化,提高了股票的流动性和变现能力。股票上市公司为社会所知,并被认为经营优良,这会给上市公司带来良好的声誉,从而吸引更多的顾客,扩大公司的销售。

但股票上市也会带来不利影响。公司上市后,所有重要决策都需要经董事会讨论通过,股东们通常以公司盈利、分红、股价等来判断经理人员的业绩,限制经理人员操作的自由度。公司失去隐私权,必须按照国家证券管理机构要求将企业重要的经营情况向社会公众公开。这些压力往往使得企业经理人员只注重短期效益而忽略长期效益。另外,公开上市需要很高的费用,包括资产评估费用、股票承销佣金、律师费、注册会计师费、材料印刷费和登记费等。

(六)普通股筹资的特点

1. 筹资风险小

发行普通股筹措的资本具有永久性,无到期日,不需归还。股利的支付与否和支付多少,视公司有无盈利和经营需要而定,不用支付固定的股利,所以财务风险较小。

2. 能增加公司的信誉

发行普通股筹集的资本是公司最基本的资金来源,它反映了公司的实力,可作为其他方式筹资的基础,尤其可为债权人提供保障,增加公司的举债能力。

3. 筹资限制较少

利用优先股或负债筹资会有许多限制,这些限制会影响企业的灵活性,而普通股筹资就不会受到这种限制。由于普通股的预期收益较高,并可一定程度地抵消通货膨胀的影响,因此普通股筹资容易吸收资金。

4. 资金成本较高

从投资者的角度来讲,投资于普通股风险较高,相应地要求有较高的投资报酬率,相对筹资公司来讲,资金成本较高,而且普通股股利从税后利润中支付,因而不具有抵税作用。此外,普通股的发行费用一般也高于其他证券。

5. 容易分散控制权

以普通股筹资会增加新股东,可能会分散公司的控制权。并且新股东对公司的累积和盈余有分享权,等于把好公司送给了别人,同时可能会降低每股净收益,损害现有股东的利益,引起普通股市价下跌,并有被收购的风险。

三、留存收益筹资

留存收益(retained earnings)筹资是一种内部筹资的方式。公司的税后利润除了一部分作为股利分配给股东,剩下就是作为留存收益为企业所保留,成为公司扩大生产经营的重要资金来源。因此,公司对税后利润进行分配时,计提的盈余公积和支付股东的股利后余下的税后利润就可供公司支配使用。把盈余公积和税后利润留归企业支配使用称为留存收益筹资,这种做法是企业筹集权益资金的重要方式。

(一)留存收益筹资的来源渠道

留存收益筹资的来源渠道有以下两个方面。

1. 盈余公积

盈余公积是指有指定用途的留存净利润,它是公司按照《公司法》规定从净利润中提取的积累资金,包括法定盈余公积和任意盈余公积。盈余公积主要用于企业未来的经营发展需要。

2. 未分配利润

未分配利润是指未限定用途的留存净利润。这里有两层含义:一是这部分利润没有分给公司的股东或投资者;二是这部分净利润未指定用途,可以用于企业未来经营发展、转增资本以及以后年度利润分配。

(二)留存收益筹资的特点

1. 资金成本较低

留存收益从内部筹集,不发生筹资费用。企业向外界筹集长期资金,无论采用股票、债券还是银行借款,都需要支付大量的筹资费用,而利用留存收益进行筹资,则无须支付这部分费用。

2. 保持企业的控制权稳定

用留存收益筹资,不用对外发行股票或吸引新的投资者,由此增加的权益资本不会改变企业的股权结构,不会稀释原有股东的控制权。

3. 筹资数额有限

留存收益筹资最大可能的数额是企业当期的税后利润和上年未分配利润之和。如果企业经营亏损,就没有这一资金来源。此外,留存收益的比例常常受到某些股东的限制,它们可能从消费需求、风险偏好等因素出发,要求企业保持稳定或增长的分配政策。

留存收益的资金成本就是股东对公司的普通股所要求的报酬率。如果公司能够将留存收益投资于报酬率更高的项目,将会给公司的股东带来更多的好处。由于向外部筹资,其筹集费用通常很高,而留存收益不必动用现金支付筹集费用。留存收益已经成为公司日益重视的内部筹资方式。企业应当加强内部经营管理,增收节支,通过增加留存收益来扩大内部权益资金的积累。

四、风险资本筹资

企业早期创业时需要大量资金来维持运营,但银行信贷一般很少会支持没有多少资产和几乎没有信用记录的初创企业,这时寻求风险资本投资是一个较好的选择。

风险资本(venture capital),一般是指为新创的、风险较高的企业融资并取得股权的一种融资方式。例如,阿里巴巴上市前也是由风险投资公司提供资金的。天使投资是风险投资的一种形式,指具有一定净财富的人士,对具有巨大发展潜力的高风险的初创企业进行早期的直接投资,属于自发而又分散的民间投资方式。这些进行投资的人士称为投资天使,一般是私人投资者,专门从事小额的风险投资业务,是风险投资的先锋。用于投资的资本称为天使资本。天使投资根据天使投资人的投资数量以及对被投资企业可能提供的综合资源进行投资,而风险投资则专门从不同渠道筹集资金然后进行投资。

风险投资公司是专业的投资公司,由一群具有科技及财务相关知识与经验的人组合而成,经由直接投资被投资公司股权的方式,提供资金给需要资金者(被投资公司)。风险投资公司的资金大多用于投资新创事业或是未上市企业,并不以经营被投资公司为目的,仅是提供资金及专业上的知识与经验,以协助被投资公司获取更大的利润为目的。风险投资家既是投资者又是经营者。风险投资家一般都有很强的技术背景,同时他们也拥有专业的经营管理知识,这样的知识背景帮助他们能够很好地理解高科技企业的商业模式,并且能够帮助创业者改善企业的经营和管理。

风险投资之所以被称为风险投资,是因为在风险投资中有很多的不确定性,给投资及其回报带来很大的风险。一般来说,风险投资都是投资于拥有高新技术的初创企业,这些企业的创始人大多具有很出色的技术专长,但是在公司管理上缺乏经验。另外一点就是这些高新技术能否在短期内转化为实际产品并为市场所接受,这也是不确定的。还有其他的一些不确定因素导致人们普遍认为这种投资具有高风险性,但是不容否认的是风险投资的高回报率。

虽然风险投资市场巨大,实际上可以得到的风险资本却非常有限。风险投资公司会收到大量初创企业的投资计划书,风险资本家在很大程度上依赖律师、会计师、银行家等之间的联系来分辨潜在的投资机会。因此,要想成功进入风险资本市场,需要大力推介自己。另外,风险资本筹资成本很高,一般风险资本家会要求公司40%左右的股权,在公司出售或清算时拥有各种优先权利、占有董事会席位等。

第三节 长期债务筹资

债务筹资是指通过负债筹集资金。负债是企业一项重要的资金来源,几乎没有一家企业是只靠自有资本、而不用负债就能满足资金需要的。负债筹资的特点表现为:筹集的资金需要到期偿还;不论企业经营好坏,需支付固定债务利息,从而形成企业固定的负担;但其资本成本一般比权益成本低,而且不会分散投资者对企业的控制权。

按照筹资可使用时间的长短,负债筹资可分为长期债务筹资和短期债务筹资两大类。一般将偿还期限在1年或超过1年的一个营业周期以上的债务统称为长期债务。短期债务筹资可以视作企业营运资本管理,将在后面章节详细阐述。

长期负债筹资的主要作用是为企业所有者提供长期资产运作所需要的那部分资金。筹措长期负债资金,可以解决企业长期资金的不足;同时由于长期负债的归还期长,债务人可对债务的归还作长期安排,还债压力或风险相对较小。但长期负债筹资成本一般较高,负债限制较多。

企业的长期债务资金可以通过长期借款、发行债券和租赁等方式进行筹集。

一、长期借款

长期借款(loan)是企业向银行、非银行金融机构和其他组织借入偿还期限在1年以上的资金而发生的各种借款,主要用于企业购建固定资产和满足各种长期流动资金占用的需要。相对于短期借款以及其他借债方式而言,长期借款不仅使用期限长,而且融资效率也高。利用长期借款筹资是各类企业筹措长期资金的主要方式之一。

(一)长期借款的种类

企业应根据自身的资金需求数量、管理水平和偿还能力,对贷款机构的利率水平和所要求的偿还方式进行分析,选择适当种类和形式的长期借款筹集资金。

按照不同的标准可将长期借款分为不同的种类,常见的分类方式有以下三种。

1. 按提供贷款的机构分类

从贷款机构角度考虑,我国的长期借款主要有政策性银行贷款、商业银行贷款,以及信托投资公司、保险公司等其他非银行金融机构贷款。政策性银行贷款是执行国家政策性贷款业务的银行所提供的贷款。企业取得政策性贷款的资金成本最低,期限也比较长。不过有一定限制,借款人一般是国有企业。商业银行贷款是企业取得长期借款的最主要来源。换言之,商业银行贷款是企业采取长期借款筹资的最基本形式。非银行金融机构的贷款一般较商业银行贷款要求的利率高,对借款企业的信用和担保的选择也比较严格。

2. 按有无担保分类

按借款是否需要担保,长期借款可以分为信用贷款和抵押贷款。信用贷款也称无抵押贷款,是指不需要企业提供抵押品,仅凭其信用或担保人信誉而发放的贷款。对于这种贷款,由于风险较高,银行通常要进行严格的审查。抵押贷款是指要求企业以抵押品作为担保的贷款。作为贷款的抵押品可以是不动产、机器设备等实物资产和股票、债券等有价证券。如果贷款到期,贷款企业不能或不愿偿还时,银行可取消企业对抵押品的赎回权并有权处理抵押品。

3. 按用途分类

按照用途,长期借款可分为固定资产投资贷款、更新改造贷款、科技开发和新产品试制贷款等。

(二)长期借款的保护性条款

由于长期借款时间长、风险大,按照国际惯例,银行通常对借款企业提出一些有助于保证银行贷款按时足额偿还的条件。将这些条件写进贷款合同中,就形成了合同的保护性条款,主要有一般性保护条款和特殊性保护条款。

一般性保护条款包括规定借款企业的流动资金持有量、限制其支付现金股利或其他长期债务、要求定期提供财务报表、限制其固定资产的买卖抵押、限制租赁固定资产的规模等,适用于大多数借款合同。

特殊性保护条款是针对某些特殊情况而出现在部分借款合同中的,包括贷款专款专用、不准投资于短期内不能收回资金的项目、限制高级职员薪酬、指定高层管理者等。

另外,短期债务筹资中的"周转信贷协定"和"补偿性余额"等条件,也同样适用于长期债务筹资。

(三)长期借款的利率和偿还方式

长期借款的主要成本是利息。借款的利率取决于资本市场的供求关系、借款的期限、借款有无担保及公司的资信状况等。长期借款的利率通常高于短期借款,但信誉好或抵押品流动性强的企业,仍然可以争取到较低的长期借款利率。

1. 长期借款的利息率一般可以分为固定利率和浮动利率两种。

1) 固定利率

固定利率是以与借款公司风险类似的公司发行债券的利率作参考,借贷双方商定的利率,一经确定就不再改变。

2) 浮动利率

浮动利率是指借贷双方协商同意,按照资金市场变动情况调整的利率。浮动利率通常有最高、最低限,并在合同中明确。一般而言,借款企业预测市场利率上升,应该与银行签订固定利率合同;反之,则应签订浮动利率合同。

除了利息之外,银行还会向企业收取其他费用,如承诺费、补偿性余额等,这些费用也会加大长期借款的成本。

2. 长期借款的偿还方式

长期借款的偿还方式有定期支付利息、到期一次性偿还本金的方式;像短期借款一样定期等额偿还的方式;平时逐期偿还小额本金和利息、期末偿还余下的大额本金的方式等。其中,定期付息、到期还本的方式会加大企业借款到期时的还款压力;而定期等额偿还又会提高企业实际使用贷款的实际利率。

【例 5-5】 假设某公司向银行借款 10 000 元,4 年到期,借款利率是 14%。银行要求每年还款金额是 3 432.05 元,编制还款计划表,如表 5-7 所示。

表 5-7　还款计划表　　　　　　　　　　　　　　　　　　单位：元

期间	1	2	3	4
(1) 年初本金	10 000	7 967.95	5 651.41	3 010.56
(2) 当年利息	1 400	1 115.51	791.20	421.49
(3) 借款总额(1)+(2)	11 400	9 083.46	6 442.61	3 432.05
(4) 每年还款额	3 432.05	3 432.05	3 432.05	3 432.05
(5) 年末本金(3)-(4)	7 967.95	5 651.41	3 010.56	0
(6) 本金偿还(1)-(5)	2 032.05	2 316.54	2 640.85	3 010.56

其中：当年利息＝年初本金×借款利率。

(四) 长期借款筹资的特点

1. 筹资速度快

发行各种证券筹集长期资金所需时间一般较长。证券发行的准备工作，以及证券的发行都需要一定时间。而向银行借款与发行证券相比，一般所需时间较短，程序较为简单，可以迅速地获取资金。

2. 借款弹性较大

企业与银行可以直接接触，可以通过直接商谈，来确定借款的时间、数量和利息。在借款期间，如果企业情况发生了变化，也可与银行进行协商，修改借款的数量和条件。借款到期后，如有正当理由，还可延期归还。因此，长期借款对公司而言具有较大的灵活性。

3. 借款成本较低

长期借款的利息可以在税前扣除，这就减轻了公司的利息负担，使借款成本低于股票成本。与发行债券相比，也无须支付大量的发行费用，同时可以发挥财务杠杆作用。长期借款不改变企业的控制权，因而股东不会出于控制权稀释原因反对借款。由于长期借款的利率一般是固定或相对固定的，这就为企业利用财务杠杆效应创造了条件。不论公司赚钱多少，银行只按借款合同收取利息，在投资报酬率大于借款利率的情况下，企业所有者将会因财务杠杆的作用而得到更多的收益，提高企业的权益净利率。

4. 财务风险较高

企业举借长期借款，必须定期还本付息，在经营不利的情况下，无异于釜底抽薪，可能会产生不能偿付的风险，带来更大的财务困难，甚至会导致破产。同时借款金额受贷款机构和企业自身贷款能力的限制，一般难以筹到股票、债券可以筹到的大额资金,无法满足企业大规模融资的需要。

5. 限制性条款比较多

贷款机构为了保护自己的利益,通常会在与公司签订借款合同时附加许多限制性条款,如补偿性余额、股利支付限制等,这些条款会限制公司的经营活动,降低借款的使用效果,也有可能给企业经营管理带来许多不利的影响。

二、发行债券

债券是发行者为筹集资金而依照法定程序发行的、在约定时间支付一定比例的利息,并在到期时偿还本金的一种有价证券。发行债券也是企业筹集债务资金的重要方式。企业发行债券的目的通常是为其大型投资项目募集大额长期资本。由于发行债券是一种直接筹资,面向广大社会公众和投资者,会对金融市场秩序产生较大的影响,因此各国政府对债券发行企业规定了严格的资格审批程序。从性质上讲,债券与借款一样是企业的债务,发行债券一般不影响企业的控制权,发行企业不论盈利与否都必须到期还本付息。

(一) 债券的种类

1. 按债券的票面上是否记名,分为记名债券和不记名债券

记名债券是指在债券票面上注明债权人姓名或名称,同时在发行公司的债权人名册上进行登记的债券。不记名债券是指债券票面未注明债权人姓名或名称,也不用在债权人名册上登记债权人姓名或名称的债券。

记名债券在转让时,除要交付债券外,还要在债券上背书和更换债权人姓名或名称,手续复杂但比较安全。无记名债券在转让同时随即生效,无须背书,比较方便。

2. 按债券有无特定的财产担保分类,可将债券分为信用债券和抵押债券

信用债券是指仅凭债券发行公司的信用发行的,没有特定的财产作抵押或担保人作担保的债券,通常是历史悠久、信用良好的公司才能发行这种债券。

抵押债券是指以一定的物品作抵押而发行的债券,抵押债券按抵押物品的不同,又可分为不动产抵押债券、设备抵押债券和证券信托债券。如债券到期不能偿还,债权人可将抵押品拍卖以获取资金。

3. 按能否转换为公司股权分类,分为可转换债券和不可转换债券

可转换债券是指在一定时期内,可以按照规定的价格或一定的比例,由持有人自由地选择转换为企业股权(一般为普通股)的债券。对发行企业来讲,发行这种债券可大大降低其利率,节约企业的利息支出。但其转换会稀释普通股股

东的控制权。

不可转换债券是指不可以转换为普通股的债券。大多数债券属于这种类型。

4. 按发行人不同分类，分为政府债券、地方政府债券、公司债券和国际债券

政府债券通常指中央政府发行的债券。一般认为，政府债券会按时偿还利息和本金，没有违约风险。但是，在市场利率上升时，政府债券的市场流通价格会下降，因此也是有风险的。

地方政府债券是指地方政府发行的债券。地方政府债券有一定的违约风险，因此利率会高于中央政府债券。

公司债券是指公司发行的债券。公司发行的债券有违约风险，不同的公司债券违约风险有很大差别。违约风险越大，债券利率越高。

国际债券是指外国政府或外国公司发行的债券。不仅外国公司有违约风险，有些外国政府债券也有违约风险。此外，如果国际债券以国外货币结算，购买者还需要承担汇率风险。

(二) 债券的发行价格

债券的发行价格是债券发行时使用的价格，亦即投资者购买债券时所实际支付的价格。从资金时间价值的角度看，公司债券发行的理论价格应由两部分构成：一部分是债券到期还本，面额按市场利率折现的现值；另一部分是债券各期利息折现的现值之和。

公司债券的实际发行价格通常有三种：平价、溢价和折价。平价是指以债券的票面金额为发行价格；溢价是指以高于债券的票面金额的价格为发行价格；折价是指以低于债券的票面金额的价格为发行价格。

债券发行价格的形成受诸多因素的影响。其中主要是票面利率与市场利率的一致程度。如果票面利率与市场利率不一致，就需要调整发行价格，以调节债券购销双方的利益。即当票面利率高于市场利率时，以溢价发行债券；当票面利率低于市场利率时，以折价发行债券；当票面利率与市场利率一致时，则以平价发行债券。

在按期付息，到期一次还本，且不考虑发行费用的情况下，债券发行价格的计算公式为：

$$债券发行价格 = \frac{票面金额}{(1+i_1)^n} + \sum_{t=1}^{n} \frac{票面金额 \times 票面利率}{(1+i_1)^t}$$

或：债券发行价格 = 面值 $\times (P/F, i_1, n)$ + 面值 $\times$ 票面利率 $\times (P/A, i_1, n)$

式中，i_1 代表市场利率，即债券发行时的市场利率；n 代表债券期限；t 代表

付息期数。

如果企业发行不计复利,到期一次还本付息的债券,债券发行价格的计算公式为:

$$债券发行价格 = 票面金额 \times (1 + i_2 \times n) \times (P/F, i_1, n)$$

式中,i_1 代表市场利率;i_2 代表票面利率。

【例5-6】 商运公司决定发行 A 债券,面额为 1 000 元,票面利率为 10%,期限为 5 年,每年付息一次。试计算当债券正式发行时,市场利率分别为 9%、10% 和 11% 时的发行价格。

(1) 当市场利率为 9% 时:

$$债券发行价格 = \frac{1\,000}{(1+9\%)^5} + \sum_{t=1}^{5} \frac{1\,000 \times 10\%}{(1+9\%)^t} = 1\,039(元)$$

或: 债券发行价格 $= 1\,000 \times (P/F, 9\%, 5) + 1\,000 \times 10\% (P/A, 9\%, 5)$
$= 1\,039(元)$

(2) 当市场利率为 10% 时:

$$债券发行价格 = \frac{1\,000}{(1+10\%)^5} + \sum_{t=1}^{5} \frac{1\,000 \times 10\%}{(1+10\%)^t} = 1\,000(元)$$

或:债券发行价格 $= 1\,000 \times (P/F, 10\%, 5) + 1\,000 \times 10\% (P/A, 10\%, 5)$
$= 1\,000(元)$

(3) 同理,当市场利率为 11% 时:

$$债券发行价格 = 962(元)$$

当然,资本市场的利率是复杂多变的,除了考虑目前市场利率外,还要考虑利率的变动趋势。实际工作中确定债券的发行价格通常要考虑多种因素。

(三) 债券的偿还与付息

1. 债券的偿还

债券偿还时间按其实际发生与规定的到期日之间的关系,分为到期偿还、提前偿还与滞后偿还三类。

到期偿还是指当债券到期后还清债券所载明的义务,又包括分批偿还和到期一次偿还两种。到期一次偿还是最为常见的一种方式,即在债券到期日一次性偿还本金并结算债券利息。如果企业在发行同一种债券时就为不同编号或发行对象的债券规定了不同的到期日,这种债券就是分批偿还债券。因为各批债券的到期日不同,各自的发行价格和票面利率也可能不同,导致发行费较高。但由于这种债券便于投资者挑选最合适的到期日,因而便于发行。

提前偿还又称提前赎回或收回,是指在债券尚未到期之前就予以偿还,只有在企业发行债券的契约中明确规定了有关允许提前偿还的条款,企业才可以进行此项操作。提前偿还所支付的价格通常要高于债券的面值,并随到期日的临近而逐渐下降。具有提前偿还条款的债券可使企业融资有较大的弹性。当企业资金有结余时,可提前赎回债券;当预测利率下降时,也可提前赎回债券,而后以较低的利率来发行新债券。

债券在到期日之后偿还叫滞后偿还。这种偿还条款一般在发行时便订立,主要是给予持有人以延长持有债券的选择权。滞后偿还有转期和转换两种形式。转期是指将较早到期的债券换成到期日较晚的债券,实际上是将债务的期限延长。常用的方法有两种:一是直接以新债券兑换旧债券;二是用发行新债券得到的资金来赎回旧债券。转换通常指股份有限公司发行的债券可以按一定的条件转换成本公司的股票。

2. 债券的付息

债券的付息主要表现在利息率的确定、付息频率和付息方式三个方面。利息率的确定有固定利率和浮动利率两种形式。债券付息频率主要有按年付息、按半年付息、按季付息、按月付息和一次性付息(利随本清、贴现发行)五种。付息频率越高,资金流发生的次数越多,对投资人的吸引力越大。付息方式有两种:一种是采取现金、支票或汇款的方式;另一种是采取息票债券的方式。

(四)债券评级

公司公开发行债券通常需要由债券评信机构评定等级。信用评级机构的目的是根据发行公司的信用价值,为每一种债券赋予评级,这些评级随后被用于确定债券的市场利率。债券的信用等级表示债券质量的高低,债券的信用等级通常由独立的中介机构进行评估。投资者根据这些中介机构的评级结果选择债券进行投资。高等级的债券信誉好,发行工作更容易进行。

债券的等级一般可分为三等九级,即 A、B、C 三等,AAA 为最高级债券,其还本付息能力最强,投资风险最小,通常被称为"金边债券"。AA 为高级债券,有很强的还本付息能力,但投资风险略高于 AAA 级。A 为中上等级债券,有较强的还本付息能力,但可能会受环境和经济条件的影响,不过这种债券也是很好的投资选择。BBB 为中级债券,具备足够强的偿还本金和利息的能力,但缺乏必要的保证因素,还本付息能力受外界因素影响可能减弱。BB 为中下等级债券,其还本付息能力有限,具有一定的投资风险。B为下级债券,对未来如期支付利息和本金的保证能力差,属于投机性债券,风险较高。CCC为容易失败的债券,属于完全投机性债券,风险很高。CC为高度投机性债券,风险最高。C为最差等级债券,一般无法还本付息。目前,国际两个最著名的债券评级公司是美国的穆迪公司和标准普尔公司。

债券的信用等级对于发行公司和投资者都有重要影响。因为债券评级是度量违约风险的一个重要指标,债券的等级对于债务融资的利率以及公司的债务成本有直接影响,同时方便投资者进行债券投资决策。许多机构投资者都将投资范围限制在特定等级的债券内。

(五)债券筹资的特点

1. 债券筹资的资金成本

与股票相比较而言,债券的发行成本较低;债券利息水平低于股利水平;同时债券利息在税前支付,这使得企业实际负担的利率低于债券的票面利率。但相对于长期借款而言,发行债券的利息负担和筹资费用都比较高。由于债券有固定的还本付息日,在企业不景气时,向债券持有人还本付息会给企业带来更大的财务压力。

2. 筹资规模

债券属于直接筹资,发行对象广泛,不受金融中介机构自身规模及风险管理的约束,可以筹集的资金数量也较多,可以满足公司大规模筹资的需要。但利用债券筹资有一定的限度,当公司的负债比率超过一定程度后,财务风险加大,债券的筹资成本就会迅速上升,有时甚至发行不出去。

3. 具有长期性和稳定性

债券的期限比较长,投资者一般不能在到期日前索取本金,这种方式筹集的资金具有长期性和稳定性,可以用于公司流动性较差的公司长期资产上。同时债券持有人无权参与发行企业的管理决策,因此企业的所有者不会因此丧失其对企业的控制权。

4. 限制条款多

与优先股和短期债务相比,发行债券的限制条款较多,可能会影响公司财务应有的灵活性和正常发展,限制了企业以后债券筹资的总规模。

三、租赁

租赁(lease)是指在约定的期间内,财产所有人(出租人)将其资产使用权让与承租人以获取租金作为报酬的经济行为。租赁行为实质上具有借贷属性,不过它直接涉及的是物而不是钱,通过融物来实现融资的目的。由于租赁涉及的主要是出租人的财产,因此租赁通常也称为财产租赁。在租赁业务中,出租人主要是各种专业租赁公司,承租人主要是其他各类企业,租赁大多为设备等固定资产。

租赁目前已经发展成为一种国际化的筹资手段,租赁筹资已扩展到覆盖几乎所有类型的资本设备。租赁业飞速发展的部分原因在于资本设备变得日益复杂、昂贵,而且很快就会过时。租赁提供了一种有效地转移设备陈旧风险的途径。

同银行信贷一样,租赁是一种信用活动。通过租赁,出租人和承租人之间形成了一种债权债务关系。但是,租赁又是不同于银行信贷的特殊的信用活动。银行信贷是一种纯粹的货币借贷活动,仅仅能起到融资的作用。租赁则是以融物的形式达到融资的目的,融资与融物浑然一体,成为融资与融物相结合的一种信用活动。租赁,对于出租人来讲,财产所占有的资金不能马上收回,等于向承租人发放了一笔贷款,再通过收取租金的形式收回贷款的本息,从而完成一笔放款业务;对于承租的企业来讲,扩大再生产的设备,可以购买,也可以租赁。通过租赁,租用企业等于筹集了资金,购买了设备。分期支付的租金等于分期偿还借款的本息。这样来看,租赁是企业资金不充足而又急需某种设备时筹集资金的一种特殊方式,是一条有效的筹资渠道。

(一)租赁融资的种类

1. 按照承租人的目的分类

按照承租人的目的不同,租赁可以分为融资租赁和经营租赁两大类。

经营租赁(operating lease)是资产所有者以提供资产短期使用权为特征的一种租赁形式,租赁期限一般较短,主要满足承租人对资产的临时性需要。经营租赁的设备多具有通用性,应用面广,易于找到接租的用户。租赁期间标的物的维修、保养等活动一般由出租人负责。租赁期满,租赁资产一般归还出租人。经营租赁的租金一般较高,因为经营租赁的出租人要承担设备过时的风险,还要承担不续租、不留购、无人承租及承租人中途解约等风险。

融资租赁(finance lease)是指出租人根据承租人对出售人、租赁物的选择,向出售人购买租赁物提供给承租人使用并收取租赁费的行为。企业需要添置设备,不是立即筹资购置,而是委托租赁公司根据企业的需要代为购置,再以租赁的方式租赁过来,从而实现融资的目的。融资租赁对于承租企业来说是一种"借鸡下蛋,卖蛋还鸡钱"的做法,融资租赁是现代租赁的主要形式。

融资租赁期限较长,大多为设备耐用年限的一半以上。融资租赁以租赁设备的长期使用为前提,所以租赁期一般与设备的经济寿命相当。融资租赁的对象很广,几乎所有资产都可租赁,如飞机、船只、火车、通讯卫星、采矿设备甚至整座发电厂等。租赁期满时,按事先约定的办法处置设备,一般有退还、续租和留购等几种选择,通常由承租企业留购。承租企业对租赁资产有优先购买权。

融资租赁与经营租赁的区别如表 5-8 所示。

表 5-8　融资租赁与经营租赁的区别

项目	融资租赁	经营租赁
租赁程序	由承租人向出租人正式提出申请,由出租人融通资金引进承租人所需设备,然后再租给承租人使用	承租人可随时向出租人提出租赁资产要求
租赁期限	租期一般为租赁资产寿命的一半以上	租赁期短,不涉及长期而固定的义务
合同约束	租赁合同稳定。在租期内,承租人必须连续支付租金,非经双方同意,中途不得退租	租赁合同灵活,在合理限制条件范围内,可以解除租赁契约
租赁期满的资产处置	租赁期满后,租赁资产的处置有三种方法可供选择:将设备作价转让给承租人;由出租人收回;延长租期续租	租赁期满后,租赁资产一般要归还给出租人
租赁资产的维修保养	租赁期内,出租人一般不提供维修和保养设备方面的服务	租赁期内,出租人提供设备保养、维修、保险等服务

由融资租赁的定义和特点可以看出,它是一种与设备所有权有关的一切风险和收益在实质上转移给承租人的租赁形式,因此,企业将融资租入的固定资产视同自有资产进行管理和披露。

2. 按照当事人之间的关系分类

按照当事人之间的关系不同,租赁又可分为直接租赁、杠杆租赁和售后租回三种形式。

1) 直接租赁

直接租赁是指承租人直接向出租人租入所需要的资产,并付出租金。这是租赁的典型形式。直接租赁的出租人主要是租赁公司和制造厂商,购置租赁资产的资金全部由出租人支付,并不等于说出租人全部使用自有资金支付,他可以从资金市场上自行筹资。直接租赁的特点表现为出租人既是租赁资产的全资购买者,又是设备的出租者。

2) 杠杆租赁

杠杆租赁是国际上比较流行的一种租赁形式。杠杆租赁要涉及出租人、承租人和资金出借者三方当事人。从承租人的角度来看,与其他租赁形式并无区别,同样是按合同的规定,在租赁期内定期支付定额租金,取得资产的使用权。而出租人只出购买资产所需的部分资金(20%～40%)作为自己的投资,其余资金以该资产作为担保向资金出借者借入并拥有对资产的所有权。这种租赁的出租人一般为租赁公司等金融机构。这种租赁形式,租赁公司既是出租人又是借款人,据此既要收取租金又要支付债务。出租人借款购物出租可获得财务杠杆收益,故称为杠杆租赁。

3) 售后回租

售后回租是一种特殊形式的租赁业务,是企业将资产出售给出租人,再将其租回使用。采用这种租赁形式,卖主同时也是承租人,出售资产的企业可得到相当于售价的一笔资金,将长期资金转化为流动资金,同时仍然可以继续使用原有资产。这与抵押贷款有些相似,这样的协议在不动产方面应用很普遍。由于在售后回租交易中,资产的售价是和租金相互关联的,因此资产的售出和租回实质上是同一笔业务。售后租回是企业在缺乏资金时,为改善其财务状况而采取的一种筹资方式。

(二) 租赁融资的决策

本书主要从融资角度研究租赁,把租赁视为一种融资方式,无论经营租赁还是融资租赁都属于租赁融资。如果租赁融资比其他融资方式更有利,则应优先考虑租赁融资。

企业采取租赁方式筹集资金,要按租赁合同规定向租赁公司支付租金。租金的数额多少和支付方式将对筹资企业的未来财务状况具有直接的影响,也是企业制定租赁筹资决策的主要依据。一般来说,租金通常包括租赁财产的购置成本(含运费、保险费),租赁期间的利息费用,引进设备的手续费,税款以及租赁资产的陈旧风险费、管理费、维修费、保险费、营业费等。租金的计算方法主要有以下几种。

1. 平均分摊法

平均分摊法是先以事先商定的利息率和手续费率计算出租赁期间的利息和手续费,然后连同设备的成本按支付次数平均。

每次应付租金的公式如下:

$$A = \frac{(C-S)+I+F}{N}$$

式中,A 代表每次支付的租金;C 代表租赁设备购置的成本;S 代表租赁设备预计残值;I 代表租赁期间利息;F 代表租赁期间手续费;N 代表租期。

【例 5-7】 商运公司于 20×7 年 1 月 1 日从租赁公司租入一套设备,价值 50 万元,租期 5 年,预计残值为 1.5 万元(期满归租赁公司),年利率按 9% 计算,租赁手续费为设备价值的 2%。租金每年年末支付一次,则每年应支付的租金计算如下:

$$A = \frac{(50-1.5)+[50\times(1+9\%)^5-50]+50\times 2\%}{5} = 15.29(万元)$$

2. 年金法

年金法是以现值为基础,将一项租赁资产在未来各租赁期内的租金额按一定的折现率予以折现,使其现值总额恰好等于租赁资产的成本,以此计算每期的租金。年金法是按照每期复利一次的方法计算利息的。这种方法简便、科学、适用范围广。年金法又分为等额年金法和变额年金法。

【例 5-8】 某企业采用融资租赁方式于 20×7 年 1 月 1 日从某租赁公司租入一台设备,设备价款为 40 000 元,租期为 8 年,到期后设备归企业所有,为了保证租赁公司完全弥补融资成本、相关的手续费并有一定盈利,双方商定采用 18% 的折现率,则该企业每年年末应支付的等额租金为:

$$A = \frac{40\ 000}{(P/A, 18\%, 8)} = 40\ 000 \div 4.077\ 6 = 9\ 809.69(元)$$

假如[例 5-8]采用先付等额租金方式,则每年年初支付的租金额可计算如下:

$$A = 40\ 000 \div [(P/A, 18\%, 7)+1]$$
$$= 40\ 000 \div (3.811\ 5+1) = 8\ 313.42(元)$$

租赁融资主要是从承租人的角度来进行决策分析,利用租赁分析模型,计算可供选择的各种筹资途径的租赁净现值。如果租赁方式取得资产的现金流的总现值最小,则租赁方式有利于增加股东财富。

租赁净现值 = 租赁的现金流量总现值 − 其他筹资方式的现金流量总现值

【例 5-9】 某企业为满足生产需要决定增加一台设备,预计使用期限是 4

年。企业正在考虑是通过自行购置还是租赁方式取得该设备：

(1) 如果自行购置，预计购置成本是 50 000 元。税法要求直线法计提折旧，折旧年限为 10 年，无残值。设备的日常运营费用为每年年末税前 750 元。预计 4 年后设备变现价值为 30 000 元。

(2) 如果采用经营租赁同样设备，每年年初支付租金 10 000 元，租赁期 4 年。

企业适用的所得税税率是 40%，税后借款利率为 6%。

具体决策分析如下：

第一，自行购置。

$$第1年年初购置设备 = 50\,000(元)$$

$$购置资产后每年计提折旧额 = 50\,000 \div 10 = 5\,000(元)$$

$$每年折旧抵税 = 5\,000 \times 40\% = 2\,000(元)$$

$$每年年末税后运营费用 = 750 \times (1-40\%) = 450(元)$$

$$第1至第3年每年的现金流量 = 2\,000 - 450 = 1\,550(元)$$

$$第4年的现金流量 = 2\,000 - 450 + 30\,000 = 31\,550(元)$$

$$购买方案现金流出的总现值 = -50\,000 + 1\,550 \times (P/A, 6\%, 3) + 31\,550 \times (P/F, 6\%, 4)$$
$$= -50\,000 + 1\,550 \times 2.673\,0 + 31\,550 \times 0.792\,1$$
$$= -20\,866.10(元)$$

第二，租赁设备。

$$每年税后租金 = 10\,000(1-40\%) = 6\,000(元)$$

$$租赁方案现金流量总现值 = -6\,000 \times (P/A, 6\%, 4) = 6\,000 \times 3.465\,1 = 20\,790.6(元)$$

$$租赁方案相对于购买方案的净现值 = -20\,790.6 - (-20\,866.1) = 75.5(元)$$

因此采用租赁方式对企业更有利。

(三) 租赁融资的特点

1. 筹资速度快

租赁往往比借款购置设备更迅速、更灵活，因为租赁是筹资与设备购置同时进行，可以缩短设备的购进、安装时间，使企业尽快形成生产能力，尽快占领市场、打开销路。

2. 限制条款少

如前所述，债券和长期借款都是有相当多的限制条款，虽然类似的限制在租赁合同中也有，但一般比较少。

3. 设备淘汰风险小

现在随着科技的迅速发展,固定资产更新周期日趋缩短。企业设备陈旧过时的风险很大,利用租赁融资可减少这一风险。这是因为租赁的期限一般为资产使用年限的一定比例,不会像自己购买设备那样整个期间都要承担风险,且多数租赁协议都规定由出租人承担设备陈旧过时的风险。

4. 财务风险小

租金在整个租期内分摊,不用到期归还大量本金。许多借款都在到期日一次偿还本金,这会给财务基础较弱的公司造成相当大的困难,有时会造成不能偿付的风险。而租赁则把这种风险在整个租期内分摊,可适当减少不能偿付的风险。

5. 资金成本较高

其租金要比向银行借款或发行债券所负担的利息高得多。承租企业在财务困难时期,支付固定的租金也将构成一项沉重的负担。

第四节 混合筹资

混合筹资是指混合性资金筹集,即兼具股权和债务特征的资金筹集,主要包括优先股筹资、认股权证筹资和可转换债券筹资等。

一、优先股筹资

优先股(preference shares)是股份公司依法发行的具有一定优先权的股票,优先股通常在公司增募资本时发行。它与普通股有许多相似之处,但又有债券的某些特征。

(一) 优先股的性质

优先股是一种性质比较复杂的有价证券,具有双重性质。它虽属自有资金,但却兼有债券性质。从法律上讲,优先股是公司自有资金的一部分,不承担法定的还本义务,没有固定的到期日,不用偿还本金。优先股股东所拥有的权利与普通股近似,优先股股利不能像债务利息那样从税前扣除,而必须从净利润中支付;但是优先股对盈利的分配和剩余财产的求偿具有优先权,优先股有固定的股利,这与债券相似。当公司利用优先股筹资时,必须考虑它这两方面的特性。

(二) 优先股的种类

优先股按其所包含的权利不同,可作如下分类。

1. 累积优先股和非累积优先股

累积优先股是指在任何营业年度内未支付的股利可累积起来，由以后营业年度的盈利一起支付的优先股股票。一般而言，一个公司只有把所欠的优先股股利全部支付以后，才能发放普通股股利。累积优先股是较常见的一种优先股，可以保护优先股股东的利益。

非累积优先股是仅按当年利润分配股利，而不予以积累补付的优先股股票。即当公司当年盈利不足以支付优先股股利，积欠部分不予以积累计算，以后年度也不予以补发。

显然，对投资者来说，累积优先股比非累积优先股具有更大的吸引力，所以累积优先股发行比较广泛，而非累积优先股则因认购者少而发行量小。

2. 可转换优先股与不可转换优先股

可转换优先股是指股东可在一定时期内按一定的比例把优先股转换成普通股的股票。转换的比例是事先确定的，其数值大小取决于优先股与普通股的现行价格。可转换优先股股东可以在企业不稳定时受到保护，在企业经营好盈利多时，普通股股价上升，行使转换权以获利；反之，企业经营不良时，可不行使转换权，获得固定优先股股息收入。可转换优先股在发行时，价格较高，公司可筹到更多资金，因而普通股股东的利益并不因此受到侵犯。

不可转换优先股是指不能转换成普通股的股票。不可转换优先股只能获得固定股利报酬，不能获得转换收益。

3. 参加优先股和不参加优先股

参加优先股是指不仅能取得固定股利，还有权与普通股一同参加利润分配的股票。根据参与利润分配的方式不同，又可分为全部参加分配的优先股和部分参加分配的优先股。前者表现为优先股股东有权与普通股股东共同等额分享本期剩余利润，后者则表现为优先股股东有权按规定额度与普通股股东共同参与利润分配，超过规定额度部分的利润，归普通股所有。

不参加优先股是指不能参加剩余利润分配，只能取得固定股利的优先股。参与优先股一般很少采用，大部分优先股都是非参与优先股。

4. 可赎回优先股与不可赎回优先股

可赎回优先股是指股份公司可以按一定价格收回的优先股票。在发行这种股票时，一般都附有赎回条款，在赎回条款中规定了赎回该股票的价格。此价格一般略高于股票的面值。至于是否收回，在什么时候收回，则由发行股票的公司来决定。这样做是出于减轻公司股利支付负担的考虑。

不可赎回优先股是指不能收回的优先股。由于优先股都有固定股利,不能收回的优先股一经发行,便成为一项永久性财务负担。因此,在实际工作中,大多数优先股是可赎回优先股,而不可赎回优先股很少发行。

综上所述,累积优先股、可转换优先股、参加优先股均对股东有利,而可赎回优先股则对股份公司有利。

(三) 优先股股东的权利

优先股的"优先"是相对于普通股而言的,这种优先权主要体现在以下几方面:

(1) 优先分配股利权。优先分配股利的权利是优先股的最主要特征。优先股通常有固定股利,并且必须在支付普通股股利前予以支付,对于累积优先股来说,这种优先权就更为突出。

(2) 优先分配剩余财产权。当公司破产清算时,清算收入在清偿债务之后,优先股位于债权人求偿之后,但在普通股之前受偿,其受偿金额只限于优先股的票面价值加上累积未支付的股利。

(3) 部分管理权。优先股股东的管理权是有严格限制的。通常在公司的股东大会上,优先股股东没有表决权,但当公司研究与优先股有关的问题时,有权参与表决。

(四) 优先股筹资的特点

1. 财务风险小

与普通股相同,优先股没有到期日,不用偿还本金。股利的支付既固定,又具有一定弹性。虽然优先股具有固定的股利,但是,固定股利的支付并不构成公司的法定义务。因为如果公司财务状况不佳,可以暂时不支付固定股利,即使如此优先股的股东也不会像债权人那样会迫使公司破产。

2. 保持股东控制权

当公司既想向外界筹集权益资金,又不想丧失原有股东控制权时,利用优先股筹资极为合适。从法律上讲,优先股资金属于自有资金,因而优先股扩大了权益资金基础,可增强公司的借款能力和经济实力,有利于增强公司信誉。优先股相当于使用一笔无限制的贷款,无须偿还本金,也无须再作筹资计划。而且大多数优先股都附有赎回条款,使得使用这部分资金更有弹性,从而控制住公司的资本结构。

另外,由于优先股股东一般没有投票权,而负债筹资风险大,发行普通股又会分散控制权,所以发行优先股是一种理想的筹资方式。

3. 筹资成本高

优先股股利要从税后净利润中支付，股利固定，不同于债务利息可在税前扣除，资金成本较高。当公司经营状况不佳时，优先股股利会成为一项较重的财务负担，有时不得不延期支付，影响公司声誉。发行优先股，通常有许多限制条款，如对普通股股利支付上的限制，对公司借债限制等。

二、认股权证筹资

认股权证（warrants）是由公司发行的一种凭证，它允许持有者在特定的时间内，以预定的价格购买一定数量的该公司的股票。认股权证类似一种公司发行的长期买进期权（选择权）。规模较小的公司发行可转换债券或附有认股权证的债券比发行纯粹的债券更有吸引力。认股权证类似认股权，因为基础证券都是新发行的权益性证券。但认股权证通常在多年内都不会失效。有些公司，甚至可以发行永久性认股权证。

（一）发行认股权证筹资的特征

公司发行新股时，为避免原有股东每股收益和股价被稀释，公司给原有股东配发一定数量的认股权证，使其可以按优惠价格认购新股或出售认股权证来弥补新股发行的稀释损失，这是认股权证最初的功能。

用认股权证购买发行公司的股票，其价格一般低于市场价格。因此，股份公司发行认股权证可增加其所发行股票对投资者的吸引力。发行依附于公司债券、优先股或短期票据的认股权证，可起到明显的促销作用。

（二）认股权证的种类

（1）按允许购买的期限长短分类，可将认股权证分为长期认股权证与短期认股权证。短期认股权证的认股期限一般在90天以内；长期认股权证认股期限通常在90天以上，更有长达数年或永久。

（2）按认股权证的发行方式分类，可将认股权证分为单独发行认股权证与附带发行认股权证。依附于债券、优先股、普通股或短期票据发行的认股权证，为附带发行认股权证。单独发行认股权证是指不依附于公司债券、优先股、普通股或短期票据而单独发行的认股权证。认股权证的发行，最常用的方式是认股权证在发行债券或优先股之后发行。

（3）按认股权证认购数量的约定方式，可将认股权证分为备兑认股权证与配股权证。备兑认股权证是每份备兑证按一定比例含有几家公司的若干股股票。配股权证是确认老股东配股权的证书，它按照股东持股比例定向派发，赋予其以优惠价格认购公司一定份数的新股。

（三）认股权证的价值

发行债券的公司，为了降低债务筹资的成本，在低利率的债券后常附有认股权证以吸引投资者。这种低利率债券之所以吸引投资者，是因为认股权证的价值足以抵消债券利率的降低。

投资者之所以认购附有认股权证的债券，是他们承认这种债券的价格包含了债券的价值和认股权证的价值。例如，某公司发行20年期，面值1 000元的债券，市场利率为13%，但该公司为每一债券附有30张认股权证，每张认股权证可按20元的约定价格在20年内的任何一天购买该公司股票，所以债券的利率为10%，低于市场利率，则该债券的价值为：

$$P = 1\,000 \times (P/F, 13\%, 20) + 1\,000 \times 10\% \times (P/A, 13\%, 20)$$
$$= 789(元)$$

该债券所附认股权证的价值等于债券的发行价格1 000元减去债券的价值789元，即211元，每张认股权证的价值约为7元(211÷30)。

认股权证的理论价格是股票的市场价格减去约定价格。认股权证实际上是买方选择权，由于选择权对收益的高杠杆作用，以及投资者对股价上升的预期，认股权证的市场价格经常高于理论价格。随着股价的升高，如果约定价格不变，认股权证的市场价格也会升高，它的杠杆作用就会减弱而风险加大，溢价减少，市场价格与理论价格逐渐接近。

认股权证的约定价格一般高于债券发行时的股票价格。因此在有效期内，许多认股权证都不会行使。能够促使投资者行使认股权证的情况有：

第一，认股权证要到期时，股票的市场价格高于约定价格。

第二，如果公司提高了普通股的现金股息，投资者会趋向于行使认股权证。

第三，逐渐提升约定价格的认股权证，会使投资者行使认股权证。

第四，成长性公司对权益资本要求迫切，而成长阶段又会使预期公司股价上升，这样促使投资者行使认股权证。

（四）认股权证筹资的特点

1. 降低筹资资本成本

认股权证不论是单独发行还是附带发行，大多都为发行公司筹得一笔额外资金。认股权证是企业发行债券的诱饵，如果公司利润增长较快，认股权证能使投资者在持有债券的同时有分享公司利润的机会。这种潜在的利益促使投资者愿意接受较低的债券利率,公司获得相对低成本的长期资金。

2. 促进其他筹资方式的运用

单独发行的认股权证有利于将来发售股票,附带发行的认股权证可以促进其所依附证券的发行效率。而且由于认股权证具有价值,附认股权证的债券票面利率和优先股利率通常较低。当认股权证被行使后,发行的债券依然存在,还是企业的债务;而投资者行使了认股权证的权利后,认购了该公司的股票,企业可以获得权益资本,降低债务比率,改善资本结构,为进一步筹资打下基础。

3. 稀释普通股收益

当认股权证行使时,提供给投资者的股票是新发行的股票,而并非二级市场的股票。这样,当认股权证行使时,普通股股份增多,每股收益下降。

4. 容易分散企业的控制权

由于认股权证通常随债券一起发售,以吸引投资者,当认股权证行使时,企业的股权结构会发生改变,稀释了原有股东的控制权。

三、可转换债券筹资

可转换证券是具有在将来某一时期,按特定的转换比率转换成其他证券的权利的证券。可转换证券有可转换债券和可转换优先股,企业发行最多的是可转换债券。可转换债券可以转换成优先股和普通股,可转换优先股只能转换成普通股。

(一) 可转换债券的特征

可转换债券(convertible bond)是指发行人依照法定程序发行,在一定期间内依据约定的条件可以转换成股份的公司债券。可转换债券对股票的可转换性,实际上是一种股票期权或选择权。它的标的股票一般是发行公司自己的股票,也可以是其他公司的股票,如可转换债券公司的上市子公司的股票。发行可转换债券筹得的资金具有债权性和权益性的双重性质。可转换债券附有的选择权与债券是不可分割的,一旦选择权被行使,并不能给公司带来新的资本,在资产负债表上表现为长期资本的调整,即企业的负债减少,权益增加,负债比率会下降。

(二) 可转换债券的价值

可转换债券发行时就规定了可转换债券转换为每股股票所支付的价格,即转换价格或转股价格。可转换债券具有按一定的转换价格或转换率转换成股票的权利,它的价值就是转换率乘以股票价格,初始市场价格是发行价格。单纯债券的价值就是债券估价模型的计算值。

转换价格的确定反映了公司现有股东和债权人双方利益预期的某种均衡，转换价格通常随公司股票分割和股份发生变动而相应作出调整。转换价格可以是固定的，也可以是逐步上升的。固定价格在发行可转换债券时就已确定，这种价格可以按照发行前1个月的股价的平均水平上浮一定比例确定一个固定的价格；逐步提高的转换价格是在债券期限内，逐步以一定的幅度递增。提高转换价格的目的是鼓励投资者在提高转换价格前行使转换权利，同时也满足现有股东对企业未来增长带来的好处不被稀释。如发行时转换价格为每股20元，第三年后可按照每股30元的价格进行转换等。

转换比率是每张可转换债券能够转换的普通股的股数。转换比率等于债券的面值除以转换价格。发行可转换债券时，一般转换价格要高于股票的市场价格。

转换期是可转换债券转换为股票的起止期间。可以与债券的期限相同，也可短于债券的期限。如规定只能在发行一段时间后才能行使转换权，称为递延转换期；有的规定只能在一定期间内行使转换权，过期失效，称为有限转换期。超过转换期的可转换债券，不再具有转换权，自动成为普通债券。

赎回条款是指发债公司按事先约定的价格买回未转股债券的条件规定，赎回一般发生在公司股票价格在一段时期内连续高于转股价格达到某一幅度时。赎回条款通常包括：不可赎回期间与赎回期间、赎回价格、赎回条件等。发债公司在赎回债券之前，须向债券持有人发出赎回通知，要求他们在将债券转股与卖回给发债公司之间作出选择。一般情况下，投资者大多会将债券转换为普通股。可见，设置赎回条款最主要的功能是强制债券持有者积极行使转股权，因此也被称为加速条款。同时它也能使发债公司避免在市场利率下降后，继续向债券持有人按照较高的票面利率支付利息蒙受损失。

回售条款是指债券持有人有权按照事先约定的价格将债券卖回给发债公司的条件规定。回售一般发生在公司股票价格在一段时期内连续低于转股价格达到某一幅度时。与赎回一样，回售条款也要回收时间、回收价格和回售条件等规定。设置回售条款的目的是保护债券投资者的利益，使他们避免遭受过大的投资损失。回售对于投资者而言，实际上是一种卖权，有利于降低投资者的持券风险。合理的回售条款可以使投资者具有安全感，有利于吸引投资者。

强制性转换条款是指在某些条件具备之后，债券持有人必须将可转换债券转换为股票，无权要求偿还本金的条件规定。可转换债券发行之后，其股票价格可能出现巨大波动。如果股票长期表现不佳,又未设计回售条款,投资者就不会转股。公司可设置强制性转换条款保证可转换债券顺利地转换为股票,实现公司扩大权益筹资的目的,预防投资者到期集中挤兑引发公司破产的悲剧。

(三)可转换债券筹资的特点

1. 可以降低资本成本

由于可转换债券赋予持有者一种特殊的选择权,即按事先约定在一定时间内将其转换为公司股票的选择权,潜在获利的可能性大,而风险相对较小,使可转换债券具有转换价值,受到投资者的欢迎。因此,其利率低于普通债券,减少了利息支出。同时,在债券转换为权益资本前,债券利息可以在税前扣除,获得抵税的好处。在转换时公司无须另外支付筹资费用,节约了股票的筹资成本。可转换债券的发行费用也低于股票的发行费用。当然在可转换债券转换成普通股后,其原有的低息优势不复存在,公司将要承担较高的普通股资本成本。

2. 有利于稳定股票市价,减少对每股收益的稀释

可转换债券的转换价格通常高于公司当前股价,转换期限较长,有利于稳定股票市价。由于可转换债券规定的转换价格一般要高于其发行时的公司股票价格,因此在发行新股票或配股时机不佳时,可以先发行可转换债券,然后通过转股实现较高价位的股权筹资。此外,由于可转换债券的转换价格高于其发行时的股票价格,转换成的股票股数会较少,相对而言,降低了因为增发股票对公司每股收益的稀释度。企业在项目融资时,项目的建设期没有产出,如果此时发行权益资本,会使公司的每股收益下降。发行可转换债券就可以避免项目建设期内每股收益稀释。项目的预期收益,使可转换债券具有转换价值。一旦产生收益,股票价格将会因收益的增加而上涨,投资者也会因股票价格上涨而行使转换权利,使企业权益资本增加。这样,可转换债券就形成了延迟权益资本。

3. 增强筹资灵活性

可转换债券转换为公司股票前是发行公司的一种债务资本,可转换债券持有人是公司的潜在股东,与公司有着较大的利益趋同性,因而冲突较少。在可转换债券转换为股票的过程中,不会受其他债权人的反对。可转换债券给了债券持有人既可以选择获得固定利息收益,又可以选择转换为普通股的选择权,对投资者具有一定的吸引力,容易筹集到所需资金。可转换债券还具有可赎回的特点,企业有权按特定价格在到期日前收回债券。在可转换债券的转换价值超过赎回价格时,企业可以通过提高转换价格、降低转换比例等方法促使或行使权力,强迫持有者将持有的债券转换为公司股票,即转换为权益资本。从而改变企

业的资本结构,增加进一步筹资的灵活性。

4. 增加了企业的财务压力

发行可转换债券后,若股价低迷或发行公司业绩欠佳,股价没有按照预期的水平上升时,持有者不愿将可转换债券转换为股票,这些债务不能转换成权益资本,企业在赎回债券之前就丧失了筹资能力。如果到期仍无法迫使投资者进行转换,企业就要筹集现金赎回这些可转换债券。大量的现金支出会给企业带来较大的财务压力。发行可转换债券后,公司股票价格在一定时期内连续低于转换价格达到某一幅度时,债券持有人可以按事先约定的价格将债券出售给发行公司,存在回售可能,从而增加了公司的财务风险。

本章框架图

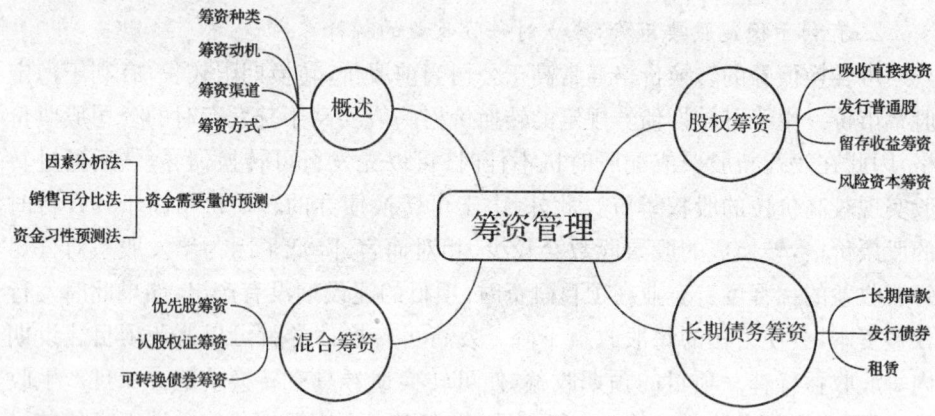

讨论题

1. 讨论企业筹集资金的渠道和方式。
2. 试述吸收直接投资的程序。
3. 试述股份有限公司设立时与增资发行股票的程序。
4. 试述股票上市的目的和上市条件。
5. 试述优先股的权利及优缺点。
6. 试述债券的种类及发行条件。
7. 说明租赁的财务实质。

习　题

一、单项选择题

1. 普通股筹资具有的优点是(　　)。
   A. 资本成本低　　　　　　　　B. 没有使用约束
   C. 不会分散公司的控制权　　　D. 筹资费用低

2. 企业筹资决策的核心内容是合理安排(　　)的比例关系。
   A. 权益资本和借入资本　　　　B. 流动负债和长期负债
   C. 流动资产和固定资产　　　　D. 筹资数额和资金成本

3. 与发行公司债券相比，吸收直接投资的优点是(　　)。
   A. 资本成本较低　　　　　　　B. 转让方便
   C. 提升企业市场形象　　　　　D. 尽快形成生产力

4. 影响债券发行价格的主要因素是(　　)。
   A. 债券面值　　　　　　　　　B. 期限
   C. 票面利率与市场利率的一致程度　　D. 票面利率水平高低

5. 优先股股东享有的"优先"权是(　　)。
   A. 优先取得股利　　　　　　　B. 表决权
   C. 新股发行的优先认股权　　　D. 剩余财产的请求权

6. 可转换债券是指投资者可在一定时期内将其转换成(　　)。
   A. 优先股　　　　　　　　　　B. 可赎回债券
   C. 有价证券　　　　　　　　　D. 普通股

7. 在股票的发行过程中，被我国公司法明确禁止的发行价格是(　　)。
   A. 按溢价发行　　　　　　　　B. 按设定价发行
   C. 按面额发行　　　　　　　　D. 按折价发行

8. 下列各项中，不属于融资租赁特点的是(　　)。
   A. 租金较高
   B. 租赁期较长
   C. 出租人和承租人之间并未形成债权债务
   D. 不得任意中止租赁合同

9. 下列各项中，属于权益资本特点的是(　　)。
   A. 没有还本压力，筹资风险低
   B. 偿债压力大
   C. 所有者不得转让其投入资本的所有权
   D. 筹资风险较大

10. 公司最基本的股票种类为( )。
    A. 有面值股   B. 优先股
    C. 记名股   D. 普通股

11. 用线性回归法预测资金需要的理论依据是( )。
    A. 筹资规模与投资间的时间关系
    B. 长短期资金间的比例关系
    C. 筹资规模与业务量的对应关系
    D. 筹资规模与筹资方式的对应关系

12. 相对于股票筹资而言,银行借款的缺点为( )。
    A. 财务风险大   B. 筹资成本高
    C. 筹资限制少   D. 筹资速度慢

13. 长期借款的缺点是( )。
    A. 借款弹性好   B. 筹资成本高
    C. 筹资数量有限   D. 筹资速度慢

14. 下列权利中,不属于普通股股东权利的是( )。
    A. 公司管理权   B. 优先认股权
    C. 优先分配剩余财产权   D. 分享盈余权

15. 如果用认股权证购买普通股,则股票的购买价格一般( )。
    A. 高于普通股市价   B. 低于普通股市价
    C. 等于普通股市价   D. 等于普通股价值

16. 某公司发行可转换债券,每张面值为1 000元,若该可转换债券的转换价格为40元,则每张债券能够转换为股票的股数为( )。
    A. 40   B. 15   C. 30   D. 25

17. 采用销售百分比法预测资金需要量时,下列项目中被视为不随销售收入的变动而变动的是( )。
    A. 现金   B. 应付账款   C. 存货   D. 公司债券

18. 比率预测法进行企业资金需要量预测,所采用的比率不包括( )。
    A. 存货周转率   B. 应收账款周转率
    C. 权益比率   D. 资金与销售额之间的比率

19. 企业向租赁公司租入一台设备,价值500万元,租期为5年,租赁综合费率为12%,若采用先付租金的方式,则平均每年支付的租金为( )万元。
    A. 123.8   B. 138.7   C. 245.4   D. 108.6

20. 下列优先股中,对股份公司有利的是( )。
    A. 累积优先股   B. 可转换优先股
    C. 参加优先股   D. 可赎回优先股

二、多项选择题

1. 公司债券筹资与普通股筹资相比较它们的特点有（　　）。
   A. 公司债券利息可以税前列支，普通股股利必须是税后支付
   B. 普通股筹资可以利用财务杠杆作用
   C. 公司债券筹资的资金成本相对较高
   D. 普通股筹资的资金成本相对较高

2. 居民个人资金可以通过下列哪些筹资方式取得（　　）。
   A. 发行股票   B. 商业信用
   C. 发行债券   D. 吸收直接投资

3. 长期借款筹资的缺点有（　　）。
   A. 筹资数量有限   B. 融资风险较大
   C. 限制条件较多   D. 资金成本较高

4. 留存收益是企业内部融资的主要方式，下列属于这种方式的特点有（　　）。
   A. 筹资数额有限   B. 不存在资本成本
   C. 不发生筹资费用   D. 改变企业控制权

5. 普通股筹资的缺点有（　　）。
   A. 筹资限制多   B. 资金成本较高
   C. 容易分散控制权   D. 不能增强公司信誉

6. 下列属于混合筹资方式的有（　　）。
   A. 股票   B. 风险投资
   C. 可转换债券   D. 认股权证

7. 企业资金需要量预测方法有（　　）。
   A. 趋势预测法   B. 资金习性预测法
   C. 比率预测法   D. 定性预测法

8. 银行借款的优点有（　　）。
   A. 限制条件少   B. 筹资成本低
   C. 借款弹性好   D. 筹资速度快

9. 债券发行价格的高低取决于（　　）。
   A. 市场利率   B. 还本期限
   C. 债券面值   D. 票面利率

10. 除货币出资外，吸收直接投资的出资方式有（　　）。
    A. 实物资产出资   B. 土地使用权出资
    C. 工业产权出资   D. 特定债权出资

11. 与普通股筹资相比，负债筹资的特点有（　　）。
    A. 不参与公司经营管理   B. 不会分散企业的控制权

C. 筹资成本低 D. 不论经营好坏,需固定支付债务利息

12. 可以作为借款抵押品的有( )。

A. 存货 B. 应收账款 C. 股票 D. 债券

13. 企业申请贷款一般应具备的条件有( )。

A. 独立核算、自负盈亏、有法人资格

B. 具有偿还贷款的能力

C. 在银行建有账户,办理结算

D. 借款用途属于银行贷款办理规定的范围

14. 发行债券筹资的主要优点有( )。

A. 保证控制权 B. 增强企业信誉

C. 资金成本低 D. 降低企业财务风险

15. 普通股与优先股的共同特征主要有( )。

A. 同属公司股本 B. 均可参与公司重大决策

C. 需支付固定股息 D. 股息从净利润中支付

16. 下列关于债券特征的说法中,正确的有( )。

A. 债券具有分配上的优先权 B. 债券代表着一种债权债务关系

C. 债券不能折价发行 D. 债券持有人无权参与企业决策

17. 股票上市的好处有( )。

A. 便于筹措资金 B. 资本分散化,分散风险

C. 便于确定公司的价值 D. 提高公司知名度

18. 根据不同的标准,可以对股票进行不同的分类,可将股票分为( )。

A. 有面值股票和无面值股票 B. 记名股票和无记名股票

C. 普通股和优先股 D. A股、B股、H股、N股

19. 融资租赁租金中的租赁手续费包括( )。

A. 利息 B. 营业费用

C. 利润 D. 设备的运杂费

20. 下列各项中,属于认股权证基本要素的有( )。

A. 认购数量 B. 赎回条款

C. 认购期限 D. 认购价

21. 下列属于可转换债券筹资优点的有( )。

A. 可节约利息支出

B. 有利于稳定股票市价

C. 增强筹资灵活性

D. 股价大幅度上扬时,可增加筹资数量

22. 下列有关抵押借款和无抵押借款的说法中,正确的有( )。

A. 抵押借款的资金成本通常高于无抵押借款
B. 银行主要向信誉好的客户提供无抵押借款
C. 银行对于抵押借款一般要收取手续费,抵押借款还会限制借款企业抵押资产的使用和将来的借款能力
D. 抵押借款是一种风险贷款

三、判断题

1. 在债券面值和票面利率一定的情况下,市场利率越高,则债券的发行价格越低。（   ）
2. 筹资渠道与筹资方式之间存在一定的对应关系。一定的筹资方式可能只适用于某一特定的筹资渠道,但是同一渠道的资金往往可采用不同的筹资方式去取得。（   ）
3. 就负债筹资而言,增加债务资金,会加大偿债能力,在利润率大于负债率的情况下,不利于提高资本利润率。（   ）
4. 当公司增发普通股时,原有股东没有优先认购权。（   ）
5. 作为抵押贷款担保的抵押品可以是股票、债券、银行存款等有价证券。（   ）
6. 由于优先股股利事先固定,不论企业经营情况如何,企业必须支付当年的优先股股利;否则,优先股股东有权要求企业破产。（   ）
7. 发行普通股筹资没有固定的利息负担,因此其资金成本较低。（   ）
8. 债券发行价格的形式主要受债券供求的影响。（   ）
9. 长期借款由于借款期限长,风险大,因此借款成本也较高。（   ）
10. 在股份有限公司的存续期间,股票是一种无限期的法律凭证,它反映股东与股份有限公司之间比较稳定的经济关系,反映了股票的参与性。（   ）
11. 认股权证是由股份公司发行的,能按特定的价格,在特定的时间内购买一定数量该公司股票的选择权凭证。（   ）
12. 对债务企业来说,债转股是一种筹资手段,它通过增加企业的资金而减少企业的债务。（   ）
13. 当企业息税前资金利润率高于借入资金利率时,增加借入资金,可以提高自有资金利润率。（   ）
14. 企业一般希望采取在贷款期内定期等额偿还方式还款,因为这样可以减轻还款的财务负担,同时降低贷款利率。（   ）
15. 当预计的息税前利润大于每股利润无差别点时,采用负债筹资会提高普通股每股利润,但会加大企业的财务风险。（   ）
16. 被少数股东所控制的企业,为了保证少数股东的绝对控制权,一般倾向于采用优先股或负债方式筹集资金,而尽量避免普通股筹资。（   ）
17. 认股权证不能为企业筹集额外的现金。（   ）
18. 可转换债券的利率一般低于普通债券。（   ）
19. 从出租人的角度来看,杠杆租赁与售后租回和直接租赁并无区别。（   ）

20. 利用发行认股权证筹资会稀释普通股每股收益,容易分散企业的控制权。　　　(　　)

四、计算分析题

1. 双龙公司 20×8 年 12 月 31 日资产负债表有关项目如表 5-9 所示。

表 5-9　资产负债表有关项目　　　　　　　　　　　　单位:元

资产		负债与所有者权益	
现金	16 000	应付费用	15 000
应收账款	18 000	应付账款	10 000
存货	28 000	长期负债	22 000
固定资产净值	38 000	实收资本	42 000
		留存收益	11 000
资产合计	100 000	负债及所有者权益合计	100 000

假设双龙公司的销售净利率为10%,净利润的60%分配给投资者,公司20×8年销售收入为160 000元,生产能力不饱和,增加收入不用增加设备,准备20×9年销售收入扩大为200 000元(假定20×9年与20×8年的销售净利率和利润分配政策相同)。

要求:

(1) 采用销售百分比法预测双龙公司需要增加的资金量。

(2) 需要从外界筹集的资金量。

2. 双龙公司 20×4—20×8 年的产销数量和资金需要量的历史资料如表 5-10 所示,该公司 20×9 年预测产销量为 92 000 台。

表 5-10　历史资料表

年度	产销量(x)万台	资金需要量(y)万元
20×4	8.0	640
20×5	7.5	630
20×6	7	620
20×7	8.5	670
20×8	9	690

要求:

(1) 用高低点法预测 20×9 年的资金需要量。

(2) 用回归分析法预测 20×9 年的资金需要量。

3. 某企业发行票面金额为 100 元,票面利率为 10% 的 5 年期债券 10 000 张。

要求:在市场利率分别为8%、10%和12%时,计算债券的发行价格。

五、综合题

双龙公司 20×4—20×8 年各年产品销售收入分别为 2 000 万元、2 400 万元、2 600 万元、

2 800万元和 3 000 万元;各年年末现金余额分别为 110 万元、130 万元、140 万元、150 万元和 160 万元。在年度销售收入不高于 5 000 万元的前提下,存货、应收账款、流动负债、固定资产等资金项目与销售收入的关系如表 5-11 所示。

表 5-11 资金需要量预测表

资金项目		年度不变资金(a)	每元销售收入所需变动资金(b)
流动资产	现金		
	应收账款净额	60	0.14
	存货	100	0.22
流动负债	应付账款	60	0.10
	其他应付款	20	0.01
固定资产净额		510	0.01

已知该公司 20×8 年资金完全来源于自有资金(其中,普通股 1 000 万股,共 1 000 万股)和流动负债。20×8 年销售净利率为 10%,公司拟按每股 0.2 元的固定股利进行利润分配。公司 20×9 年销售收入预计将在 20×8 年基础上增长 40%。20×9 年所需对外筹资部分可通过发行 10 年期、票面利率为 10%、到期一次还本付息的公司债券予以解决,债券筹资费率为 2%,公司所得税税率为 25%。

要求:

(1) 计算 20×8 年净利润及应向投资者分配的利润。
(2) 采用高低点法计算每万元销售收入的变动资金和"现金"项目的不变资金。
(3) 按 $y=a+bx$ 的方程建立资金预测模型。
(4) 预测该公司 20×9 年资金需要总量及需新增资金量。
(5) 计算债券发行总额和债券成本。
(6) 计算填列该公司 20×9 年预计资产负债表(表 5-12)中用字母表示的项目。

表 5-12 预计资产负债表 单位:万元

资产	期末余额	年初余额	负债与所有者权益	期末余额	年初余额
现金	A	160	应付账款	480	360
应收账款净额	648	480	其他应付款	62	50
存货	1 024	760	应付债券	D	0
固定资产净值	510	510	股本	1 000	1 000
			留存收益	C	500
资产合计	B	1 910	负债与所有者权益合计	B	1 910

第六章 资本成本

 **学习目标**

通过对本章的学习,你能够了解到:
1. 资本成本的含义
2. 权益资本成本和债务资本成本的不同计算方法
3. 加权平均资本成本的形成
4. 边际资本成本的应用

第一节 资本成本概述

资本成本是财务管理的一个非常重要的概念。其之所以重要有两方面原因:一是公司要达到企业价值最大化(股东财富最大化),必须使所有的投入最小化,其中当然也包括资本成本最小化。二是公司为了增加股东财富,公司只能投资于投资报酬率高于其资本成本率的项目。所以,第一个原因要求公司在制定筹资决策时必须正确估计和合理降低资本成本;第二个原因要求公司在制定投资决策时必须正确估计项目的资本成本。

一、资本成本的概念

资本成本(cost of capital)是指企业为筹集和使用资金而付出的代价,它是一种机会成本,这种成本不是实际支付的成本,而是一种失去的收益,是将资本用于某项目投资所放弃的其他投资机会的收益。资本成本是资本所有权与资本使用权分离的结果。对出资者而言,由于让渡了资本使用权,必须要求取得一定的补偿,资本成本表现为让渡资本使用权所带来的投资报酬。对筹资者而言,由于取得了资本使用权,必须支付一定的代价,资本成本表现为取得资本使用权所付出的代价。因此,资本成本也可看作必要报酬率、投资项目的取舍率、最低可接受的报酬率。广义来讲,企业筹集和使用任何资金,不论短期的还是长期的,都要付出代价。狭义的资本成本仅指筹集和使用长期资金(包括自有资金和借入长期资金)的成本。由于长期资金也被称为资本,所以长期资金的成本也称为资本成本。

资本成本的概念包括两个方面:一方面资本成本与公司的筹资活动有关,是公司筹资和使用资金的成本,即筹资的成本,称为公司的资本成本;另一方面资本成本与公司的投资活动有关,是投资所要求的必要报酬率,称为投资项目的资本成本。两者既有联系,又有区别。

(一) 公司的资本成本

公司的资本成本是指组成公司资本结构的各种资金来源的成本的组合,也就是各种要素成本的加权平均数。

资本成本包括资金筹集成本和资金使用成本两部分,资金筹集成本指在资金筹集过程中支付的各项费用,如发行股票、债券支付的印刷费、发行手续费、律师费、资信评估费、公证费、担保费、广告费等。资金筹集成本是一次性发生的,在资本使用过程中不再发生。因此,在计算资本成本时可作为筹资金额的一项扣除。资金使用成本是指企业在资本使用过程中因占用资本而支付的代价,如向股东支付的股利、银行借款和债券利息等。这种成本是因为使用他人资金而必须支付的,也是资本成本的主要内容。

不同资本来源的资本成本不同。公司可能有不止一种资本来源,普通股、优先股和债务是常见的三种来源。每一种资本来源被称为一种资本要素。每一种要素要求的报酬率被称为要素成本。每一种要素的投资人都希望在投资上取得报酬,但是由于风险不同,每一种资本要素要求的报酬率不同。公司的资本成本是构成资本结构中各种资金来源成本的组合,即各种要素成本的加权平均值。

不同公司的筹资成本不同。一个公司资本成本的高低,取决于三个因素:

(1) 无风险报酬率是指无风险投资所要求的报酬率。典型的无风险投资的例子是政府债券投资。

(2) 经营风险溢价是指由于公司未来的前景的不确定性导致的投资者要求投资报酬率增加的部分。A公司的经营风险比B公司高,投资人要求的A公司的报酬率也会比B公司高。

(3) 财务风险溢价是指高财务杠杆产生的风险。公司的负债率越高,普通股收益的变动性越大,投资者要求的报酬率也就越高。

由于公司所经营的业务不同(经营风险不同)、资本结构不同(财务风险不同),因此公司的资本成本不同。公司的经营风险和财务风险大,投资人要求的报酬率就会较高,公司的资本成本也会较高。

(二)投资项目的资本成本

投资项目的资本成本是指项目本身所需投资资本的机会成本,与公司资本成本有联系也有区别。公司资本成本是投资人针对整个公司要求的报酬率,或者说是投资者对于企业全部资产要求的必要报酬率。项目资本成本是公司投资于资本支出项目所要求的必要报酬率。

因为不同投资项目的风险不同,所以它们的最低报酬率不同。风险高的投资项目要求的报酬率较高,风险低的投资项目要求的报酬率较低。作为投资项目的资本成本即项目的必要报酬率,其高低主要取决于资本运用于什么样的项目,而不是从哪些来源筹资。

如果公司新的投资项目的风险与企业现有资产平均风险相同,则项目资本成本等于公司资本成本;如果公司新的投资项目的风险高于企业现有资产平均风险,则项目资本成本高于公司资本成本;如果公司新的投资项目的风险低于企业现有资产平均风险,则项目资本成本低于公司资本成本。因此,每个项目都有自己的资本成本,它是项目风险的函数。

有关项目资本成本的问题,我们在前面投资管理中已经讨论了,本章主要讨论公司的资本成本。

二、资本成本的用途

公司的资本成本主要用于筹资决策、投资决策、业绩评价、营运资金管理和企业价值评估。

(一)用于筹资决策

资本成本的高低是决定筹资活动的首要因素。因为不同的资金来源和筹资方式,资本成本各不相同。为了提高筹资效果,就必须分析各种筹资方式资本成本的高低,并进行合理配置,使综合资本成本降到最低。

(二)用于投资决策

项目投资决策通常采用净现值、内含报酬率等指标来进行评价,其中净现值的计算一般就是以资本成本作为折现率的。当净现值为正时方案可行,净现值为负时方案不予采纳。而用内含报酬率评价方案的可行性时,一般以资本成本作为基准收益率,当内含报酬率高于资本成本时,说明方案可行,低于资本成本时不可行。

(三)用于业绩评价

资本成本是投资人要求的报酬率,与公司实际的报酬率进行比较可以评价公司的业绩。经济增加值是业绩评价的核心指标。计算经济增加值需要使用公司资本成本。公司资本成本与资本市场有关,所以经济增加值可以把业绩评价和资本市场联系起来。

(四)用于营运资本管理

公司各类资产的收益、风险和流动性不同,营运资本投资和长期资产投资的风险不同,其资本成本也不同。可以把各类流动资产投资看成是不同的"投资项目",它们也有不同的资本成本。在管理营运资本方面,资本成本作为调整营运资本投资政策和营运资本筹资政策的重要依据。

(五)用于企业价值评估

在现实中,经常会碰到需要评估一个企业的价值的情况,如企业并购、重组等。在制定公司战略时,需要知道每种战略选择对企业价值的影响,也会涉及企业价值评估。评估企业价值时,主要采用现金流量折现法,需要使用公司资本成本作为公司现金流量的折现率。

三、影响资本成本的因素

(一)总体经济环境

一个国家或地区的总体经济环境状况,表现在国民经济发展水平、预期的通货膨胀等方面,这些都会对企业筹资的资本成本产生影响。如果国民经济保持健康、稳定、持续增长,整个社会经济的资金供给和需求相对均衡且通货膨胀水平低,资金所有者投资的风险小,预期报酬率低,筹资的资本成本率相应就比较低。相反,如果经济过热,通货膨胀居高不下,投资者投资的风险大,预期报酬率高,筹资的资本成本就高。

(二)资本市场条件

资本市场条件包括资本市场的效率和风险。如果资本市场缺乏效率,证券的市场流动性低,投资者投资风险大,要求的报酬率必然高,筹资的资本成本就高,即所谓的水涨船高。

(三)企业经营状况和融资状况

企业的总体风险包括经营风险和财务风险,如果企业的经营风险高,财务风险大,则企业的总体风险高,投资者要求的预期报酬率高,企业筹资的资本成本相应就高。

(四)企业对筹资规模和时限的需求

在一定时期内,国民经济体系中资金供给总量是一定的,资本是一种稀缺资源。因此企业一次性需要筹集的资金规模大、占用资金时限长,资本成本就高。但是,融资规模、时限与资本成本并非线性关系。一般来说,融资规模在一定限度内,并不会引起资本成本的明显变化,当融资规模突破一定限度时,才会引起资本成本的明显变化。

四、资本成本的种类

在企业筹资实务中,通常运用资本成本的相对数,即用资本成本率来表示资本成本。资本成本率是指用资成本与实际筹得资金(筹资数额扣除筹资费用后的差额)的比率。其计算公式为:

$$资本成本率 = \frac{每年的用资费用}{筹资总额 - 筹资费用}$$

一般而言,资本成本率有以下几类:

(1)个别资本成本率。个别资本成本率是指企业某一种长期资本的成本率,如股票资本成本率、债券资本成本率、长期借款资本成本率等。企业在比较各种筹资方式时会使用个别资本成本率。

(2)综合资本成本率。综合资本成本率是指企业全部长期资本的成本率。企业在进行长期资本结构决策时,可以利用综合资本成本率。

(3)边际资本成本率。边际资本成本率是指企业追加长期资本的成本率。企业在追加长期资本方案的选择中,需要运用边际资本成本率。

第二节 权益资本成本

个别资本成本是指各种筹资方式的成本。其中主要包括:债券成本、银行借款成本、优先股成本、普通股成本和留存收益成本。根据所有权性质的不同,债券成本和银行借款成本可称为债务资本成本,优先股成本、普通股成本和留存收益成本可称为权益资本成本。

企业资本来源及取得方式不同,资本成本率也不同,因此对于不同来源或不同取得方式的资本,应分别计算其资本成本率。

一、优先股的资本成本率

企业发行优先股,既要支付筹资费用,又要定期支付股利。它与债券不同的是股利在税后支付,不能抵减所得税,且没有固定到期日。企业破产时,优先股股东的求偿权位于债券持有人之后。由于优先股股东的风险大于债券持有人的风险,这就使得优先股的股利率一般要大于债券的利息率。另外,优先股股利要从净利润中支付,不能抵减所得税,所以优先股成本通常要高于债券成本,其计算公式为:

$$K_p = \frac{D}{P_0(1-f)}$$

式中,K_p 代表优先股成本率;D 代表优先股每年的股利;P_0 代表优先股发行价格;f 代表优先股筹资费率。

【例 6-1】 商运公司按面值发行 100 万元的优先股,总售价为 125 万元,筹资费率为 6%,规定年股利率为 14%,则优先股的成本为:

$$K_p = \frac{100 \times 14\%}{125 \times (1-6\%)} = 11.91\%$$

如果公司有多于一种优先股流通在外,则应使用所有优先股的加权平均股利率。

如果是浮动股息率优先股,则优先股的浮动股息率将根据约定的方法计算,并在公司章程中明确。由于浮动优先股各期股利是波动的,因此其资本成本率只能按照贴现模式计算,并假定各期股利的变化呈一定的规律性。此类浮动股息率优先股的资本成本率计算,与普通股资本成本的股利增长模型计算方法相同。

二、普通股的资本成本率

普通股成本的计算相对复杂。从理论上看,股东期望投资收益率即为公司普通股成本率。普通股成本很难估计是因为普通股的股利是有弹性的、没有固定的支付金额。

在估价普通股成本时,有多种方法可以选择,但是难度有简单和复杂之分。

(一)历史回报率法

顾名思义,确定普通股成本的历史回报率法涉及股东已经赚得的历史回报率。

该方法考虑到投资人过去购买股票、持有至今并以现行市价卖出所获得的回报。

例如,5年前以每股100元的价格买的普通股,现在以110元的价格出售。该普通股每年每股发放8元的股利。使用历史回报率法,投资人的平均回报率为:

$$\frac{8+\frac{110-100}{5}}{100} \times 100\% = 10\%$$

这个10%就是股票现行回报率的估计值和企业普通股成本的估计值。

虽然历史回报率法计算比较容易,但是它有一定的局限性。它假设企业业绩在未来不会有重大变化;利率不会发生重大变化;投资人对待风险的态度保持不变。所以这种方法使用范围不广。

(二)股利折现法

股利折现模型是利用估价普通股现值的公式来计算普通股成本率的一种方法。普通股现值的计算公式为:

$$V_0 = \sum_{i=1}^{n} \frac{D_i}{(1+K_s)^i} + \frac{V_n}{(1+K_s)^n}$$

由于股票没有到期日,当 $n \to \infty$ 时,$\frac{V_n}{(1+K_s)^n} \to 0$,所以股票的现值为:

$$V_0 = \sum_{i=1}^{\infty} \frac{D_i}{(1+K_s)^i}$$

式中,V_0 代表普通股现值,即发行价格;D_i 代表第 i 期支付的股利;V_n 代表普通股终值;K_s 代表普通股成本率。这样,可利用以上两式求出普通股成本。

以上两个公式计算都比较复杂,如果每年股利固定不变,假定为 D,普通股筹资费率为 f 时,则可视为永续年金,计算公式可简化为:

$$K_s = \frac{D}{V_0(1-f)}$$

若公司的股利是不断增长的,假设年增长率为 g,则可以采用股利增长模型计算普通股成本率。其计算公式为:

$$K_s = \frac{D_1}{V_0(1-f)} + g$$

式中,D_1 代表预计第1年的股利。

股利增长模型反映的是一种市值法。该模型的基本逻辑是,股票市价等于预期未来收益的现金流(包括股利和市价增值)贴现的现值。这意味着当未来收益的现值等于市价时,贴现率等于权益资本成本。该模型的一个潜在假设是,收益将以固定复利增长。

【例 6-2】 商运公司以面值发行普通股总价格 1 000 万元,筹资费率为 4%,第一年股利率为 12%,以后每年增长 3%,则普通股成本为:

$$K_s = \frac{1\,000 \times 12\%}{1\,000 \times (1-4\%)} + 3\% = 15.5\%$$

与其他计算权益资本成本的方法类似,股利增长率 g 采用的也是估计值。只有当市场预期股利将以此速度增长时,此模型才有用。投资人必须相信每股收益的历史趋势在未来仍会继续。如果情况的确如此,那么计算权益成本时就可以使用这个趋势。

(三)资本资产定价模型法

资本资产定价模型的含义可以简单的描述为,普通股投资的必要报酬率等于无风险报酬率加上风险报酬率。在美国,无风险利率通常根据美国长期国债或短期国库券的现行利率或预计利率确定。我国一般选用 10 年期的政府债券利率作为无风险利率的代表,也有人主张使用更长时间的政府债券利率。

用资本资产定价模型计算普通股资本成本公式为:

$$K_s = R_f + \beta_i \cdot (K_m - R_f)$$

式中,R_f 代表无风险收益率;β_i 代表第 i 种股票的 β 值;K_m 代表市场上所有证券的平均收益率,即市场收益率。

【例 6-3】 已知商运公司股票的 β 值为 1.3,市场收益率为 10%,无风险报酬率为 5%,则该股票的资本成本率为:

$$K_s = 5\% + 1.3 \times (10\% - 5\%) = 11.5\%$$

(四)债券收益率风险调整模型

众所周知,投资风险越大,要求的报酬率越高。由于普通股股东的求偿权不仅在债权之后,而且还次于优先股,因此股东的投资风险大于债券投资者,因而会在债券投资者要求的收益率上再要求一定的风险溢价来补偿。一般来说,利用统计数据,可以测算出某公司普通股股东比债权人承担的更大风险所要求的风险溢价,即风险溢价 RP,税后债务成本为 K_{dt}。

因此,采用这种方法计算普通股成本率的计算公式为:

$$K_s = K_{dt} + RP$$

风险溢价是凭借经验估计的。一般认为,企业普通股风险溢价对其自己发行的债券来讲在3%~5%。对风险较高的股票用5%,风险较低的用3%。

例如,对于债券成本为9%、中等风险的企业来说,普通股成本率为:

$$K_s = 9\% + 4\% = 13\%$$

对于债券成本为10%,高风险的企业来说,普通股成本率为:

$$K_s = 10\% + 5\% = 15\%$$

估计RP的另一种方法是使用历史数据分析,即比较过去不同年份的权益报酬率和债券收益率。通常在比较时会发现,虽然权益报酬率和债券收益率有较大波动,但是两者差额RP相当稳定。正因为如此,历史的RP可以用来估价未来的普通股成本。

以上这几种方法的计算结果有时不一致,我们不知道哪一种方法计算的结果更接近真实的普通股成本。实际上不存在一个公认的确定普通股真实成本的方法。一种常见的做法是将每一种方法计算出来的结果进行算术平均。有时决策者基于自己的经验选择适合的方法。

三、留存收益资本成本率

公司一般会通过将收益留存下来从内部筹集权益资金或者通过发行新的普通股从外部筹集权益资金。成熟的公司倾向于从内部产生大部分权益。发行成本使得在市场中筹集新权益的成本更贵。此外,如果股票被低估,以低于正常价值发行股票将导致损失。换句话说,因为发行成本和因股价低估所导致的潜在损失,企业在发行新的普通股(外部权益)之前,通常会使用成本较低的留存收益(内部权益)。所以,一般企业都不会把全部收益以股利形式分给股东。留存收益是企业资金的一种重要来源。从成本的实际支付看,留存收益并不像其他筹资方式那样直接从市场取得,而是将利润再投资,因此不产生筹资费用。但它确实存在资本成本。这是因为,投资者如果将这部分收益用作购买股票、存入银行或进行其他方面投资,也会获得投资收益,而投资人同意将这部分收益留在企业,是期望从中取得更高的投资回报,实际上是一种机会成本。所以,留存收益也要计算成本。留存收益成本的计算可参照普通股成本的计算方法,不同点在于不需要考虑筹资费用。

其计算公式为：

$$K_e = \frac{D_1}{V_0} + g$$

其中，K_e 为留存收益的资本成本率。

普通股与留存收益都属于所有者权益，股利的支付不固定。企业破产后，股东的求偿权位于最后，与其他投资者相比，普通股股东所承担的风险最大，因此，普通股要求的报酬也应最高。所以，在各种资金来源中，普通股的成本最高。

第三节　债务资本成本

一、债务资本成本的因素

（一）债务筹资的特征

估计债务成本就是确定债权人要求的收益率。债务成本的估计方法与债务筹资的特征有关系。与权益筹资相比，债务筹资有以下特征：

(1) 债务筹资产生合同义务。筹资公司在取得资金的同时，必须承担规定的合同义务。这种义务包括在未来某一特定日期归还本金及利息。

(2) 公司在履行上述义务时，归还债权人本息的请求权优先于股东的股利。

(3) 提供债务资本的投资者，没有权利获得合同规定利息之外的任何收益。

从上述特征可以看出，债权人承担的风险明显低于股东，所以其期望报酬率低于股东，即债务的资本成本低于权益的资本成本。

（二）债务资本成本的因素分析

1. 区分历史成本和未来成本

在估计债务成本时，要注意区分债务的历史成本和未来成本。作为投资决策和企业价值评估依据的资本成本，只能是未来借入新债务的成本。现有债务的历史成本，对于未来的决策来说是不相关的沉没成本。

2. 区分债务的承诺收益和期望收益

债务本息偿还是合同义务，债权人不能分享公司价值提升的任何好处，所以债权人所得报酬存在上限。如果筹资公司因为特有风险获得巨大成功，而债务投资人只是得到合同规定的本金和利息，即"承诺收益"；如果筹资公司因为特有风险而失败，债权人可能无法得到合同约定的本金和利息，这就是违约风险。对于理性的投资人来说，成功的投资只能得到承诺收益，无法抵消那些违约债务投资带来的损失。投资人把承诺收益视为期望收益是不合适的,因为违约的可能性是存在的。所以承诺收益夸大了债务成本。在实务中,往往把债务的承诺收益率作为债务成本。因为大多数公司的违约风险不大,债务的期望收益与承诺收益区别不大。另外,按照承诺收益计算到期收益率比较容易,而估计违约风险比较困难。

3. 区分长期债务和短期债务

公司有多种债务,每一种的成本各不相同。从理论上讲,需要分别计算每一种债务的成本,然后计算出加权平均债务成本。公司短期债务和长期债务的成本和筹资用途不同。通常计算加权平均债务成本只考虑长期债务,而忽略各种短期债务。但是,有时候公司无法发行长期债券或取得长期银行借款,被迫采用短期债务筹资并将其不断续约。这种债务,实质上相当于一种长期债务,在计算债务成本时是不能忽视的。

二、税前债务资本成本的估计方法

(一) 到期收益率法

如果公司目前有上市的长期债券,则可以使用到期收益率法计算债务的税前成本。根据债券估价的公式,到期收益率是使得下式成立的 K_d:

$$P_0 = \frac{I}{(1+K_d)^1} + \frac{I}{(1+K_d)^2} + \cdots + \frac{I}{(1+K_d)^n} + \frac{F}{(1+K_d)^n}$$

式中,K_d 代表债券到期收益率或税前债务成本;P_0 代表债券的市价;I 代表每年获得的债券利息;F 代表债券到期收回的本金或中途出售收回的资金;n 代表债务期限,通常以年表示。

由于我们无法直接计算债务到期收益率(税前债务成本),所以必须先用试误法测算出到期收益率(税前债务成本)的范围,再用内插法求出到期收益率(税前债务成本)。

【例 6-4】 某公司于 20×7 年 5 月 10 日以 912.50 元发行了面值为 1 000 元的、期限为 6 年的公司债券,其票面利率为 6%,每年计算并支付一次利息。则该公司到期收益率(税前债务成本)是多少?

$$912.50 = 1\,000 \times 6\% \times (P/A, K_d, 6) + 1\,000 \times (P/F, K_d, 6)$$

(1) 用试误法测试:

设 K_d 为 7%,则:

$$P = 1\,000 \times 6\% \times (P/A, 7\%, 6) + 1\,000 \times (P/F, 7\%, 6)$$
$$= 60 \times 4.766\,5 + 1\,000 \times 0.666\,3$$
$$= 952.29(元)$$

由于 952.29 元大于 912.50 元,说明 K_d 应大于 7%。
再设 K_d 为 8%,试算:

$$P = 1\,000 \times 6\% \times (P/A, 8\%, 6) + 1\,000 \times (P/F, 8\%, 6)$$
$$= 60 \times 4.622\,9 + 1\,000 \times 0.630\,2$$
$$= 907.57(元)$$

由于 907.57 元小于 912.50 元,说明 K_d 应小于 8%,即应在 7%~8%。
(2) 用内插法计算收益率:

$$\frac{7\% - K_d}{7\% - 8\%} = \frac{952.29 - 912.50}{952.29 - 907.57}$$

$$K_d = 7\% + 0.89\% = 7.89\%$$

$$K_d = \frac{60 + (1\,000 - 912.50) \div 6}{(1\,000 + 912.50) \div 2}$$
$$= 7.79\%$$

(二) 可比公司法

如果需要计算债务成本的公司,没有上市债券,就需要找一个拥有可交易债券的可比公司作为参照物。计算可比公司长期债券的到期收益率,作为本公司的长期债务成本。可比公司应该与目标公司处于同一行业,具有类似的商业模式。最好两者的规模、负债比率和财务状况也比较类似。

(三) 风险调整法

如果本公司没有上市的债券,而且找不到合适的可比公司,那么就需要使用风险调整法估计债务成本。按照这种方法,债务成本通过同期限政府债券的市场收益率与企业的信用风险补偿率相加求得:

税前债务成本 = 政府债券的市场收益率 + 企业的信用风险补偿率

其中,信用风险的大小可以用信用级别来估计。

(四) 财务比率法

如果目标公司没有上市的长期债券,也找不到合适的可比公司,并且没有信用评级资料,那么可以使用财务比率法估计债务成本。

按照该方法,需要知道目标公司的关键财务比率,根据这些比率可以大体上判断该公司的信用级别,有了信用级别就可以使用风险调整法确定其债务成本。

三、税后债务成本的确定

由于利息可以从应税收入中扣除,因此,利息的抵税作用使得负债的税后成本低于税前成本。

$$税后债务成本 = 税前债务成本 \times (1 - 所得税税率)$$

由于所得税的作用,债权人要求的收益率不等于公司的税后债务成本。因为利息可以免税,政府实际上支付了部分债务成本,所以公司的债务成本小于债权人要求的收益率。

(一) 银行借款的资本成本率

银行借款成本主要是指借款利息和筹资费用。由于借款利息计入税前成本费用,可以起到抵税的作用,因此,其成本可按下式计算:

$$K_l = \frac{I(1-T)}{L(1-f)} = \frac{L \cdot i \cdot (1-T)}{L \cdot (1-f)}$$

式中,K_l 代表银行借款成本率;I 代表银行借款年利息;L 代表银行借款筹资总额;T 代表所得税税率;i 代表银行借款利息率;f 代表银行借款筹资费率。

由于银行借款手续费很低,上式中的 f 常常可以忽略不计,上式可简化为:

$$K_l = i(1-T)$$

【例6-5】 商运公司取得长期借款100万元,年利率10%,期限3年,每年付息一次,到期一次还本,筹措这笔借款的费用率为0.2%,企业所得税税率为30%。则这笔借款的成本率为:

$$K_l = \frac{100 \times 10\% \times (1-30\%)}{100 \times (1-0.2\%)} = 7.01\%$$

(二) 公司债券的资本成本率

债券成本主要是指债券利息和筹资费用。由于债券利息在税前支付,具有减税效应,其债券利息的处理与银行借款相同。债券的筹资费用一般较高,这类费用主要包括申请发行债券的手续费、债券注册费、印刷费、上市费以及推销费用等。其计算公式如下:

$$K_b = \frac{I(1-T)}{B_0(1-f)} = \frac{B \cdot i \cdot (1-T)}{B_0 \cdot (1-f)}$$

式中，K_b 代表债券成本率；I 代表债券每年支付的利息；T 代表所得税税率；B 代表债券面值；f 代表债券筹资费率；B_0 代表债券筹资额，按发行价格确定；i 代表债券票面利息率。

【例6-6】 若商运公司发行一笔期限为5年的债券，债券总面值为200万元，总价格为230万元，票面利率为14%，每年付一次利息，发行费率为6%。假设所得税税率为30%，则该笔债券的成本率为：

$$K_b = \frac{200 \times 14\% \times (1-30\%)}{230 \times (1-6\%)} = 9.06\%$$

第四节 加权平均资本成本

一、加权平均资本成本的含义

加权平均资本成本（WACC）是公司全部长期资本的平均成本，一般按各种长期资本的比重加权计算，故称加权平均资本成本。它是多元化融资方式下的综合资本成本，反映着企业资本成本整体水平的高低。在衡量和评价单一融资方案时，需要计算个别资本成本；在衡量和评价企业筹资总体经济性时，需要计算企业的加权平均资本成本。平均资本成本用于衡量企业资本成本水平，确立企业理想的资本结构。

二、加权平均资本成本的计算方法

加权平均资本成本是以个别资本在企业总资本中的比重为权数，对各项资本成本率进行加权平均计算出来的总的资本成本率。加权平均资本成本率的计算公式为：

$$K_w = \sum_{j=1}^{n} W_j K_j$$

式中，K_w 代表平均资本成本率；W_j 代表第 j 种资本占总资本的比例；K_j 代表第 j 种资本个别资本成本率。

【例6-7】 商运公司共有资金1 000万元，其中债券200万元，普通股400万元，优先股100万元，留存收益300万元，各种资金的成本率分别为：债券资本成本率为6%，普通股资本成本率为15.5%，优先股资本成本率为12%，留存收益资本成本率为15%。试计算该企业加权平均的资本成本率。

(1) 计算各种资金所占的比重：

$$W_b = 200 \div 1\,000 \times 100\% = 20\%$$
$$W_p = 100 \div 1\,000 \times 100\% = 10\%$$
$$W_s = 400 \div 1\,000 \times 100\% = 40\%$$
$$W_e = 300 \div 1\,000 \times 100\% = 30\%$$

(2) 计算加权平均资本成本率：

$$K_w = W_b K_b + W_p K_p + W_s K_s + W_e K_e$$
$$= 20\% \times 6\% + 10\% \times 12\% + 40\% \times 15.5\% + 30\% \times 15\% = 13.1\%$$

三、计算加权平均资本成本时权数的取得方法

上述[例6-7]计算中的个别资金占全部资金的比重，是按账面价值确定的，其资料容易取得。但当资金的账面价值与市场价值差别较大时，如股票、债券的市场价格发生较大变动，计算结果会与实际有较大的差距，从而贻误财务决策。为了克服这一缺陷，个别资金占全部资金比重的确定还可以按市场价值或目标价值确定。在计算加权平均资本成本时，根据需要不同可以选择不同的价值权数。通常，可供选择的价值形式有账面价值、市场价值、目标价值。

（一）账面价值权数

即以各项个别资本的会计报表账面价值为基础来计算资本权数，确定各类资本占总资本的比重。其优点是：资料容易取得，可以直接从资产负债表中取得，而且计算结果比较稳定。其缺点是：当债券和股票的市价和账面价值差距较大时，按账面价值计算出来的资本成本不能反映目前从资本市场上筹集资本的现时机会成本，不适合评价现时的资本结构。

（二）市场价值权数

市场价值权数指个别资本以现行市场价格确定权数。这样计算的加权平均资本成本能反映企业目前的实际情况。同时，为弥补证券市场价格变动频繁的不便，也可选用平均价格。

其优点是能够反映现实的资本成本水平，有利于进行资本结构决策。但现行市价处于经常变动中，不容易取得，而且现行市价反映的只是现时的资本结构，不适合未来的财务决策。

（三）目标价值权数

目标价值权数是指个别资本以未来预计的目标市场价值确定权数。这种权

数能体现期望的资本结构,而不是像账面价值权数和市场价值权数那样只反映过去和现在的资本结构。所以目标价值权数计算的加权平均资本成本更适用于企业筹措新资金。然而,企业很难客观合理地确定证券的目标价值,又使这种计算方法不易推广。

第五节 边际资本成本

一、边际资本成本的含义

企业无法以某一固定的资本成本来筹措无限的资金,当其筹集的资金超过一定限度时,原来的资本成本就会增加。在企业追加筹资时,需要知道筹资额在什么数额上便会引起资本成本怎样的变化。边际资本成本是企业追加筹资的成本。边际资本成本率(MCC)是指资本每增加一个单位而增加的成本。边际资本成本率也是按加权平均法计算的,其权数应为目标价值权数。

二、边际资本成本率的计算和应用

【例6-8】 商运公司目前有长期资金400万元,其中长期借款160万元,资金成本3%,普通股240万元,资金成本13%,公司加权平均资金成本为9% $\left(3\% \times \dfrac{160}{400} + 13\% \times \dfrac{240}{400}\right)$。由于扩大生产经营规模,拟筹集新资金80万元。经分析,认为筹集新资金后仍维持目前资本结构,即长期借款占40%(160÷400×100%),普通股占60%(240÷400×100%)。现测算出了随筹集资金增加各种资本成本的变化,如表6-1所示。

表6-1 筹资成本变化资料表

筹资方式	目标资本结构(1)	新筹资的数量范围(2)	资本成本(3)
长期借款	40%	0~160 000元 160 000~240 000元 240 000元以上	3% 5% 7%
普通股	60%	0~300 000元 300 000元以上	13% 15%

1. 计算筹资突破点

因为花费一定的资本成本率只能筹集到一定限度的资金，超过这一限度多筹集资金就要多花费资本成本，引起原资本成本的变化，于是就把在保持某资本结构的条件下可以筹集到的资金总限度称为现有资本结构下的筹资突破点（也叫筹资总额分界点）。在筹资突破点范围内筹资，原来的资本成本不会改变；一旦筹资额超过筹资突破点，即使维持现有的资本结构，其资本成本也会增加。筹资突破点的计算公式为：

$$BP_i = \frac{TF_i}{W_i}$$

式中，BP_i 代表筹资突破点（筹资总额分界点）；TF_i 代表第 i 种筹资方式的资本成本分界点；W_i 代表目标资本结构中第 i 种筹资方式所占的比重。

在借款成本率 3% 时，可取得的长期借款为 160 000 元，而能取得的资金总额（即筹资突破点）为：

$$160\ 000 \div 40\% = 400\ 000(元)$$

在借款成本率 5% 时，可取得的长期借款为 240 000 元，而能取得的资金总额（即筹资突破点）为：

$$240\ 000 \div 40\% = 600\ 000(元)$$

在普通股成本率 13% 时可取得的普通股资金为 300 000 元，而能取得的资金总额（即筹资突破点）为：

$$300\ 000 \div 60\% = 500\ 000(元)$$

2. 计算边际资本成本率

根据以上计算，新筹资总额的筹资突破点依次为 400 000 元、500 000 元和 600 000 元。这样我们找到了四组筹资总额范围，即 0～400 000 元；400 000～500 000 元；500 000～600 000 元；600 000 元以上。为了便于计算资本成本，可以把筹资范围对应的资本成本列成表 6-2。

表 6-2　筹资范围与资本成本对应表

筹资范围	资本种类	资本结构	资本成本
0～400 000 元	长期借款 普通股	40% 60%	3% 13%
400 000～500 000 元	长期借款 普通股	40% 60%	5% 13%

(续表)

筹资范围	资本种类	资本结构	资本成本
500 000～600 000 元	长期借款 普通股	40% 60%	5% 15%
600 000 元以上	长期借款 普通股	40% 60%	7% 15%

根据上表计算各区间的边际资本成本(即加权平均资本成本)为：

新筹资总额在 0～400 000 元：

$$K_w = 3\% \times 40\% + 13\% \times 60\% = 9\%$$

新筹资总额在 400 000～500 000 元：

$$K_w = 5\% \times 40\% + 13\% \times 60\% = 9.8\%$$

新筹资总额在 500 000～600 000 元：

$$K_w = 5\% \times 40\% + 15\% \times 60\% = 11\%$$

新筹资总额在 600 000 元以上：

$$K_w = 7\% \times 40\% + 15\% \times 60\% = 11.8\%$$

本章框架图

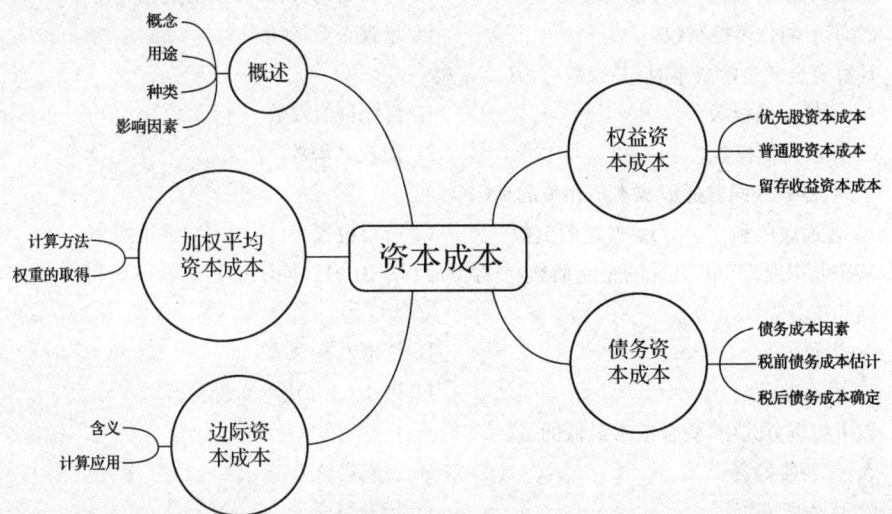

 讨论题

1. 什么是资本成本？它对企业有什么重要意义？
2. 权益资本成本与债务资本成本计算的异同是什么？
3. 加权平均资本成本的权重如何选取？
4. 边际资本成本主要适用于企业的何种决策？

习　　题

一、单项选择题

1. 债券成本一般要低于普通股成本，这主要是因为(　　)。
   A. 债券的发行量小
   B. 债券的筹资费用少
   C. 债券的利息固定
   D. 债券利息可以在利润总额中支付，具有抵税效应
2. 一般而言，在企业各种资金来源中，资金成本最高的是(　　)。
   A. 债券　　　　B. 借款　　　　C. 普通股　　　　D. 优先股
3. 下列各项中，不是债券融资优点的是(　　)
   A. 享受税后利益，资金成本较低　　B. 可利用财务杠杆，增加股东收益
   C. 不影响公司控制权　　　　　　　D. 增强企业信用
4. 计算资金的边际成本时，其权数应为(　　)。
   A. 市场价值权数　　　　　　　　　B. 目标价值权数
   C. 账面价值权数　　　　　　　　　D. 加权平均数
5. 下列各项中，同普通股成本负相关的是(　　)。
   A. 普通股股利　　B. 普通股金额　　C. 所得税税率　　D. 筹资费率
6. 某企业拟发行 100 万元的企业债券，债券票面利率为 9%，期限 2 年。若市场利率为 12%，则此债券需(　　)。
   A. 溢价发行　　　　　　　　　　　B. 折价发行
   C. 平价发行　　　　　　　　　　　D. 以 1∶1.2 比率溢价发行
7. 以下筹资方式中，资金成本最低的是(　　)。
   A. 普通股筹资　　　　　　　　　　B. 短期借款筹资
   C. 优先股筹资　　　　　　　　　　D. 债券筹资

8. 在个别资金成本的计算中,不必考虑筹资费用影响因素的是( )。
   A. 长期借款成本　　　　　　　　B. 债券成本
   C. 留存收益成本　　　　　　　　D. 普通股成本
9. 下列各项中,同优先股成本成反比关系的是( )。
   A. 优先股年股利　　　　　　　　B. 优先股股本总额
   C. 所得税税率　　　　　　　　　D. 优先股筹资费率

二、多项选择题

1. 下列项目中,属于资金成本中资金占用费用内容的有( )。
   A. 所得税率　　　　　　　　　　B. 基期利润总额
   C. 债券利息　　　　　　　　　　D. 股利
2. 在个别资金成本中,需考虑所得税因素的有( )。
   A. 债券成本　　　　　　　　　　B. 银行借款成本
   C. 优先股成本　　　　　　　　　D. 普通股成本
3. 决定加权平均资金成本的因素有( )。
   A. 资金结构所含资金的种类和数量　B. 个别资金成本
   C. 各种资金所占比重　　　　　　　D. 筹资方式
4. 下列项目中,属于资金成本中资金筹集费用的有( )。
   A. 发行债券的印刷费　　　　　　B. 发行股票的手续费
   C. 股票的股息　　　　　　　　　D. 债券的利息
5. 下列项目中,属于个别资金成本的有( )。
   A. 债券成本　　　　　　　　　　B. 普通股成本
   C. 留存收益成本　　　　　　　　D. 资金的边际成本
6. 下列关于发行债券筹资的说法中,正确的有( )。
   A. 债券资金成本比股票资金成本高　B. 债券利息可在所得税前列支
   C. 发行债券不会分散股东控制权　　D. 债券只需付息,不必还本
7. 资金成本的内容主要包括( )。
   A. 财务费用　　B. 管理费用　　C. 筹集费用　　D. 使用费用
8. 下列财务活动中,涉及资金成本的有( )。
   A. 最佳资本结构的确定　　　　　B. 筹资额相同的不同筹资方式的选择
   C. 分配现金股利还是股票股利的选择　D. 应收账款信用政策的调整
9. 企业采用长期借款方式筹集资金,与采用发行普通股方式筹集资金相比,其优势在于( )。
   A. 资金成本较低　　　　　　　　B. 可获得抵税收益
   C. 可能获得财务杠杆　　　　　　D. 手续简便,筹资费用较低

三、判断题

1. 在个别资金成本一定的情况下,企业综合资金成本高低取决于资金总额的大小。　( )

2. 在计算债券成本时,债券筹资额应按发行价格确定,而不应该按面值确定。( )
3. 筹资期限的长短决定资本成本的高低,就各种筹资方式而言,期限越长,则其资本成本越低,风险也越大。( )
4. 企业负债比例越高,财务风险越大,因此负债对企业总是不利的。( )
5. 债券的票面利率越高,售价越低。( )
6. 一般来说,债券成本要高于长期借款成本。( )
7. 企业使用留存收益不需付出代价。( )
8. 通过发行股票筹资,可以不付利息,因此其成本比借款筹资的成本低。( )
9. 若债券利息率、筹资费用率和所得税率均已确定,则企业债券的资本成本与债券的发行价格无关。( )
10. 资金成本包括筹资费用和用资费用两部分,其中筹资费用是资本成本的主要内容。( )
11. 边际资本成本是指资金每增加一个单位而增加的成本,边际资本成本为零时,资本结构最佳。( )
12. 企业在选择资金来源时,首先要考虑的因素就是资金成本的高低。( )
13. 在个别资本成本一定的情况下,企业综合资金成本的高低取决于资金总额。( )

四、计算与分析题

1. 某公司负债和权益筹资额的比例为 2∶5,综合资本成本率为 12%,若资本成本和资本结构不变,该企业发行 100 万元长期债券。
要求:计算筹资总额分界点。

2. 某企业拟筹集长期资本 5 000 万元,其中长期借款为 1 000 万元,资本成本率为 10%;长期债券为 800 万元,资本成本率为 11%;优先股股票为 1 200 万元,资本成本率为 13%;普通股股票 1 500 万元,资本成本率为 15%,留存收益为 500 万元,资本成本率为 14%。
要求:计算此次筹集长期资本的加权平均资本成本。

3. 某公司拟筹资 4 000 万元,其中按面值发行债券 1 500 万元,期限为 5 年,票面利率为 10%,筹资费率为 1%,发行优先股 500 万元,股利率为 12%,筹资费率 2%,发行普通股 2 000 万元,筹资费率为 4%,预计第一年股利率为 12%,以后每年按 4% 递增,所得税税率为 25%。
要求:
(1) 计算债券成本。
(2) 计算优先股成本。
(3) 计算普通股成本。
(4) 计算综合资本成本。

4. 某公司拥有长期资金 4 000 万元,其中长期借款 1 000 万元,普通股 3 000 万元,该资本结构为公司理想的目标结构。公司拟筹集新的资金 2 000 万元,并维持目前的资本结构,随筹资额增加,各种资本成本的变化如表 6-3 所示。

表6-3 某公司资本成本变化表

资金类型	新筹资额	资金成本
长期借款	400万元及以下	4%
	400万元以上	8%
普通股	750万元及以下	10%
	750万元以上	12%

要求：计算各筹资总额分界点及相应各筹资范围的边际资本成本。

第七章 资本结构

 学习目标

通过对本章的学习,你能够了解到:
1. 资本结构的基本理论
2. 杠杆效应的应用
3. 最优资本结构决策分析

第一节 资本结构理论

资本结构(capital structure)是指企业各种长期资本来源的构成和比例关系。短期资本的需要量是经常变化的,且在整个资金总量中所占比重不稳定,因此不列入资本结构管理范围,而作为营运资本管理。在通常情况下,企业的资本由长期债务资本和权益资本构成。资本结构指的就是长期债务资本和权益资本在企业总资本中各占多大比例。

资本结构理论主要是研究资本结构变动与股票市价及公司总体价值关系的理论。公司总体价值(V)由公司股东和公司债权人共享,普通股总市价(S)和债券总市价(B)构成公司总价值,即 $V=S+B$。由于债权人对公司价值的求偿额是固定的,所以 S 随 V 的变动而变动。即每股市价最大化取决于公司价值最大化。所以西方资本结构理论研究者往往将资本结构变动对普通股的影响归结到资本结构变化对公司总价值的影响上。

一般认为,1958 年莫迪格利尼和米勒提出的 MM 理论划分了早期资本结构理论和现代资本结构理论。在 20 世纪五六十年代之前,西方资本结构的理论研究还处于原始的、传统的阶段,被称为早期的资本结构理论。进入 20 世纪 50 年

代和 60 年代后,由于数学模型被大量应用于财务管理研究,如马克维茨的证券组合理论、夏普的资本资产定价模型与莫迪格利尼和米勒的 MM 模型,都以数学模型为基础,极大地丰富了财务管理理论,也开辟了新的财务问题研究方法。尤其是 MM 理论的提出,使资本结构理论研究进入了崭新的阶段,并在这一理论的影响和基础上,形成了资本结构的权衡理论、优序融资理论等。

一、早期的资本结构理论

(一)净收益理论

净收益理论认为,负债可以降低企业的资本成本,负债程度越高,企业的价值越大。这是因为债务利息和权益资本成本均不受财务杠杆的影响,无论负债程度多高,企业的债务资本成本和权益资本成本都不会发生变化。因此,只要债务资本低于权益成本,那么负债越多,企业的加权平均资本成本就越低,企业的净收益或税后利润就越多,企业的价值就越大。当负债比率为 100% 时,企业加权平均资本成本最低,企业价值将达到最大值。如果用 K_b 表示债务资本成本,K_s 表示权益资本成本,K_w 表示加权平均资本成本,V 表示企业总价值,则净收益理论可用图 7-1 来描述。

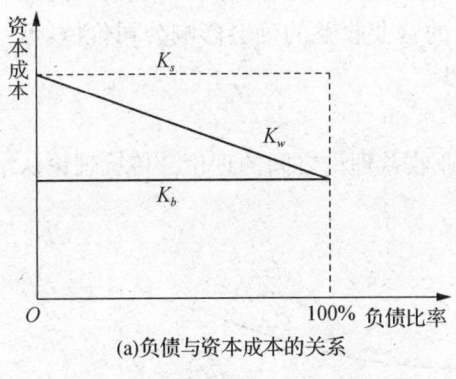 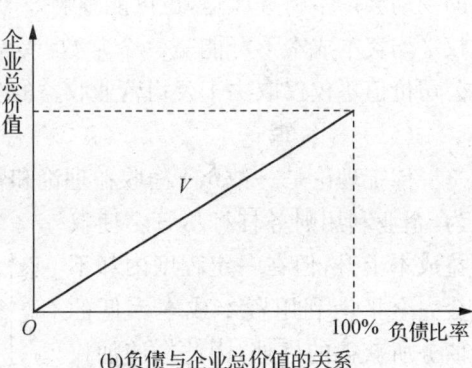

(a)负债与资本成本的关系　　　　(b)负债与企业总价值的关系

图 7-1　净收益理论

这是一种极端的资本结构理论观点。这种观点虽然考虑到财务杠杆利益,但忽略了财务风险。很明显,如果公司的债权资金比例过高,财务风险就会很高,公司的加权平均资本成本就会上升,公司的价值反而下降。

(二)营业收益理论

营业收益理论认为,不论财务杠杆如何变化,企业加权平均资本成本都是固定的,因而企业的总价值也是固定不变的。这是因为企业利用财务杠杆时,即使债务成本本身不变,但由于加大了权益的风险,也会使权益成本上升,于是加权平均资本成本不会因为负债比例的提高而降低,而是维持不变。因此,资本结构与公司价值无关;决定公司价值的应是其营业收益。营业收益理论下资本成本与公司总价值之间的关系,可用图形描述,见图 7-2。

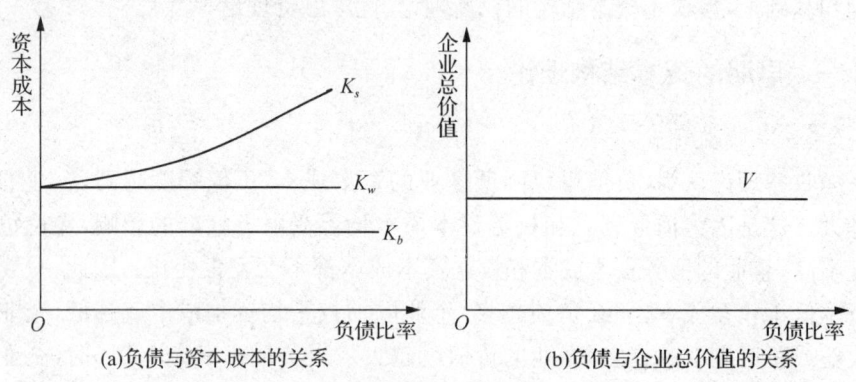

图 7-2　营业收益理论

这是另一种极端的资本结构理论观点。这种观点虽然认识到债权资本比例的变动会产生财务风险,也可能影响公司的股权资本成本率,但实际上公司的加权平均资本成本不可能是一个常数。公司的营业收益的确会影响公司价值,但公司价值不仅仅取决于公司营业收益的多少。

（三）传统理论

传统理论是一种介于净收益理论和营业收益理论之间的理论。传统理论认为,企业利用财务杠杆尽管会使权益成本上升,但在一定程度内却不会完全抵消利用资本成本率低的债务所获得的好处,因此会使加权平均资本成本下降,企业总价值上升。但是,超过一定程度地利用财务杠杆,权益成本的上升就不能再为债务的低成本所抵消,加权平均资本成本便会上升。以后,债务成本本也会上升,它和权益成本的上升共同作用,使加权平均资本成本上

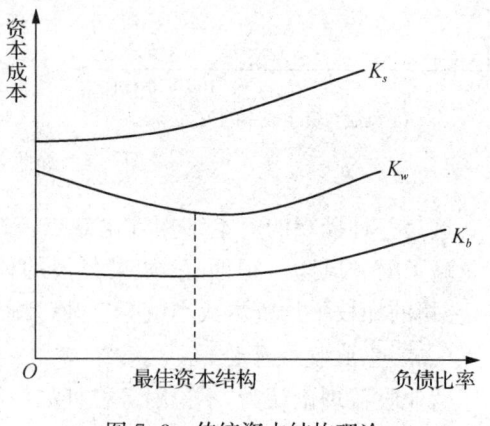

图 7-3　传统资本结构理论

升加快。加权平均资本成本从下降变为上升的转折点,是加权平均资本成本的最低点,这时的负债比率就是企业的最佳资本结构。这种理论可以用图 7-3 来描述。

二、资本结构的 MM 理论

1958 年,莫迪格利尼和米勒提出了著名的 MM 理论。在无税收、资本可以自由流通、充分竞争、预期报酬率相同的证券价格相同、完全信息、利率一致、高度完善和均衡的资本市场等一系列假定之下,MM 理论提出了两个重要命题:

命题Ⅰ:无论企业有无债权资本,其价值(普通股资本与长期债权资本的市场价值之和)等于公司所有资产的预期收益额按适合该公司风险等级的必要报酬率折现现值。其中,企业资产的预期收益额相当于企业扣除利息、税收之前的预期盈利即息税前利润,企业风险等级相适应的必要报酬率相当于企业的加权资本成本率。

命题Ⅱ:利用财务杠杆的公司,其股权资本成本率随筹资额的增加而提高。因为便宜的债务给公司带来的财务杠杆利益会被股权资本成本率的上升而抵消,所以,公司的价值与其资本结构无关。

MM 资本结构理论的基本结论就是:在满足相应的假设前提下,公司的价值与其资本结构无关。公司的价值取决于其实际资产,而不是其各类债权和股权的市场价值。MM 理论开创了现代资本结构理论的研究,迄今为止几乎所有的资本结构理论研究都是围绕它进行的。

三、权衡理论(发展的 MM 理论)

MM 理论只考虑负债带来的节税利益,却忽略了负债带来的风险和额外费用。权衡理论是在 MM 理论的基础上发展起来的,因此也称为发展的 MM 理论,它既考虑负债带来的节税利益,也考虑负债带来的各种成本,并对两者进行适当平衡来确定资本结构,因此被称为权衡理论。

权衡理论考虑的负债带来的成本主要有财务危机成本和代理成本。

(一)财务危机成本

财务危机是指企业没有足够的偿债能力,不能及时偿还到期债务,影响正常生产经营,甚至导致破产。财务危机成本包括以下各种情况中发生的费用或损失:① 大量债务到期,企业不得不以高利率借款以清偿到期债务;② 当企业客户或供应商意识到企业陷入财务危机时,会减少产品购买或材料供应,或不愿提供商业信用,使企业产生市场损失,甚至破产;③ 当企业出现严重的财务危机时,管理人员往往出现短期行为;④ 当破产案件发生时,企业要承担法律费用、会计费用、破产管理费用及清算财产变现损失等。当公司面临破产时,主要表现为破产成本。以上财务危机发生时,企业产生的破产成本、额外费用和各种机会成本即财务危机成本。财务危机成本是由负债造成的,会降低企业价值。

(二) 代理成本

由于债权与股权的不同性质,债权人与股东之间存在着利益冲突。而管理者由股东任命,与股东之间存在委托代理关系。如果债权人对管理者不加限制,管理者就会利用债权人的钱为股东谋利而损害债权人的利益。如管理者可能改变投资决策,将债权人的资金投资于比预期风险高的项目,如果投资成功,股东作为剩余收益索取者是最大受益者,而债权人只能得到原定的利息回报,没有任何额外收益,如果投资失败,债权人要承受利息甚至本金的损失。

债权人为了保护自身的利益,通常在借款合同中加入一些限制性条款,对企业的各种行为进行监督,要发生额外的监督费用;另外,这些限制性条款在一定程度上约束了企业的经营活动,可能导致一些筹资机会或投资机会的丧失,产生机会成本。这些机会成本和监督费用即属于代理成本。代理成本的存在提高了负债成本,降低了企业价值。

权衡理论认为,企业的资本结构应权衡负债的节税利益与负债成本才能达到最优。在负债比率不高时,负债的财务危机成本和代理成本不明显,企业可以用负债的节税利益提高企业价值;随着负债比率的提高,负债的财务危机成本和代理成本都会明显增加,在负债的这两种成本之和大于负债的节税利益后,负债率的提高只会降低企业的价值。因此,最优的资本结构就是使负债的财务危机成本和代理成本之和等于负债的节税利益时的负债比率,此时企业价值达到最大。

权衡理论可以用图 7-4 来描述。

图中:V_L 代表只有负债节税利益而没有破产成本的企业价值(破产成本是指与破产有关的费用);V_u 代表无负债时的

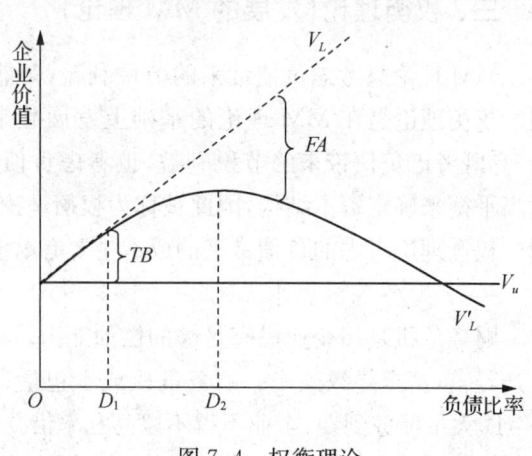

图 7-4 权衡理论

企业价值；V'_L 代表同时存在负债节税利益、破产成本的企业价值；TB 代表负债节税利益的现值；FA 代表破产成本；D_1 代表破产成本变得重要时的负债水平；D_2 代表最佳资本结构。

四、优序融资理论

美国的一些学者在对企业的实际筹资顺序进行调查时发现，实务中当企业有新的投资机会，产生筹资需求时，一般会按以下顺序筹资：

（1）先利用内生现金流，即优先使用留存收益和折旧。

（2）如果内生现金流不足，先出售持有的有价证券，如果持有的有价证券不便出售或仍不够，才考虑外部筹资。

（3）外部筹资的顺序是先发行债券，后考虑发行股票。即一般的筹资顺序是留存收益—债券—股票。

上述发现不符合发展的 MM 理论，按照权衡理论，企业筹资应按最优资本结构进行，缺什么补什么，而上述调研却给出了一个筹资顺序：先内后外，先债后股。美国经济学家罗斯教授、财务学家迈尔斯和麦吉勒夫都分析了信息不对称因素对企业的融资决策与资本结构的重要影响作用，在此基础上产生了信息不对称资本结构理论，该理论认为企业的上述实际筹资顺序是由于信息不对称造成的。优序融资理论只是在考虑了信息不对称与逆向选择行为影响下，解释了企业筹资时对不同筹资方式选择的顺序偏好，但该理论并不能解释现实生活中所有的资本结构规律。

权衡理论假设所有市场参与者都有相同的预期。而事实上，债权人、股东、管理者关于影响企业价值的信息是不对称的，管理者较一般投资者有更多的信息，因此，投资者只能通过管理者输出的信息间接评价企业发展前景和市场价值，而资产负债率或企业债务比率就是将企业内部信息传递给市场的工具之一。由于负债的成本较低及财务杠杆作用，一般认为，当企业的发展前景比较好时，企业选择负债方式筹集资金，以增加每股收益，提高企业价值；当企业发展前景暗淡或投资项目风险较大时，选择股票筹资，以避免可能的财务危机。由于信息不对称，管理者掌握的信息多，而投资者知道的信息少，当某家企业计划发行新股时，投资者根据上述的筹资方式与企业发展前景的关系，会认为企业发展前景暗淡才发行股票。因此，发行股票会降低投资者对企业的预期与价值估计，导致股票市值的下跌，企业价值下降。因此，这种信息不对称的结果是鼓励企业管理人员在负债筹资与股票筹资之间总是先选择负债筹资。而负债筹资与内部筹资相比,又容易引起财务危机成本与代理成本的增加,因此利用留存收益筹资又优于负债筹资,于是造成了企业实际常用筹资顺序:留存收益—债券—股票。

第二节 杠杆效应

一、杠杆效应概述

财务管理中的杠杆(leverage)效应,是指由于固定费用(如固定成本或固定财务费用)的存在,当某一财务变量发生较小的变化时,另一相关变量会产生较大的变化。财务管理中所研究的杠杆主要有经营杠杆、财务杠杆和复合杠杆等。认识财务管理上的杠杆效应,需要了解成本习性和杠杆效应涉及的概念。

(一)成本习性

所谓成本习性(cost behavior)就是指成本总额与业务量总数的依存关系。按成本习性可把成本划分为固定成本、变动成本和混合成本三类。这一分类是研究杠杆问题的基础。

1. 固定成本

固定成本(FC)就是其总额在一定时期及一定业务量范围内,不直接受产量变动的影响而能保持固定不变的那部分成本。如按直线法计提的厂房、机器设备的折旧费、管理人员的月工资等均属固定成本。

固定成本总额不受产量变动的影响,因而其单位成本与产量呈反比例变动,即随着产量的增加,单位产品分摊的固定成本份额将相对减少;反之亦然。

固定成本可进一步分为约束性固定成本和酌量性固定成本两类。约束性固定成本是指企业为维持一定的业务量所必须负担的最低成本,即管理当局的决策行为不能改变其数额的成本。像厂房、机器设备折旧费、长期租赁费等都属于这类成本。要降低约束性固定成本,只能从合理利用经营能力入手。酌量性固定成本是管理当局的决策行为可以改变其数额的成本。像广告费、研究与开发费、职工培训费等都属于这类成本。要降低酌量性固定成本,就要在预算时精打细算,合理确定这部分成本的数额。

2. 变动成本

变动成本(VC)就是在特定的业务量范围内,其总额会随业务量的增减变动而呈正比例增减变动的那部分成本。比如,直接材料、直接人工都属于变动成本。

变动成本总额会随着产量的增减呈正比例的增减,但单位变动成本不受产量变动的影响而保持不变。

3. 混合成本

在企业生产经营中,有些成本虽然也是随业务量的变动而变动,但不成同比例变动,不能简单地归入变动成本或固定成本,这类成本称为混合成本。混合成本按其与业务量的关系又可分为半变动成本、半固定成本和延期变动成本。

(1) 半变动成本。半变动成本是混合成本的基本类型,它通常有一个初始量,类似于固定成本,在这个初始量的基础上随产量的增长而增长,又类似于变动成本。

(2) 半固定成本。半固定成本就是随产量的变化而呈阶梯型增长的混合成本。当产量在一定限度内,这种成本不变;当产量增长到一定限度后,这种成本就跳跃到一个新水平。化验员、质检员的工资属于这类成本。

(3) 延期变动成本。延期变动成本是指在一定的业务量范围内成本总额保持稳定,但超过一定业务量后,则随业务量按比例增长的成本。例如,企业在正常工作时间(或正常产量)的情况下,对职工所支付的薪金是固定不变的;但当工作时间(或产量)超过规定标准,则须按加班时间的长短(或超产数量的多寡)比例支付加班薪金(或超产津贴)。所有为此而支付的人工成本,则属于延期变动成本。

成本按习性分类的前提条件是相关业务量范围。无论固定成本还是变动成本都有相关范围。相关业务量范围是指在企业现有既定生产能力下,产销量的有限变化。离开这个前提,成本就不能划分为固定成本、变动成本和混合成本。

4. 总成本习性模型

总成本习性模型,就是把总成本、变动成本、固定成本、混合成本和业务量等用等式连接起来构成的模型。在总成本习性模型中,一般把混合成本按构成性质采用一定方法分解成变动成本和固定成本,从而总成本习性模型可用下面公式表示:

$$总成本 = 固定成本 + 单位变动成本 \times 业务量$$
$$Y = a + bx$$

式中,Y 代表总成本;a 代表固定成本;b 代表单位变动成本;x 代表业务量。

总成本习性模型是企业进行成本预测、成本决策和其他短期决策的一个常用的重要模型。

(二) 杠杆效应涉及的概念

1. 边际贡献 (M)

边际贡献 (marginal contribution) 也叫贡献边际、贡献毛益，是指销售收入减去变动成本以后的余额。边际贡献有边际贡献总额和单位边际贡献之分。其计算公式为：

$$单位边际贡献 = 销售单价 - 单位变动成本$$

或：
$$m = p - b$$

$$边际贡献总额 = 销售收入总额 - 变动成本总额$$

或：
$$M = px - bx = (p-b)x$$

式中，m 代表单位边际贡献；M 代表边际贡献总额；p 代表销售单价；b 代表单位变动成本；x 代表业务量即产销量。

2. 息税前利润 ($EBIT$)

息税前利润是指支付利息和交纳所得税之前的利润。成本按习性分类后，息税前利润计算公式为：

$$息税前利润 = 销售收入总额 - 变动成本总额 - 固定成本$$

或：
$$EBIT = px - bx - a = (p-b)x - a$$

式中，$EBIT$ 代表息税前利润；a 代表固定成本。

显然，不论利息费用的习性如何，它不会出现在计算息税前利润的公式之中，即上式中的固定成本和变动成本中不应包含利息。

二、经营杠杆

(一) 经营杠杆的含义

企业生产经营在相关业务量范围内，产销量的变动一般不会改变固定成本总额，产销量增加会降低单位产品固定成本，从而提高单位产品利润；产销量减少会提高单位产品固定成本，降低单位产品利润。业务量、固定成本和利润之间的这一客观变化规律，使息税前利润的变动率大于产销量的变动率，这就是经营杠杆效应。这种在一定固定成本存在下，产销量变动对息税前利润产生的作用，称为经营杠杆 (operating leverage)。

固定成本的存在是经营杠杆的前提。在企业生产经营中，如果不存在固定成本，所有成本都是变动的，那么边际贡献就是息税前利润，这时息税前利润变动率就同产销量变动率完全一致。

例如,某企业变动成本率为60%,固定成本为8万元,销售由24万元增长到26万元,不考虑其他因素,则息税前利润计算结果如表7-1所示。

表7-1 某企业息税前利润计算表　　　　　　　　单位:万元

销售额	变动成本	固定成本	EBIT
24	14.4	8	1.6
26	15.6	8	2.4

从表7-1计算结果可以看出,销售额由24万元增长到26万元,增长率为8.33%,而息税前利润增长率为50%。反之,销售额由26万元下降到24万元,下降了7.69%,而息税前利润下降了33.33%。如果固定成本为0,则息税前利润增长幅度和下降幅度均与销售额增长幅度和下降幅度一致。这就是固定成本这个经营杠杆作用的结果。

(二) 经营杠杆系数的衡量

只要企业存在固定成本,就存在经营杠杆的作用。但不同企业由于固定成本的大小不同,使经营杠杆作用的程度也不一致,为此,需要对经营杠杆进行计量。财务管理上对经营杠杆计量,最常用的指标是经营杠杆系数(DOL)。经营杠杆系数就是息税前利润变动率相当于产销量变动率的倍数。其计算公式为:

$$经营杠杆系数 = \frac{息税前利润变动率}{产销业务量变动率}$$

或:

$$DOL = \frac{\Delta EBIT/EBIT}{\Delta(px)/px} = \frac{\Delta EBIT/EBIT}{\Delta x/x}$$

式中,DOL代表经营杠杆系数;$EBIT$代表变动前的息税前利润;$\Delta EBIT$代表息税前利润的变动额;px代表变动前的销售收入;Δpx代表销售收入的变动额;x代表变动前的产量或销量;Δx代表产量或销量的变动数。

此公式是计算经营杠杆系数的理论公式。但利用该公式,必须以已知变动前后的相关资料为前提,比较麻烦,而且无法预测未来的经营杠杆系数。所以,一般计算经营杠杆系数用简化公式。

设 x 为销售额或业务量,P 为单价,b 为单位变动成本,F 为固定成本总额,bx 为变动成本总额。

由于:

$$EBIT = 销售额 - 营业成本$$
$$= 销售额\ px - 变动成本\ bx - 固定成本\ a$$
$$= (P-b)x - a$$
$$基期的\ EBIT = (p-b) \cdot x_0 - a$$
$$报告期的\ EBIT = (p-b) \cdot x_1 - a$$
$$则: \Delta EBIT = (P-b)\Delta x$$

代入理论公式,得出简化公式:

$$报告期经营杠杆系数 = \frac{基期边际贡献}{基期息税前利润}$$

或:

$$DOL = \frac{M}{EBIT}$$

【例7-1】 商运公司20×7年销售收入为4 000万元,变动成本为2 400万元,固定成本为1 000万元。20×8年经营杠杆系数为多少?如果预计该公司20×8年销售收入将增长10%,则息税前利润增长多少?

$$DOL = \frac{M}{EBIT} = \frac{4\ 000 - 2\ 400}{4\ 000 - 2\ 400 - 1\ 000} = 2.67$$

20×8年的息税前利润将增长26.7%(2.67×10%)。

此例中,经营杠杆系数为2.67的意义在于:当企业销售增长1%时,息税前利润将增长2.67%,体现了经营杠杆利益;反之,当企业销售下降1%时,息税前利润将下降2.67%,表现为经营杠杆损失,说明企业经营风险被放大了。另外,如果已知报告期产销业务量变动率,则利用经营杠杆系数可以预测报告期的息税前利润的变动率。根据经营杠杆系数的简化计算公式可知,在息税前利润为正的前提下,经营杠杆系数最低为1,不会为负数;只要有固定经营成本存在,经营杠杆系数总是大于1。

(三)经营杠杆与经营风险

经营风险(operating risk)是指在企业生产经营上,由于市场需求和成本等因素的不确定性对预期利润的影响。经营杠杆只是反映产销量和利润之间的变化规律,其本身并不是利润的不稳定原因。但经营杠杆扩大了市场和生产等不确定因素对利润变动的影响程度。企业的经营风险和经营杠杆有着重要的联系。一般来说,在其他因素不变的情况下,固定成本越高,经营杠杆系数越大,经营风险越大。

影响经营杠杆系数的因素包括:企业成本结构中的固定成本比重;息税前利

润水平。其中,息税前利润水平又受产品销售数量、销售价格、成本水平(单位变动成本和固定成本总额)高低的影响。固定成本比重越高、成本水平越高、产品销售数量和销售价格水平越低,经营杠杆效应越大;反之亦然。

【例7-2】 商运公司20×7年生产的甲产品销量40 000件,单位产品售价1 000元,固定成本总额为8 000 000元,单位产品变动成本600元,则其20×8年的经营杠杆系数为:

$$DOL = \frac{40\,000 \times (1\,000 - 600)}{40\,000 \times (1\,000 - 600) - 8\,000\,000} = 2$$

如果该公司20×7年销售额为30 000件,其他条件不变。则其20×8年的经营杠杆系数为:

$$DOL = \frac{30\,000 \times (1\,000 - 600)}{30\,000 \times (1\,000 - 600) - 8\,000\,000} = 3$$

如果该公司20×7年销售额为20 000件,其他条件不变。则其20×8年的经营杠杆系数为:

$$DOL = \frac{20\,000 \times (1\,000 - 600)}{20\,000 \times (1\,000 - 600) - 8\,000\,000} = \infty$$

上例计算结果表明:在其他因素不变的情况下,销售额越小,经营杠杆系数越大,经营风险也就越大;反之亦然。如销售量为4万件,即销售额为4 000万元,经营杠杆系数为2;销售量为3万件,即销售额为3 000万元,经营杠杆系数为3,显然经营风险大于前者。在销售额处于盈亏临界点2 000万元时,经营杠杆系数趋于无穷大,此时企业销售额稍有减少便会导致更大的亏损。

三、财务杠杆

(一)财务杠杆的含义

企业通过负债(或优先股)筹集的资金,其发生的利息(或优先股股息)通常是事先约定固定不变的,当息税前利润增大时,每1元盈余所负担的固定财务费用就会相对减少,能给普通股股东带来更多的盈余;当息税前利润减少时,每1元盈余所负担的固定财务费用就会相对增加,会大幅度减少普通股的盈余。息税前利润、固定财务费用和普通股股东盈余之间的这一客观变化规律,使普通股盈余的变动率大于息税前利润的变动率,这就是财务杠杆效应。这种由于固定性资本成本的存在,而使得企业的普通股收益(或每股收益)变动率大于息税前利润变动率的现象称为财务杠杆(financial leverage)。值得注意的是,债务利息不仅包含公司债券和银行借款的利息,也包括融资租赁的租金。

固定财务费用的存在是财务杠杆的前提。在企业筹资中,只要筹资方式中有固定财务费用支出的债务和优先股,就存在财务杠杆的作用。如果没有借入资金,就不存在固定的财务费用支出,也就没有财务杠杆作用,这时普通股每股利润变动率就同息税前利润变动率完全一致。如果两期所得税税率和普通股股数保持不变,每股盈余的变动率与利润总额变动率也完全一致,进而与息税前利润变动率一致。

(二) 财务杠杆系数的衡量

只要企业存在固定财务费用,就存在财务杠杆的作用。但不同企业,由于负债(或优先股)筹资量的大小不同,固定的财务费用支出多少就不同,财务杠杆作用的程度也不完全一致。为此,需要对财务杠杆进行计量。财务管理上对财务杠杆进行计量,主要采用财务杠杆系数(DFL)指标。财务杠杆系数是指普通股每股利润变动率相当于息税前利润变动率的倍数。其计算公式为:

$$财务杠杆系数 = \frac{普通股每股利润变动率}{息税前利润变动率}$$

或:

$$DFL = \frac{\Delta EPS/EPS}{\Delta EBIT/EBIT}$$

式中:DFL 代表财务杠杆系数;ΔEPS 代表普通股每股利润变动额;EPS 代表基期每股利润。

上述公式是计算财务杠杆系数的理论公式,必须以已知变动前后的相关资料为前提,比较麻烦。一般计算财务杠杆系数可以用简化公式。

在资本结构不变,发行在外的普通股股数不变的情况下:

$$EPS_0 = \frac{(EBIT_0 - I) \cdot (1-T) - D}{N}$$

$$EPS_1 = \frac{(EBIT_1 - I) \cdot (1-T) - D}{N}$$

$$\Delta EPS = \frac{\Delta EBIT \cdot (1-T) - D}{N}$$

其中,D 为优先股股利。

将 ΔEPS 代入上述理论公式,就可以得到财务杠杆系数的简化公式。

财务杠杆系数的简化公式为:

$$\text{财务杠杆系数} = \frac{\text{息税前利润}}{\text{息税前利润} - \text{利息} - \frac{\text{优先股股利}}{1 - \text{所得税税率}}}$$

或：
$$DFL = \frac{EBIT}{EBIT - I - \frac{D}{1-T}}$$

式中，$EBIT$、I、D、T 均为基期值。

如果企业没有发行优先股，其财务杠杆系数的计算公式又可简化为：

$$\text{财务杠杆系数} = \frac{\text{息税前利润}}{\text{息税前利润} - \text{利息}}$$

或：
$$DFL = \frac{EBIT}{EBIT - I}$$

显然，在企业有正的税后利润的前提下，财务杠杆系数最低为 1，不会为负数；只要固定性资本成本存在，财务杠杆系数总是大于 1。

【例 7-3】 商运公司全部长期资本为 7 500 万元，债务资本比例为 40%，债务年利率 8%，息税前利润为 800 万元。其财务杠杆系数计算如下：

$$DFL = \frac{800}{800 - 7\,500 \times 40\% \times 8\%} = 1.43$$

本例中，若公司所得税税率为 25%，每年需支付的优先股股利为 210 万元。则：

$$DFL = \frac{800}{800 - 7\,500 \times 40\% \times 8\% - \frac{210}{1 - 25\%}} = 2.29$$

（三）财务杠杆与财务风险

企业利用负债筹资，当息税前资金利润率高于借入资金利息率时，借入资金获得的利润除了补偿借入资金的利息外还有剩余，因而可使自有资金利润率提高。这种利用负债资金为自有资金赚取收益的情况，财务管理上称其为财务杠杆利益。如[例 7-3]中，财务杠杆系数为 1.43，表示当息税前利润增长 1% 时，普通股每股税后利润增长 1.43%，表现为财务杠杆利益；当息税前利润下降 1% 时，普通股每股税后利润将下降 1.43%，表现为财务杠杆损失，说明企业的财务风险被放大。财务风险(financial risk)也称筹资风险，是指企业由于筹资原因产生的资本成本负担而导致的普通股收益波动的风险。引起企业财务风险的主要原因是资产报酬的不利变化和资本成本的固定负担。由于财务杠杆的作用，当企业的息税前利润下降时,企业仍然需要支付固定的资本成本,导致普通股剩余收益以更快的速度下降。财务杠杆只是反映息税前利润和普通股利润之间的变化规律,其本身并不是普通股利润的不稳定原因。企业的财务风险和财务杠杆有着重要的联系。一般来说,在其他因素不变的情况下,企业负债越多,固定财务费用也就越多,财务杠杆系数越大,财务风险也越高;企业负债越少,固定财务费用也就越少,财务杠杆系数越小,财务风险就越低。

【例 7-4】 甲、乙、丙为三家经营业务相同的公司,他们的资产规模均为 1 000 万元,20×7 年年末其他资料如表 7-2 所示。

表 7-2 甲、乙、丙三家公司资料　　　　　　　　　　单位:万元

项目	甲公司	乙公司	丙公司
权益资本	1 000	700	500
发行普通股股数(万股)	1 000	700	500
发行长期债券(利率8%)	0	300	500
资产负债率	0	30%	50%
息税前利润	400	400	400
所得税(税率)25%	100	94	90
净利润	300	282	270
普通股每股收益	0.3	0.4	0.54

如果 20×8 年年末三家公司的息税前利润均增长到 800 万元,其他条件不变,则三家公司的财务杠杆系数计算如下:

20×8 年年末甲公司的每股收益 = 800×(1−25%)÷1 000 = 0.6
20×8 年年末乙公司的每股收益 = (800−300×8%)×(1−25%)÷700 = 0.83
20×8 年年末丙公司的每股收益 = (800−500×8%)×(1−25%)÷500 = 1.14

甲公司的财务杠杆系数为:

$$DFL = \frac{(0.6-0.3)\div 0.3}{(800-400)\div 400} = 1$$

乙公司的财务杠杆系数为:

$$DFL = \frac{(0.83-0.4)\div 0.4}{(800-400)\div 400} = 1.08$$

丙公司的财务杠杆系数为：

$$DFL = \frac{(1.14-0.54)\div 0.54}{(800-400)\div 400} = 1.11$$

从上述计算可以看出，甲公司完全使用自有资金，在息税前利润增加1倍的前提下，每股收益也增加了1倍，财务杠杆系数为1，没有显现出财务杠杆效应。乙公司和丙公司由于负债水平不同，在息税前利润增加1倍时，财务杠杆系数分别为1.08和1.11，表明每股收益的变动率均大于1倍，显现出了财务杠杆效应。丙公司负债率比乙公司高，所以丙公司的财务杠杆利益更高。当然，相应的丙公司的财务风险也大于乙公司。

影响财务杠杆的因素除了企业资本结构中债务资金比重之外，还有普通股盈余水平和所得税税率水平。其中，普通股收益水平又受息税前利润、固定性资本成本高低的影响。其实负债比率是可以控制的，企业可以通过合理安排资本结构，适度负债，使财务杠杆利益抵消财务风险增大所带来的不利影响。

四、总杠杆

（一）总杠杆的含义

在企业生产经营中，由于存在固定成本，使息税前利润的变动率大于业务量的变动率，这是经营杠杆效应的表现；在企业筹资方式中，由于负债筹资存在固定的财务费用，使企业每股利润的变动率大于息税前利润的变动率，这是财务杠杆效应的表现。如果两种杠杆共同起作用，那么业务量稍有变动就会对每股收益产生更大的变动。这种由于固定生产经营成本和固定财务费用的共同存在而导致的每股利润变动率大于产销业务量变动率的杠杆效应，称为总杠杆（total leverage）（又称为联合杠杆、复合杠杆）。

（二）总杠杆系数的衡量

只要企业同时存在固定的生产经营成本和固定的财务费用支出，就会存在总杠杆的作用。但不同的企业，由于固定的生产经营成本和固定的财务费用支出多少不同，使得总杠杆作用的程度也不完全一致。对此，需要对总杠杆的作用程度进行计量。财务管理上对总杠杆进行计量，采用总杠杆系数（DTL）指标。总杠杆系数是经营杠杆系数和财务杠杆系数的乘积，是普通股收益变动率与产销量变动率的倍数。其计算公式为：

$$DTL = \frac{\Delta EPS/EPS}{\Delta(px)/px} = \frac{\Delta EPS/EPS}{\Delta x/x}$$

式中，DTL 代表总杠杆系数。

总杠杆系数等于经营杠杆系数与财务杠杆系数的乘积。其计算公式为：

$$DTL = DOL \times DFL$$

经营杠杆系数和财务杠杆系数都有简化公式，根据他们之间的关系，总杠杆系数的简化公式应为：

$$总杠杆系数 = \frac{边际贡献}{息税前利润 - 利息 - \dfrac{优先股股利}{1 - 所得税税率}}$$

【例7-5】 商运公司20×6年和20×7年产品单位销售价格10元，单位变动成本4元，其他的有关资料如表7-3所示。

表7-3　商运公司有关资料　　　　　　　　　　单位：万元

项目	20×6年	20×7年	变动率
销售收入	1 000	1 200	20%
变动成本	400	480	20%
固定成本	400	400	0
息税前利润	200	320	60%
利息	80	80	0
税前利润	120	240	100%
所得税(税率为25%)	30	60	100%
发行在外普通股股数	100	100	0
每股利润	0.9	1.8	100%

该公司20×7年和20×8年的 DOL、DFL、DTL 计算如下：

20×7年：

$$DOL = (1\,000 - 400) \div 200 = 3$$
$$DFL = 200 \div (200 - 80) = 1.67$$
$$DTL = 3 \times 1.67 = 5$$

或：

$$DTL = \frac{1\,000 - 400}{200 - 80} = 5$$

20×8年：

$$DOL = (1\,200 - 480) \div 320 = 2.25$$
$$DFL = 320 \div (320 - 80) = 1.33$$
$$DTL = 2.25 \times 1.33 = 3$$

或：
$$DTL = \frac{1\,200 - 480}{320 - 80} = 3$$

DOL 下降 0.75(2.25－3)，说明经营风险下降。由于两年固定成本均为 400 万元，说明企业通过扩大销售以降低经营风险方面取得了成绩。DFL 下降了 0.34(1.33－1.67)，说明财务风险下降。由于两年财务费用均为 80 万元，说明企业资金中负债数额未发生变化。此时如果资金总额不变，说明财务风险下降是由于销售扩大造成的；而如果资金总额扩大（一般来说，销售增长将会要求追加资金的投入），说明财务风险下降主要是由于负债比重下降所致。企业整体风险由于经营风险和财务风险的下降而下降，说明企业在控制风险方面做的很好。结合同期净利润增长 60 万元，每股收益增至 1.2 元/股，说明企业在风险降低的同时增加了收益。

（三）总杠杆与公司风险

公司风险包括企业的经营风险和财务风险，反映了企业的整体风险。总杠杆系数反映了经营杠杆和财务杠杆之间的关系，用于评价企业的整体风险水平。在总杠杆系数一定的情况下，经营杠杆系数和财务杠杆系数此消彼长。总杠杆效应的意义在于：

第一，能够说明产销业务量变动对普通股收益的影响，据以预测未来的每股收益水平。

第二，揭示了财务管理的风险管理策略，即要保持一定的风险状况水平，需要维持一定的总杠杆系数，经营杠杆系数可以有不同的组合。

一般来说，固定资产比重较大的资本密集型企业，经营杠杆系数高，经营风险大，企业筹资主要依靠权益资本，以保持较小的财务杠杆系数和财务风险；变动成本比重较大的劳动密集型企业，经营杠杆系数低，经营风险小，企业筹资可以主要依靠债务资金，保持较大的财务杠杆系数和财务风险。

在企业初创阶段，产品市场占有率低，产销业务量小，经营杠杆系数大，此时企业筹资主要依靠权益资本，在较低程度上使用财务杠杆；在企业扩张成熟期，产品市场占有率高，产销业务量大，经营杠杆系数小，此时，企业资本结构中可扩大债务资本比重，在较高程度上使用财务杠杆。

第三节 最优资本结构

一、资本结构的影响因素

长期债务与权益资本的组合形成了企业的资本结构。债务融资虽然可以实现抵税收益,但在增加债务的同时也会加大企业的风险,并最终要由股东承担风险的成本。因此,企业资本结构决策的主要内容是权衡债务的收益和风险,实现合理的目标资本结构,从而实现企业价值最大化。

影响资本结构的因素较为复杂,大体可以分为企业的内部因素和外部因素。

(一) 影响企业资本结构的内部因素

1. 企业经营状况的稳定性和成长率

企业产销业务量的稳定程度对资本结构有重要影响:如果产销业务稳定,企业可较多的负担固定的财务费用;如果产销业务量和盈余有周期性,则要负担固定的财务费用要承担较大的财务风险。经营发展能力表现为未来产销业务量的增长率,如果产销业务量能够以较高的水平增长,企业可以采用高负债的资本结构,以提升权益资本的报酬;反之,如果企业未来业务量成长性不明显,或者有业务量下降的危险,则应该采用低负债的资本结构,降低企业的财务风险。

2. 企业的财务状况和信用等级

企业财务状况良好,信用等级高,债权人愿意向企业提供信用,企业容易获得债务资金。相反,如果企业财务状况欠佳,信用等级不高,债权人投资风险大,这样会降低企业获得信用的能力,加大债务资金的资本成本。

3. 企业的资产结构

资产结构是企业筹集后进行资源配置和使用后的资金占用结构,包括长短期资产构成和比例,以及长短期资产内部的构成和比例。资产结构对资本结构的影响主要包括:拥有大量固定资产的企业主要通过发行股票融通资金;拥有较多流动资产的企业更多地依赖流动负债融通资金,资产适合于抵押的企业负债较多,以技术研发为主的企业则负债较少。

4. 企业投资者和管理者的态度

从企业投资者的角度看,如果企业股权分散,企业可以更多采用权益资本筹集资金以分散企业风险。如果企业为少数股东控制,股东通常重视企业控股权问题,为防止控股权稀释,企业一般避免发行普通股筹资,而是采用发行优先股筹资或者是筹集债务资金。从企业管理者的角度看,高负债资本结构的财务风险高,一旦经营失败或出现财务危机,管理者将面临市场接管的威胁或被董事会解聘。因此,稳健的管理者偏好于选择低负债比例的资本结构。

5. 企业发展周期

企业在不同发展阶段上,资本结构安排不同。企业初创阶段,经营风险高,在资本结构安排上应控制负债比例;企业发展成熟阶段,产品产销业务量稳定或持续增长,经营风险低,可适度增加负债资金比重,发挥财务杠杆效应;企业收缩阶段,产品市场占有率下降,经营风险逐步加大,应逐步降低债务资金比重,保证经营现金流量能够偿付到期债务,保持企业持续经营能力,减少破产风险。

(二)影响企业资本结构的外部因素

1. 行业特征

不同行业的资本结构差异很大。产品市场稳定的成熟行业经营风险低,因此可提高债务资金比重,发挥财务杠杆作用。高新技术企业产品、技术、市场尚不成熟,经营风险高,因此可降低债务资金比重,控制财务风险。

2. 财税政策

政府调控经济的手段包括财政税收政策和货币金融政策,研究资本结构必然要考虑财税政策。债务的利息可以税前扣除,有抵减所得税的作用。当所得税税率较高时,债务资金的抵税作用更大。所以此时企业采用高负债的资本结构,充分利用财务杠杆,可以提高企业的价值。

3. 货币政策

货币金融政策影响资本供给,从而影响利率水平的变动。当国家执行紧缩的货币政策时,市场利率较高,企业债务资金成本加大。此时应该采用低杠杆、低负债的资本结构,降低财务风险。

企业资本结构往往受自身状况与政策条件及市场环境多种因素的共同影响,并同时伴随着企业管理层的偏好与主观判断,从而使资本结构的决策难以形成统一的原则与模式。

二、资本结构中负债对企业的影响

(一)一定程度的负债有利于降低企业的资本成本

企业借入资金支付的利息水平一般较股息率水平低,而且债务利息在税前支付,可减少所得税费用,使得借入资金的资本成本明显低于权益资金的资本成本。因此,在一定的限度内,企业增加借入资金,就可降低企业的综合资本成本;

而减少借入资金,就会使企业的综合资本成本上升。

（二）负债筹资具有财务杠杆作用

无论企业实现多少利润,借入资金的利息通常是固定的。当企业的息税前利润增大时,每1元盈利所负担的固定利息就会相应的减少,从而给普通股股东带来更多的利益。在企业息税前利润率较高时,适当地借入资金,利用借入资金来增加每股利润,就是利用了财务杠杆作用。

（三）债务资金会加大企业的财务风险

财务杠杆的作用是双向的,既可以给企业带来财务杠杆利益,也可能给企业带来财务杠杆损失。在息税前利润下降时,借债使普通股每股利润下降得更快,给企业债务的还本付息带来更大的压力,甚至使企业面临破产。

三、最优资本结构

适当利用负债可以降低公司资本成本,但是负债比例过高时,杠杆利益会被债务成本抵消,公司面临较大的财务风险。因此,企业有必要确定最佳的债务比例,即确定最优资本结构。企业确定最优资本结构,必须权衡杠杆利益、资本成本、财务风险等各方面的情况。从理论上讲,最优资本结构一般有三个标志:其一能使企业综合资本成本最低;其二能使普通股每股收益最大;其三能使股票市价和公司总体价值最大。由于影响企业资本结构的内部因素和外部因素经常发生变化,实际工作中要找到最优资本结构是很困难的,所以在一定程度上确定借入资金和自有资金的比例,即作出融资决策还要依靠有关人员的经验和主观判断。

四、资本结构决策的分析方法

资本结构决策主要就是确定最优资本结构。确定企业最优资本结构的方法主要有:资本成本比较法、每股收益无差别点法和公司价值比较法。

（一）资本成本比较法

资本成本比较法是在不考虑各种融资方案在数量与比例上的约束及财务风险差异时,通过计算各种基于市场价值的长期融资组合方案的加权平均资本成本,并根据计算结果选择加权平均资本成本最小的融资方案,确定为相对最优的资本结构。它是以每个方案的综合资本成本的高低作为确定最优资本结构的唯一标准。该方法测算过程简单,是一种比较便捷的方法。但这种方法只是比较了各种融资方案的资本成本,难以区分不同融资方案之间的财务风险因素差异,在实际计算中有时也难以确定各种融资方式的资本成本。

【例7-6】 商运公司初创时有三个筹资方案可供选择,有关资料如表7-4所示。

表7-4 筹资方案资料表　　　　　　　　　　单位:万元

筹资方式	筹资方案1		筹资方案2		筹资方案3	
	筹资额	资本成本	筹资额	资本成本	筹资额	资本成本
长期借款	80	6%	100	6.5%	160	7.0%
债券	200	7%	300	8.0%	240	7.5%
优先股	120	12%	200	12%	100	12%
普通股	600	15%	400	15%	500	15%
合计	1 000	—	1 000	—	1 000	—

其他资料说明:表中债务资本成本均为税后资本成本,所得税税率为25%。

要求:确定最佳筹资方案即最优资本结构。

筹资方案1:

(1) 计算各种筹资方式筹集的资金占筹资总额的比重。

长期借款　80÷1 000=8%

债券　　　200÷1 000=20%

优先股　　120÷1 000=12%

普通股　　600÷1 000=60%

(2) 计算综合资本成本。

$$K_w = 8\% \times 6\% + 20\% \times 7\% + 12\% \times 12\% + 60\% \times 15\% = 12.36\%$$

筹资方案2:

$$K_w = \frac{100}{1\,000} \times 6.5\% + \frac{300}{1\,000} \times 8\% + \frac{200}{1\,000} \times 12\% + \frac{400}{1\,000} \times 15\% = 11.45\%$$

筹资方案3:

$$K_w = \frac{160}{1\,000} \times 7\% + \frac{240}{1\,000} \times 7.5\% + \frac{100}{1\,000} \times 12\% + \frac{500}{1\,000} \times 15\% = 11.62\%$$

以上三个筹资方案的综合资本成本相比较,筹资方案2的最低,在其他有关因素大体相同的条件下,筹资方案2是最好的筹资方案,其形成的资本结构可确定为该企业的最佳资本结构。企业可按此筹资方案筹集资金,以实现其资本结构的最优化。

(二) 每股收益无差别点法

当企业因扩大经营规模需要筹集长期资金时,一般可供选择的筹资方式有普通股筹资、优先股筹资与长期债务筹资。前面讲过,当企业选择债务筹资方式时会显现财务杠杆效应,但会加大财务风险。由于财务杠杆更多地关注息税前收益的变化引起每股收益变动的程度,所以很适合于具有不同债务融资规模或比率方案的财务风险比较。但如果想解决在某一特定预期盈利水平下的融资方式选择问题,特别是在长期债务融资与普通股融资之间进行选择时,因全部融资为普通股时不存在财务杠杆效应,所以运用每股收益无差别点法更合适。每股收益无差别点法为企业管理层解决在以特定盈利水平下是否应该选择债务融资方式问题提供了一个简单的分析方法。

每股利润分析法就是通过寻找每股利润平衡点来选择最佳资本结构的方法,即将息税前利润(EBIT)和每股利润(EPS)这两大要素结合起来,分析资本结构与每股利润之间的关系,进而确定最佳资本结构的方法。由于这种方法需要确定每股利润的无差别点,因此又称每股利润无差别点法。决策程序为:第一步,计算每股利润无差别点;第二步,作每股利润无差别点图;第三步,每股利润无差别点处的息税前利润与预期息税前利润进行比较,选择最佳资本结构。该方法测算每股利润无差别点的计算公式为:

$$\frac{(\overline{EBIT}-I_1)(1-T)-D_1}{N_1}=\frac{(\overline{EBIT}-I_2)(1-T)-D_2}{N_2}$$

式中,$\overline{EBIT}$ 为每股利润无差别点处的息税前利润;I_1,I_2 分别为两种筹资方式下的年利息;D_1,D_2 为两种筹资方式下的优先股股利;T 为所得税税率;N_1,N_2 为两种筹资方式下的流通在外的普通股股数。

每股利润无差别点的息税前利润计算出来以后,可与预期的息税前利润进行比较,据以选择筹资方式。当预期的息税前利润大于无差异点息税前利润时,应采用负债筹资方式;当预期的息税前利润小于无差别点息税前利润时,应采用普通股筹资方式。

【例 7-7】 商运公司现有资本 5 000 万元,其中:普通股 4 000 万元,普通股股数 1 000 万股,长期借款 1 000 万元,借款年利率为 10%。公司计划下年扩大规模需追加投资 800 万元,拟采用发行普通股 200 万股,发行价格为 4 元/股,或发行年利率为12%的债券方式筹集。公司所得税税率为25%。试分析该公司应采用何种方式筹集资金。

把商运公司的资料代入公式得：

$$\frac{\overline{(EBIT-1\,000\times10\%)}\times(1-25\%)}{1\,000+200}=\frac{\overline{(EBIT-1\,000\times10\%-800\times12\%)}\times(1-25\%)}{1\,000}$$

求得：$\overline{EBIT}=676$（万元）

当息税前利润为676万元时，用两种筹资方式计算出得到的普通股每股收益相同。即：

$$EPS=\frac{(676-100)\times(1-25\%)}{1\,200}=0.36(元/股)$$

或：

$$EPS=\frac{(676-100-96)(1-25\%)}{1\,000}=0.36(元/股)$$

作 $EBIT-EPS$ 分析图，如图7-5所示。

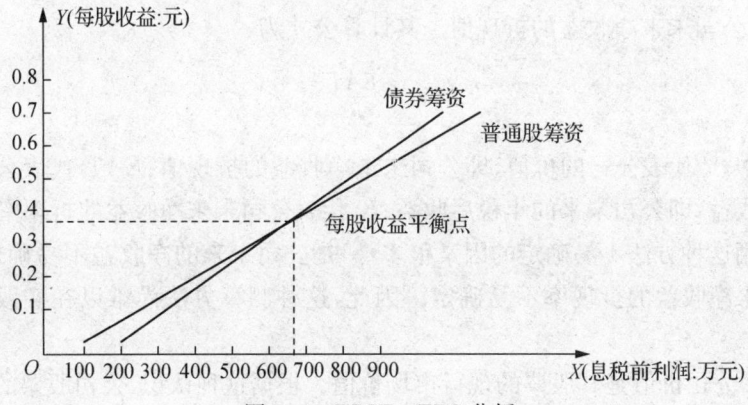

图7-5　$EBIT-EPS$ 分析

从图7-5中可以看出，在每股收益平衡点上，两个方案的每股利润相等，均为0.36元。

由此判断，当预计息税前利润($EBIT$)＞676万元时，利用负债筹资较为有利；当预计息税前利润($EBIT$)＜676万元时，不应再增加负债，以发行股票为宜；当预计息税前利润($EBIT$)＝676万元时，采用两种筹资方式没有差别。

这种方法只考虑了资本结构对每股收益的影响，并假设每股收益最大，股票价格也就最高。但把资本结构对股价的影响置之度外，是不全面的。因为随着负债的增加,投资者的风险加大,股票价格和企业价值会有下降的趋势,所以,单纯的用每股利润分析法有时会作出错误的决策。但在资金市场不完善的时候,投资人主要根据每股收益的多少来作出投资决策,每股收益的增加也的确有利于股票价格的上升。

(三) 公司价值比较法

公司价值比较法是在充分反映财务风险的前提下,以公司价值的大小为标准,经过测算公司价值确定公司最佳资本结构的方法。与比较资本成本法和每股收益无差别点法相比,公司价值比较法充分考虑了公司的财务风险和资本成本等因素的影响,进行资本结构的决策以公司价值最大为标准,更符合公司价值最大化的财务目标。但其测算原理及测算过程比较复杂,通常用于资本规模较大的上市公司。

1. 公司价值的测算

关于公司价值的内容和测算基础与方法,目前主要有三种认识:

(1) 公司价值等于其未来净收益(或现金流量,下同)按照一定折现率折现的价值,即公司未来净收益的折现值。其计算公式为:

$$V = \frac{EAT}{K}$$

式中,V 代表公司的价值,即公司未来净收益的折现值;EAT 代表公司未来的年净收益,即公司未来的年税后收益;K 代表公司未来净收益的折现率。

使用这种方法不易确定的因素很多:一是公司未来的净收益不易确定;二是公司未来净收益的折现率不易确定。因此,这种测算方法尚难以在实践中加以应用。

(2) 公司价值是其股票的现行市场价值。根据这种认识,公司股票的现行市场价值可按其现行市场价格来计算,故有其客观合理性,但还存在两个问题:一是公司股票受各种因素的影响,其市场价格处于经常的波动之中,每个交易日都有不同的价格,在这种现实条件下,公司的股票究竟按哪个市场交易日的价格来计算,这个问题尚未得到解决。二是公司价值的内容是否只包括股票的价值,是否还应包括长期债务的价值,而这两者之间又是相互影响的。如果公司的价值只包括股票的价值,那么就无需进行资本结构的决策,这种测算方法也就不能用于资本结构决策。

(3) 公司价值等于其长期债务和股票的折现价值之和。与上述两种测算方法相比,这种测算方法比较合理,也比较现实。它至少有两个优点:一是从公司价值的内容来看,它不仅包括了公司股票的价值,而且还包括公司长期债务的价值;二是从公司净收益的归属来看,它属于公司的所有者即属于股东。在测算公司价值时,这种测算方法的计算公式为:

$$V = B + S$$

式中,V 代表公司的总价值,即公司总资本的折现价值;B 代表公司长期债务的折现价值;S 代表公司股票的折现价值。

为了简化计算,设长期债务(含长期借款和长期债券)的现值等于其面值(或本金);股票的现值按公司未来净收益的折现现值计算,则公式为:

$$S = \frac{(EBIT - I)(1 - T)}{K_s}$$

式中,S 代表公司股票的折现价值;$EBIT$ 代表公司未来的年息税前利润;I 代表公司长期债务年利息;T 代表公司所得税税率;K_s 代表公司股票资本成本率。

上述计算公式假设公司股票只有普通股。如果公司股票既有普通股又有优先股,则计算公式为:

$$S = \frac{(EBIT - I)(1 - T) - D_p}{K_s}$$

式中,D_p 代表公司优先股年股利;K_s 代表公司普通股资本成本率。

2. 公司资本成本率的计算

如果公司的全部长期资本由长期债务和普通股组成,则公司的综合资本成本率为:

$$K_w = K_B \left(\frac{B}{V}\right)(1 - T) + K_s \left(\frac{S}{V}\right)$$

式中,K_w 代表公司综合资本成本率;K_B 代表公司长期债务税前资本成本率,可按公司长期债务年利率计算;K_s 代表公司普通股资本成本率。

在这里,为了考虑公司筹资风险的影响,普通股资本成本率可运用资本资产定价模型来计算。

3. 公司最佳资本结构的确定

运用上述原理计算公司的总价值和综合资本成本率,并以公司价值最大化为标准比较确定公司的最佳资本结构。

【例7-8】 商运公司年息税前利润为 1 200 万元,资本全部由普通股组成,股票账面价值为 2 000 万元,所得税税率为 30%。该公司认为目前的资本结构不合理,准备用平价发行债券(不考虑筹资费率)购回部分股票的办法予以调整。经过咨询调查,目前的债务资本结构和普通股资本成本情况如表 7-5 所示。

表 7-5 债务和普通股的资本结构情况

债券的市场价值	债务资本成本率(K_B)	股票 β 值	无风险报酬率(R_f)	平均风险股票必要报酬率(K_m)
0		1.2	10%	12%
250 万元	6%	1.25	10%	12%
450 万元	6%	1.30	10%	12%
650 万元	7%	1.4	10%	12%
850 万元	8%	1.5	10%	12%
1 100 万元	9%	1.6	10%	12%

根据表 7-5 的资料,运用前述公司价值和公司资本成本率的测算方法,可以测算在不同长期债务规模下的公司价值和公司资本成本率,列入表 7-6,据以可比较确定公司最佳资本结构。

表 7-6 商运公司在不同长期债务规模下的公司价值和公司资本成本率测算表

债券的市场价值	股票的市场价值(万元)	公司的市场价值(万元)	债务资本成本率(K_B)	普通股成本(K_S)	综合资本成本率(K_w)
0	6 774	6 774		12.4%	12.4%
250 万元	6 636	6 886	6%	12.5%	12.20%
450 万元	6 517	6 967	6%	12.6%	12.05%
650 万元	6 314	6 964	7%	12.8%	12.06%
850 万元	6 095	6 945	8%	13.0%	12.9%
1 100 万元	5 839	6 939	9%	13.2%	12.11%

从表 7-6 可以看出,在没有长期债权资本的情况下,商运公司的价值就是其原有普通股资本的价值,此时公司价值为 6 774 万元。当该公司开始利用长期债权资本部分地替换普通股成本时,公司的价值开始上升,同时公司资本成本率开始下降;直到长期债权资本达到 450 万元时,公司的价值最大(6 967 万元),同时公司的资本成本率最低(12.05%);而当公司的长期债权资本超过 450 万元后,公司的价值又开始下降,公司的资本成本率开始上升。因此,可以确定,商运公司的长期债权资本为 450 万元时的资本结构为最佳资本结构。此时,该公司的长

期资本价值总额为 6 967 万元,其中,普通股资本价值 6 517 万元,长期债权资本价值为 450 万元。

本章框架图

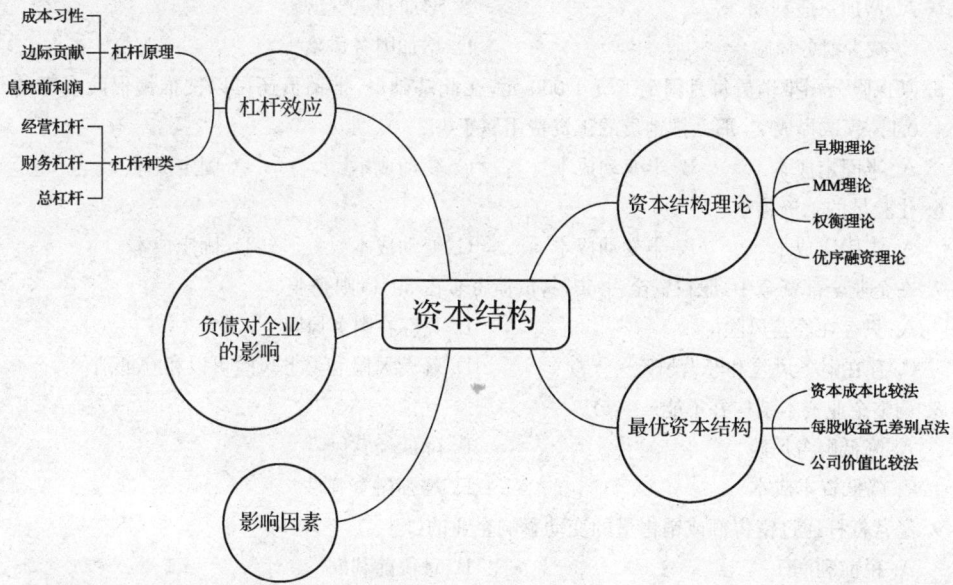

讨论题

1. 资本结构理论对企业有什么影响?
2. 说明企业不同杠杆作用之间的关系。
3. 最优资本结构决策的主要方法有哪些?

习　　题

一、单项选择题
1. 只要企业的经营利润为正数,则经营杠杆系数(　　)。
　　A. 恒大于 1　　　　　　　　B. 与固定成本呈反比
　　C. 与销售量呈正比　　　　　D. 与企业的风险呈反比

2. 企业财务风险的最大承担者是( )。
   A. 债权人　　　　B. 企业职工　　　　C. 国家　　　　D. 普通股股东

3. 每股利润无差异点是指两种筹资方式下,普通股每股利润相等时的( )。
   A. 成本总额　　　B. 筹资总额　　　　C. 资金结构　　D. 息税前利润

4. 财务杠杆的正面作用在于:增加负债资金可以( )。
   A. 增加每股利润　　　　　　　　　B. 增加利息支出
   C. 减少财务风险　　　　　　　　　D. 增加财务风险

5. 某保险公司推销员每月固定工资1 000元,在此基础上,推销员还可以按推销保险金额的0.1%领取提成奖,那么推销员的工资费用属于( )。
   A. 半固定成本　　B. 半变动成本　　　C. 变动成本　　D. 固定成本

6. 化验员的工资属于( )。
   A. 半固定成本　　B. 半变动成本　　　C. 变动成本　　D. 固定成本

7. 在企业全部资金中,股权资金占50%,负债资金占50%,则企业( )。
   A. 只存在经营风险　　　　　　　　B. 只存在财务风险
   C. 存在财务风险和经营风险　　　　D. 经营风险和财务风险可以相互抵消

8. 调整企业资本结构并不能( )。
   A. 降低财务风险　　　　　　　　　B. 降低经营风险
   C. 降低资本成本　　　　　　　　　D. 增强融资弹性

9. 经营杠杆通过销售额或销售量的变动影响企业的( )。
   A. 税前利润　　　　　　　　　　　B. 息税前利润
   C. 税后利润　　　　　　　　　　　D. 财务费用

10. 关于复合杠杆系数,下列说法不正确的是( )。
   A. $DTL = DOL \times DFL$
   B. 普通股每股利润变动率与息税前利润变动率之间的比率
   C. 反映产销量变动对普通股每股利润的影响
   D. 复合杠杆系数越大,企业风险越大

11. 当经营杠杆系数为1时,下列表述正确的是( )。
   A. 产销量增长率为零　　　　　　　B. 边际贡献为零
   C. 固定成本为零　　　　　　　　　D. 利息与优先股股利为零

12. 企业为维持一定经营能力所以必须负担的最低成本是( )。
   A. 固定成本　　　　　　　　　　　B. 酌量性固定成本
   C. 约束性固定成本　　　　　　　　D. 变动成本

二、多项选择题

1. 财务管理中杠杆原理的存在,主要是由于企业( )。
   A. 约束性固定成本的存在　　　　　B. 酌量性固定成本的存在

C. 债务利息 D. 优先股股利

2. 成本按其习性可分为（   ）。
   A. 固定成本 B. 变动成本 C. 混合成本 D. 弹性成本
3. 影响企业边际贡献大小的因素有（   ）。
   A. 销售单价 B. 单位变动成本 C. 产销量 D. 固定成本
4. 下列各项中,属于酌量性固定成本的有（   ）。
   A. 职工培训费 B. 折旧费 C. 广告费 D. 长期租赁费
5. 企业资本结构最佳时,应该（   ）。
   A. 资本成本最低 B. 财务风险最小
   C. 经营杠杆系数最大 D. 企业价值最大
6. 下列有关复合杠杆的说法中,正确的有（   ）。
   A. 复合杠杆系数是每股盈余变动额与销售变动额的比值
   B. 复合杠杆系数是普通股每股利润变动率相当于产销业务量变动率的倍数
   C. 复合杠杆系数的大小反映企业总风险大小
   D. 复合杠杆系数是财务杠杆系数和经营杠杆系数的乘积
7. 企业债务成本过高时,可采用（   ）调整其资本结构。
   A. 利用税后留存归还债务,以降低债务比重
   B. 将可转换债券转换为普通股
   C. 可以随时用资本公积金转增资本
   D. 提前偿还长期债务,筹集相应的权益资金
8. 将息税前利润与每股利润联系起来,分析资金结构与每股利润之间的关系,进而确定合理的资金结构的方法,称为（   ）。
   A. 对比分析法 B. 因素分析法
   C. EBIT－EPS 分析法 D. 每股利润无差异点法
9. 资本结构中负债比例对企业有重要影响,表现在（   ）
   A. 负债比例影响财务杠杆作用大小
   B. 适度负债有利于降低企业资本成本
   C. 负债有利于提高企业净利润
   D. 负债比例反映企业财务风险的大小
10. 调整企业的资本结构,提高负债的比例能（   ）。
    A. 提高资产负债率 B. 提高权益乘数
    C. 增加企业的财务风险 D. 降低资本成本

三、判断题
1. 财务杠杆系数是由企业资本结构决定的,财务杠杆系数越大,财务风险越大。（   ）
2. 在财务杠杆、经营杠杆、总杠杆三项杠杆中,作用力最强、效用最大的是总杠杆。（   ）

3. 当预计息税前利润大于每股利润无差别点利润时,采取负债融资对企业有利,这样可降低资本成本。( )

4. 财务杠杆系数越大,说明企业财务杠杆利益越大,从而财务风险也越大。( )

5. 一般来说,企业资本结构中权益资本相对负债资本的比例越大,则企业的加权平均资本成本也越大。( )

6. 当企业资产总额等于权益资本总额时,财务杠杆系数必然等于1。( )

7. 由于财务杠杆的作用,当息税前利润下降时,普通股每股收益会下降得更快。( )

8. 经营杠杆可以用边际贡献除以税前利润来计算,它说明了销售额变动引起利润变化的幅度。( )

9. 当固定成本为零或业务量为无穷大时,息税前利润的变动率应等于产销量的变动率。( )

10. 约束性固定成本是企业为维持一定的业务量所必须负担的最低成本,要想降低约束性固定成本,只能从合理利用生产经营能力入手。( )

四、计算与分析题

1. 某企业资本总额为 4 000 万元,其中负债资本和权益资本的比率为 45∶55,负债资本利率为 12%。该企业年销售量为 5 600 千克,每千克销售价为 1 万元,固定成本为 640 万元,变动成本率为 60%。

    要求:计算该企业的经营杠杆系数、财务杠杆系数和复合杠杆系数。

2. 某企业资金总额为 1 000 万元,负债总额为 400 万元,负债利息率为 10%,普通股 60 万股,所得税税率为 33%,息税前利润为 150 万元。

    要求:

    (1) 计算企业的财务杠杆系数和每股利润。

    (2) 如果息税前利润增长率 15%,每股利润增加多少?

3. 某企业年初资金结构如下:资本总额 2 000 万元,其中:长期债券 400 万元,优先股 200 万元,其余为普通股。另外,长期债券利息率为 8%,优先股股息率为 10%,普通股每股市价为 20 元,第一年每股股利支出 2.5 元,股利年增长率为 5%,所得税税率为 30%。

    要求:

    (1) 计算该企业年初综合资金成本率。

    (2) 若该企业拟增资 500 万元,现有甲、乙两个方案可供选择。甲方案:增发长期债券 300 万元,债券年利息率为 10%,增发普通股 200 万元,由于企业债务增加,财务风险加大,企业普通股每股股利为 3 元,以后每年增长 6%,普通股市价将跌至每股 18 元。乙方案:增发长期债券 200 万元,债券年利息率为 10%,增发普通股 300 万元,每股股利增加到 3 元,以后每年增长 6%,普通股市价升至每股 24 元。分别计算甲、乙两个方案的资金综合成本率,确定最优资金结构(假设各方案均无筹资费用)。

4. 某公司现有资本总额 1 000 万元。现在根据企业生产经营需要,需增加资金 300 万元。现假设有两种筹资方式可供选择,一种是增发普通股,另一种是发行公司债券。原资本结构和增资后的资本结构如表7-7所示。该公司预计增资后息税前利润能够达到150万元。

要求:判断采用哪种筹资方式有利。

表7-7 资本结构对照表　　　　　　　　　　单位:元

项目	原资本结构	筹资后的资本结构	
		增发普通股	增发公司债
公司债(利率8%)	3 000 000	3 000 000	6 000 000
年利息	240 000	240 000	480 000
普通股(面值10元)	4 000 000	5 000 000	4 000 000
资本公积	2 000 000	4 000 000	2 000 000
留存收益	1 000 000	1 000 000	1 000 000
资金总额	10 000 000	13 000 000	13 000 000
普通股股数(股)	400 000	500 000	400 000

注:发行新股时,每股发行价格为30元,筹资300万元需发行10万股,普通股股本增加100万元,资本公积增加200万元。

5. 双龙公司目前资本结构如表7-8所示。

表7-8 双龙公司资本结构表

筹资方式	金额(万元)
长期债券(年利率8%)	100
普通股(面值10元)	200
资本公积	250
留存收益	200
合计	750

为了扩大生产,双龙公司需再筹资250万元,现有两个方案可供选择:

方案一:发行新股10万股,每股面值10元,每股市价25元,方案二:发行利率为10%的公司债券250万元。该公司所得税税率为25%。

要求:

(1) 计算两种筹资方案下的每股收益无差别点的息税前利润。

(2) 若企业预计再筹资后息税前利润将达到100万元,计算两种筹资方案的每股收益,企业应选择哪一方案筹资?

(3) 计算每股收益无差别点下方案二的财务杠杆系数。若企业预计息税前利润增长10%,计算每股收益的增长率。

6. 双龙公司20×8年年初的负债及所有者权益总额9 000万元,其中,公司债券为1 000万元

(按面值发行,票面年利率8%,每年年末付息,3年后到期);普通股股本4 000万元(面值1元,4 000万股);资本公积2 000万元;其余为留存收益。20×8年该公司为扩大生产规模,需要再筹集1 000万元资金,有两个方案可供选择。方案一:增加发行普通股,预计每股发行价格5元;方案二:增加发行同类公司债券,按面值发行,票面年利率8%。预计20×8年可实现息税前利润2 000万元,适用的所得税税率为25%。

要求:

(1) 计算增发股票方案的下列指标:

　　① 20×8年增发普通股股份数。

　　② 20×8年全年债券利息。

(2) 计算增发债券方案下全年债券利息。

(3) 计算每股利润的无差异点,并据此进行筹资决策。

第八章 收益分配管理

 **学习目标**

通过对本章的学习,你能够了解到:
1. 收益分配的基本理论
2. 企业主要的股利政策类型
3. 股利的几种支付方式及作用

第一节 收益分配理论与股利政策

一、收益分配的含义

利润分配是企业按照国家有关法律、法规以及企业章程的规定,在兼顾股东与债权人等其他利益相关者的利益关系基础上,将实现的利润在企业与企业所有者之间进行分配的活动。其中,分配给投资者的收益又称股利分配,是指公司向股东分配的股利,也是公司收益分配的一部分;留存用于公司再投资的收益又称留存收益,是指公司提取各项基金以及按照"以丰补歉"的原则留存的未分配利润,是公司收益分配的另一部分。

收益分配是一项十分重要的工作,它不仅影响公司的筹资和投资决策,而且涉及投资者切身的利益;不仅影响公司的近期利益,而且关系到公司的长远利益。所以公司要合理组织收益分配,正确处理好各方面的经济关系;以保证公司健康有序地发展。

二、收益分配的顺序

按照我国的有关法律规定,收益分配应按下列顺序进行。

(一) 弥补以前年度亏损

计算可供分配的利润是将本年净利润(或亏损)与年初未分配利润(或亏损)合并,计算出可供分配的利润。如果可供分配的利润为负数(即亏损),则不能进行后续分配;如果可供分配的利润为正数(即本年累计盈利),则进行后续分配。企业的年度亏损可以用下一年度的税前利润弥补,尚不足弥补的,可以用以后年度的税前利润弥补,但连续期限不得超过5年。

(二) 计提法定盈余公积

计提法定盈余公积是按抵减年初累计亏损(如果有的话)后的本年净利润计提法定盈余公积。不能用资本发放股利,也不能在没有累计盈余的情况下提取盈余公积。

法定盈余公积从净利润中提取形成,用于弥补公司亏损、扩大公司生产经营或者转增公司资本。公司分配当年税后利润时应当按照10%的比例提取法定盈余公积;当盈余公积累计额达到公司注册资本的50%时,可不再继续提取。法定公积转增资本后留存企业的部分,以不少于转增前注册资本的25%为限。

(三) 计提任意盈余公积

如果企业有优先股,应先分配优先股股利,再提取任意盈余公积。任意盈余公积按公司章程或股东会决议提取和使用。这是用来满足企业经营管理需要,控制向投资者分配利润的水平,以及调整各年度利润分配的波动。

(四) 向股东支付股利

公司向股东(投资者)支付股利(分配利润),要在提取盈余公积之后。股利(利润)的分配应以各股东(投资者)持有股份(投资额)的数额为依据,每一股东(投资者)分得的股利(分得的利润)与其持有的股份数(投资额)成正比,公司章程另有约定的除外。公司原则上应从累计盈利中分派股利,无盈利不得支付股利,即所谓"无利不分"原则。但若公司用盈余公积抵补亏损以后,为维护其股票信誉,经股东大会特别决议,也可用盈余公积支付股利,不过这样支付股利后留存的法定盈余公积不得低于注册资本的25%。

股利分配涉及的方面很多,如股利支付程序中各日期的确定、股利支付比率的确定、股利支付形式的确定、支付现金股利所需资金筹集方式的确定等。其中最主要的是确定股利的支付比率,即用多少盈余发放股利,多少盈余为公司所留用(称为内部筹资),因为这可能会对公司股票的价格产生影响。

三、影响收益分配的因素

(一) 法律因素

为了保护公司债权人和股东的利益,《公司法》和《证券法》等有关法规对公司股利的分配进行了一定的限制,主要包括以下内容。

1. 资本保全

公司不能用筹集的经营资本发放股利。我国法律规定,公司的溢缴资本也不能发放股利。即股本(实收资本)和资本公积均不得用于发放股利。实行这一限制的目的,在于保证公司具有完整的产权基础,以充分维护债权人的利益。

2. 公司积累

公司股利只能从当期的利润和过去累积的留存盈利中支付:也就是说,公司股利的支付不能超过当期与过去的留存盈利之和。我国规定公司的年度税后利润必须提取10%的法定盈余公积并鼓励提取一定比例的任意盈余公积,只有当公司提取的盈余公积累积数达到注册资本50%时才可以不再计提。提取法定公积金后的净利润才可以用于支付股利。

3. 净利润

公司账面累积税后利润必须是正数才可以发放股利。以前年度的亏损必须足额弥补。

4. 无力偿付的限制

公司如要发放股利,就必须保有充分的偿债能力。也就是说,如果公司无力偿付到期债务或因支付股利使其失去偿债能力,则公司为保障债权人的利益,不能支付股利。

5. 超额累积利润

如果公司的留存收益超过法律所认可的合理水平,将被加征额外的税款。这是因为股东所获得的收益包括股利和资本利得,前者的税率一般大于后者,公司通过少发股利,累积利润使股价上涨来帮助股东避税。我国的法律对公司累积利润未作限制性规定。

(二) 公司因素

1. 流动性

公司资产的流动性,即保有一定的现金和其他适当的流动资产,是维持其正常商品经营的重要条件。较多地支付现金股利会减少公司的现金持有量,降低公司资产的流动性。因此,公司现金股利的支付能力,在很大程度上受其资产流动性的限制。

2. 举债能力

不同的公司在资本市场上举借债务的能力有一定的差别,举债能力较强的公司往往采取较为宽松的股利政策;举债能力较弱的公司,为维持企业正常的经营能力就不得不留滞利润,因而常采取较紧的股利政策。

3. 盈余的稳定性

公司能否获得长期稳定的盈余,是其股利决策的重要基础。盈余相对稳定的公司相对于盈余不稳定的公司而言具有较高的股利支付能力,因为盈余稳定的公司对保持较高股利支付率更有信心。收益稳定的公司面临的经营风险和财务风险较小,筹资能力较强,这些都是其股利支付能力的保证。

4. 投资机会

公司的股利政策与其所面临的新的投资机会密切相关。如果公司有良好的投资机会,必然需要大量的资金支持,因而往往会将大部分盈余用于投资,而少发放股利;如果公司暂时缺乏良好的投资机会,则倾向于先向股东支付股利,以防止保留大量现金造成资金浪费。正因为如此,许多成长中的公司,往往采取较紧的股利政策,而许多处于经营收缩期的公司,却往往采取较宽松的股利政策。

5. 资本成本

与发行新股相比,采用留存收益作为内部筹资的方式,不需支付筹资费用,其资本成本较低。当企业筹措大量资金时,应选择比较经济的筹资渠道,以降低资本成本。在这种情况下,公司通常采取较紧的股利政策。同时,以留存收益进行筹资,还会增加股东权益资金的比重,进而提高公司的借贷能力。

(三) 股东因素

股东在稳定收入、股权稀释、税负等方面的要求也会对公司的股利政策产生影响。

1. 稳定收入

公司股东的收益包括两部分,即股利收入和资本利得。对于永久性持有股票的股东来说,往往要求较为稳定的股利收入,如果公司留存较多的收益,将先遭到这部分股东的反对。而且,公司留存收益带来的新收益或股票交易价格产生的资本利得具有很大的不确定性。因此,与其获得不确定的未来收益,不如得到现实的确定的股利。

2. 股权稀释

公司支付较高的股利,就会导致留存收益的减少,这就意味着将来发新股的可能性加大。如果通过增募股本的方式筹集资金,现有股东的控制权就有可能被稀释。当他们没有足够的现金认购新股时,为防止自己的控制权降低,宁可公司不分配股利也反对募集新股。另外,随着新股的发行,流通在外的普通股的股数必将增加,最终将导致普通股的每股收益和每股市价的下跌,从而,对现有的股东产生不利的影响。

3. 税负

股票持有者获得的股利收入和资本利得都需要交纳一定的所得税,在许多国家,前者的所得税率(累进税率)高于后者的税率。因此,为了减轻税负,高收入阶层的股东,通常愿意公司少支付股利而将较多的盈余保留下来以作为再投资用。而且,即使对这两种收入课以相同的税率,由于对股利收入课税发生在股利分发时,而资本利得课税可递延到实际出售股票时,其资本利得的实际税负也小于股利收入的税负。与此相反,对于那些低收入阶层的股东来说,其所适用的所得税税率比较低,这些股东就会更重视当期的股利,而不愿冒风险去获得以后的资本利得,因而,对这类股东来说,税负并不是他们关心的内容,他们更关心较高的股利支付率。

(四) 其他限制

1. 债务合同约束

当公司以长期借款协议、债券契约、优先股协议以及租赁合约等形式向公司外部筹资时,常常应对方的要求,接受一些关于股利支付的限制性条款。这种限制常常包括:未来股利只能用协议签订以后的新的收益支付(即限制动用以前的留存收益);流动资金低于一定标准时不得支付股利;利息保障倍数低于一定标准时不得支付股利。其目的在于促使公司把利润的一部分按有关条款的要求,以某种形式(如偿债基金)进行再投资,以保障借款如期归还,维护债权人的利益。

2. 通货膨胀

在通货膨胀的情况下,由于货币购买力下降,公司计提的折旧不能满足重置固定资产的需要,需要动用盈余补足重置固定资产的需要,因此在通货膨胀时期公司股利政策往往偏紧。

四、股利政策的基本理论

股利政策(dividend policy)是关于公司是否发放股利、发放多少股利、采用何种方式发放股利以及何时发放股利等方面的方针和政策。长期以来,人们一直在探讨股利政策对公司股价或企业价值有无影响的问题,这就形成了股利政策的基本理论。主要有两种股利理论:股利无关论与股利相关论。

（一）股利无关论

股利无关论认为股利分配对公司的市场价值(或股票价格)不会产生影响。这一理论是由资本结构的MM理论的创始人米勒与莫迪格利安尼于1961年提出的。

这一理论是建立在以下假设前提基础上的:

(1) 完善的竞争假设,任何一位证券交易者都没有足够的力量通过其交易活动对股票的现行价格产生明显的影响。

(2) 信息完备假设,所有的投资者都可以平等地免费获取影响股票价格的任何信息。

(3) 交易成本为零假设,证券的发行和买卖等交易活动不存在经纪人费用、交易税和其他交易成本,在利润分配与不分配、或资本利得与股利之间均不存在税负差异。

(4) 理性投资者假设,每个投资者都是财富最大化的追求者。

股利无关论的主要观点如下。

1. *投资者并不关心公司股利的分配*

若公司留存较多的利润用于再投资,会导致公司股票价格上升;此时尽管股利较低,但需要现金的投资者可以出售股票换取现金。若公司发放较多的股利,投资者又可以用现金再买入一些股票以扩大投资。也就是说,投资者对股利和资本利得并无偏好。

2. *股利的支付比率不影响公司的价值*

既然投资者不关心股利的分配,公司的价值就完全由其投资政策及其获利能力所决定,公司的盈余在股利和保留盈余之间的分配并不影响公司的价值,既不会使公司价值增加,也不会使公司价值降低(即使公司有理想的投资机会而又支付了高额股利,也可以募集新股,新投资者会认可公司的投资机会)。

（二）股利相关论

股利相关论认为,公司的股利分配对公司市场价值有影响。其代表性观点主要如下几种。

1. "在手之鸟论"

这种观点认为,在股利收入与股票价格上涨产生的资本利得收益之间,投资者更倾向于前者。因为股利是现实的有把握的收益,而股票价格的上升与下跌具有较大的不确定性,与股利收入相比风险很大。因此,投资者更愿意购买能支付较高股利的公司股票,这样,股利政策必然会对股票价格产生影响。这一理论用西方的一句格言来形容就是"双鸟在林,不如一鸟在手"。

2. 信息传播论

这一理论认为,股利实际上给投资者传播了关于企业收益情况的信息,这一信息自然会反映在股票的价格上,因此,股利政策与股票价格是相关的。如果某一公司改变了长期以来比较稳定的股利政策,这就等于给投资者传递了公司收益情况发生变化的信息,从而会影响到股票的价格。股利提高可能给投资者传递公司未来创造现金能力的增强,该公司的股票价格就会上涨;反之,股利下降可能给投资者传递公司经营状况变坏的信息,该公司股票的价格就会下跌。

3. 代理理论

企业中的股东、债权人、管理者等诸多利益相关者的目标并非完全一致,在追求自身利益最大化的过程中有可能会以牺牲另一方的利益为代价,这种利益冲突关系反映在公司股利分配决策过程中表现为不同形式的代理成本:反映两类投资者之间利益冲突的是股东与债权人之间的代理关系;反映股权分散情形下内部管理者与外部分散投资者之间利益冲突的管理者与股东之间的代理关系;反映股权集中情形下控制性大股东与外部中小股东之间利益冲突的是控股股东与中小股东之间的代理关系。

持这种观点的人认为,股利政策有助于减缓管理者与股东之间,以及股东与债权人之间的代理冲突,也就是说,股利政策相当于是协调股东与管理者之间代理关系的一种约束机制。

该理论认为,股利的支付能够有效地降低代理成本。首先,股利的支付减少了管理者对自由现金流量的支配权,这在一定程度上可以抑制公司管理者的过度投资或在职消费行为,从而保护外部投资者的利益。其次,较多的现金股利发放,减少了内部融资,导致公司进入资本市场寻求外部融资,从而公司将接受资本市场上更多的、更严格的监督,这样便通过资本市场的监督减少了代理成本。因此,高水平的股利政策降低了企业的代理成本,但同时增加了外部融资成本,理想的股利政策应当使两种成本之和最小。

4. 税差效应理论

该理论认为,由于普遍存在的税率和纳税时间的差异,资本利得收入比股利收入更有助于实现收益最大化目标,公司应当采用低股利政策。一般来说,对资本利得收入征收的税率低于对股利收入征收的税率；另外，即使两者没有税率上的差异，由于投资者对资本利得收入的纳税时间更具有弹性，投资者仍可以享受延迟纳税带来的收益差异。

5. 客户效应理论

客户效应理论是对税差效应理论的进一步扩展，研究处于不同税收等级的投资者对待股利分配态度的差异，认为投资者不仅仅是对资本利得和股利收益有偏好，即使是投资者本身，因其所处不同等级的边际税率，对企业股利政策的偏好也是不同的。收入高的投资者因其拥有较高的税率表现出偏好低股利支付率的股票，希望少分或不分现金股利，以更多的留存收益进行再投资，从而提高所持有的股票价格。而收入低的投资者以及享有税收优惠的养老基金的投资者表现出偏好高股利支付率的股票，希望支付较高而且稳定的现金股利。

投资者的边际税率差异性导致其对待股利政策态度的差异性。边际税率高的投资者会选择实施低股利支付率的股票，边际税率低的投资者则会选择实施高股利支付率的股票。这种投资者依据自身边际税率而显现出的对实施相应股利政策股票的选择偏好现象被称为"客户效应"。因此，客户效应理论认为，公司在制定或调整股利政策时，不应该忽视股东对股利政策的需求。

五、股利政策类型

股利政策既决定给股东分配多少红利，也决定有多少净利留在公司。减少股利分配，会增加保留盈余，减少外部筹资需求。所以，公司的股利决策也就是内部筹资决策。在理财实务中，公司采用的股利政策主要如下。

（一）剩余股利政策

剩余股利政策是指在公司有着良好的投资机会时，根据一定的目标资本结构（最佳资本结构），测算出投资所需的权益资本，先从盈余当中留用，然后将剩余的盈余作为股利予以分配的政策。

剩余股利政策的理论依据是 MM 股利无关理论。根据 MM 股利无关理论，在完全理想状态下的资本市场中，公司的股利政策与普通股每股市价无关，故而股利政策只需随着公司投资、融资方案的制定而自然确定。

保持目标资本结构不是指保持全部资产的负债比率，无息负债和短期借款不可能也不需要保持某种固定比率。短期负债筹资是营运资本管理问题，不是资本结构问题。

保持目标资本结构，不是指 1 年中始终保持同样的资本结构。利润分配后建立的目标资本结构,随着生产经营的进行会出现损益,导致所有者权益的变化,使资本结构发生变化。因此,符合目标资本结构是指利润分配后(特定时点)形成的资本结构符合既定目标,而不是后续经营造成的所有者权益变化,形成的资本结构符合目标结构。

公司采用剩余股利政策时,应遵循四个步骤:

第一步:设定目标资本结构。即确定权益资本与债务资本的比率,在此资本结构下,加权平均资本成本将达到最低水平。

第二步:确定目标资本结构下投资所需的股东权益数额。

第三步:最大限度地使用保留盈余来满足投资方案所需的权益资金数额。

第四步:投资方案所需权益资本已经满足后若有剩余盈余再将其作为股利发放给股东。

从以上可知,在这种政策下,股东所分得的是"剩余"的股利,体现无剩不分的原则。

【例 8-1】 假定商运公司 20×7 年年末的税后净利润为 900 万元,20×8 年的预计投资所需资金 1 200 万元,该公司的目标资本结构为权益资本占 60%、债务资本占 40%,发行在外的普通股股数为 200 万股,无优先股。计算 20×7 年支付给股东的剩余股利。

依题意计算分析如下:

20×8 年公司投资所需的权益资金 = 1 200×60% = 720(万元)
20×7 年公司向投资者分配的股利 = 900—720 = 180(万元)
每股股利 = 180÷200 = 0.9(元)

按照法律规定,本例可以分配的股利为 810 万元(900−900×10%),如果以前年度有未分配利润,那么法律不禁止股利分配超过 810 万元。但本例股利分配 180 万元,即使以前年度有未分配利润,也只能分配股利 180 万元,这是由于财务限制和采用的股利分配政策导致的。另外要说明的是,明年投资需求 720 万元的权益资金中,包含了提取的法定盈余公积 90 万元,因为这部分资金可以长期使用。因而,在计算可分配的股利时,用净利润直接减去投资需要的权益资金即可。

剩余股利政策的优点是:采用剩余股利政策,意味着公司只将剩余的盈余用于发放股利。这样有利于保持公司理想的资本结构,使加权平均资本成本最低。如上例,如果公司不按剩余股利政策发放股利,将可向股东分配的 900 万元全部留用于投资(这样当年将不发放股利);或全部作为股利发放给股东(这样当年每股股利将达到 4.5 元),然后再去筹措债务资金。这两种做法都会破坏目标资金结构,可能导致公司的加权平均资本成本提高,不利于提高公司的价值(股票价格)。但是,采用这种政策有可能出现当年由于无剩余利润不分配股利的现象,容易造成公司效益不好、当年无盈利的错觉,对于稳定公司股票价格不利。

(二)固定股利政策

固定股利政策是指将每年发放的股利固定在某一水平上,并在较长的时期内不变,只有当公司认为未来盈余会显著地、不可逆转地增长时,才提高年度股利发放额的政策。不过,在通货膨胀的情况下,大多数公司的盈余会随之提高。而大多数投资者也希望公司能提供足以抵消通货膨胀不利影响的股利,因此在长期通货膨胀的时期内也应提高股利发放额。

由此可知,在这种政策下,股东所分得的是"固定"的股利,体现固定不变的原则。

【例 8-2】 假定商运公司 20×6 年、20×7 年、20×8 年连续 3 年提取了盈余公积之后的净利润分别为 180 万元、140 万元、190 万元。发行在外的普通股为 100 万股,无优先股。

该公司 20×6 年经股东大会决定,采用固定股利政策,每股固定发放股利 1.5 元。计算该公司 3 年的股利。

依题意计算分析如下:

$$20\times6\ 年支付的股利 = 1.5\times100 = 150(万元)$$
$$20\times7\ 年支付的股利 = 1.5\times100 = 150(万元)$$
$$20\times8\ 年支付的股利 = 1.5\times100 = 150(万元)$$

固定股利政策的优点是:公司可以避免出现由于经营不善而削减股利的情况。具体表现在:

(1)稳定的股利向市场传递着公司正常发展的信息,有利于树立公司良好形象,稳定股票的价格。

(2)稳定的股利额有利于投资者安排股利收入和支出,而股利忽高忽低的股票,则不受股东的欢迎,股东的心理状态会受到影响,股票价格会因此而下降。

但是,稳定的股利政策可能会使公司推迟某些投资方案或者暂时偏离目标资金结构;股利的支付与盈余相脱节,当盈余较低时仍要支付固定的股利,这可能导致资金短缺,财务状况恶化。

(三)固定股利支付率政策

固定股利支付率政策是指公司确定一个股利占盈余的比率,长期按此比率支付股利的政策。公司各年的股利额随公司经营的好坏而上下波动,获得较多盈余的年份股利额高,获得盈余少的年份股利额低。

由此可知,在这种政策下,股东所分得的是"波动"的股利,体现水涨船高的原则。

【例 8-3】 仍以[例 8-2]的资料为例,假设商运公司实行固定股利支付率政策,固定股利支付率为 80%。计算该公司 3 年的股利发放额。

依题意计算如下:

$$20 \times 6 \text{年支付的股利} = 180 \times 80\% = 144(万元)$$
$$每股股利 = 144 \div 100 = 1.44(元)$$
$$20 \times 7 \text{年支付的股利} = 140 \times 80\% = 112(万元)$$
$$每股股利 = 112 \div 100 = 1.12(元)$$
$$20 \times 8 \text{年支付的股利} = 190 \times 80\% = 152(万元)$$
$$每股股利 = 152 \div 100 = 1.52(元)$$

固定股利支付率政策的优点是:能使股利支付与公司盈余紧密地配合,以体现多盈多分、少盈少分、无盈不分的原则,这才是真正公平地对待了每一位股东。但是,在这种政策下,各年的股利变动较大,极易造成公司经营不稳定的感觉,对于稳定股票价格不利。

(四)低正常股利加额外股利政策

低正常股利加额外股利政策是指公司一般情况下每年只支付固定的、数额较低的股利,在盈余多的年份,再根据实际情况向股东发放额外股利的政策。但额外股利不固定化,并不意味着公司永久地提高了规定的股利率。

由此可知,在这种政策下,股东所分得的是"低固定加额外"的股利,体现稳健加灵活的原则。

【例 8-4】 假定商运公司采用低正常股利加额外股利政策,每年固定发放低股利 0.5 元/股,20×6 年、20×7 年、20×8 年 3 年提取了盈余公积之后的净利润分别为 70 万元、160 万元、80 万元,发行在外的普通股 100 万股,无优先股。由于 20×7 年净利润得到了较大的增长,决定增发额外股利 0.6 元/股。计算该公司 3 年发放的股利数。

依题意计算如下:

$$20 \times 6 \text{年支付的股利} = 0.5 \times 100 = 50(万元)$$
$$20 \times 7 \text{年支付的股利} = 0.5 \times 100 + 0.6 \times 100 = 110(万元)$$
$$20 \times 8 \text{年支付的股利} = 0.5 \times 100 = 50(万元)$$

低正常股利加额外股利政策的优点是:

(1) 这种股利政策使公司具有较大的灵活性。当公司盈余较少或投资需用较多资金时,可维持设定的较低但正常的股利,股东不会有股利跌落感;而当盈余有较大幅度增加时,则可适度增发股利,把经济繁荣的部分利益分配给股东,使他们增强对公司的信心,这有利于稳定股票的价格。

(2) 这种股利政策可使股东每年至少可以得到虽然较低,但比较稳定的股利收入。但是这种政策会使投资者产生错觉,造成额外股利也是正常股利的误判。

上述四种股利分配政策,各有其优点和不足。公司在分配股利时应借鉴其基本的原则,制定适合于公司实际情况的股利分配政策。

第二节　股利支付

一、股利支付程序

(一) 决策程序

上市公司股利分配的基本程序是:首先,由公司董事会根据公司盈利水平和股利政策,制定股利分配方案,提交股东大会审议,通过后方可生效。在经过上述决策程序之后,公司方可对外发布股利分配公告,具体实施分配方案,在规定的股利发放日以约定的支付方式派发。我国股利分配决策权属于股东大会。我国上市公司的现金分红一般是按年度进行,也可以进行中期现金分红。

(二) 分配信息披露

根据有关规定,股份有限公司利润分配方案、公积金转增股本方案须经股东大会批准,董事会应在股东大会召开后2个月内完成股利派发或股份转增事项。在此期间,董事会必须对外发布股利分配公告,以确定该分配的具体程序和时间安排。

股利分配公告一般在股权登记日前3个工作日发布。如果公司股东较少,股票交易又不活跃,公告日可以与股利支付日在同一天。公告内容包括:

(1) 利润分配方案。

(2) 股利分配对象,为股权登记日当日登记在册的全体股东。

(3) 股利发放方法。我国上市公司的股利分配程序应当按登记的证券交易所的具体规定进行。

(三) 股利支付过程中的重要日期

股份有限公司向股东支付股利，要经过几个重要的日期，依次为：股利宣告日、股权登记日、除息日和股利支付日。

(1) 股利宣告日：即公司董事会将股东大会通过本年度利润分配方案的情况以及股利支付情况予以公告的日期。公告中将宣布每股派发股利、股权登记日、除息日、股利支付日以及派发对象等事项。

(2) 股权登记日：即有权领取本期股利的股东资格登记截止日期。凡是在股权登记日这一天登记在册的股东（即在此日及之前持有或买入股票的股东）才有资格领取本期股利，而在这天之后登记在册的股东，即使是在股利支付日之前买入的股票，也无权领取本期分配的股利。此外，我国部分上市公司在进行利润分配时除了分派现金股利以外，还伴随着送股或转增股，在股权登记日这一天仍持有或买进该公司的股票的投资者是可以享有此次分红、送股或转增股的股东，这部分股东名册由证券登记公司统计在案，届时将应支付的现金红利、应送的红股或转增股划到这部分股东的账上。

(3) 除息日：也称除权日。除息日是指股利所有权与股票本身分离的日期，将股票中含有的股利分配权予以解除，即在除息日当日及以后买入的股票不再享有本次股利分配的权利。我国上市公司的除息日通常是在股权登记日的下一个交易日。由于在除息日之前的股票价格中包含了本次派发的股利，即股权登记日及以前的股票价格中包含本次派发的股利，所以通常股权登记日这天股票的价格（含权价格）较高，而自除息日起的股票价格中不包含本次派发的股利，除息日的股票价格（除权价）理论上应该低于股权登记日的价格。通常经过除权调整上市公司每股股票对应的价值，以便投资者对股价进行对比分析。

(4) 股利支付日：是公司确定的向股东正式发放股利的日期。公司通过资金清算系统或其他方式将股利支付给股东。其实，现金股利由上市公司于股权登记日前就划入交易所账户了。交易所根据股权登记日收盘后股东持股情况将资金划入各托管证券经营机构账户，托管证券经营机构再把资金划入到股东资金账户。所以现金股利在股权登记日后是需要几天时间统计和划拨的，不是在除息日到账。

【例 8-5】 中国银行于 20×1 年 6 月 3 日发布（即股利宣告日）了《中国银行派发现金红利实施公告》。公告称该行于 20×1 年 5 月 27 日召开股东大会，审议通过了 20×0 年度的利润分配方案。分红派息方案如下：

(1) 发放年度：20×0 年度。

(2) 股权登记日:20×1年6月9日。
(3) 除息日:20×1年6月10日。
(4) 现金红利发放日:20×1年6月30日。
(5) 发放对象:截至20×1年6月9日收市后,在中国证券登记结算有限责任公司上海分公司登记在册的本行全体A股股东。
(6) 发放金额:每股派发现金红利0.146元人民币(税前)。

二、股利支付方式

股利支付方式有多种,常见的有以下几种:

(1) 现金股利。现金股利是以现金支付的股利,它是股利支付的主要方式。公司支付现金股利除了要有累积盈余(特殊情况下可用弥补亏损后的盈余公积支付)外,还要有足够的现金,因此公司在支付现金股利前需筹备充足的现金。

(2) 股票股利。股票股利是公司以增发的股票作为股利的支付方式。在我国上市公司股利分配实践中,现金股利、股票股利或两者的结合是常见的股利支付方式。

(3) 财产股利。财产股利是以现金以外的资产支付的股利,主要是以公司所拥有的其他企业的有价证券,如债券、股票,作为股利支付给股东。

(4) 负债股利。负债股利是公司以负债支付的股利,通常以公司的应付票据支付给股东,不得已情况下也有发行公司债券抵付股利的。财产股利和负债股利实际上是现金股利的替代。这两种股利方式目前在我国公司实务中很少使用,但并非法律所禁止。

三、股票股利

(一) 股票股利的含义

股票股利(stock dividend)是公司以增发股票的方式所支付的股利,在我国实务中通常也称为"红股"。发放股票股利,不会直接增加股东的财富,不会导致公司资产的流出,不会引起公司负债的增加,不会对公司股东权益总额产生影响,但会引起所有者权益各项目的结构发生变化。发放股票股利后,如果盈利总额与市盈率不变,会由于普通股股数增加而引起每股收益和每股市价的下降。但由于股东所持有股份的比例不变,每位股东所持有股票的市场价值总额仍保持不变,因而股票股利不涉及公司的现金流。

(二)股票股利对公司的影响和作用

1. 股票股利对公司的影响

发放股票股利,不增加所有者权益,但会引起所有者权益各项目的结构发生变化。

【例8-6】 假设商运公司有普通股300 000股(公司股票全部为普通股),每股面值1元。在20×7年度利润分配及资本公积转增股本实施公告中披露的分配方案主要信息如下:

每10股送3股转增3股。股权登记日为20×8年3月9日(注:该日收盘价为30元);除权(除息)日为20×8年3月12日(注:该日的开盘价为18.95元);新增可流通股份上市流通日为20×8年3月13日。

从上述公告中可知,该公司资本公积转增股本比例为每股转增0.3股,对企业而言属于所有者权益项目内项目之间的调整,对股东而言可以按照其所持有股份的比例获得相应的转增股份。从股东持有的股份数量上看,公司发放股票股利与从资本公积转增股本都会使股东具有相同的股份增持效果,但并未增加股东持有股份的价值。此外,股票股利与转增不同的是派发的股票股利来自未分配利润,股东需要交纳所得税,而转增不需要交纳所得税。我国部分上市公司的资本公积转增股本方案是单独实施的,也有许多上市公司的转增方案是伴随着现金股利和股票股利一同实施的。

我国上市公司发放股票股利是按照面值从未分配利润转入股本的。该公司每10股送3股股票股利,则:

$$发放股票股利的股本 = 300\,000 \times 0.3 = 90\,000(元)$$

即减少了未分配利润90 000万元,同时增加股本90 000元,只改变了所有者权益内部结构,不影响公司所有者权益总额。

从资本公积转增股本只是改变了所有者权益的内部结构。

$$资本公积转增的股本 = 300\,000 \times 0.3 = 90\,000(元)$$

每10股转增3股,即减少了资本公积90 000元,同时增加了总股本90 000元,不影响所有者权益总额。

实施此次股利分配和转增方案后,通过发放股票股利和从资本公积转增后的股本总额变为:

$$股本总额 = 300\,000 + 90\,000 + 90\,000 = 480\,000(元)$$

$$转增股本后的资本公积 = 600\,000 - 90\,000 = 510\,000(元)$$

$$实施利润分配后的未分配利润 = 3\,000\,000 - 90\,000 = 2\,910\,000(元)$$

商运公司利润分配方案实施前后所有者权益各项目变化情况如表8-1所示。

表8-1 商运公司所有者权益情况表(利润分配前后)　　　　　单位:元

项目	利润分配前	利润分配后
股本(面额1元)	300 000	480 000
资本公积	600 000	510 000
盈余公积	100 000	100 000
未分配利润	3 000 000	2 910 000
所有者权益合计	4 000 000	4 000 000

从表8-1可以看出,利润分配后比利润分配前股本总额增加了180 000元,分别来自股票股利从未分配利润转来的90 000元和转增股本从资本公积中转出的90 000元。

在美国等西方国家,发放股票股利通常是以发放前的股票市价为基础,将股票股利从留存收益项目转出,其中按照股票面额部分转至股本项目,股票市价与面值差额的部分转入资本公积项目。

【例8-7】 假设商运公司在20×8年发放股票股利前,资产负债表上的所有者权益相关资料为:普通股300 000股,每股面值1元;资本公积600 000元;盈余公积600 000元;未分配利润3 000 000元。该公司宣布增发总股数10%的股票股利,规定每10股配1股新股,发行市价30元。

需从未分配利润划转出的金额为:

$$增发股票股利的股数 = 300\,000 \times 10\% = 30\,000(股)$$
$$增发股票股利的金额 = 30\,000 \times 30 = 900\,000(元)$$
$$其中:股本 = 30\,000 \times 1 = 30\,000(元)$$
$$资本公积 = 30\,000 \times 29 = 870\,000(元)$$

增发股票股利前后的股东权益情况如表8-2所示。

表8-2 商运公司股东权益情况变动表　　　　　单位:元

项目	原股东权益	增发后股东权益
普通股股本:	300 000	330 000
盈余公积	600 000	600 000
资本公积	600 000	1 470 000
未分配利润	3 000 000	2 100 000
股东权益合计	4 500 000	4 500 000

从以上计算分析可知,增发股票股利后的股东权益总额 450 万元没有发生变化,只是股东权益项目间作了调整。未分配利润减少了 90 万元,股本增加了 3 万元,资本公积增加了 87 万元。可见,发放股票股利,不会对公司股东权益总额产生影响,但会发生资金在各股东权益项目间的再分配。

2. 股票股利对公司的作用

(1) 可以留存较多现金。发放股票股利可使股东分享公司的盈余而无须分配现金,这使公司留存了大量现金,便于进行再投资,有利于公司长期发展。

(2) 可以吸引更多投资者。在盈余和现金股利不变的情况下,发放股票股利可以降低每股价值,从而吸引更多的投资者。

(3) 可以增加投资者信心。发放股票股利往往会向社会传递公司将会继续发展的信息,从而提高投资者对公司的信心,在一定程度上稳定股票价格。

(三) 股票股利对公司股票市价的影响

公司发放股票股利后,如果盈利总额不变,会由于普通股股数增加而引起每股收益和每股市价的下降。其影响程度,可通过以下公式计算:

$$发放股票股利后的每股收益 = \frac{E_0}{(1+D_S)}$$

$$发放股票股利后的每股市价 = \frac{M}{(1+D_S)}$$

式中,E_0 代表发放股票股利前的每股收益;M 代表股利分配权转移日的每股市价;D_S 代表股票股利发放率。

【例 8-8】 假定商运公司本年盈余 99 万元,股本 300 000 元,发放 10% 的股票股利,市盈率不变,股票股利发放前的每股市价为 30 元。则:

$$发放股票股利后的每股收益 = \frac{3.3}{(1+10\%)} = 3(元)$$

$$发放股票股利后的每股市价 = \frac{30}{(1+10\%)} = 27.27(元)$$

我国上市公司在实施利润分配方案时,可以是单独实施发放现金股利的或股票股利的分配方案,也可以是现金股利和股票股利的组合方案,或者同时伴随着从资本公积转增股本的方案。由于股票股利与转增都会增加股本数量,但每个股东持有股份的比例并未改变,结果导致每股价值被稀释,从而使股票交易价格下降。

在除权(除息)日,上市公司发放现金股利与股票股利以及资本公积转增资本后,股票的除权参考价为:

$$\frac{\text{股权登记日收盘价}-\text{每股现金股利}}{1+\text{送股率}+\text{转增率}}$$

如上述例8-6中,商运公司在20×8年3月12日除权(除息日)的参考价为:

$$\frac{30}{1+0.3+0.3}=18.75(元)$$

该公司股票当日的开盘价为18.95元,相对于股权登记日(20×8年3月9日)的收盘价30元,有较大幅度的下降,有利于使股价保持在合理的范围之内。

(四)股票股利对股东的影响和作用

1. 股票股利对股东的影响

公司发放股票股利后,尽管由于普通股股数增加而引起每股收益和每股市价的下降,但是如果盈利总额和市盈率不变,则股东所持股份的比例不变,每位股东所持股票的市场价值总额仍保持不变。

【例8-9】 假定[例8-8]资料中,A股东持有该公司50%的股份,其他条件不变。则发放股票股利对A股东的影响如表8-3所示。

表8-3 发放股票股利对A股东的影响　　　　　　　　　　　　　　单位:元

项目	发放前	发放后
每股收益	3.3(990 000÷300 000)	3(990 000÷330 000)
每股市价	30	27.27[30÷(1+10%)]
持股比例(股数)	50%(150 000股)	50%(165 000股)
A股东持股总价值	4 500 000(30×150 000)	4 500 000(27.27×165 000)

从表8-3可知,A股东持股比例和持股总价值没有发生变化,但每股收益由3.3元下降到3元,每股市价由30元下降到27.27元。

2. 股票股利对股东的作用

(1)可能得到更多的现金。公司在发放股票股利后如果同时发放现金股利,股东会因所持股数的增加而得到更多的现金。

(2)可能得到股价相对上升的好处。公司发放股票股利后有时其股价并不呈比例下降,一般在发放少量股票股利(如发放率2%~3%)后,大体不会引起股价的立即变化。股东可能会得到股票价值相对上升的好处。

(3)可能得到股价绝对上升的好处。发放股票股利通常由成长中的公司所为,因此投资者往往认为发放股票股利预示着公司将会有较大发展,这种心理会稳定住股价甚至使股价略有上升。

（4）可能获得纳税上的好处。在股东需要现金时，还可以将分得的股票股利出售，出售股票所需交纳的资本利得（价值增值部分）税率通常比收到现金股利所需交纳的所得税税率低。股东可能获得纳税上的好处。

第三节　股票分割与股票回购

一、股票分割

（一）股票分割的概念

股票分割(stock split)，又称拆股，即将面额较高的股票拆分成面额较低的股票的行为。例如，将原来的一股股票交换成两股股票。股票分割一般只会增加发行在外的股票总数，但不会对公司的资本结构产生任何影响。股票分割不属于某种股利方式，但其所产生的效果与发放股票股利近似。两者都是在不增加股东权益的情况下增加股份的数量，所不同的是，股票股利虽不会引起所有者权益总额发生变化，但是股东权益的内部结构会发生变化，但股票分割之后，股东权益总额及其内部结构都不会发生任何变化，变化的只是股票面值和股数。在理财活动中，由于股票分割与股票股利非常接近。所以一般要根据证券管理部门的具体规定对两者加以区分。比如，有的国家证券交易机构规定，发放25％以上的股票股利即属于股票分割。

（二）股票分割对公司的影响

股票分割时，发行在外的股数增加，使得每股面额降低，每股盈余下降；但公司价值不变，股东权益总额、权益各项目的金额及其相互间的比例也不会改变。这与发放股票股利时的情况既有相同之处，又有不同之处。

【例8-10】　商运公司原发行普通股30万股，每股面额3元，该公司现决定按1股换2股进行股票分割，该年净利润为60万元。原股东权益项目见表8-4分割前股东权益栏。计算分析股票分割后的股东权益。

依题意计算分析如下：

股票分割前的每股收益 = 60÷30 = 2(元)
股票分割后的每股收益 = 60÷60 = 1(元)

计算分析见表8-4股票分割后股东权益栏。

表 8-4　股票分割前后股东权益　　　　　　　　　　金额单位：元

项目	分割前股东权益	分割后股东权益
普通股	900 000	900 000
其中：面额（股数）	3 元（300 000 股）	1.5 元（600 000 股）
资本公积	1 800 000	1 800 000
未分配利润	9 000 000	9 000 000
股东权益合计	11 700 000	11 700 000

从表 8-4 可知，该公司股票分割后，股数由 30 万股增加到 60 万股，每股面额由 3 元下降到 1.5 元，每股盈余由 2 元下降到 1 元。但公司的股东权益及各项目均未发生变化。

（三）股票分割的作用

1. 对公司的作用

（1）吸引投资者。实行股票分割的主要目的在于通过增加股票股数降低每股市价，从而吸引更多的投资者。

（2）树立形象。股票分割往往是成长中公司的行为，所以宣布股票分割后容易给人一种"公司正处于发展之中"的印象，这种有利信息会对公司有所帮助。

2. 对股东的作用

（1）可能多获现金股利。只要股票分割后每股现金股利的下降幅度小于股票分割幅度，股东仍能多获现金股利。

（2）可能增加股东财富。股票分割向社会传播的有利信息和降低了的股价，可能导致购买该股票的人增加，反使其价格上升，进而增加股东财富。

公司尽管进行股票分割与发放股票股利都能达到降低股价的目的，但一般来说，只有在公司股价剧涨且预期难以下降时，才采用股票分割的办法降低股价；而在公司股价上涨幅度不大时，往往通过发放股票股利将股价维持在理想的范围之内。

（四）反分割

与股票分割相反，若公司认为自己的股票价格过低，不利于其在市场上的声誉和未来的再筹资时，为了提高股价，会采取反分割的措施。反分割又称为股票合并或逆向分割，是指将多股股票合并为一股股票的行为。反分割显然会降低股票的流通性，提高公司股票投资的门槛，股价也将上升。

二、股票回购

(一)股票回购的概念

股票回购(stock repurchase)是指上市公司出资将其发行在外的普通股以一定价格购买回来予以注销或作为库存股的一种资本运作方式。公司不得随意收购本公司的股份,只有满足相关法律规定的情形才允许股票回购。

(二)股票回购的意义

公司以多余现金购回股东所持有的股份,使流通在外的股份减少,每股股利增加,从而会使股价上升,股东能因此获得资本利得,这相当于公司支付给股东现金股利。所以,可以将股票回购看作是一种现金股利的替代方式。

(1)对股东而言,股票回购后股东得到的资本利得需交纳资本利得税,发放现金股利后股东需交纳股利收益税。在前者低于后者的情况下,股东将得到纳税的好处。当然,这是建立在一系列假设之上的。其实,股票回购对股东利益具有不确定的影响。

(2)对公司而言,进行股票回购的最终目的是增加公司的价值:

第一,公司回购股票的目的之一是向市场传递股价被低估的信号。股票回购有着与股票发行相反的作用。股票发行被认为是公司股票被高估的信号,如果公司管理层认为公司目前的股价被低估,通过股票回购,向市场传递了积极信号。股票回购的市场反应通常是提升了股价,有利于稳定公司股票价格。如果回购以后股票仍被低估,剩余股东也可以从低价回购中获利。

第二,当公司可支配的现金流明显超过投资项目所需的现金流时,可以用自由现金流量进行股票回购,有助于增加每股盈利水平。股票回购减少了公司自由现金流,起到了降低管理层代理成本的作用。管理层通过股票回购试图使投资者相信公司的股票是具有投资吸引力的,公司没有把股东的钱浪费在收益不好的投资中。

第三,避免股利波动带来的负面影响。当公司剩余现金流是暂时的或者是不稳定的,没有把握能够长期维持高股利的政策时,可以在维持一个相对稳定的股利支付率的基础上,通过股票回购发放股利。

第四,发挥财务杠杆的作用。如果公司认为资本结构中权益资本的比例较高,可以通过股票回购提高负债比率,改变公司的资本结构,并有助于降低加权平均资本成本。虽然发放现金股利也可以减少股东权益,增加财务杠杆,但两者在收益相同情形下的每股收益不同。特别是如果是通过发行债券融资回购本公司的股票,可以加速提高负债比率。

第五,通过股票回购,可以减少外部流通股的数量,提高了股票价格,在一定程度上降低了公司被收购的风险。

第六,调整所有权结构。公司拥有回购的股票(库藏股),可以用来交换被收购或被兼并公司的股票,也可以用来满足认股权证持有人认购公司股票或可转换债券持有人转换公司普通股的需要,还可以在执行管理层与员工股票期权时使用,避免发行新股而稀释收益。

我国《公司法》规定,公司只有在以下四种情况下,才能回购本公司的股份:一是减少公司注册资本;二是与持有本公司股份的其他公司合并;三是将股份奖励给本公司职工;四是股东因对公司作出的合并、分立决议持异议,要求公司收购其股份。

公司因第一种情况收购本公司股份的,应当在收购之日起 10 日内注销;属于第二、第四种情况的,应当在 6 个月内转让或者注销。公司因奖励职工回购股份的,不得超过本公司发行股份总额的 5%;用于回购的资金应当从公司的税后利润中支出;所收购的股票应当在 1 年内转让给职工。可见我国法规并不允许公司拥有西方实务中常见的库藏股。

(三) 股票回购的方式

股票回购的方式按照不同的分类标准主要有以下几种:

(1) 按照股票回购的地点不同,可以分为场内公开收购和场外协议收购两种。场内公开收购是指公司把自己等同于任何潜在的投资者,委托证券公司代自己按照公司股票当前的市场价格回购。场外协议价格回购是指公司与某一类或某几类投资者直接见面,通过协商来回购的一种方式。协商的内容包括价格与数量的确定,以及执行的时间等。很明显,这一种方式的缺点就在于透明度较低。

(2) 按照股票回购的对象不同,可以分为在资本市场上进行随机回购、向全体股东招标回购以及向个别股东协商回购。在资本市场上随机回购的方式最为普遍,但往往受到监督机构的严格监控。在向全体股东招标回购的方式下,回购价格通常高于当时的股票价格,具体的回购工作一般要委托金融中介机构进行,成本费用较高。向个别股东协商回购由于不是面向全体股东,所以必须保持回购价格的公正合理性,以免损害其他股东的利益。

(3) 按照筹资方式不同,可分为举债回购、现金回购和混合回购。举债回购是指企业通过银行等金融机构借款的办法来回购本公司的股份。其目的无非是防御其他公司的恶意兼并与收购。现金回购是指企业利用剩余现金来回购本公司股票。如果企业既动用剩余现金，又向银行等金融机构举债来回购本公司的股票，称为混合回购。

（4）按照回购价格的确定方式不同，可以分为固定价格要约回购和荷兰式拍卖回购。固定价格要约回购是指企业在特定时间发出的以某一高出股票当前市场价格的价格水平，回购既定数量股票的卖出报价。为了在短时间内回购数量相对较多的股票，公司可以宣布固定价格回购要约。它的优点是赋予所有股东向公司出售其所持有股票的均等机会。而且通常情况下，公司享有在回购数量不足时取消回购计划或延长要约有效期的权利。荷兰式拍卖回购首次出现于1981年Tadd造船公司的股票回购。此种方式的股票回购在回购价格确定方面给予公司更大的灵活性。在荷兰式拍卖回购中，首先，公司指定回购价格的范围（通常较宽）和计划回购的股票数量（可以上下限的形式表示）；然后，股东进行投标，说明愿意以某一特定价格水平（股东在公司指定的回购价格范围内任选）出售股票的数量；最后，公司汇总所有股东提交的价格和数量，确定此次股票回购的"价格—数量曲线"，并根据实际回购数量确定最终的回购价格。

 **本章框架图**

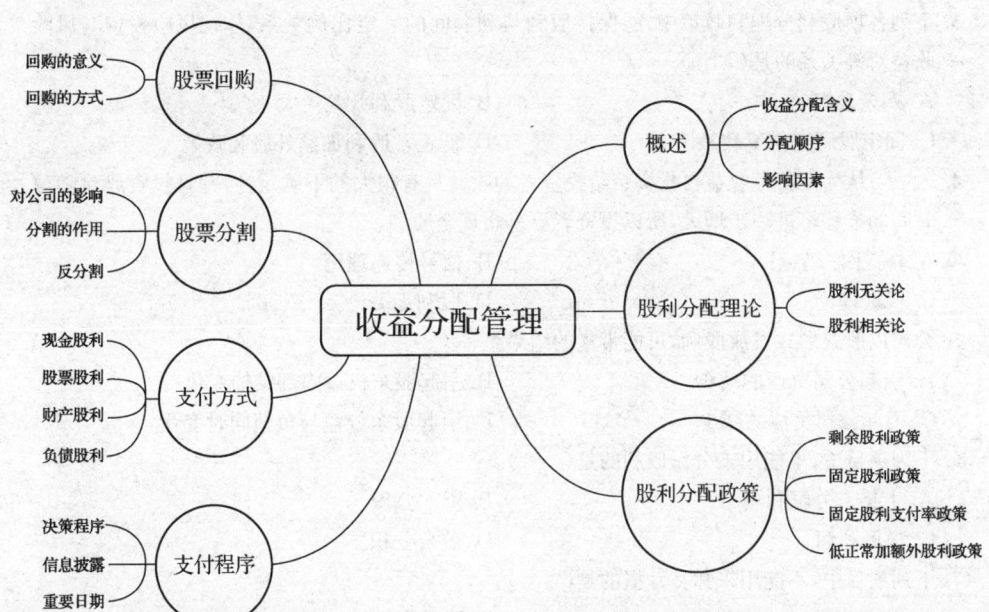

 讨论题

1. 股利政策的基本理论包括哪些内容?
2. 股利政策的类型之间有什么不同?对企业收益分配有何影响?
3. 股利的不同支付方式的适用范围是什么?
4. 比较股票股利和股票分割、股票回购的异同。

习　　题

一、单项选择题

1. 公司为了稀释流通在外的本公司股票价格,对股东支付股利的形式应选用(　　)。
   A. 负债股利　　　　　　　　B. 财产股利
   C. 股票股利　　　　　　　　D. 现金股利

2. 法定盈余公积转增资本金之后,其余额不得低于注册资本的(　　)。
   A. 25%　　　　　　　　　　B. 15%
   C. 10%　　　　　　　　　　D. 50%

3. 下列各项股利分配利政策中,能保持股利与利润间的一定比例关系,体现风险投资与风险收益对等关系的是(　　)。
   A. 剩余政策　　　　　　　　B. 固定股利政策
   C. 固定股利支付率政策　　　D. 低正常股利加额外股利政策

4. (　　)认为用留存收益再投资带给投资者的收益具有很大的不确定性,并且投资风险随着时间的推移将进一步增大,所以投资者更喜欢现金股利。
   A. "在手之鸟论"　　　　　　B. 信号传递理论
   C. 代理理论　　　　　　　　D. 股利无关论

5. 公司以股票形式发放股利,可能带来的结果是(　　)。
   A. 引起公司资产的减少　　　B. 引起股东权益内部结构变化
   C. 引起公司负债的减少　　　D. 引起股东权益与负债同时变化

6. 下列项目中,不能用来分派股利的是(　　)。
   A. 上年未分配利润　　　　　B. 资本公积
   C. 税后利润　　　　　　　　D. 盈余公积

7. 下列项目中,不能用来弥补亏损的是(　　)。
   A. 盈余公积　　　　　　　　B. 税后利润

C. 资本公积 D. 税前利润

8. ( )是领取股利的权利与股票相互分离的日期。
   A. 股利宣告日 B. 股权登记日
   C. 除息日 D. 股利支付日

9. 盈利比较稳定或正处于成长期、信誉一般的企业一般采用的是( )。
   A. 剩余股利政策 B. 正常股利加额外股利政策
   C. 固定股利政策 D. 固定股利比例政策

10. 企业最常见的,也最易被投资者接受的股利支付方式是( )。
    A. 现金股利 B. 负债股利
    C. 股票股利 D. 财产股利

11. 下列项目中,在利润分配中优先的是( )。
    A. 法定盈余公积 B. 优先股股利
    C. 普通股股利 D. 任意盈余公积

12. 在影响收益分配政策的法律因素中,目前,我国相关法律尚未做出规定的是( )。
    A. 超额累计利润约束 B. 资本积累约束
    C. 偿债能力约束 D. 资本保全约束

13. 企业采用剩余股利政策进行收益分配的主要优点是( )。
    A. 有利于稳定股价 B. 获得财务杠杆利益
    C. 降低综合资金成本 D. 增强公众投资信心

14. 法律对利润分配进行超额累积利润限制的主要原因是( )。
    A. 避免损害股东利益 B. 避免资本结构失调
    C. 避免股东避税 D. 避免损害债权人利益

15. 企业在分配收益时,必须按一定的比例和基数提取各种盈余公积,这一要求体现的是( )。
    A. 资本保全 B. 资本积累
    C. 资本增值 D. 偿债能力

16. 资本保全约束要求企业发放的股利或投资分红不得来源于( )。
    A. 当期利润 B. 留存收益
    C. 股本或原始投资 D. 未分配利润

17. 不会引起公司资产流出或负债增加的股利支付形式是( )。
    A. 股票股利形式 B. 财产股利形式
    C. 现金股利形式 D. 证券股利形式

二、多项选择题

1. 发放股票股利会产生的影响有( )。
   A. 引起公司资产的流出 B. 引起股东权益总额发生变化

C. 引起股东权益各项目的比例发生变化　　D. 引起每股利润下降

2. 采用固定股利政策的理由包括（　　）。
   A. 有利于投资者安排股利收入与支出　　B. 使股利的支付与盈余一致
   C. 有利于稳定股票价格　　D. 使资金成本最低

3. 下列项目中，不能用于支付股利的有（　　）。
   A. 原始投资　　B. 实收资本
   C. 股本　　D. 上年未分配利润

4. 资本保全约束要求企业发放的股利或投资分红只能来源于企业的（　　）。
   A. 当期利润　　B. 股本
   C. 资本公积　　D. 留存收益

5. 股利的形式包括（　　）。
   A. 现金股利　　B. 股票股利
   C. 财产股利　　D. 负债股利

6. 企业发放股票股利（　　）。
   A. 能达到节约企业现金的目的　　B. 实际上是企业盈利的资本化
   C. 会使企业财产的价值增加　　D. 可以使股票价格上升

7. 税后可作为弥补亏损的资金来源有（　　）。
   A. 盈余公积　　B. 资本公积
   C. 未分配利润　　D. 注册资本

8. 对股利有很强依赖性的股东应选择采取（　　）股利政策的公司投资。
   A. 正常股利加额外股利政策　　B. 固定股利比例政策
   C. 固定股利政策　　D. 剩余股利政策

9. 下列各项中，会导致企业采取低股利政策的事项有（　　）。
   A. 物价持续上升　　B. 陷于经营收缩的公司
   C. 企业资产的流动性较弱　　D. 企业盈余不稳定

10. 固定股利政策一般适用于（　　）。
    A. 收益比较稳定的企业　　B. 正处于成长期的企业
    C. 业绩一般的企业　　D. 业绩优良的企业

11. 股份有限公司向股东分配股利所涉及的重大日期是（　　）。
    A. 股利宣告日　　B. 股权登记日
    C. 除权日　　D. 股利支付日

12. 采用正常股利加额外股利政策的理由是（　　）。
    A. 使依靠股利度日的股东有比较稳定的收入，从而吸引住这部分股东
    B. 使公司具有较大的灵活性
    C. 保持理想的资本结构，使综合资本成本最低

D. 向市场传递公司正常发展的信息
13. 股票回购应考虑的因素包括(　　)。
   A. 投资者对股票回购的反应　　　　B. 股票回购对股票市场价值的影响
   C. 股票回购的税收因素　　　　　　D. 股票回购对公司杠杆效应的影响
14. 股票分割的目的在于(　　)。
   A. 稳定股价　　　　　　　　　　　B. 吸收更多的投资者
   C. 树立企业发展的形象　　　　　　D. 减少股利支付
15. 股票回购可以(　　)。
   A. 增加现金流入　　　　　　　　　B. 改变公司的资本结构
   C. 防止被他人收购　　　　　　　　D. 减少现金流出

三、判断题

1. 根据无利不分的原则,当企业出现年度亏损时,一般不得分配利润。　　　　(　　)
2. 股东出于控制权考虑,往往限制股利的支付,以防止控制权旁落他人。　　　(　　)
3. 企业以前年度未分配的利润,不得并入本年度的利润内向投资者分配,以免企业过度分配。
　　　　　　　　　　　　　　　　　　　　　　　　　　　　　　　　　　(　　)
4. 在除息日前,股利权从属于股票,从除息日开始,股利权与股票相分离。　　(　　)
5. 发放股票股利会引起每股利润的下降,每股市价也有可能下跌,因而每位股东所持股票的市场总价值也将下降。　　　　　　　　　　　　　　　　　　　　　　(　　)
6. 股票回购会导致公司的股价和流通在外的股数不同。
7. 采用剩余股利分配政策的优点是有利于保持理想的资金结构,降低企业的综合资金成本。
　　　　　　　　　　　　　　　　　　　　　　　　　　　　　　　　　　(　　)
8. 除息日的股票价格会略有上升。　　　　　　　　　　　　　　　　　　　(　　)
9. 采用固定股利比例政策分配利润时,股利不受经营状况的影响,有利于公司股票价格的稳定。
　　　　　　　　　　　　　　　　　　　　　　　　　　　　　　　　　　(　　)
10. 企业当年无利润就一定不能发放股利。　　　　　　　　　　　　　　　(　　)
11. 发放股票股利会减少股东权益总额。　　　　　　　　　　　　　　　　(　　)
12. 股份制企业的法定盈余公积不得低于注册资本的 50%。　　　　　　　　(　　)
13. 企业所发放的股利或投资分红不可来源于原始投资额或股本。
14. 当企业预期未来有较好的投资机会,财务人员应减少股利数额。
15. 固定股利支付率政策,可以使企业的股利支付和其盈利很好地结合起来。 (　　)
16. 企业宣布发放股票股利将会引起负债比率下降。　　　　　　　　　　　(　　)
17. 正常股利加额外股利政策只对企业有利,它使企业在经营上具有很大灵活性。(　　)

四、计算分析题

1. 双龙公司 20×7 年实现的利润总额为 2 000 万元,所得税税率为 25%,以前年度的亏损为 100 万元,公司按规定提取法定盈余公积后,再提取 8% 的任意盈余公积。20×8 年该公司计划投资 800 万元,其目标资金结构是维持权益乘数为 2.5 的资金结构。另外,该公司流通在外的普通股为 3 200 万股,无优先股。

要求:

(1) 计算该公司 20×7 年可发放的股利额。

(2) 计算在剩余股利政策下,该公司 20×7 年可发放的股利额和每股股利。

2. 双龙公司 20×6 年提取了法定盈余公积后的税后净利为 600 万元,发放股利 270 万元,目前,公司的目标资金结构为自有资金占 64%,20×7 年拟投资 500 万元,过去的 10 年该公司按 45% 的比例从净利润中支付股利,预计 20×7 年税后净利的增长率为 5%,该公司决定若税后净利的增长率达到 5%,则将全年利润的 1% 部分作为固定股利的额外股利。

要求(请分别计算不同股利政策 20×7 年可发放的股利):

(1) 剩余股利政策。

(2) 固定股利政策。

(3) 固定股利比例政策。

(4) 正常股利加额外股利政策。

3. 双龙公司 20×7 年实现销售收入 2 480 万元,全年固定成本 570 万元,变动成本率 55%,所得税税率 25%。20×7 年用税后利润弥补亏损 40 万元,按 10% 提取法定盈余公积,按 5% 提取任意盈余公积,向投资者分配利润比率为 40%。

要求:

(1) 计算 20×7 年的税后利润。

(2) 计算提取的法定盈余公积。

(3) 计算提取的任意盈余公积。

(4) 计算向投资者分配利润。

(5) 计算当年未分配利润。

4. 双龙公司有关资料如下:

(1) 该公司年初未分配利润贷方余额为 181.92 万元,本年息税前利润为 800 万元,适用的所得税税率为 25%。

(2) 公司流通在外的普通股 60 万股,发行时每股面值 1 元,每股溢价收入 9 元;公司负债总额为 200 万元,均为长期负债,平均年利率为 10%,假定公司筹资费用忽略不计。

(3) 公司股东大会决定本年度按 10% 的比例提取法定盈余公积,按 5% 的比例提取法定任意盈余公积。本年按可供投资者分配利润的 16% 向普通股股东发放现金股利,预计现金股利以后每年增长 6%。

(4) 据投资者分析,该公司股票的 β 系数为 1.5,无风险收益率为 8%,市场上所有股票的平均收益率为 14%。

要求:

(1) 计算双龙公司本年度净利润。

(2) 计算双龙公司本年应计提的法定盈余公积。
(3) 计算双龙公司本年末可供投资者分配的利润。
(4) 计算双龙公司每股支付的现金股利。
(5) 计算双龙公司现有资本结构下的财务杠杆系数和利息保障倍数。
(6) 计算双龙公司股票的风险收益率和投资者要求的必要投资收益率。
(7) 利用股票估价模型计算双龙公司股票价格为多少时投资者才愿意购买。

5. 双龙公司 20×8 年拟投资 5 000 万元购置一台生产设备以扩大生产能力,该公司目标资本结构下的权益乘数为 2。该公司 20×7 年度税前利润为 4 000 万元,所得税税率为 25%。
要求:
(1) 计算 20×7 年度的净利润。
(2) 按照剩余股利政策,计算企业分配的现金股利。
(3) 如果该企业采用固定股利支付率政策,固定的股利支付率是 40%。在目标资本结构下,计算 20×8 年度该公司为购置该设备需要从外部筹集权益资金的数额。
(4) 如果该公司采用的是固定或稳定增长的股利政策,固定股利为 1 200 万元,稳定的增长率为 5%,从 20×5 年开始执行稳定增长股利政策,在目标资本结构下,计算 20×8 年度该公司为购置该设备需要从外部筹集权益资金的数额。
(5) 如果该公司采用的是低正常加额外的股利政策,低正常股利为 1 000 万元,额外股利为净利润超过 2 000 万元的部分的 10%,在目标资本结构下,计算 20×8 年度该公司为购置该设备需要从外部筹集权益资金的数额。

第九章 营运资本管理

学习目标

通过对本章的学习,你能够了解到:
1. 营运资本管理的策略
2. 流动资产的管理方法
3. 短期筹资管理的主要方式

第一节 营运资本管理策略

前面的章节已经讨论了企业的各种长期财务管理决策,如投资决策、股利支付决策和筹资决策等。本章主要讨论的是企业短期财务管理。短期财务决策一般涉及1年之内的现金流入和流出,如订购原材料、收取货款等。这些决策通常与营运资本相关,因此短期财务管理也称为营运资本管理。

一、营运资本

营运资金一词来源于美国早期商贩的故事,商贩们借款采购货物,并用四轮马车沿途贩卖,出售后用赚的钱偿还银行借款,并且不断重复这一过程。这些货物因为需要不间断地"周转"以持续获取利润,同时用利润偿还借款,这个过程就形成了营运资本的周转。

营运资本(working capital)又称营运资金,有广义和狭义之分。广义的营运资金又称毛营运资金,是指一个企业在生产经营活动中占用在流动资产上的资金;狭义的营运资金又称净营运资金,是指投入日常经营活动的资本,是企业流动资产减流动负债后的余额。净营运资本衡量企业的即时流动性,揭示企业有多少现金可用于持续营运和发展。营运资金周转一次所需时间较短,在循环周转过程中,其占用形态不断变化,各种形态资金相互转化、周而复始。在企业不同的流动负债水平下,某一时期企业净营运资本可能为正或负。一个企业要维持正常的运转就必须拥有适量的营运资本,营运资本是企业日常生产经营活动的润滑剂,也是衡量企业短期偿债能力的重要指标。

营运资本管理是与其短期资产和短期负债相关的决策,既包括流动资产的管理,也包括流动负债的管理。这里所说的流动资产是指可以在1年或一个营业周期内变现或耗用的资产,主要包括现金、应收款项、存货等。流动负债是指需要在1年或者超过1年的一个营业周期内偿还的债务。

企业应合理控制营运资金的持有数量,既要防止营运资金过度,也要避免营运资金不足。营运资金越多,经营风险越小,收益越低;相反,营运资金越少,经营风险越大,但收益率越高。企业需要在风险和收益之间进行权衡,从而将营运资金的数量控制在一定范围之内。

二、经营周期和现金周期

短期财务管理主要关注企业短期的经营活动和财务活动,企业的营运资本从现金投入生产经营活动开始,经过采购、加工生产、销售到最终收回现金的过程,形成了营运资本循环,即现金周转循环,如图9-1所示。

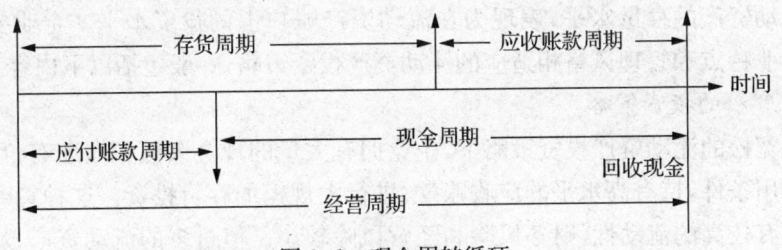

图9-1 现金周转循环

其中,从取得存货、进行销售和收取货款所消耗的时间叫做经营周期(operating cycle)。经营周期通常由两部分组成:一是取得和销售存货所花费的时间,也叫存货周期;二是收取货款所花费的时间,即应收账款周期。经营周期反映了货物是如何在流动资产各形态之间进行转移的,每一次转化都会更加接近现金。经营周期的计算公式为:

经营周期 = 存货周期 + 应收账款周期

现金流量的变化与企业的经营活动并不总是同步,如购买存货时并未马上付款,这段时间就形成了应付账款周期,这个周期会减少企业实际使用的现金数量。因此,现金周期(cash cycle)就是企业从实际支付采购货款开始,到收到销货款项的时间。现金周期的计算公式为:

$$现金周期 = 经营周期 - 应付账款周期$$

现金周期反映了短期融资管理的需求。现金周期越长,所需资金越多。现金周期的变化通常会作为一项早期预警指标进行监测,现金周期变长可能说明企业在销售或收款上出现问题。现金周期也会影响企业的盈利能力,现金周转期越短,企业在存货或应收账款上的投资就越少,总资产就越少,资产周转率提高会提升企业的盈利能力,增加公司的价值。

三、营运资本管理策略

营运资本管理是企业财务管理的重要组成部分,主要涉及两个问题:

一是企业应该投资多少到流动资产上?即资金运用的管理,包括现金、有价证券、应收款项和存货等的管理;二是企业应该怎样融通流动负债?即资金筹措的管理,包括银行短期借款、商业信用等的管理。

(一)流动资产投资策略

由于企业的生产成本、补货时间、销售水平以及收付款期限等存在不确定性,流动资产的投资决策就至关重要。企业经营的不确定性和风险忍受程度决定了流动资产的存量水平,表现为在流动资产账户上的投资水平。企业要选择与其行业特点和管理风格相适应的流动资产投资策略,一般包括以下内容。

1. 宽松的投资策略

在宽松的流动资产投资策略下,企业拥有大量的现金余额和短期有价证券;放宽信用条件,持有高水平的应收账款;进行大规模的存货投资。这种策略会使企业具有较高的流动性,财务风险和经营风险较小。但过多的流动资产投资,无疑会承担较大的流动资产持有成本,如资金的机会成本,降低企业的收益水平。

2. 紧缩的投资策略

在紧缩的流动资产投资策略下,企业保持低水平的现金余额,很少投资短期有价证券;限制赊销,几乎没有应收账款;存货的投资规模较小。这种策略可以节约流动资产的持有成本,提高企业收益。但同时会伴随更高的风险,表现为较低的存货水平影响经营以及缺乏现金支付货款等短缺成本的出现。这就对企业的管理水平提出了较高的要求。因为一旦管理失控,流动资产短缺会对企业的经营活动带来重大影响。

3. 适中的投资策略

为了确定在流动资产上的最优投资水平,需要在资产的流动性和收益性之间进行权衡,了解不同策略下的成本。一般来说,最优的流动资产投资应该是使流动资产的持有成本与短缺成本之和最小时的投资水平。这种要求持有成本和短缺成本大致相等的策略称为适中的投资策略。

企业持有成本随投资规模增加而增加,短缺成本随投资规模的增加而减少,在两者相等时达到最佳的投资规模。适中的流动资产投资策略,就是按照预期的流动资产周转天数、销售额及其增长、成本水平和通货膨胀等因素确定的最优投资规模,安排企业的流动资产投资。

(二)流动负债融资策略

流动资产的投资政策,决定了投资的总量,也就是需要筹资的总量。营运资本的筹资策略,主要是决定筹资的来源结构。制定营运资本筹资政策就是确定流动资产所需资金的中短期来源和长期来源的比例。

企业对流动资产的需求,一般会随着产品销售的变化而变化。因此流动资产可以被分解为永久性流动资产和临时性流动资产。永久性流动资产是指满足企业长期最低需求的流动资产,其数量通常相对稳定;临时性流动资产是指那些由于季节性会临时性的需求而形成的流动资产,其占用量随当时的需求而波动。流动负债也可以相应地分为临时性负债和自发性负债。临时性负债是指为满足临时性流动资金需求所发生的负债,一般只能供企业短期使用,如为旺季销售临时举借的银行借款;自发性负债又称经营性流动负债,是指直接产生于企业持续经营中的负债,如商业信用或应付账款等,自发性负债可供企业长期使用。一般来说,流动资产的永久性水平具有相对稳定性,需要通过长期负债融资或权益性资金来解决;而临时性部分融资相对灵活,可以通过低成本的短期融资方式解决。

流动负债融资策略就是如何为企业日常所需的流动资产及时足额地筹集到资金的决策。根据资产的期限结构和资金来源的期限结构的匹配程度差异,流动负债的融资策略可以划分为三类。

1. 配合型筹资策略

配合型筹资策略的特点是:对于临时性流动资产,运用临时性负债满足其资金需要;对于永久性流动资产和长期资产(以下统称为永久性资产),则运用长期负债、自发性负债和权益资本来满足其资金需要。资金来源的有效期与资产的有效期匹配,只是一种战略性的观念匹配,而不要求实际金额完全匹配。配合型筹资策略下资金与资产的配合如图9-2所示。

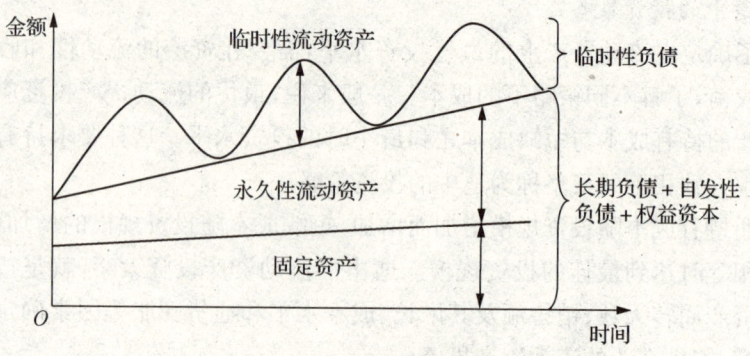

图 9-2　配合型筹资策略

这种策略下,要求企业的临时性负债融资计划比较严密,实现资金的占用时间与负债的偿还时间配合。在经营性淡季和低谷阶段,企业除了自发性负债外没有其他流动负债;只有在对临时性流动资产的需求达到高峰时,企业才举借各种临时性债务,这样有利于降低利率风险和偿债风险。因此,配合型筹资策略是一种理想的、对企业有着较高资金使用要求的匹配策略。

2. 激进型筹资策略

激进型筹资策略的特点是:临时性负债不但融通临时性流动资产的资金需要,还解决部分永久性资产的资金需要。激进型筹资策略下的资金与资产的配合如图 9-3 所示。

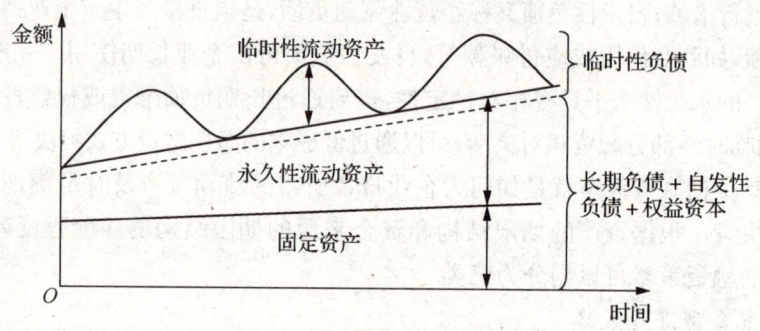

图 9-3　激进型筹资策略

这种策略下,临时性负债所占比例较大,由于临时性负债(如短期借款)的资金成本一般低于长期负债和权益资本的资金成本,所以企业的资金成本较低。另外,为了满足永久性资产的长期资金需要,企业必然要在临时性负债到期后重新举债或申请债务延期,使企业更为经常地举债和还债,从而加大了筹资的困难和风险,所以,激进型融资策略是一种收益性和风险性都较高的筹资策略。

3. 保守型筹资策略

保守型筹资策略的特点是:临时性负债只融通部分临时性流动资产的资金需要,另一部分临时性流动资产和永久性流动资产,则由长期负债、自发性负债和权益资本加以解决。保守型筹资策略下资金与资产的配合如图9-4所示。

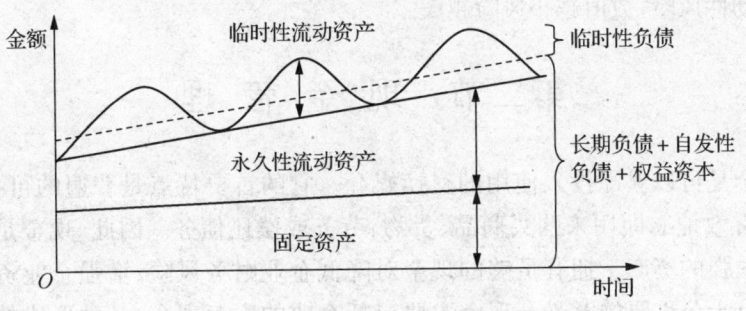

图 9-4 保守型筹资策略

在保守型筹资策略下,临时性负债在企业的全部资金来源中所占比例较小,企业保留较多营运资金,可降低企业无法偿还到期债务的风险,同时蒙受短期利率变动损失的风险也较低。但降低风险的同时也降低了企业的收益,因为长期负债和权益资本在企业的资金来源中比重较高,并且两者的资本成本通常会高于临时性流动负债的资本成本,而且在生产经营淡季,企业仍要负担长期债务的利息。即使将过剩的长期资金投资于短期有价证券,其投资收益一般也会低于长期负债的利息,从而降低了企业整体的收益率。所以,保守型融资策略是一种风险低、收益也低的筹资策略。

以上这些流动负债筹资策略如图9-5所示。任何一种策略在特定时间都可能是适合的,这取决于收益曲线的形状、利率的变化以及走势等,尤其是管理者的风险承受能力。

资产划分	非流动资产	永久性流动资产	临时性流动资产
激进策略	长期来源		短期来源
保守策略	长期来源		短期来源
配合策略	长期来源		短期来源

图 9-5 流动负债筹资策略

流动资金筹资政策的稳健程度,可以用易变现率的高低识别。易变现率的计算公式为:

$$易变现率 = \frac{(股东权益 + 长期债务 + 经营性流动负债) - 长期资产}{经营性流动资产}$$

在营业低谷期的易变现率为1,是配合型的筹资策略;大于1则趋于稳健;小于1则趋于激进。营业高峰期的易变现率,可以反映随销售额的增加而不断增长的流动性风险,数值越小风险越大。

第二节 现金管理

现金是可以立即投入使用的交换媒介。它的首要特点是普遍的可接受性,即可以有效地立即用来购买商品、货物、劳务或偿还债务。因此,现金是企业中流动性最强的资产。拥有足够的现金对降低企业财务风险、增强企业资金的流动性具有十分重要的意义。现金主要包括企业的库存现金、各种形式的银行存款和银行本票、银行汇票等。

有价证券是企业现金的一种转换形式,获取收益是持有有价证券的原因。有价证券变现能力强,可以随时兑换成现金。企业有多余现金时,常将现金兑换成有价证券;现金流出量大于流入量需要补充现金时,再出让有价证券换回现金。在这种情况下,有价证券就成了现金的替代品。从这种角度看,有价证券也是现金的一部分。

现金管理反映企业管理和投资现金的各种活动。现金管理的目的是在保证企业生产经营所需现金的同时,节约使用资金,并从暂时闲置的现金中获得最多的利息收入。企业的库存现金没有收益,银行存款的利息率一般也远远低于企业的资金利润率。现金结余过多,会降低企业的收益;现金太少,又可能会出现现金短缺,影响生产经营活动。现金管理应力求做到既保证企业交易所需资金,降低风险;又不使企业有过多的闲置现金,以增加收益。

一、持有现金的动机

(一)交易动机

交易动机是指持有现金以便满足日常支付的需要,如用于购买材料、支付工资、交纳税款、支付股利等。企业每天的现金收入和现金支出很少同时等额发生,保留一定的现金余额作为缓冲是必要的,可使企业在现金支出大于现金收入时,不致中断交易。支付所需现金的数量,取决于其销售水平。正常营业活动所产生的现金收入和支出以及它们的差额,一般同销售量呈正比例变化。随着电子转账和其他高速、无纸化支付工具的发展,作为交易需求持有的现金都可能完全消失。然而即使如此,企业仍存在着对流动性以及对其有效管理的需求。

(二)预防动机

预防动机是指企业持有现金以应付意外事件所产生的现金需要,为非预期的现金需求提供一个缓冲。由于市场情形瞬息万变和其他各种不测因素的存在,企业通常难以对未来现金流入量与流出量做出准确的估计和预测。一旦企业对未来现金流量的预测与实际情况发生偏离,必然对企业的正常经营秩序产生极为不利的影响。因此,在正常业务活动现金需要量的基础上,追加一定数量的现金余额以应付未来现金流入和流出的随机波动,是企业在确定必要现金持有量时应考虑的因素。企业为应付紧急情况所持有的现金余额主要取决于以下三个方面:一是现金收支预测的可靠程度,二是企业临时借款的能力,三是企业愿意承担风险的程度。

(三)投机动机

投机动机是指企业为了抓住各种瞬息即逝的市场机会、获得较大的利益而准备的现金余额。投机动机只是企业确定现金余额时所需考虑的次要因素之一,其持有量的大小往往与企业金融市场的投资机会及企业对待风险的态度有关。对于大部分公司来说,可能会因为投机动机而需要流动性,但不一定必须要保持现金,保留借款能力和有价证券也可以满足投机动机。

同时,商业银行中要求企业提供的诸如补偿性余额等条款,也可能是企业持有现金的原因之一。最低补偿性余额的要求可能为企业持有的现金水平设置了下限。

企业的现金持有量一般小于各种动机下的现金持有量之和,因为某一动机持有的现金可以用于满足其他并不一定同时产生的其他动机的需要。

企业的现金管理就是要根据各种动机需求,在资产的流动性和盈利性之间进行权衡,以获取最大的企业价值。

二、最佳现金余额的确定

现金是一种流动性最强的资产,又是一种盈利性最差的资产。现金过多,会使企业盈利水平下降;而现金太少又可能出现现金不足,影响正常生产经营。在确定现金余额(即最佳现金持有量)时,也存在风险与报酬的权衡问题。

（一）影响现金水平的因素

1. 流动性要求

流动性是指在不招致损失的情况下，将资产迅速转换成现金的能力。企业的现金流入和现金流出很少同步，企业需要控制营运资本以弥补现金流入和现金流出的不平衡，并确保足够的流动性。有效的现金管理方法可以提高企业的整体流动性，从而增强企业的获利能力并降低偿付能力不足的风险。

2. 获利能力及风险水平

获利能力一般与流动性反向变化。企业必须确保合理的流动资产的最优投资水平以及为保证流动性所必须的长短期筹资策略，这些投资必须考虑到获利能力和风险间的关系以及两者的平衡。

对企业的流动性、获利能力以及风险与现金的有效管理，需要确定相应的现金管理方法。以下是几种常见的最佳现金持有量的确定方法。

（二）成本分析模式

成本分析模式是指寻求持有现金的相关总成本最低的现金余额。企业持有现金的相关成本主要有机会成本、管理成本和短缺成本。

1. 机会成本

机会成本是指因持有现金而放弃投资其他方面获得的收益。在实际工作中可以用企业的资金成本替代。假如某企业的资金成本为7%，每年平均持有现金135万元，则该企业每年持有现金的机会成本为9.45万元(135×7%)。现金持有越多，机会成本越高。企业为了交易动机、预防动机和投机动机需要而持有一定量的现金，付出相应的机会成本是必要的，但一定要权衡得失，不能让机会成本代价太大而影响最佳收益的取得。

2. 管理成本

企业持有现金将会发生管理费用。比如，管理人员的工资福利费和安全措施费用等，这些费用是现金的管理成本。管理成本通常是一种固定成本，与现金持有量之间无明显的数量关系。

3. 短缺成本

现金的短缺成本是指因缺乏必要的现金，不能应付业务开支所需，而使企业蒙受损失或为此付出的代价。现金的短缺成本与企业现金持有量呈反比，现金持有量增加，短缺成本下降，现金持有量减少，短缺成本上升。

上述三项成本之和最小的现金持有量，就是最佳现金持有量，如果把以上三种成本线放到图9-6上，就能找出总成本最低时的最佳现金持有量。

如图9-6所示,现金持有成本是向右上方倾斜的;持有现金不足的短缺成本是向右下方倾斜的;持有现金的管理成本为一水平线。由此,持有现金的总成本线便是一条向下凹凸的抛物线,该抛物线的最低点即为持有现金的最低总成本点。超过这一点,持有成本上升的代价就会大于短缺成本下降的好处;在这一点之前,短缺成本上升的代价又会大于持有成本下降的好处。这一点在横轴上的量,即是最佳现金持有量。

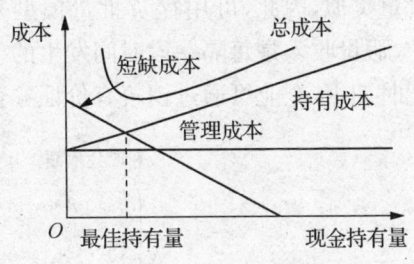

图9-6 最佳现金持有量的成本分析模式

【例9-1】 某企业有A、B、C三种现金持有方案,各方案的机会成本按现金持有量的6%计算,其管理成本和短缺成本如表9-1所示。

表9-1 现金持有方案　　　　　　　　　　　　　　　单位:元

方案 项目	A	B	C
现金持有量	25 000	50 000	75 000
管理成本	3 000	3 000	3 000
短缺成本	4 000	1 000	0
机会成本	1 500	3 000	4 500
总成本	8 500	7 000	7 500

将以上各方案的总成本进行比较,我们即可确定B方案的总成本最低,即当企业持有50 000元现金时,其总成本最低,故应选择B方案。

(三) 存货模式

通过以上分析,我们可以看出企业如果平时只持有少量现金,在需要时通过出售持有的有价证券换回现金,就能既满足经营对现金的需求,避免短缺成本,又能尽量减少机会成本。因此,适当的现金和有价证券之间的转换,是企业提高资金使用效率的有效途径。如何确定有价证券与现金的转换数量,可以通过现金持有量的存货模式解决。

存货模式也称鲍莫模式,是指1952年由美国经济学家威廉·鲍莫(William J.Baumol)首先提出的将存货经济订货批量模型原理用于确定目标现金持有量,其着眼点也是现金相关总成本最低。他认为企业现金持有量在许多方面与存货批量类似,因此,可用存货批量模型来确定企业最佳现金持有量。在存货模式中,假设收入是每隔一段时间发生的,而支出则是在一定时期内平均发生的。在此时期内,企业可通过销售有价证券获得现金。可用图 9-7 加以说明。

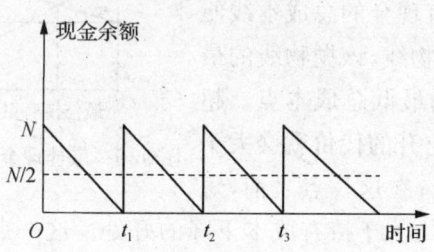

图 9-7 确定现金余额的存货模式

在图 9-7 中,假定公司的现金支出需要在某一时期(如 1 个月)内是稳定的。公司原有 N 元资金,当此笔资金在 t_1 时用掉之后,出售 N 元有价证券补充现金;随后当这笔现金到 t_2 时又使用完了,再出售 N 元有价证券补充现金,如此不断重复。

存货模式的目的是要求出使总成本最小的 N 值。现金余额总成本包括两个方面:

(1) 现金持有成本。即持有现金所放弃的报酬,是持有现金的机会成本。这种成本通常为有价证券的利息率,它与现金余额成正比例的变化。

(2) 现金转换成本。即现金与有价证券转换的固定成本,如经纪人费用及其他管理成本。这种成本只与交易的次数有关,而与持有现金的金额无关。

这种模式假设需用现金时,可以转换有价证券,所以不会出现现金短缺,因而不需要考虑现金的短缺成本。

如果现金余额大,则持有现金的机会成本高,但转换成本可减少;如果现金余额小,则持有现金的机会成本低,但转换成本要上升。两种成本合计最低条件下的现金余额即为最佳现金余额。

假设:TC 代表总成本;b 代表现金与有价证券的转换成本;T 代表特定时间内的现金需求总额;N 代表理想的现金转化数量(最佳现金余额);i 代表短期有价证券利息率。

则:
$$TC = \frac{N}{2}i + \frac{T}{N}b$$

年总成本、持有成本和转换成本的关系如图 9-8 所示。

在图 9-8 中,TC 是一条凹形曲线,可用导数方法求出最小值。

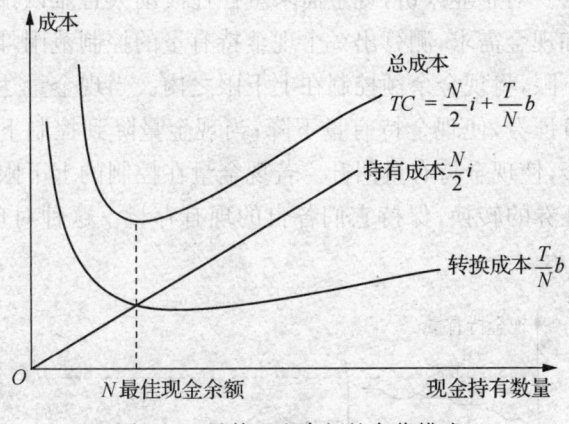

图 9-8 最佳现金余额的存货模式

$$TC' = \left(\frac{N}{2}i + \frac{T}{N}b\right)' = \frac{i}{2} - \frac{Tb}{N^2}$$

令 $TC' = 0$,则:

$$\frac{i}{2} = \frac{Tb}{N^2}$$

$$N^2 = \frac{2Tb}{i}$$

$$\text{最佳现金余额}\hat{N} = \sqrt{\frac{2Tb}{i}}$$

【例 9-2】 商运公司预计全年需要现金 8 000 元,现金与有价证券的转换成本为每次 200 元,有价证券的利息率为 20%。则最佳现金余额为:

$$\hat{N} = \sqrt{\frac{2 \times 8\,000 \times 200}{20\%}} = 4\,000(元)$$

最佳现金余额为 4 000 元,这就意味着公司从有价证券转换为现金的次数为 2 次(8 000/4 000)。

存货模式简单直观,可以精确地测算出最佳现金余额和变现次数,表述了现金管理中基本的成本结构,它对加强企业的现金管理有一定作用。但是这种模式假定现金流出量稳定不变,以现金持有成本和转换成本易于预测为前提条件。因此,只有在上述因素比较确定的情况下才能使用此种方法。

(四)随机模式

随机模式(米勒-奥尔模型)是在现金需求量难以预知的情况下进行现金持

有量控制的方法。对企业来讲,现金需求量往往波动大且难以预知,但企业可以根据历史经验和现金需求,测算出一个现金持有量的控制范围,即制定出现金持有量的上限和下限,将现金余额控制在上下限之内。当现金量达到控制上限时,用现金购入有价证券,使现金持有量下降;当现金量降到控制下限时,则抛售有价证券换回现金,使现金持有量回升。若现金量在控制的上下限之内,便不必进行现金与有价证券的转换,保持它们各自的现有存量。这种对现金持有量的控制,如图9-9所示。

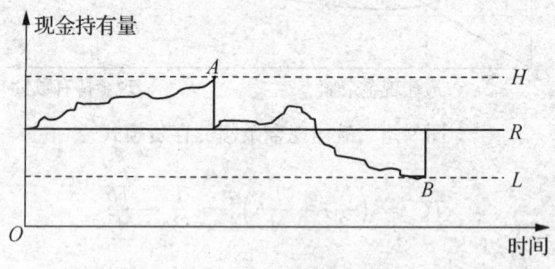

图9-9 随机模式下的现金持有量

图9-9中,虚线H为现金存量的上限,虚线L为现金存量的下限,实线R为最优现金返还线。从图9-9中可以看到,企业的现金存量(表现为现金每日余额)是随机波动的,当其达到A点时,即达到了现金控制的上限,企业应用现金购买有价证券,使现金回落到现金返还线(R线)的水平;当现金存量降至B点时,即达到了现金控制的下限,企业则应转让有价证券换回现金,使其存量回升到现金返回线R的水平。现金存量的上限H、现金返还线R可按下列公式计算:

$$R = \sqrt[3]{\frac{3b\delta^2}{4i}} + L$$

$$H = 3R - 2L$$

式中,b代表每次有价证券的固定转换成本;i代表有价证券的日利息率;δ^2代表预期每日现金余额变化的方差(可根据历史资料测算)。

而下限L的确定,则要受到企业每日的最低现金需求、管理人员的风险承受倾向等因素的影响。

【例9-3】 假定某公司有价证券的年利率为9%,每次固定转换成本为50元,公司认为任何时候其银行活期存款及现金余额均不能低于1 000元,又根据以往经验测算出现金余额波动的标准差为 800 元。则最优现金返回线 R、现金控制上限 H 的计算为：

$$有价证券日利率 = 9\% \div 360 = 0.025\%$$

$$R = \sqrt[3]{\frac{3 \times 50 \times 800^2}{4 \times 0.025\%}} + 1\,000 = 5\,579(元)$$

$$H = 3 \times 5\,579 - 2 \times 1\,000 = 14\,737(元)$$

这样，当公司的现金余额达到 14 737 元时，即应以 9 158 元(14 737－5 579)的现金去投资于有价证券，使现金持有量回落为 5 579 元；当公司的现金余额降至 1 000 元时，则应转让 4 579 元(5 579－1 000)的有价证券，使现金持有量回升为 5 579 元。

随机模式建立在企业的现金未来需求总量和收支不可预测的前提下，因此计算出来的现金持有量比较保守。

以上各种计算模式分别从不同角度来计算最佳现金余额，各有优缺点，在实际工作中，可结合起来加以运用。另外，现金余额的多少是多种因素作用的结果，数学模型并不能把各种因素的变化都考虑进去，所以在多数情况下，还需财务管理人员根据经验加以确定。

三、现金的日常管理

企业在确定了最佳现金持有量后，还应采取各种措施，加强现金的日常管理，提高现金的管理效率。企业通常可以从缩短现金流入时间和延长现金流出时间中获益。加速应收账款的回收使得企业更快地获得资金，减慢应付账款的支付使得企业能在更长的时间跨度内利用手头的资金。很显然，无论是加快现金的回收还是减慢现金的流出，都必须谨慎处理，以确保不会影响与供应商或客户之间的关系，保持良好的信誉。如果企业能使其现金流入与现金流出发生的时间趋于一致，力争现金流入与流出同步，就可以使其所持有的交易性现金余额降到最低水平。

（一）加速现金回收

为了提高现金的使用效率，加速现金周转，企业应尽量加速账款的收回，即在不影响未来销售的情况下，尽可能地加速现金的收回。企业加速收款的任务不仅是要尽量使顾客早付款，而且要尽量快地使这些付款转化为可用现金。

企业的收款安排会影响现金流入的适时性，为此企业一般通过减少收款浮差来加速现金收款。收款浮差是从付款人邮寄支票到收款企业收讫这笔资金之间的时间间隔,主要包括三个部分:一是邮寄浮差,即顾客付款的邮寄时间;二是处理浮差,即企业收到顾客开出支票到将支票存入银行之间的时间;三是到账浮差,即资金从存入自己开户银行到记入企业账户的时间。为减少收款浮差,企业可以采用以下措施。

1. 锁箱法

当企业收到邮寄形式的付款时,必须决定支票要寄往何处以及如何收集支票存入银行。认真选择收账网点的数量和地点,可以大大减少收账时间。许多企业采用一种称为锁箱的特殊邮政信箱来接受货款,来缩短从收到顾客付款到存入当地银行的时间。采用锁箱法的具体做法是:

(1) 在业务比较集中的地区租用当地加锁的专用邮政信箱。

(2) 通知顾客把款项邮寄到指定的邮箱而非直接邮至企业。

(3) 授权企业邮政信箱所在地的开户行,每天数次收取邮政信箱的汇款并存入企业账户,然后将扣除补偿性余额后的现金及一切附带资料定期送往企业总部。

一些企业现在已经开始使用"电子锁箱"替代传统的锁箱。在电子锁箱中,客户使用电话或互联网来处理他们的账户、查阅账单并授权支付。采用锁箱法的优点是,客户将款项直接寄给客户所在地的邮箱,而不是企业总部,不但缩短了汇款的邮寄时间,还免除了公司办理收账、货款存入银行等手续。但采用这种方法,需要支付额外的费用。因为被授权开启邮政信箱的当地银行除了要求扣除相应的补偿性余额外,还要收取办理额外服务的劳务费,导致现金成本增加。因此,是否采用锁箱系统,需视提前回笼现金产生的收益与增加的成本的大小而定。

2. 集中银行

集中银行是指通过设立多个策略性的收款中心来代替通常在企业总部设立的单一收款中心,以加速账款回收的一种方法。其目的是缩短从顾客寄出账款到现金收入企业账户这一过程的时间。集中银行的具体做法是:

(1) 企业以服务地区和各销售区的账单数量为依据,设立若干收款中心,并指定一个收款中心(通常是设在企业总部所在地的收款中心)的账户为集中银行。

(2) 客户将货款送到最近的收款中心而不必送到企业总部。

(3) 收款中心将每天收到的货款存到当地银行,然后再把多余的现金从地方银行汇入集中银行——公司开立的主要存款账户的商业银行。

设立集中银行主要有以下优点:

(1) 账单和货款邮寄时间可大大缩短。账单由收款中心寄发该地区顾客,与由总部寄发相比,顾客能较早收到;顾客付款时,货款邮寄到最近的收款中心,通常也比直接邮往总公司所需时间短。

(2) 支票兑现的时间可缩短。如收款中心收到顾客汇来的支票存入该地区的地方银行,而支票的付款银行通常也在该地区,因而支票兑现较方便。

但集中银行也有如下缺点:

(1) 每个收款中心的地方银行都要求有一定的补偿余额,而补偿余额是一种闲散的不能使用的资金。开设的中心越多,补偿余额也越多。

(2) 设立收款中心需要一定的人力和物力,花费较多。所以,财务主管在决定采用集中银行时,一定不能忽略这两个问题。

【例 9-4】 某企业平均占用现金 1 500 万元,企业现拟改变收账办法,采用集中银行方法收账。经测算,企业增加收款中心预计每年多增加 9.5 万元支出,但可提早收回货款,节约现金 160 万元,企业资金成本率为 9.5%,问是否采用集中银行法。

企业采用集中银行法,可以从节约的资金中获得收益为:

$$160 \text{ 万元} \times 9.5\% = 15.20 (\text{万元})$$

$$\text{净收益} = 15.20 - 9.5 = 5.70 (\text{万元})$$

因为收益大于支出,故可以采用集中银行法。

3. 其他方法

除上述方法外,还可以采取电汇、企业内部往来多边结算、集中轧抵、减少不必要的银行账户等方法加快现金回收。例如,对于金额较大的货款可采用直接派人前往收取支票并送存银行,以加速收款。还有越来越常见的一种是预授权支付安排。在这种安排下,支付金额和支付时间提前确定下来。当约定的日期到来时,该笔金额就自动地从客户的银行账户转入企业的银行账户,大大减少甚至消除到账浮差。拥有在线终端的企业也使用同样的方法,即当一笔销售完成,资金就立即转入到企业账户中。另外,企业对于各银行之间以及企业内部各单位之间的现金来往也要严加控制,以防有过多的现金闲置在各部门之间结转上。

(二) 控制现金支出

企业在收款时,应尽量加快收款的速度;而在管理支出时,应尽量延缓现金支出的时间,控制现金支出的方法有以下几种。

1. 使用零余额账户

零余额账户是一个虽然余额保持为零,但企业仍可以签发支票的支付账户。企业通常在一个主支付账户下,设置几个附属的零余额账户,如支付工资、股利等。零余额账户从主账户划款是自动进行的,从同一银行的主账户转账可以覆盖任何计入零账户的支票。企业只在主账户保持一定的安全储备,而在一系列子账户不需要保持安全储备。当从某个子账户签发支票需要现金时,所需资金立即从主账户拨入。零余额账户的借贷方每天都会轧平。银行在主账户和零余额账户之间划拨适量资金,以保持零余额账户的余额为零。

零余额账户的优点是,控制账户余额以及消除在子账户中闲置的过剩余额。利用零余额账户,作为缓冲而持有的现金更少,企业可以释放出更多的现金用于其他用途。

2. 利用现金付款浮差

付款浮差是从企业开出付款支票,至银行将款项划出企业账户的时间间隔,包括邮寄浮差、处理浮差和清算浮差。在这段时间里,尽管企业已开出了付款票据,仍然可以动用在结算存款账户上的这笔资金。值得注意的是,在使用现金浮游量时,一定要控制好使用时间,否则会发生银行存款的透支,影响企业信誉。

3. 推迟付款

推迟支付是指企业在不影响其商业信誉的前提下,尽可能地推迟应付款的支付时间。如充分运用供应商所提供的信用优惠,在信用期的最后一天支付款项。若对方还提供了现金折扣,还需要权衡折扣优惠与现金占用之间的利弊得失。利用汇票代替支票、改进薪酬支付模式,充分利用银行透支等。

4. 电子商务

从现金管理的角度,电子商务就是通过信息和网络技术为交易双方提供便利的过程。电子商务包括互联网、企业内部的内联网、网上商务、电子数据交换(EDI)、电子资金转账(ETF)和金融 EDI 等。尽管很多企业的交易仍然基于纸质凭证,但电子商务提供了一项备选可能。电子商务的优点包括:提高效率,基本消除了人工处理;减少了周转时间;降低了错误率;改善了现金流的预测和交流能力。硬件和软件要求及其成本、安全问题、相关人员的培训等都是实施电子商务要考虑的因素。

5. 闲置资金投资

当企业有暂时闲散的资金时,可将其投资于国库券、大额定期可转让存单、企业债券、企业股票等短期证券,以获得利息或股利收入;而当企业现金短缺时,再出售各种有价证券以换取现金。这样,既能保证有比较多的利息收入,又能增强企业的变现能力。因此,适当进行证券投资是调整企业现金余额的一种比较好的方法,企业应该选择短期的、违约风险小、市场流通性好的有价证券。

第三节 应收款项管理

应收款项是企业因对外销售产品、提供劳务等,应向对方收取的款项,包括应收账款、其他应收款、应收票据等。本节以应收账款为例,说明应收款项的管理。当企业销售商品或劳务时,可以要求客户在交易日支付货款,也可以授予客户信用,允许延期支付货款,形成应收账款。随着商业信用的推广,企业应收账款数额越来越多,已成为流动资产管理中的一个重要的问题。

一、应收账款的功能与成本

应收账款是企业因对外赊销产品、材料、提供劳务等而应向购货或接受劳务的单位收取的款项。商品与劳务的赊销与赊购在强化企业市场竞争能力、扩大销售、增加收益、节约存货资金占用以及降低存货管理成本方面有着其他任何结算方式都无法比拟的优势。但相对于现销方式,赊销毕竟意味着应计现金流入量与实际现金流入量时间上的不一致,所以产生拖欠甚至坏账损失的可能性自然也比较高。因此,企业应在发挥应收账款强化竞争、扩大销售功能的同时,尽可能降低应收账款的机会成本,减少坏账损失与管理成本,提高应收账款投资的收益率。

(一)应收账款的功能

应收账款的功能是指它在生产经营中的作用。其主要作用如下:

1. 增加销售的功能

在市场竞争比较激烈的情况下,赊销是促进销售的一种重要方式。进行赊销的企业,实际上是向顾客提供了两项交易:一是向顾客销售产品;二是在一个有限的时期内向顾客提供资金。虽然赊销仅仅是影响销售量的因素之一,但在银根紧缩、市场疲软、资金匮乏的情况下,赊销的促销作用是十分明显的。特别是在企业销售新产品、开拓新市场时,赊销更具有重要的意义。

2. 减少存货的功能

应收账款的增加意味着存货的减少。存货的减少可以降低存货的储存费用、保险费用和管理费用等。并且,存货的减少将增大企业的速动资产,提高企业的短期偿债能力,改善企业的财务指标。

(二)应收账款的成本

企业在采用赊销方式促进销售的同时,会因持有应收账款而付出一定的代价,这种代价即为应收账款的成本。其内容如下。

1. 机会成本

应收账款的机会成本是指因资金投放在应收账款上而丧失投资于其他方面获得的收益。这一成本的大小一般与企业维持赊销业务所需要的资金数量(即应收账款投资额)、资本成本率有关。其计算公式为:

$$应收账款机会成本 = 维持赊销业务所需要的资金 \times 资本成本率$$

式中的资本成本率,一般可按有价证券的利息率计算。维持赊销业务所需要的资金数量可按下列步骤计算:

(1) 计算应收账款平均余额:

$$应收账款平均余额 = \frac{年赊销额}{360} \times 平均收账期$$

$$= 平均每日赊销额 \times 平均收账天数$$

(2) 计算维持赊销业务所需要的资金:

$$维持赊销业务所需要的资金 = 应收账款平均余额 \times \frac{变动成本}{销售收入}$$

$$= 平均日赊销额 \times 平均收账期 \times 变动成本率$$

在上述分析中,假设企业的成本水平保持不变(即单位变动成本不变,固定成本总额不变),随着赊销业务的扩大,只有变动成本随之上升。

【例 9-5】 假设某企业预测的年度赊销额为 3 600 万元,应收账款平均收账天数为 54 天,变动成本率为 60%,资金成本率为 12%,则应收账款机会成本为:

$$应收账款机会成本 = \frac{3\,600}{360} \times 54 \times 60\% \times 12\% = 38.88(万元)$$

上述计算表明,企业投放 324 万元(3 600/360×54×60%)的资金可维持 3 600 万元的赊销业务,相当于垫支资金的 11 倍之多。这一较高的倍数在很大程度上取决于应收账款的收账速度。在正常情况下,应收账款收账天数越少,一定数量资金所维持的赊销额就越大;应收账款收账天数越多,维持相同赊销额所需要的资金数量就越大。而应收账款机会成本在很大程度上取决于企业维持赊销业务所需要资金的多少。

2. 管理成本

应收账款的管理成本是指企业对应收账款进行管理而耗费的开支,主要包括对客户的资信调查费用、收集各种信息费用、账簿的记录费用、收账费用和其他费用。

3. 坏账成本

应收账款基于商业信用而产生,存在无法收回的可能性,由此给应收账款持有者带来的损失,即为坏账成本。坏账成本一般与应收账款数量成正比,即应收账款越多,坏账成本也越大。所以,为规避发生坏账成本给企业生产经营活动的稳定性带来的不利影响,企业应合理提取坏账准备。

二、信用政策

制定合理的信用政策是加强应收账款管理,提高应收账款投资效益的重要前提。信用政策即应收账款的管理政策,是指企业对应收账款投资进行规划与控制而确立的基本原则与行为规范,包括信用标准、信用条件和收账政策三部分内容。

(一)信用标准

信用标准是指顾客获得企业的交易信用所应具备的条件。信用标准一般由公司制定,作为评价客户信用质量的尺度。达到了信用标准,信用管理人员才能判断是否给予客户信用和给予多大程度的信用,通常以预期的坏账损失率作为判别标准。如果企业的信用标准较严,只对信誉好坏账损失率低的顾客给予赊销,则虽会减少坏账损失,减少应收账款的机会成本,但这样可能不利于扩大销售,甚至会使销售量减少,不利于企业提高市场竞争能力。相反,如果信用标准较宽,虽然有利于企业扩大销售,提高市场竞争力和占有率,但同时也会导致坏账损失风险加大和应收账款机会成本增加。企业应根据具体情况进行权衡。

(二)信用条件

信用条件是指企业要求顾客支付赊销款项的条件,包括信用期限、现金折扣和折扣期限。

信用期限是指企业允许顾客从购货到付款的最长时间。信用期限过短,不足以吸引客户促进销售;信用期限过长,收账费用和坏账可能性增加,影响利润提高。信用期限的确定,主要是分析改变现行信用期对收入和成本的影响。

现金折扣是指企业在顾客提前付款时给予的优惠,主要目的是缩短企业的平均收款期。折扣期限是指规定的顾客可享受现金折扣的付款时间,如账单中的"$2/10, n/30$"就是一项信用条件,它规定如果在发票开出后 10 天内付款,可享受 2% 的现金折扣;如果不想取得折扣,这笔货款必须在 30 天内付清。其中,30 天为信用期限,10 天为折扣期限,2% 为现金折扣率。采用什么程度的现金折扣,要与信用期间结合起来考虑。提供比较优惠的信用条件能增加销售量,但也会带来额外的负担,如增加应收账款机会成本、坏账成本、现金折扣成本等,企业应权衡利弊。

(三) 收账政策

收账政策是指信用条件被违反时,企业采取的收账策略。企业如果采用较积极的收账策略,可以为企业尽快回收大量现金,加速应收账款的周转,减少资金的占用,减少坏账费用,同时企业也要付出不少的收账费用,甚至影响企业与客户之间的关系。因为许多客户并不愿意同收账部门或公司打交道。企业必须在收账政策能够带来的成本效益中权衡分析,制定合理的收账政策。

一般而言,收账费用支出越多,坏账损失越少,但这两者并不一定存在线性关系。通常情况是:开始花费一些收账费用,应收账款和坏账损失有小部分降低;随着收账费用继续增加,应收账款和坏账损失明显减少;当收账费用达到某一限度以后,应收账款和坏账损失的减少就不再明显了,这个限度称为饱和点。在制定收账政策时,应权衡增加收账费用与减少应收账款机会成本和坏账损失之间的得失,以便作出正确的选择。

【例 9-6】 商运公司预测的 20×7 年度赊销额为 3 600 万元,其信用条件是 "$n/30$",变动成本率为 70%,资金成本率为 20%,假设公司收账政策不变,固定成本总额不变,该公司准备三个方案:A 方案,维持 $n/30$ 的信用条件,收账费用为 20 万元;B 方案,将信用条件放宽到 $n/60$,销售收入将增加 20%,增加的销售收入中将发生坏账损失 2%,但为了加速应收账款的回收,决定给对方 2/10,1/20 的现金折扣,估计约有 60% 的客户(按赊销额计算)会利用 2% 的折扣,20% 的客户将利用 1% 的折扣,收账费用为 40 万元;C 方案将信用条件放宽至 $n/90$,销售收入将增加 40%,增加的销售收入中将发生 8% 的坏账损失,为了加速回收,决定给对方 3/20,1/30 的现金折扣,估计约有 70% 的客户(按赊销额计算)会利用 3% 的折扣,15% 的客户将利用 1% 的折扣,收账费用为 86 万元。根据以上资料,可计算各种指标如表 9-2 所示。

表 9-2 赊销方案计算表   单位:万元

信用条件 项目 方案	A 方案	B 方案	C 方案
	$n/30$	$2/10,1/20,n/60$	$3/10,1/30,n/90$
年赊销额	3 600	3 600(1+20%)=4 320	3 600(1+40%)=5 040
减:现金折扣		4 320(60%×2%+20%×1%)=60.48	5 040(70%×3%+15%×1%)=113.40

(续表)

信用条件 方案 项目	A方案 $n/30$	B方案 $2/10, 1/20, n/60$	C方案 $3/10, 1/30, n/90$
年赊销净额	3 600	4 259.52	4 926.6
应收账款平均收款天数	30 天	$60\% \times 10 + 20\% \times 20 + 20\% \times 60 = 22$ 天	$70\% \times 20 + 15\% \times 30 + 15\% \times 90 = 32$ 天
变动成本	$3\,600 \times 70\% = 2\,520$	$4\,320 \times 70\% = 3024$	$5\,040 \times 70\% = 3\,528$
信用成本前收益	$3\,600 - 2\,520 = 1\,080$	$4\,259.52 - 3\,024 = 1\,235.52$	$4\,926.6 - 352\,8 = 1\,398.60$
应收账款平均余额	$3\,600 \div 360 \times 30 = 300$	$4\,320 \div 360 \times 22 = 264$	$5\,040 \div 360 \times 32 = 448$
维持赊销业务所需资金	$300 \times 70\% = 210$	$264 \times 70\% = 184.80$	$448 \times 70\% = 313.60$
信用成本：			
1. 机会成本	$210 \times 20\% = 42$	$184.80 \times 20\% = 36.96$	$313.60 \times 20\% = 62.72$
2. 坏账损失		$3\,600 \times 20\% \times 2\% = 14.40$	$3\,600 \times 40\% \times 8\% = 115.20$
3. 收账费用	20	40	86
小计	62	91.36	263.92
信用成本后收益	1 018	1 144.16	1 134.68

根据表 9-2 中的资料可知,在这三个方案中,B 方案的获利最大,比 A 方案增加 126.16 万元,比 C 方案增加 9.48 万元,因此,在其他条件不变的情况下,应选择 B 方案。

以上我们讨论的是单项的信用政策,但要制定最优的信用政策,应把信用标准、信用条件、收账政策结合起来,考虑信用标准、信用条件、收账政策的综合变化对销售额、应收账款机会成本、坏账成本和收账成本的影响。这里决策的原则仍是赊销的总收益应大于因赊销带来的总成本。综合决策的计算相当的复杂,计算中的几个变量都是预计的,有相当大的不确定性。因此,信用政策的制定并不能仅靠数量分析,在很大程度上要由管理人员的经验来判断决定。企业信用政策确定后,便可根据信用政策和预计的销售收入等指标来计算确定应收账款占用资金的数额。

三、应收账款日常管理

信用政策建立以后,企业要做好应收账款的日常控制工作,进行信用调查和信用评价,以确定是否同意顾客赊欠货款,当顾客违反信用条件时,还要做好账款催收工作。

(一)客户的信用调查

对顾客的信用进行评价是应收账款日常管理的重要内容。只有正确地评价顾客的信用状况,才能合理地执行企业的信用政策。要想合理地评价顾客的信用,必须对顾客信用进行调查,收集有关的信息资料。信息调查有两类。

1. 直接调查

直接调查是指调查人员与被调查单位接触,通过当面采访、询问、观看、记录等方式获取信用资料的一种方法。直接调查能保证收集资料的准确和及时性,但若不能得到被调查单位的合作,则会使调查资料不完整。

2. 间接调查

间接调查是以被调查单位以及其他单位保存的有关原始记录和核算资料为基础,通过加工整理获得被调查单位信用资料的一种方法。这些资料主要来自如下几个方面:

(1) 财务报表。有关单位的财务报表,是信用资料的重要来源。通过财务报表分析,基本上能掌握一个企业的财务状况和盈利状况。

(2) 信用评估机构。许多国家都有信用评估的专门机构,定期发布有关企业的信用等级报告,如标准普尔公司就是国际著名的信用评级机构。在评估等级方面,一般采用三类九级制(即把企业的信用情况分为 AAA、AA、A、BBB、BB、B、CCC、CC、C 九级,AAA 为最优等级,C 为最差等级)。专门的信用评估机构通常评估方法专业,评估调查细致,评估程序合理,可信度较高。

(3) 银行。银行是信用资料的一个重要来源,因为许多银行都设有信用部门,为其顾客提供服务。但银行的资料一般仅愿意在同业之间交流,而不愿向其他单位提供。因此,如外地有一笔金额较大的交易,需要了解顾客的信用状况,最好通过当地开户银行,向其征询有关客户信用资料。

(4) 其他。比如,财税部门、消费者协会、工商管理部门、企业的上级主管部门、证券交易部门等。另外,书籍、报刊、杂志等也可提供有关顾客的信用情况。

(二)顾客的信用评估

搜集好信用资料后,要对这些资料进行分析,并对顾客信用状况进行评估。

评估的方法很多,常见的方法主要有5C评估法和信用评分法。

1. 5C评估法

所谓5C评估法,是指重点分析影响信用的五个方面来评价顾客信用的一种方法。这五个方面英文首字母都是C,故称为5C评估法。这五个方面是:

(1) 品德,指顾客愿意履行付款义务的可能性。顾客是否愿意尽自己最大努力来归还货款,直接决定着账款的回收速度和数量。品德因素在信用评估中是最重要的因素。

(2) 能力,指顾客偿还货款的能力。这主要根据顾客的经营规模和经营状况来判断。

(3) 资本,指一个企业的财务实力状况,这主要根据有关的财务比率进行判断。

(4) 抵押,指顾客能否为获取商业信用提供担保资产。如有担保资产,则对顺利收回货款比较有利。

(5) 条件,指一般的经济情况对企业的影响或某一地区的一些特殊情况对顾客偿债能力的影响。

通过以上五个方面的分析,便基本上可以判断顾客的信用状况,为最后决定是否向顾客提供商业信用做好准备。

2. 信用评分法

信用评分法是先对一系列财务比率和信用指标进行评分,再进行加权平均,得出顾客综合的信用得分,并以此进行信用评估的一种方法。有些信用卡发行公司,已经开发了信用评分的统计模型来发现客户与违约的关系。

(三) 收账管理

收账是企业应收账款管理的一项重要工作。收账管理应包括如下两个方面的内容:

1. 确定合理的收账程序。催收账款的程序一般是:信函通知,电话催收,派员面谈,法律行动。当顾客拖欠账款时,一般先给顾客一封有礼貌的付款通知函;接着,可寄出一封措辞较直率的信件;进一步则可通过电话催收;若再无效,企业的收账员可直接与顾客面谈,协商解决;如果谈判不成,就只好交给企业的律师采取法律行动。

2. 确定合理的收账方法。顾客拖欠的原因可能比较多,但可概括为两类:无力偿还和故意拖欠。

无力偿还是指顾客因经营不善,财务出现困境,没有资金偿付到期债务。对这种情况要进行具体分析，如果顾客确实遇到暂时困难，经过努力可以东山再起，企业应帮助顾客渡过难关，以便收回较多欠款。如果顾客遇到严重困难，已达到破产界限，不可能起死回生，则应及时向法院起诉，以期在破产清算时得到较多的债权清偿。

故意拖欠是指顾客虽有能力付款，但为了其利益，想方设法拖延付款。遇到这种情况，则需要确定合理的收账方法，如讲理法、恻隐战术、激将法等以便收回欠款。

（四）应收账款账龄分析

企业已发生的应收账款时间长短不一，有的尚未超过信用期，有的则已逾期拖欠。一般来讲，逾期拖欠时间越长，账款催收的难度越大，成为坏账的可能性就越高。因此，进行账龄分析，密切注意应收账款的回收情况，是提高应收账款收现率的重要环节。

应收账款账龄分析就是考察研究应收账款的账龄结构，即各账龄应收账款的余额占应收账款总计余额的比重。

【例 9-7】 已知商运公司的账龄分析表如表 9-3 所示。

表 9-3 应收账款账龄分析表

应收账款账龄	账户数量	金额（万元）	比重
信用期内（设平均为 3 个月）	100	60	60%
超过信用期 1 个月内	50	10	10%
超过信用期 2 个月内	20	6	6%
超过信用期 3 个月内	10	4	4%
超过信用期 4 个月内	15	7	7%
超过信用期 5 个月内	12	5	5%
超过信用期 6 个月内	8	2	2%
超过信用期 6 个月以上	16	6	6%
应收账款余额总计	—	100	100%

表 9-7 表明，该公司应收账款余额中，有 60 万元尚在信用期内，占全部应收账款的 60%。过期数额 40 万元，占全部应收账款的 40%，其中逾期在 1、2、3、4、5、6 个月内的，分别为 10%、6%、4%、7%、5%、2%。另外有 6% 的应收账

款已经逾期半年以上。此时,企业应分析逾期账款具体属于哪些客户,这些客户是否经常发生拖欠情况,发生拖欠的原因何在。一般而言,账款的逾期时间越短,收回的可能性越大,亦即发生坏账损失的程度相对越小;反之,收账的难度及发生坏账损失的可能性也就越大。因此,对不同拖欠时间的账款及不同信用品质的客户,企业应采取不同的收账方法,制定出经济可行的不同收账政策、收账方案;对可能发生的坏账损失,需提前有所准备,充分估计这一因素对企业损益的影响。对尚未过期的应收账款,应适当地管理与监督,以防发生新的拖欠。

通过应收账款账龄分析,不仅能提示财务管理人员应把过期款项视为工作重点,而且有助于促进企业进一步研究与制定新的信用政策。

(五)应收账款保理

应收账款保理是企业将赊销形成的未到期应收账款在满足一定条件的情况下,转让给保理商(如银行),以获得其流动资金的支持,加快资金的周转。应收账款保理其实质是利用未到期应收账款这种流动资产作为抵押获取银行短期借款的一种方式。对于不易获得银行贷款的中小微企业,通过保理业务融资可能是较为明智的选择。同时,保理业务可以使企业从应收账款管理中解脱出来,将其交给专业的保理商,提高了管理效率,减少坏账损失,降低经营风险,改善企业的财务结构,增强了企业资金的流动性。

第四节　存　货　管　理

一、企业储备存货的动因

存货是指企业在日常生产经营过程中为生产或销售而储备的物资,主要有各种原材料、燃料、包装物、低值易耗品、委托加工材料、在产品、产成品和库存商品等。企业的存货在流动资产中所占的比重较大,通常为 40%～60%。

企业持有充足的存货,不仅有利于生产过程的顺利进行,而且能为企业的生产与销售提供较大的机动性,避免因存货不足带来的损失。然而,存货的增加必然要占用更多的资金,将使企业付出更大的持有成本(即存货的机会成本),而且存货的储存与管理费用也会增加,影响企业获利能力的提高。因此,如何在存货的收益与成本之间进行利弊权衡,在充分发挥存货功能的同时降低成本,增加收益,实现它们的最佳组合,成为存货管理的基本目标。

企业储备存货主要是基于以下原因。

（一）保证生产或销售的经营需要

生产过程中所需要的存货，是生产中必需的物资资料。为了保证生产顺利进行，必须适当地储备一些存货。存货在生产不均衡和商品供求波动时，可起到缓解矛盾的作用。即使生产能按事先规定好的程序来进行，但要每天都采购存货也不现实，经济上也不一定合算。所以，为了保证生产正常进行，存储适当的存货是必须的。

（二）降低产品成本

一般来讲，零购物资的价格往往较高，而大批购买物资在价格上常有优惠。但是，过多的存货需要占用较多的资金和承担较多的资金成本，并且会增加仓储费、保险费、维护费和管理人员工资在内的各项开支。进行存货管理，就是要在各种存货成本与存货效益之间作出权衡。

二、存货储备成本

与储备存货有关的成本，包括以下三种。

（一）取得成本

取得成本是指为取得某种存货而发生的成本，通常用 TC_a 来表示。取得成本又可进一步分为订货成本和购置成本。

1. 订货成本

订货成本是指取得存货订单的成本，如办公费、差旅费、邮资、电报、电话等费用支出。订货成本中有一部分与订货次数无关，如常设采购机构的基本支出等，称为订货的固定成本，用 F_1 表示，另一部分与订货的次数有关，如差旅费、邮资等，称为订货的变动成本，每次订货的变动成本用 K 表示；订货次数等于存货年需求量 D 与每次进货量 Q 的比。订货成本的计算公式为：

$$订货成本 = F_1 + \frac{D}{Q} \cdot K$$

2. 购置成本

购置成本是指存货本身的价值，一般用数量与单价的乘积来确定。如果年需要量用 D 表示，单价用 U 表示，则购置成本为 DU。

订货成本加上购置成本，就等于存货的取得成本。其计算公式可表示为：

$$TC_a = F_1 + \frac{D}{Q} \cdot K + DU$$

（二）储存成本

储存成本是指保持存货而发生的成本，包括存货占用资金应计的利息、仓库费用、保险费用、存货破损和变质损失等，通常用 TC_c 表示。

储存成本可分为固定成本和变动成本。固定成本与存货数量的多少无关，如仓库折旧、仓库职工的固定工资等，用 F_2 表示。变动成本与存货的数量有关，如存货资金的应计利息，存货的破损和变质损失、存货的保险费用等，其单位变动成本可用 K_c 表示。假设存货耗用均衡，则平均存货储存量为 $Q/2$。其计算公式为：

$$TC_c = F_2 + \frac{Q}{2} \cdot K_c$$

（三）缺货成本

缺货成本是指由于存货供应中断而造成的损失，包括材料供应中断造成的停工损失、产成品库存缺货造成的拖欠发货损失及丧失销售机会的损失。如果生产企业紧急采购代用材料解决库存材料中断之急，那么缺货成本表现为紧急采购代用材料多增加的购入成本。缺货成本用 TC_s 表示。

如果用 TC 表示储备存货的总成本。其计算公式为：

$$TC = TC_a + TC_c + TC_s = F_1 + \frac{D}{Q}K + DU + F_2 + \frac{Q}{2}K_c + TC_s$$

企业存货管理的最优化，就是使 TC 值最小。

三、存货经济订货批量分析

按照存货管理的目的，需要通过合理的进货批量和进货时间，使存货的总成本最低。这种订货批量可以采用经济订货批量模型计算。

（一）经济订货批量的基本模型

企业存货管理的最优化，就是要使存货总成本 TC 值最小。使存货总成本最低的订货量叫做经济订货批量（EOQ）。有了经济订货批量，可以很容易地找出最适宜的进货时间。

要确定经济订货批量的基本模型，需要有以下几个假设条件：

（1）企业能够及时补充存货，即需要订货时便可立即取得存货。

（2）能集中到货，而不是陆续到货。

（3）不允许缺货，即无缺货成本，TC_s 为零，因为良好的存货管理本身就不应该出现缺货成本。

(4) 需求量稳定,并且能预测,即 D 为已知常量。

(5) 存货单价不变,不考虑现金折扣,即 U 为已知常量。

(6) 企业现金充足,不会因现金短缺而影响进货。

(7) 所需存货市场供应充足,不会因买不到需要的存货而影响其他方面。

设立上述假设条件后,存货总成本的计算公式可以简化为:

$$TC = F_1 + \frac{D}{Q}K + DU + F_2 + \frac{Q}{2}K_c$$

当 F_1、K、D、U、F_2、K_c 为常量时,TC 的大小取决于 Q。为了求出 TC 的极小值,求 TC 对 Q 的导数得:

$$经济订货批量\ Q^* = \sqrt{\frac{2KD}{K_c}}$$

这一公式称为经济订货批量的基本模型,用此模型求出的每次订货批量,可使 TC 值达到最小,如图 9-10 所示。

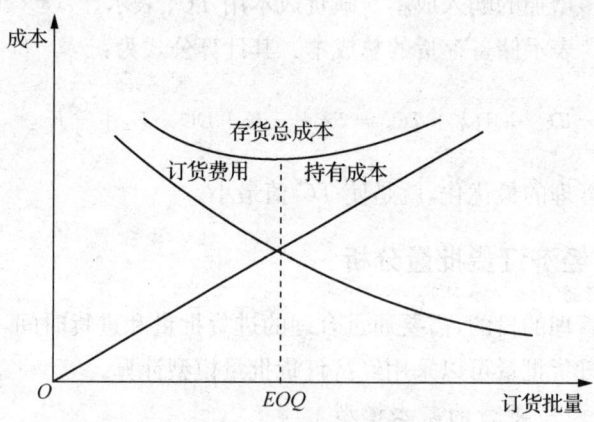

图 9-10 存货的经济订货批量基本模型

这个基本模型还可以演变为其他形式:

$$每年最佳订货次数\ N^* = D/Q^* = \sqrt{\frac{DK_c}{2K}}$$

$$存货相关总成本\ TC(Q^*) = \sqrt{2KDK_c}$$

$$经济订货占用资金\ I^* = \frac{1}{2}Q \cdot U = \sqrt{\frac{KD}{2K_c}} \cdot U$$

$$\text{最佳订货周期 } T = \frac{1}{N} = \sqrt{\frac{2K}{DK_c}}$$

【例 9-8】 商运公司每年耗用 A 种材料 7 200 千克,该种材料单位成本 50 元,单位储存成本 2 元,一次订货成本为 200 元。则:

$$\text{经济订货成本批量 } Q = \sqrt{\frac{2 \times 7\,200 \times 200}{20}} = 1\,200(千克)$$

$$\text{最低相关总成本 } TC = \sqrt{2 \times 7\,200 \times 200 \times 2} = 2\,400(元)$$

$$\text{最佳订货次数 } N = \frac{7\,200}{1\,200} = 6(次)$$

$$\text{经济订货占用资金 } I = \frac{1}{2} \times 1\,200 \times 50 = 30\,000(元)$$

$$\text{最佳订货周期 } T = \frac{12}{6} = 2(个月)$$

(二) 经济订货批量的扩展模型

经济订货批量的基本模型是在各种假设条件下建立的,但现实中能够满足这些假设的情况很少。为使模型更接近于实际情况,具有较高的可用性,现放宽部分假设,同时改进模型。

1. 订货提前期

一般情况下,企业的存货不能做到随用随时补充。因此,考虑到送货需要时间,企业订购存货时需要有一个提前期。在提前订货的情况下,企业再次发出订货单时尚有存货的库存量,称为再订货点。用 R 来表示。它等于交货时间(L)和每日平均需用量(d)的乘积:

$$R = L \cdot d$$

【例 9-9】 商运公司正常交货期为 10 天,每日平均需用量为 80 件,则:

$$\text{再订货点}(R) = 10 \times 80 = 800(件)$$

即企业在尚存 800 件存货时,就应当再次订货,等到下批订货到达时(再次发出订货单 10 天后),原有库存刚好用完。在这种情况下,有关存货的每次订货批量、订货间隔时间等与瞬时补充相同,也就是说,订货提前期对经济订货批量并无影响,如图 9-11 所示。

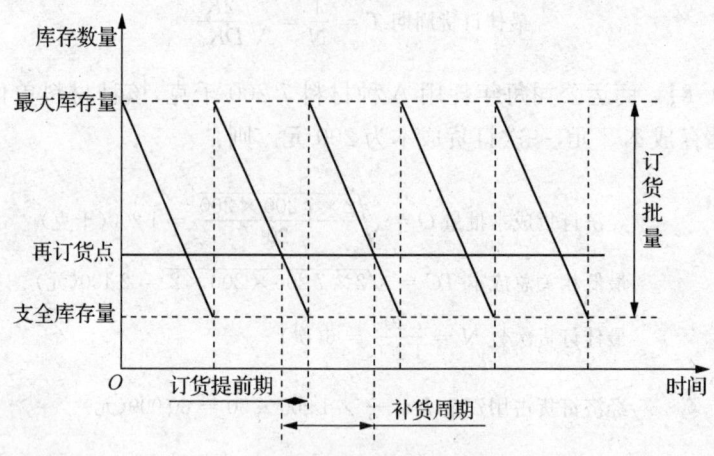

图 9-11　订货提前期和保险储备

2. 存货陆续供应和使用

经济订货批量的基本模型假设存货一次全部入库,故存货增加时存量变化为一条垂直的直线。事实上,各批存货可能陆续入库,使存量陆续增加。尤其是产成品入库和在产品转移,几乎总是陆续供应和陆续耗用的。在这种情况下,需要对基本模型作一些修改,如图 9-12 所示。

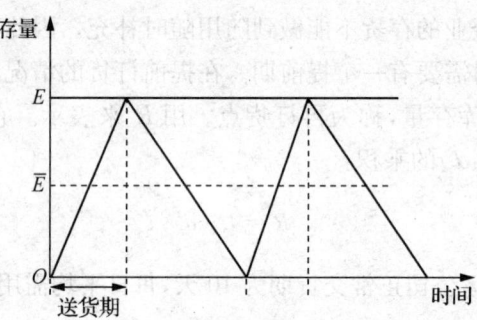

图 9-12　存货的陆续供应与使用

设每批订货量为 Q,每日送货量为 P,故该批订货全部送达所需日数 Q/P,称为送货期,设每日耗用量为 d,故送货期内的全部耗用量为:

$$\frac{Q}{P} \cdot d$$

由于存货边送边用,所以每批送完时,最高库存量为:

$$Q - \frac{Q}{P} \cdot d = Q\left(1 - \frac{d}{P}\right)$$

平均库存量则为：

$$\frac{1}{2}Q\left(1 - \frac{d}{P}\right)$$

这样，与订货批量有关的总成本为：

$$TC = \frac{D}{Q}K + \frac{1}{2}QK_c\left(1 - \frac{d}{P}\right)$$

求 TC 对 Q 的导数得经济订货批量：

$$Q^* = \sqrt{\frac{2KD}{K_c} \cdot \frac{P}{P-d}}$$

将 Q 代入上述 TC 公式，可得出陆续供应和使用的经济订货批量总成本：

$$TC(Q^*) = \sqrt{2KDK_c\left(1 - \frac{d}{P}\right)}$$

【例 9-10】 根据[例 9-9]资料，如果 A 材料每天到货 50 千克，每天耗用 30 千克，则：

$$Q = \sqrt{\frac{2 \times 7\,200 \times 200}{2} \times \frac{50}{50-30}} = 1\,897（千克）$$

$$TC = \sqrt{2 \times 7\,200 \times 200 \times 2 \times \left(1 - \frac{30}{50}\right)} = 1\,518（元）$$

3. 存在数量折扣条件

由于存在数量折扣，即大批量采购可享受价格优惠，所以每次订货数量的大小会直接影响单位采购成本的高低，从而影响全年采购成本总额。这样，存货的采购成本对于计算经济批量就是相关成本，从而全年存货相关总成本为：

全年存货相关总成本 ＝ 购置成本总额 ＋ 变动订货成本总额 ＋ 变动储存成本总额

$$TC = DU + \frac{D}{Q} \cdot K + \frac{Q}{2} \cdot K_c$$

存在数量折扣的经济订货量具体确定步骤如下：
第一步：按照经济订货批量基本模型确定经济订货批量。
第二步：计算按经济订货量进货时的存货相关总成本。

第三步:计算按给予数量折扣的订货量进货时的存货相关总成本。

第四步:比较不同订货数量的存货相关总成本。最低存货相关总成本对应的订货数量,就是实行数量折扣的最佳经济订货量。

【例 9-11】 商运公司全年需用 B 零件 50 000 件,当采购量小于 100 件时,单价为 100 元,当采购量达到 100 件时,单价为 96 元,当采购量达到 500 件时,单价为 92 元,当采购量达到 5 000 件时,单价为 85 元。每次订货的变动性订货成本为 16 元,每件 B 零件年均变动性储存成本为 10 元。则最优采购批量及最小相关总成本的计算如下:

(1) 按照经济订货量基本模型确定经济订货量为:

$$Q = \sqrt{\frac{2 \times 16 \times 50\,000}{10}} = 400(件)$$

对应单价为 96 元,相关总成本为:

$$TC = 96 \times 50\,000 + 16 \times \frac{50\,000}{400} + 10 \times \frac{400}{2} = 4\,804\,000(元)$$

(2) 当订货量达到 500 件小于 5 000 件时的相关总成本:

$$TC = 92 \times 50\,000 + 16 \times \frac{50\,000}{500} + 10 \times \frac{500}{2} = 4\,604\,100(元)$$

(3) 当订货量达到 5 000 件时的相关总成本:

$$TC = 85 \times 50\,000 + 16 \times \frac{50\,000}{5\,000} + 10 \times \frac{5\,000}{2} = 4\,275\,160(元)$$

通过比较发现,批量为 5 000 件时,相关总成本最低,所以最佳经济订货批量为 5 000 件。

4. 保险储备

经济订货批量的基本模型假定存货的供需稳定且确知,即每日需求量不变,交货时间也固定不变。实际上,每日需求量可能变化,交货时间也可能变化。按照某一订货批量和再订货点发出订单后,如果需求增大或送货延迟,就会发生缺货或供货中断。为防止由此造成的损失,就需要多储备一些存货以备应急之需,称为保险储备。保险储备正常情况下不动用,只有当存货过量使用或送货延迟时才动用。

如图 9-11 所示,在再订货点,企业按经济订货批量订货,企业在交货期内如发生延迟或需求增大,则可能发生缺货。为防止存货中断,再订货点应相应提

高,即:

$$再订货点 = 交货时间 \times 日需求量 + 保险储备$$
$$= L \cdot d + B$$

式中,B 代表保险储备。

建立保险储备,可以使企业避免缺货或供应中断造成的损失,但存货的平均储备量加大却使储备成本升高。研究保险储备的目的,就是要找出合理的保险储备量,使缺货或供应中断造成的损失和储备成本之和最小。一般可先计算各不同保险储备量的总成本,然后再对总成本进行比较,选定其中最低的成本对应的保险储备量。

如果设与此有关的总成本为 TC,缺货成本为 C_s,保险储备成本为 C_b,则:

$$TC = C_s + C_b$$

设单位缺货成本为 K_u,一次缺货量为 S,年订货次数为 N,保险储备量为 B,单位储备成本为 K_c,则:

$$C_s = K_u \cdot S \cdot N$$
$$C_b = B \cdot K_c$$
$$TC = K_u \cdot S \cdot N + B \cdot K_c$$

在实际中,缺货量 S 具有概率性,其概率可根据历史经验估计得出;保险储备量 B 可选择而定。

【例 9-12】 假定某公司全年需要材料 3 600 件,经济订货量为 300 件/次,则全年订货 12 次。订货点为 100 件,单位材料储存成本 2 元,单位材料缺货损失 4 元。在交货期内,生产需要量及其概率如表 9-4 所示。

表 9-4 生产需要量及概率分布表

生产需要量(件)	概率
90	0.25
100	0.50
110	0.20
120	0.04
130	0.01

则该公司最佳保险储备的计算如表 9-5 所示。

表 9-5 保险储备计算表

保险储备量	缺货量	缺货概率	缺货损失	保险储备的储存成本	总成本
0	0	0.25	0		
	0	0.50	0		
	10	0.20	10×0.2×4×12=96		
	20	0.04	20×0.04×4×12=38.4		
	30	0.01	30×0.01×4×12=14.4	0	148.8
10	0	0.25	0		
	0	0.50	0		
	0	0.20	0		
	10	0.04	10×0.04×4×12=19.2		
	20	0.01	20×0.01×4×12=9.6	10×2=20	48.8
20	0	0.25	0		
	0	0.50	0		
	0	0.20	0		
	0	0.04	0		
	10	0.01	10×0.01×4×12=4.8	20×2=40	44.8
30	0	0.25	0		
	0	0.50	0		
	0	0.20	0		
	0	0.04	0		
	0	0.01	0	30×2=60	60

从表 9-5 中可以看出,当保险储备为 20 件时,缺货成本和储存成本之和最低,即总成本为 44.8 元。因此,企业应该选择保险储备为 20 件。

四、ABC 控制法

ABC 控制法是意大利经济学家巴雷特于 19 世纪首创的,现已广泛用于存货管理、成本管理和生产管理。有些企业存货种类都很多,有的价格高,有的价格低,有的数量庞大,有的寥寥无几。如果不分主次,面面俱到,对每一种存货都进行周密规划,严格控制,就抓不住重点,不能有效地控制主要存货资金。ABC 控制法正是针对这一问题而提出来的重点管理方法。ABC 控制法,就是把企业种类繁多的存货,根据其重要程度、价值大小或者资金占用等标准进行分类,区分重点进行分类管理。运用 ABC 控制法控制存货资金,一般分为如下几个步骤:

1. 计算每一种存货在一定时间内(一般为 1 年)的资金占用额。

2. 计算每一种存货资金占用额占全部资金占用额的百分比,并按大小顺序排列,编成表格。

3. 根据事先测定好的标准,把最重要的存货划分为 A 类,把一般存货划分为 B 类,把不重要的存货划分为 C 类。

4. 对 A 类存货进行重点规划和控制,对 B 类存货进行次重点管理,对 C 类存货只进行一般管理。

把存货分成 A、B、C 三类,目的是对存货占用资金进行有效管理。A 类存货品种虽然较少,但占用资金多,应集中主要力量管理,对其经济批量要进行认真规划,对这类存货的收入、发出要进行严格控制;C 类存货虽然种类繁多,但占用资金不多,这类存货的经济批量可以凭经验确定,不必耗费大量的人力、物力和财力去管理;B 类存货介于 A 类存货和 C 类存货之间,也应给予相当的重视,但不必像 A 类存货那样进行严格的控制。

五、适时制控制系统

适时制库存控制系统(just in time,简称 JIT),又称零库存,最早是由日本丰田公司提出并应用于实践的。它的基本原理是:原材料只有在使用前才从供应商那里进货,从而将原材料的库存降到最小;只有客户出现需求时才开始生产,产品生产后马上交付客户,从而避免产成品库存。适时制系统要求企业在生产经营需要与材料物资供应之间实现同步,使物资传送与作业加工速度处于同一节拍,最终将存货降低到最小限度,甚至零库存。JIT 系统的结果就是频繁的再订货和再储备,要使这种系统有效运转并避免存货短缺,需要供应商之间的高度合作。显然,适时制库存控制系统需要的是稳定而标准的生产程序以及供应商的诚信。否则,任何一个环节出现差错都将导致整个生产线的停止。适时制库存控制系统进一步的发展已应用于企业整个生产管理过程中,集开发、生产、库存和分销于一体,极大提高了企业运营管理效率。

第五节 短期筹资管理

企业对资金的需求经常是不稳定的,具有一定的周期性或波动性。当企业预测未来资金的需求将下降时,或者由于经营活动具有周期性季节性而出现资金需求时,短期筹资是解决这些资金需求的很好途径。企业通常以短期资金的筹集来融通临时增加的流动资产投资的需要。通过多种多样的短期筹资方式筹措的资金,就形成了企业的流动负债。因而,短期筹资管理就是对企业的流动负债进行管理,对企业的流动性和营运能力起着极其重要的作用。

一、短期筹资

短期资金筹集是指筹集偿还期限在1年内或长于1年的一个营业周期内的资金的行为。与长期筹资相比,短期筹资的特点主要如下。

1. 筹资速度快

短期融资速度要明显快于长期融资。在长期借款、发行债券等长期融资情况下,从申请到取得资金,通常要有许多环节和手段,贷款人或其他有关方面要对借款企业进行详细的信用审查与分析,从而耗时多,速度慢。而在短期筹资中,应付账款、应付票据等项目均在发生购货行为时自然形成,速度较快;即使从银行取得借款,银行也会很快办理有关手续,因为银行只考虑企业目前的偿债能力。

2. 筹资比较灵活

长期融资一旦确定,其金额和时间很难调整,而且在借款合同中有许多限制条件。但是,各种短期融资方式限制条件较少,而且企业还可根据需要来确定筹资的额度和期间,因而灵活性强。

3. 筹资成本较低

由于短期融资的期限比长期筹资的期限短,通常短期借款的利率要低于长期借款的利率。

4. 筹资风险较大

上述几个特点决定了短期融资在某些方面体现出了高于长期融资的风险。首先,短期融资需要不断地取得和偿还,因而使得其利率处于不断波动状态,受经济环境和金融市场的影响较大,不能像长期融资那样被固定在一定的利率水平上;其次,因为短期融资需要在短期内及时偿还,如果企业短期债务较多,就会出现清偿困难,一旦缺乏足够的现金资源偿还债务,就会引起财务危机甚至破产。

总之,企业应根据短期筹资方式的优缺点以及本身的实际情况和管理当局的管理意愿,来确定短期筹资的利用规模。通常情况下,短期融资在全部融资结构中不应当成为主要的成分,因为它解决的是企业的短期的、临时的、暂时性的资金需求,与其还款时间较短的特征紧密配合。如果将短期融资方式运用于长期资金占用上,成为企业主要的融资途径,则会使投资、融资之间现金流量的相互配合成为不可能,严重者会导致重大财务危机,危及企业的生存。

二、商业信用

商业信用是指在商品交易中由于延期付款或预收货款所形成的企业间的借贷关系。商业信用产生于商品交换之中,是所谓的"自发性筹资"。它应用非常广泛,是企业之间的一种直接信用关系,在短期负债融资占很大比重。

商业信用是由商品交易中货币形态的资金运动和实物形态的资金运动相分离产生的,是企业的一项"自然"短期资金来源。一般来说,只要企业从事赊购赊销业务,都会或多或少地得到一些由商业信用形成的短期资金。而且,商业信用形成的短期资金通常在数量上与企业的生产经营活动呈正比,随着企业生产经营规模的扩大,在销售额增加的同时,其购货额也会相应增加,从而所利用的商业信用也将随之增加。在市场经济条件下,商业信用是企业最重要的一项短期资金来源,其数额远高于银行短期借款。在西方某些国家,企业的应付账款平均余额能占到其流动负债的40%。

商业信用筹资最大的优越性在于容易取得。首先,对于大多数企业来说,商业信用是一种持续性的信贷形式,无须办理正式筹资手续,使用灵活有弹性。其次,如果没有现金折扣或使用不带息票据,商业信用筹资不负担成本。但如果有现金折扣,放弃现金折扣时所付出的成本较高。

商业信用具体形式包括应付账款、应付票据和预收账款等。

(一)应付账款

应付账款是企业购买货物暂未付款而欠对方的账项,即卖方允许买方在购货后一定时期内支付货款的一种形式。对买方来说延期付款等于向卖方借用资金购进商品,可以满足短期资金的需要。而对卖方来说是利用这种形式进行促销。

应付款账可以分为:免费信用,即买方企业在规定的折扣期内享受折扣而获得的信用;有代价信用,即买方企业放弃折扣付出代价而获得的信用;展期信用,即买方企业超过规定的信用期推迟付款而强制获得的信用。

1. 应付账款的成本

倘若买方企业购买货物后在卖方规定的折扣期内付款,便可以享受免费信用,这种情况下企业没有因为享受信用而付出代价。

【例9-13】 某公司按 $2/10, n/30$ 的信用条件购入货物100万元。如果该企业在10天内付款,便享受了10天的免费信用期,并获得折扣2万元($100\times2\%$),

免费信用额为 98 万元(100－2)。

倘若买方企业放弃折扣,在 10 天后(不超过 30 天)付款,该企业便要承受因放弃折扣而造成的隐含利息成本。放弃现金折扣的成本可由下式求得:

$$放弃现金折扣成本 = \frac{折扣百分比}{1-折扣百分比} \times \frac{360}{信用期-折扣期} \times 100\%$$

该企业放弃折扣所负担的成本为:

$$\frac{2\%}{1-2\%} \times \frac{360}{30-10} = 36.73\%$$

这表明,放弃现金折扣的成本与折扣百分比的大小、折扣期的长短同方向变化,与信用期的长短呈反方向变化。可见如果买方企业放弃折扣而获得信用融资,其代价较高。只要公司筹资成本不超过 36.73%,就应当在第 10 天付款。然而,企业在放弃折扣的前提下,推迟付款的时间越长,其成本就会越小。如果企业延至 40 天付款,其计算成本为:

$$延期付款成本 = \frac{2\%}{1-2\%} \times \frac{360}{40-10} = 24.49\%$$

2. 利用现金折扣的决策

在附有信用条件的情况下,因为获得不同信用要负担不同的代价,买方企业便要在利用哪种信用之间作出决策:

第一,如果能以低于放弃折扣的隐含利息成本(实质上是一种机会成本)的利率借入资金,便应在现金折扣期内用借入的资金支付货款,享受现金折扣。如[例 9-13]中,同期的银行短期借款利率是 12%,则买方企业应利用更便宜的银行借款在折扣期内偿还欠款。

第二,如果折扣期内将应付账款用于短期投资,所得的投资收益高于放弃折扣的隐含利息成本,则应放弃折扣而去追求更高的收益。

第三,如果企业因缺乏资金而欲展延付款期,则需在降低了的放弃折扣成本带来的好处与展延付款带来的损失之间作出选择。展延付款期带来的损失主要是因企业信誉恶化而丧失供应商乃至其他贷款人的信用,或者日后带来苛刻的信用条件。

第四,如果面对两家以上提供不同信用条件的卖方,应通过衡量放弃折扣成本的大小,选择信用成本最小的一家。例如,[例 9-13]中,另一家供应商 B 提出了 $1/20, n/30$ 的信用条件,由上述公式计算其放弃现金折扣的成本是 36.4%,与第一家供应商的信用条件相比,成本更低,应该选择供应商 B。

(二)应付票据

应付票据是指企业进行延期付款的商品交易时,开出的反映债权债务关系的票据。根据承兑人的不同,应付票据分为商业承兑汇票和银行承兑汇票。支付期最长不超过 6 个月,可以带息,也可以不带息。应付票据是一种期票,对买方来说,是一种短期融资行为。应付票据的利率一般比银行借款利率低,且不用保持相应的补偿余额和支付协议费,所以应付票据的筹资成本低于银行借款成本。但是商业票据到期必须归还,如果延期便要交付罚金,因而风险较大。

(三)预收账款

预收账款是卖方企业在交付货物之前向买方预先收取部分或全部货款的信用形式。对卖方来讲,预收账款相当于向买方借用资金后用货物抵偿。预收账款一般用于生产周期长、资金需要量大的货物销售。

与应付账款相反,预收货款是买方向卖方提供商业信用,卖方利用买方的购货款作为自己的短期资金来源。但这种商业信用形式的应用是很有限的,通常只有在如下两种情况下可以利用预收货款作为短期资金来源:一是卖方提供的是市场上的紧俏商品,买方会向卖方预付订货款,以便能买到产品;二是卖方提供的是生产周期长,价值高的产品,卖方常常要求买方预付部分货款,以解决生产资金占用过多问题。比如,建筑业和重型机器制造业、书刊报纸的征订等。

此外,企业还存在一些在非商品交易中产生,但也是自发性筹资的应付费用,是企业应付未付的费用,如应付职工薪酬、应交税费、其他应付款等。应付费用使企业收益在前、费用支付在后,结算期固定,占用数量也比较固定,也称定额负债。应付费用占用的数额稳定,不需支付任何代价,是一项短期资金来源,相当于享用了收款方的借款,一定程度上缓解了企业的资金需要。应付费用的期限具有强制性,不能由企业自由斟酌使用,但通常不需要花费代价。

商业信用的期限一般较短。就单笔交易所形成的商业信用而言,其信用其实是比较短的,应付账款的付款期一般短于 2 个月,应付票据的付款期最长不超过 6 个月。如果企业放弃现金折扣,则要付出较高的成本。在体制不健全的情况下,企业如果缺乏信誉感,容易造成企业之间的互相拖欠,影响资金周转。

三、短期借款

短期借款是指企业向银行和其他非银行金融机构借入的期限在 1 年以内的借款。短期借款作为一种短期资金来源,其重要性仅次于商业信用。它与商业信用提供的内部自生性资金不同,短期借款为企业提供的是一种外部资金。

(一) 短期借款的种类

短期借款可依偿还方式的不同,分为一次性偿还借款和分期偿还借款;依利息支付方法的不同,分为收款法借款、贴现法借款和加息法借款;按有无担保,分为抵押借款和信用借款;我国目前的短期借款按照目的用途不同可分为若干种,主要有生产周转借款、临时借款、结算借款、科技开发贷款、专项贷款和卖方信贷等。企业在申请银行借款时,应根据各种借款的条件和自身的需要加以选择。

(二) 短期借款的信用条件

银行发放短期借款时,通常会附带一些信用条件。主要有以下几种。

1. 信贷额度

信贷额度又称贷款限额,是在协议中银行对借款人规定的无担保借款的最高限额。信贷限额的有效期限通常为1年。在信贷限额内,企业可随时向银行申请借款。但是,银行并不承担提供全部信贷限额的义务。例如,银行核定某企业某1年内的信贷限额为100万元,那么该企业在这1年内如需要资金,可在限额内向银行申请借款,但累积的借款数额不能超过核准的信贷限额。若企业信誉下降、财务状况恶化,即使银行曾同意过按信贷限额提供借款,企业实际也可能得不到借款。这时,银行并不承担法律责任。

2. 周转信贷协定

周转信贷协定又称循环贷款协定,是一种特殊的信用额度借款,它是银行向客户提供贷款的具有法律约束力的协定。在协定有效期内和规定的最高限额内,借款企业可随时向银行提出借款要求,而且银行必须满足企业的借款要求。在银行资金紧张时,银行即使是从外部借入资金也要满足企业的借款要求。借款企业因为享有周转信贷协定规定的借款权利,也必须对周转信贷额度的未用部分付给银行一笔承诺损失费。

【例 9-14】 某企业与银行商定在周转信贷额为 1 000 万元,承诺费率为 0.5%,借款企业年度内使用了 800 万元,余额为 200 万元。则借款企业应向银行支付承诺损失费的金额为:

$$承诺费 = 未使用的信贷额度 \times 承诺费率 = 200 \times 0.5\% = 1(万元)$$

3. 补偿性余额

补偿性余额是银行要求借款人在银行中保持按贷款限额或实际借款额的一定百分比(一般为 10%~20%)计算的最低存款余额。补偿性余额有助于银行降低贷款风险,补偿遭受的贷款损失。但对借款企业来讲,补偿性余额则提高了借款的实际利率。

【例 9-15】 某企业按年利率 8% 向银行借款 10 万元,银行要求维持贷款限额 20% 的补偿性余额,企业实际可以动用的借款只有 8 万元,则该项借款的实际利率为:

$$补偿性余额贷款实际利率 = \frac{名义利率}{1-补偿性余额比例} \times 100\%$$

$$= \frac{8\%}{1-20\%} \times 100\% = 10\%$$

需要说明的是,如果补偿性余额存款户中有利息收入的话,所取得的利息收入可以部分抵补贷款的利息支出,实际利率就没有计算的那么高。

鉴于补偿性余额的要求,企业从银行取得贷款以满足支付需要时,应根据补偿性余额的比例和需要支付的资金额,确定应该向银行申请贷款的金额。

【例 9-16】 某企业准备从银行贷款 10 万元用于支付一笔材料款,银行的补偿性余额要求为 20%,则应向银行申请的贷款额度为:

$$贷款额度 = \frac{所需资金}{1-补偿性余额比例} = \frac{10\,000}{1-20\%} = 125\,000(元)$$

4. 抵押借款

银行向财务风险较大的企业或对其信誉不好把握的企业发放贷款,有时需要有抵押品担保,以减少自己蒙受损失的风险。抵押借款是企业通过提供某种资产作为担保抵押给金融机构,以此获取一定数额短期贷款。抵押借款需要借贷双方签订抵押贷款合同,在合同中必须注明担保品的名称及有关说明。借款企业可以用自己拥有的应收账款、应收票据、存货或其他流动资产作为短期借款的抵押品。银行根据抵押品的账面价值来决定贷款的数额,一般为抵押品价值的 30%~90%,比例的高低主要取决于抵押品的变现能力和银行的风险偏好。通常抵押品的价值越大,变现速度越快,银行贷款的风险就越小。企业向银行提供抵押品,会限制其资产的使用和未来的借款能力。

抵押借款的资金成本通常高于非抵押借款,这是因为银行将抵押贷款视为一种风险投资,因而收取较高的利息以作为其风险投资的报酬。另外,银行管理抵押贷款比管理非抵押贷款更为困难,往往会另外收取管理费用。因此,融资成本就会上升。

5. 偿还条件

无论何种借款,一般都有规定还款的期限。如果到期无力偿还视为逾期贷款,银行将会加收罚息。贷款的偿还有到期一次偿还和在贷款期内定期(每月、季)等额偿还两种方式。企业不希望采用后种偿还方式,因为会提高借款的实际利率;而银行不希望采用前种偿还方式,因为会加重企业的财务负担,增加企业的拒付风险,同时会降低实际贷款利率。

银行有时还要求企业为取得借款而作出其他承诺,如及时提供财务报表、保持适当的财务水平等等。如企业违背所做的承诺,银行可要求企业立即偿还全部贷款。

(三) 借款的利率和利息支付方式

短期借款的利率多种多样,主要有:优惠利率,即银行向财力雄厚、经营状况好的企业贷款时收取的名义利率,是贷款利率的最低限;浮动优惠利率,即随其他短期利率波动而浮动,随市场条件的变化而随时调整的优惠利率;非优惠利率,即银行贷款给一般企业时收取的高于优惠利率的利率,通常在优惠利率的基础上加一定的百分比。非优惠利率与优惠利率的差异,主要由企业的信誉、与银行的往来关系以及当时的市场信贷状况决定。

短期借款的利息支付方式也各不相同,主要如下。

1. 利随本清法

利随本清法又称收款法,是在借款到期时向银行支付利息的方法。银行向工商企业借款大多采用这种方法收息。采用这种方法,借款的名义利率等于其实际利率。

2. 贴现法

贴现法是银行向企业发放贷款时,先从本金中扣除利息部分,在贷款到期时借款企业再偿还全部本金的一种计息方法。采用这种方法,企业可利用的贷款额只有本金扣除利息后的差额部分,因此其实际利率高于名义利率。

【例 9-17】 某企业从银行取得借款 200 万元,期限 1 年,名义利率 10%,利息 20 万元。按照贴现法付息。企业实际可动用的贷款为 180 万元,该项贷款的实际利率为:

$$\text{贴现贷款实际利率} = \frac{\text{利息}}{\text{贷款金额} - \text{利息}} \times 100\%$$

$$= \frac{20}{200 - 20} \times 100\% = 11.11\%$$

$$\text{或贴现贷款实际利率} = \frac{\text{名义利率}}{1 - \text{名义利率}} \times 100\%$$

$$= \frac{10\%}{1 - 10\%} \times 100\% = 11.11\%$$

3. 加息法

加息法是分期等额偿还贷款时采用的利息收取方法。在分期等额付息时，银行将名义利率计算的利息加到贷款本金上，计算出贷款的本利和，要求企业在贷款的期限内分期等额偿还。由于贷款分期均衡偿还，借款企业实际上只平均使用了贷款本金的一半，却支付了全部本金的利息，这样企业负担的实际利率就提高了近1倍。

【例 9-18】 某企业借入(名义)年利率为12%的贷款20万元，分12个月等额偿还本息，该项贷款的实际利率为：

$$\text{加息贷款实际利率} = \frac{\text{贷款额} \times \text{利息率}}{\text{贷款额} \div 2} \times 100\%$$

$$= \frac{20 \times 12\%}{20 \div 2} = 24\%$$

短期借款筹资速度快，筹资弹性大，借款的利率一般低于长期借款，资金成本较低。

但短期借款筹资风险大，使用期限短，一般多为几个月，不能作为生产经营的主要资金来源。

四、短期融资券

(一) 短期融资券的特征

短期融资券是由企业发行的无担保短期本票。短期融资券发源于与商品和劳务交易相关联的商业票据。与商业票据不同的是，短期融资券是一种脱离了商品交易过程的商业票据，即公司不再是为了某一笔具体商品交易签发票据，而纯粹是为了筹措短期资金签发票据。发行人与投资者之间是一种单纯的债务债权关系。

在我国，短期融资券是指企业依照《银行间债券市场非金融企业债务融资工具管理办法》的条件和程序在银行间债券市场发行和交易并约定在一定期限内还本付息的有价证券，是企业筹措短期（1年以内）资金的直接融资方式。

我国短期融资券具有以下特征：

(1) 发行人为非金融企业，发行企业均应具有债券发行资格。

(2) 发行和交易的对象为银行间债券市场的机构投资者，不向社会公众发行和交易。

(3) 由符合条件的金融机构承销发行，企业不得自行销售融资券，募集的资金用于本企业的生产经营。

(4) 可以在全国银行间债券市场机构投资人之间流通转让。

(二) 短期融资券筹资的优缺点

1. 短期融资券筹资的优点

(1) 短期融资券的筹资成本较低。在西方，短期融资券的利率加上发行成本，通常要低于银行的同期贷款利率。因为筹资者与投资者之间往往没有银行中介，节约了中介筹资费。但在我国，目前由于短期融资券市场刚刚建立，还不完善，因而有时会出现短期融资券的利率高于银行借款利率的情况。随着市场的不断完善，其利率会逐渐接近银行贷款利率，直至略低于银行贷款利率。

(2) 短期融资券筹资数额比较大。一般而言，银行不会向企业发放巨额的短期借款，因此，银行短期借款常常面临着数额的限制，而发行短期融资券的数额往往较大，可以筹集更多的资金。

(3) 发行短期融资券可以提高企业信誉和知名度。由于能在货币市场上发行短期融资券的都是著名的大公司，因而一个公司如果能发行自己的短期融资券，说明该公司有较好的信誉；同时，随着短期融资券的发行，公司威望和知名度也大大提高。

2. 短期融资券筹资的缺点

(1) 发行短期融资券的风险比较大。短期融资券到期必须归还，一般不会有延期的可能。如果到期不归还，会对企业的信誉等产生较严重的后果，因此，财务风险较大。

(2) 发行短期融资券的弹性比较小。只有当企业的资金需求达到一定数量时才能使用短期融资券，如果数量较小，则会加大单位资金的筹资成本。另外，短期融资券一般不能提前偿还，即使企业资金比较充裕，也要到期才能还款。

(3) 发行短期融资券的条件比较严格。并不是任何企业都能发行短期融资券，必须是信誉好、实力强、效益高的大企业才能使用，而一些小企业或信誉不够好的企业则不可能利用短期融资券来筹集资金。

五、应收账款融资

应收账款融资的前提是商业银行或其他金融机构愿意接受企业的应收账

款。应收账款融资经常采用的两种方式是应收账款抵押和应收账款让售。

(一)应收账款抵押

应收账款抵押是指企业以应收账款作为抵押品而向银行或其他金融机构取得贷款。在抵押时,企业与银行签订协议,通常银行会要求企业承担应收账款的收账责任和收账费用,在应收账款成为坏账时银行有权向企业追索并要求其如数补足。因此,银行拥有应收账款的所有权和对企业的追索权,企业必须承担被抵押的应收账款的违约风险,无须通知买方关于应收账款的抵押情况。

(二)应收账款让售

应收账款让售也称应收账款保理,是指企业将应收账款出让给银行等金融机构以获取资金的一种筹资方式。企业将信用和相应的应收账款收回均让渡给银行等代理机构,实际上也就是把应收账款转让或出售给代理机构。银行通常不能向企业追索,也就是说如果买方不支付货款,则由银行等代理机构而不是企业承担损失。而且企业要通知买方债权关系的转移,要求买方直接将货款支付给银行。

应收账款筹资能及时回笼资金,避免企业因赊销造成的现金流量不足。节省企业收账成本,降低坏账损失风险,有利于改善企业的财务状况、提高资产的流动性。但应收账款筹资的手续费和利息都很高,从而增加了企业的筹资成本。应收账款转让时,贷款机构对转让的应收账款和转让应收账款的公司都有一定的条件限制,不符合条件的不接受转让。

六、存货融资

存货融资是指如果企业的信用风险较大,贷款机构就可能要求企业以某种形式的存货抵押来提供担保贷款,所以也称存货抵押借款。一般而言,存货是变现能力较强的资产,比较适合作为短期贷款的抵押品,使贷款人在企业还款能力受限时能够通过变卖得到补偿。并不是所有存货项目都可以作为贷款的抵押品,用于抵押品的存货必须容易辨认,有较强的流动性和稳定的价格,而且品质可靠不易损坏。存货融资的方式主要有库存总抵押(库存总留滞权)、信托收据、仓库收据等。库存总抵押要求借款人用其全部的存货作抵押;信托收据是一种由出借人托管商品的工具;仓库收据融资要求出借人雇佣第三方管理借款人的存货,并且作为出借人的代理。

存货抵押借款的固定成本相对较高,因此这种方式不适合小型公司采用。采用这种融资方式有很多优点。首先,具有很高的灵活性,因为贷款额基于库存的增长,直接和融资需要相关;其次,存货控制保管以及采用专业化的存储管理有助于提高仓库的效率,减少处理成本。存货抵押的缺点是文件和管理上的分散以及相对较高的固定成本。

本章框架图

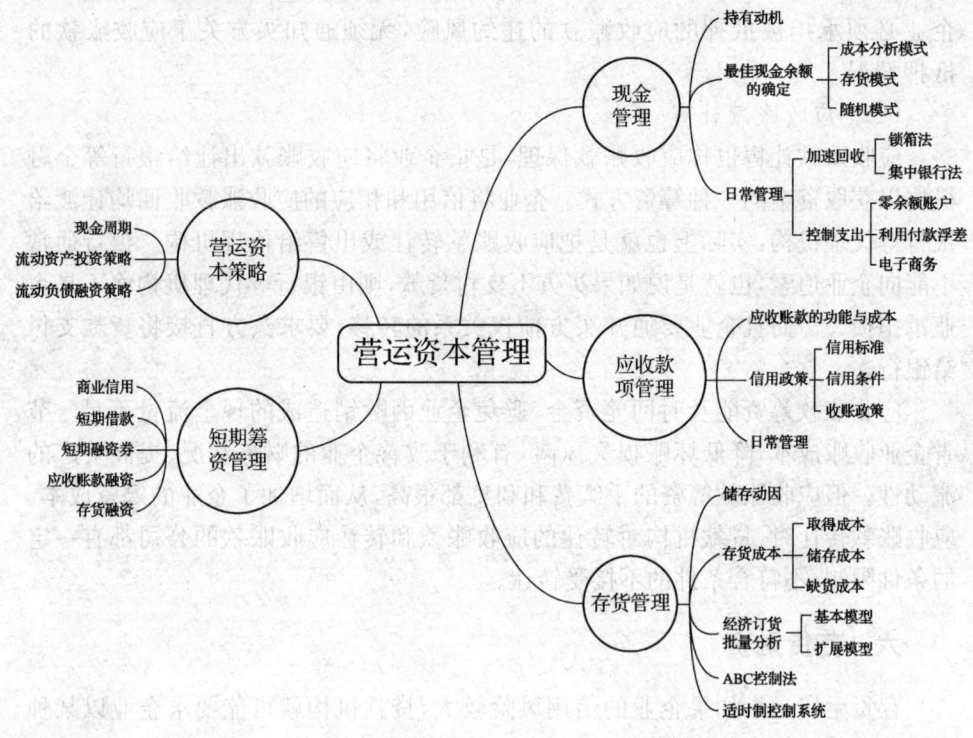

讨论题

1. 企业的营运资本有哪些特点?
2. 说明应收账款的功能与成本。
3. 什么是现金浮差?企业如何运用收付款浮差提高现金管理效率?
4. 存货的日常控制方法有哪些?
5. 说明营运资本的管理策略。
6. 短期融资管理的工具有哪些?

习 题

一、单项选择题

1. 企业应持有的现金总额通常小于交易动机、预防动机和投机动机所需要的现金余额之和,其原因是( )。
   A. 现金在不同时点上可以灵活使用
   B. 各种动机所需要的现金可以调节使用
   C. 现金与有价证券可以互相转换
   D. 现金的存在形式在不断变化

2. 下列项目中,不是企业持有现金的相关成本的是( )。
   A. 短缺成本   B. 持有成本   C. 资金成本   D. 管理成本

3. 通常情况下,企业持有现金的机会成本( )。
   A. 与持有时间呈反比
   B. 等于有价证券的利息率
   C. 与现金余额呈正比
   D. 是决策的无关成本

4. 下列项目中,不属于企业持有必要量现金的动机的是( )。
   A. 预防动机   B. 信用动机   C. 交易动机   D. 投机动机

5. 成本分析模式下的最佳现金持有量应是使( )之和最小的现金持有量。
   A. 机会成本与转换成本
   B. 机会成本与管理成本
   C. 持有成本与转换成本
   D. 持有成本、短缺成本与管理成本

6. 利用锁箱法和集中银行法进行现金回收管理的共同优点是( )。
   A. 可以减少收账人员
   B. 没有共同优点
   C. 可以缩短票据邮寄时间
   D. 可以降低现金管理成本

7. 下列项目中,属于现金持有动机中投机性动机的是( )。
   A. 派发现金股利
   B. 支付工资
   C. 交纳所得税
   D. 购买股票

8. 采用存货模式确定现金最佳持有量时,应考虑的成本因素是( )。
   A. 机会成本和转换成本
   B. 管理成本和转换成本
   C. 持有成本和短缺成本
   D. 机会成本和短缺成本

9. 企业在进行应收账款管理时,除了要合理确定信用标准和信用条件外,还要合理确定( )。
   A. 现金折扣期间
   B. 现金折扣比率
   C. 信用期间
   D. 收账政策

10. 下列订货成本中,属于固定成本的是( )。
    A. 差旅费
    B. 邮资
    C. 常设机构的基本支出
    D. 预付订金的机会成本

11. 由信用期限、折扣期限和现金折扣三要素构成的付款要求是（　　）。
    A. 信用标准　　　B. 信用条件　　　C. 资信程度　　　D. 收账政策
12. 存货 ABC 分类控制法中对存货划分的最基本的分类标准为（　　）。
    A. 金额标准　　　　　　　　　　　B. 品种数量标准
    C. 重量标准　　　　　　　　　　　D. 金额与数量标准
13. 下列费用中，属于应收账款机会成本的是（　　）。
    A. 因投资于应收账款而丧失投资于其他方面获得的收益
    B. 收账费用
    C. 对顾客信用进行调查而支出的调查费用
    D. 坏账损失
14. 应收账款管理"5C"系统不包括（　　）。
    A. 能力　　　　　B. 资本　　　　　C. 抵押品　　　　D. 经营期限
15. 信用条件为"$2/10, n/30$"，有 40%的客户选择现金折扣优惠，则平均收账期为（　　）天。
    A. 24　　　　　　B. 26　　　　　　C. 22　　　　　　D. 18
16. 某企业规定的信用条件是："$5/10, 2/20, n/30$"，一客户从该企业购入原价为 10 000 元原材料，并于第 15 天付款，该客户实际支付的货款是（　　）元。
    A. 9 800　　　　 B. 9 900　　　　 C. 10 000　　　　D. 9 500
17. 应收账款的信用标准通常以（　　）作为判断标准。
    A. 应收账款收现保证率　　　　　　B. 客户的资信程度
    C. 预期的坏账损失率　　　　　　　D. 应收账款周转率
18. 在一定时期内，在原材料采购总量和费用水平不变的条件下，存货经济进货批量应该是既保证生产经营需要，又要使（　　）。
    A. 进货费用和存货资金占用机会成本之和最低
    B. 进货费用和储存成本之和最低
    C. 进货费用和存货资金占用机会成本相等
    D. 进货成本等于储存成本与短缺成本之和
19. 下列各项中，不属于存货缺货损失的是（　　）。
    A. 材料供应中断　　　　　　　　　B. 改海运为空中运输
    C. 存货残损变质　　　　　　　　　D. 因发货延迟导致退货损失
20. 企业为满足交易动机而持有现金，所需考虑的主要因素是（　　）。
    A. 企业销售水平的高低　　　　　　B. 企业临时举债能力的大小
    C. 企业对待风险的态度　　　　　　D. 金融市场投机机会的多少
21. 下列有关现金的成本中，属于固定成本性质的是（　　）。
    A. 现金管理成本　　　　　　　　　B. 占用现金的机会成本
    C. 转换成本中的委托买卖佣金　　　D. 现金短缺成本
22. 企业在进行现金管理时，可利用的现金浮游量是指（　　）。
    A. 企业账户所记存款余额

B. 银行账户所记企业存款余额
C. 企业账户与银行账户所记存款余额之差
D. 企业实际现金余额超过最佳现金持有量之差

23. 下列各项中,属于应收账款机会成本的是( )。
   A. 应收账款占用资金的应计利息   B. 客户资信调查费用
   C. 坏账损失   D. 收账费用

24. 下列各项与存货有关的成本费用中,不影响经济进货批量的是( )。
   A. 专设采购机构的基本开支   B. 采购员的差旅费
   C. 存货资金占用费   D. 存货的保险费

25. 某公司 A 材料预计每天的最大耗用量为 50 千克,平均每天的正常耗用量为 30 千克,最长的订货提前期为 10 天,正常的订货提前期为 7 天,则该公司 A 材料应建立的保险储备量为( )千克。
   A. 50   B. 80   C. 95   D. 145

26. 已知某种存货的全年需要量为 7 200 个单位,假设生产周期为 1 年,存货的在途时间为 5 天,则该种存货的再订货点为( )。
   A. 20   B. 50   C. 100   D. 200

27. 允许缺货时的经济进货批量一般会( )不允许缺货时的经济进货批量。
   A. 大于   B. 小于   C. 等于   D. 不一定

28. 下列各项中,不属于商业信用的是( )。
   A. 应付账款   B. 应付职工薪酬   C. 应付票据   D. 预收货款

29. 放弃现金折扣成本大小与( )。
   A. 折扣率的大小呈反方向变化
   B. 折扣期的长短呈同方向变化
   C. 折扣率大小、信用期的长短均呈同方向变化
   D. 信用期的长短呈同方向变化

30. 如果企业经营在季节性低谷时除了自发性负债外不再使用短期借款,其所采用的筹资组合策略是( )。
   A. 配合型   B. 激进型
   C. 稳健型   D. 配合型或稳健型

31. 某公司流动资产 720 万元,其中临时性流动资产比率为 70%;流动负债 400 万元,其中临时性流动负债比率为 55%,该公司执行的是( )的短期筹资和长期筹资的组合策略。
   A. 平稳型   B. 保守型   C. 积极型   D. 随意型

32. 某企业实际需要筹集资金 50 万元,银行要求保留 20% 的补偿性余额,则该企业向银行借款的总额应为( )万元。
   A. 60   B. 50   C. 62.5   D. 65

33. 以下选项中,会使公司风险水平最高的营运资本融资策略是( )。
   A. 通过短期负债来获得临时性流动资产

B. 通过长期负债来获得永久性流动资产

C. 通过长期负债来获得临时性流动资产

D. 通过短期负债来获得永久性流动资产

二、多项选择题

1. 为缩短收现时间,企业可以（   ）。

   A. 指派专人处理大额款项　　　　B. 延迟现金支付

   C. 采用锁箱系统　　　　　　　　D. 采用集中银行法

2. 企业为延期现金支付,可以采用的方法一般有（   ）。

   A. 合理利用"现金浮游量"　　　　B. 采用支票付款

   C. 设置支付账户　　　　　　　　D. 推迟支付应付款

3. 由于在存货模式下,将企业的现金持有量和短期有价证券联系起来考虑,故在现金持有成本中可以不考虑（   ）。

   A. 现金短缺成本　　　　　　　　B. 现金持有成本

   C. 转换成本　　　　　　　　　　D. 现金管理成本

4. 提供比较优惠的信用条件,可增加销售量,但也会付出一定代价,主要有（   ）。

   A. 增加应收账款机会成本　　　　B. 坏账成本

   C. 减少应收账款机会成本　　　　D. 现金折扣成本

5. 企业制定信用政策时应权衡（   ）。

   A. 增加收账费用　　　　　　　　B. 坏账损失

   C. 信用期限　　　　　　　　　　D. 减少应收账款机会成本

6. 在存货陆续供应和使用的情况下,导致经济批量呈增加的因素有（   ）。

   A. 单位储存变动成本增加　　　　B. 一次订货成本增加

   C. 每日耗用量增加　　　　　　　D. 存货年需用量增加

7. 现金周转循环是指企业的营运资金从现金投入生产经营开始,到最终转化为现金为止的过程。下列会使现金周期缩短的方式有（   ）。

   A. 缩短存货周转期　　　　　　　B. 缩短应收账款周转期

   C. 缩短应付账款周转期　　　　　D. 缩短预收账款周转期

8. 下列有关信用期限的表述中,正确的有（   ）。

   A. 缩短信用期限可能增加当期现金流量

   B. 延长信用期限会扩大销售

   C. 降低信用标准意味着将延长信用期限

   D. 延长信用期限将增加应收账款的机会成本

9. 补偿性余额的约束使借款企业所受的影响有（   ）。

   A. 减少了应付利息　　　　　　　B. 增加了应付利息

   C. 减少了可用资金　　　　　　　D. 提高了筹资成本

10. 公司制定了将资产的到期日与融资的到期日相匹配的政策,表示（   ）。

    A. 现金、应收账款和存货的季节性扩张用短期负债融资

B. 现金、应收账款和存货应该用长期负债和权益融资

C. 经营所需的最低现金、应收账款和存货是永久性的,应该用长期负债和权益融资

D. 长期资产,如工厂和设备应该用长期负债和权益来融资

三、判断题

1. 在存货模式下,持有现金的机会成本与有价证券和现金之间的转换成本相等时,此时的现金持有量为最佳现金持有量。（ ）
2. 赊销是扩大销售的有力手段之一,企业应尽可能放宽信用条件,增加赊销量。（ ）
3. 一般来说,在企业生产和销售计划已经确定的情况下,存货量大小取决于每次进货数量。（ ）
4. 如果企业的借款能力增强,保障程度较高,则可适当增加预防性现金的数额。（ ）
5. 现金持有成本中的管理费用与现金持有量的多少有关。（ ）
6. 企业可在不影响信誉的前提下,尽可能地推迟应付账款的支付期,是企业日常现金管理措施之一。（ ）
7. 现金折扣是企业为了鼓励购买者多买而在价格上给予购买者折扣优惠。（ ）
8. 一般来说,客户能否严格履行赊销企业的信用条件,取决于客户的偿债能力。（ ）
9. 信用标准通常以预期的坏账损失率作为判别标准。（ ）
10. 存货经济批量是指使一定时期存货的订购成本达到最低点的进货数量。（ ）
11. 营运资金越多,风险越大,收益越高。（ ）
12. 现金的短缺成本与企业现金持有量呈正比。（ ）
13. 在提前订货情况下,企业再次发出订货单时尚有的库存量,称为再订货点。（ ）
14. 短期融资券是由企业发行的有担保短期本票。（ ）
15. 与长期负债融资相比,流动负债融资的期限短,成本低,其偿债风险也相对较小。（ ）
16. 补偿性余额的约束有助于降低银行贷款风险,但同时也减少了企业实际可动用借款额,提高了借款的实际利率。（ ）
17. 商业信用筹资属于自然性融资,与商品买卖同时进行,商业信用筹资没有实际成本。（ ）

四、计算分析题

1. 某企业有四种现金持有方案,各方案的持有成本按现金持有量的5%计算,其管理成本和短缺成本如表9-6所示。

表9-6 现金持有量方案　　　　　　　　　　　　　　　单位:元

方案\项目	甲	乙	丙	丁
现金持有量	15 000	20 000	25 000	30 000
管理成本	2 000	2 000	2 000	2 000
短缺成本	4 500	3 000	2 500	0

要求：计算该企业的最佳现金持有量。

2. 某企业现金收支状况比较稳定，预计全年需要现金为 400 000 元，现金与有价证券的每次转换成本为 200 元，有价证券的利率为 10%。

   要求：

   (1) 计算最佳现金持有量。

   (2) 计算最低现金管理成本。

   (3) 计算有价证券的变现次数。

   (4) 计算有价证券变现间隔期。

   (5) 计算现金持有机会成本。

   (6) 计算现金转换成本。

3. 某企业只生产销售一种产品，每年赊销额为 240 万元，该企业产品变动成本率为 80%，资金成本率为 8%。企业现有 A、B 两种收账政策可供选用。有关资料如表 9-7 所示。

   表 9-7　收账方案

项目	A 政策	B 政策
平均收账期（天）	60	45
坏账损失率	3%	2%
年收账费用（万元）	1.8	3.2

   要求：试对 A、B 两种收账政策进行决策。

4. 双龙公司计划年度销售收入 9 000 元，全部采用商业信用方式销售，客户在 10 天内付款折扣 2%，超过 10 天，但在 20 天内付款折扣 1%，超过 20 天但在 30 天内付款，按全价付款。预计客户在 10 天内付款的比率为 50%，20 天内付款比率为 30%，超过 20 天，但在 30 天内付款比率为 20%，有价证券年利率为 8%，变动成本率为 60%。

   要求：

   (1) 计算企业收款平均间隔天数。

   (2) 计算每日信用销售额。

   (3) 计算应收账款平均余额。

   (4) 维持赊销业务所需资金。

   (5) 计算应收账款机会成本。

5. 某企业预测的年度赊销收入净额为 6 000 万元，其信用条件是"n/30"，变动成本率为 60%，资金成本率为 10%。假设企业收账政策不变，固定成本总额不变。该企业准备了三个信用条件的备选方案：A 方案：维持 n/30 信用条件；B 方案：将信用条件放宽到"n/60"；C 方案：将信用条件放宽到 n/90。各种方案估计的赊销水平、坏账损失率和收账费用等有关数据如表 9-8 所示。

表 9-8 坏账损失率和收账费用等有关数据表

项目	A 方案($n/30$)	B 方案($n/60$)	C 方案($n/90$)
年赊销额	6 000	6 300	6 600
应收账款周转率	8	7	6
坏账损失率	3%	3%	3%
收账费用	40	50	70

要求：

(1) 在 A、B、C 三方案中选择最有利的方案。

(2) 如果企业选择了某方案，为了加速应收账款的回收，决定将赊销条件改为"2/10,1/20, $n/60$"的 D 方案，估计约有 10%的客户会享受 2%的折扣；25%的客户会享受 1%的折扣，坏账损失率降为 2%，收账费用为 60 万元。试选择最佳方案。

6. 某公司每年耗用某种材料 7 200 千克，该材料单位成本为 80 元，单位存储成本为 4 元，每次订货成本为 100 元。

要求：

(1) 计算存货最佳订货批量。

(2) 计算存货最佳订货次数。

(3) 计算存货与订货批量相关的总成本。

(4) 计算最佳存货订货周期。

(5) 计算经济订货量占用资金。

(6) 完成表 9-9。

表 9-9 存货成本计算表

项目	订货批量(千克)					
	200	400	600	800	1 000	1 200
平均存量(千克)						
储存成本(元)						
订货次数(次)						
进货费用(元)						
进价成本(元)						
经济订货量相关成本(元)						
总成本(元)						

7. 某企业生产中全年需要某种材料 2 000 千克，每千克买价 20 元，每次订货费用 50 元，单位储存成本为单位平均存货金额的 25%，该材料的供货方提出，若该材料每次购买数量在

1 000千克或1 000千克以上,将享受5%的数量折扣。

要求:确定该企业应否接受供货方提出的数量折扣条件。

8. 公司正与某银行协商一笔价值等于12 000元的1年期贷款。银行提供了下列各种贷款条件给公司选择。

要求(判断哪种贷款条件具有最低实际利率):

(1) 年利率16%的贷款,利息费用在年底支付。

(2) 年利率12%的贷款,补偿性余额是贷款额的15%,利息费用在年底支付。

(3) 年利率11%的贴现利率贷款,补偿性余额是贷款额的10%。

(4) 年利率12%的利率贷款,利息费用在年底支付,但借款人要每月分期平均偿还12 000的贷款。

9. 某公司购进一批原材料,价值10 000元,对方开出的商业信用条件是"2/10,n/30",市场利率为12%。

要求:判断该公司是否应该争取享受这个现金折扣,并说明原因。

10. 某公司拟采购一批商品,供应商报价为90天付款,价格10 000元,但是如果:

(1) 立即付款,价格为9 630元。

(2) 30天内付款,价格为9 750元。

(3) 31天至60天付款,价格为9 870元。

假设银行借款利率为15%,每年按360天计算。

要求:计算放弃现金折扣成本,并确定该公司最有利的付款日期和付款价款。

第十章 财务分析

 学习目标

通过对本章的学习,你能够了解到:
1. 财务分析的作用和方法
2. 比率分析法的具体运用
3. 杜邦分析法的应用和局限

第一节 财务分析概述

一、财务分析的概念

财务分析(financial analysis)是以企业财务报告和其他信息资料为依据,采用专门的方法,系统分析和评价企业过去和现在的经营成果、财务状况和现金流量及其变动趋势。

(一)财务分析的目的

财务分析的目的是将财务报表数据转换成有用的信息,帮助报表使用人改善决策。

最早的财务分析主要是为银行服务的信用分析。由于借贷资本在公司资本中的比重不断增加,银行家需要对贷款人进行信用调查和分析,逐步形成了偿债能力分析等有关内容。

资本市场出现后,财务报表分析由为贷款银行服务扩展到为各种投资人服务。社会筹资范围扩大,非银行债权人和股权投资人增加,公众进入资本市场。投资人要求的信息更为广泛,逐步形成了盈利能力分析、筹资结构分析和利润分配分析等新的内容,发展出比较完善的外部分析体系。

公司组织发展起来以后,经理人员为获得股东的好评和债权人的信任,需要改善公司的盈利能力和偿债能力,逐步形成了内部分析的有关内容,使财务报表分析由外部分析扩大到内部分析。内部分析的目的是找出管理行为和报表数据的关系,通过管理来改善未来的财务报表。

由于财务报表使用的概念越来越专业化,许多报表使用者尤其是非专业的报表使用者想从报表中提取有用的信息日益困难,于是开始求助于专业人士,并促使财务分析师成为专门职业。专业财务分析师的出现,对于报表分析技术的发展具有重要的推动作用。

传统的财务报表分析逐步扩展成为包括战略分析、会计分析、财务分析和前景分析等四个部分组成的更完善的体系。战略分析的目的是确定主要的利润动因及经营风险并定性评估公司盈利能力,包括宏观分析、行业分析和公司竞争策略分析等;会计分析的目的是评价公司会计反映其经济业务的程度,包括评估公司会计的灵活性和恰当性、修正会计数据等;财务分析的目的是运用财务数据评价公司当前和过去的业绩并评估其可持续性,包括比率分析和现金流量分析等内容;前景分析的目的是预测企业未来,包括财务报表预测及公司估值等内容。

(二) 财务分析的内容

对外发布的财务报表,是根据所有使用人的一般要求设计的,并不适合特定报表使用人的特定目的。报表使用人要从中选择自己需要的信息,重新组织并研究其相互关系,使之符合其特定决策的要求。

投资者购买公司的股票或向公司投资,其目的主要是追求投资或股利收益和股票升值带来的资本收益。基于这个目的,投资者利用财务报表分析公司的盈利能力、盈利状况、股价变动和发展前景。

债权人借钱给企业或购买企业债券,其目的不外乎希望取得一定的利息收益,使自己暂时闲置的资金能够增值。因此,债权人需要分析债务人的短期偿债能力,了解其流动状况;分析债务人的长期偿债能力,了解其盈利状况和资本结构。

经营者是受所有者之托经营企业的专业人士,其利益来源与完成所有者赋予的受托责任的好坏相关。所有者的利益与企业价值相关,自然经营者的利益也就与企业价值相关。所以经营者为改善财务决策,需要进行内容广泛的财务分析,几乎包括外部使用人关心的所有问题。

二、财务分析的基础

财务分析是以企业的财务会计报告和其他相关资料为基础,财务会计报告是财务分析的主要资料,其他相关资料只作为财务分析的一种补充资料。财务会计报告包括会计报表、报表附注等。其他相关资料主要有国家有关经济政策和法律、法规、市场信息、行业信息等。如果是上市公司,其他资料还包括会计师事务所出具的审计报告、上市公告、招股说明书等。因此,要做好财务分析,先要了解企业会计报表的体系。企业的会计报表由资产负债表、利润表、现金流量表、所有者权益变动表四张基本报表构成。表10-1至表10-3是商运公司20×6年的前三张基本报表,所有者权益变动表略。

表10-1 资产负债表

编制单位:商运公司　　　　20×6年12月31日　　　　　　　　单位:万元

资产	期末余额	年初余数	负债和所有者权益	期末余额	年初余数
流动资产:			流动负债:		
货币资金	26 042	21 439	短期借款	31 000	20 000
交易性金融资产			交易性金融负债		
应收票据	54 578	17 796	应付票据	11 467	
应收账款	16 963	30 412	应付账款	2 560	1 686
预付账款	51 989	35 427	预收账款		2 121
应收股利	8 956	6 195	应付职工薪酬	1	34
应收利息			应交税费	11 072	6 770
其他应收款	13 083	19 410	应付利息		
存货	29 846	15 517	应付股利		
一年内到期的非流动资产			其他应付款	1 446	2 512
其他流动资产			一年内到期的非流动负债		
流动资产合计	201 457	146 196	其他流动负债		
非流动资产:			流动负债合计	57 546	33 123
可供出售金融资产			非流动负债:		
持有至到期投资			长期借款	13 836	
长期股权投资	371 059	375 738	应付债券		
长期应收款			长期应付款		
固定资产	31 152	28 341	专项应付款	625	

(续表)

资产	期末余额	年初余数	负债和所有者权益	期末余额	年初余数
在建工程	19	1 045	递延所得税负债		
工程物资			其他非流动负债		
固定资产清理			非流动负债合计	14 461	
固定资产合计	31 171	29 386	负债合计	72 007	33 123
无形资产	7 217	7 733	股东权益:		
开发支出			股本	79 765	79 765
商誉			资本公积	317 301	317 301
长期待摊费用			盈余公积	67 844	58 620
递延所得税资产			未分配利润	73 987	70 244
其他非流动资产			减:库存股		
非流动资产合计	409 447	412 857	股东权益合计	538 897	525 930
资产总计	610 904	559 053	负债及股东权益合计	610 904	559 053

表10-2 利润表

编制单位:商运公司　　20×6年度　　单位:万元

项目	行次	本年累计数	上年数
一、营业收入	1	254 662	307 126
减:营业成本	4	220 888	272 339
税金及附加	5	599	66
销售费用	7	12 395	4 740
管理费用	9	13 585	18 127
财务费用	10	1 313	1 022
资产减值损失	12		
加:公允价值变动收益	14		
投资收益	16	31 678	29 816
二、营业利润	18	37 560	40 648
加:营业外收入	23	110	818
减:营业外支出	25	37	46

(续表)

项目	行次	本年累计数	上年数
三、利润总额	27	37 633	41 420
减:所得税费用	28	737	1 714
四、净利润	30	36 896	39 706

表 10-3　现金流量表

编制单位:商运公司　　　　　　20×6 年度　　　　　　　　　　　　单位:万元

项目	行次	金额
一、经营活动产生的现金流量:		
销售商品、提供劳务收到的现金	1	136 332
收到的税费返还	3	118
收到其他与经营活动有关的现金	8	911
经营活动现金流入小计	9	137 361
购买商品、接受劳务支付的现金	10	96 764
支付给职工以及为职工支付的现金	12	5 803
支付的各种税费	13	5 934
支付其他与经营活动有关的现金	18	27 032
经营活动现金流出小计	20	135 533
经营活动产生现金流量净额	21	1 828
二、投资活动产生的现金流量:		
收回投资所收到的现金	22	
取得投资收益所收到的现金	23	16 246
处置固定资产、无形资产和其他长期资产而收回的现金净额	25	8 692
处置子公司及其他营业单位收到的现金净额		
收到其他与投资活动有关的现金	28	
投资活动现金流入小计	29	24 938
购置固定资产、无形资产和其他长期资产所支付的现金	30	31 632

(续表)

项目	行次	金额
投资支付的现金	31	
支付其他与投资活动有关的现金	35	
投资活动现金流出小计	36	31 632
投资活动产生的现金流量净额	37	-6 694
三、筹资活动产生的现金流量		
吸收投资收到的现金	38	
借款收到的现金	40	54 836
收到其他与筹资活动有关的现金	43	2 523
筹资活动现金流入小计	44	57 359
偿还债务支付的现金	45	30 000
分配股利、利润或偿付利息所支付的现金	46	17 890
支付其他与筹资活动有关的现金	52	
筹资活动现金流出小计	53	47 890
筹资活动产生的现金流量净额	54	9 469
四、汇率变动对现金及现金等价物的影响	55	—
五、现金及现金等价物净增加额	56	4 603

三、财务分析的方法

开展财务分析需要应用一定的方法,常用的财务分析方法有比较分析法、比率分析法和因素分析法。

(一)比较分析法

比较是认识事物的最基本方法,没有比较就没有鉴别。财务分析的比较分析法是对两个或以上的相关可比数据进行对比,从而揭示趋势或差异。

按照比较分析的对象不同,比较分析法可以分为:与本企业历史数据比较的趋势分析法;与同类企业数据比较的横向分析法;与本企业预算数据比较的预算差异分析。

按照比较内容的不同,比较分析法又可以分为以下几种。

1. 会计要素的总量比较分析法

总量是指报表项目的总金额。总量比较是将连续数期会计报表的数据并列起来,比较其相同指标金额变动差异及变动幅度,据以判断企业发展变动趋势和增长潜力的一种方法。有时也用于同业对比,分析企业相对规模和竞争地位的变化。

2. 财务指标的比较分析法

将企业不同时期的重要财务指标进行对比,观察其变动差异及变动幅度,考察其发展趋势,预测其发展前景。具体可以采用定基动态比率和环比动态比率。

定基动态比率是以报告期数值与某一固定基期数值相比较计算的动态比率。其计算公式为:

$$定基动态比率 = 报告期数值 \div 固定基期数值$$

环比动态比率是以报告期数值与上一期为基期数值相比较计算的动态比率。其计算公式为:

$$环比动态比率 = 报告期数值 \div 上期数值$$

3. 结构百分比比较分析法

以企业会计报表中某个总体指标为100%,计算该总体各个组成部分占该总体指标的百分比,从而比较各个项目百分比的增减变动,以此来判断有关财务活动的变化趋势。资产负债表以资产总额定为100%,利润表以主营业务收入定为100%,现金流量表以现金及现金等价物净增加额定为100%。这种方法既可用于不同企业之间的横向比较;也可用于同一企业不同时期的纵向比较,这种比较方法可以消除企业不同规模差异的影响。

运用比较分析法时,应注意以下问题:第一,用于进行对比的各个时期的指标在计算口径上必须一致;第二,剔除一些偶发因素的影响,使分析数据能反映正常经营状况;第三,运用例外原则,对某些有显著变动的指标作重点分析,追究其产生的原因,以便采用相应对策。

(二) 比率分析法

财务比率是各会计指标之间的数量关系,反映它们的内在联系。比率分析法是通过计算各种比率指标来确定经济活动变化的分析方法,是最常用的分析方法之一。比率是一种相对数指标,排除了规模的影响,具有较好的可比性。在一定条件下,比率分析法可以把不可比指标转换为可比指标,以便于进行分析。常用的比率一般有构成比率、效率比率和相关比率。

1. 构成比率分析法

构成比率又称结构比率,是指部分占总体的比率,反映各部分占总体的比率是否适当,总体的构成是否协调、合理。

2. 效率比率分析法

效率比率是经济活动中投入与产出的比率,也是所得与所费的比率。利用效率比率可以进行得失比较,考察经营成果,评价经济效益。

3. 相关比率分析法

相关比率是将两个有内在联系的不同项目加以对比得出的比率,相关比率能反映经济业务活动的相互关系。

运用比率分析法时,应注意以下问题:第一,对比指标的相关性,即计算比率的子项与母项必须具有相关性,把不相关的指标进行对比是毫无意义的;第二,对比指标口径的一致性,分子、分母计算口径必须保持一致;第三,衡量标准的科学性,运用比率分析需要选用一定的标准与之进行对比,这些用于对比的指标必须具有科学性。

(三)因素分析法

因素分析法是依据财务指标与其驱动因素之间的关系,从数量上确定各种因素的变动对某一个指标所产生的影响程度和影响方向的一种分析方法。这种分析方法的出发点是,当有若干因素对某一分析对象具有影响作用时,假定其他因素都无变化,按顺序逐一确定每一因素单独变化所产生的影响。从数量上测各因素的影响程度,有助于抓住主要矛盾,更有说服力地评价经营状况。财务分析的核心是追溯产生差异的原因,因素分析法提供了定量解释差异成因的工具。

因素分析法具体又分为连环替代法和差额分析法,差额分析法是连环替代法的一种简化形式。下面举例说明。

商运公司20×6年材料费用的预算数与实际数资料如表10-4所示。

表10-4 商运公司材料费用资料表

项目	单位	预算数	实际数
产量	件	1 000	1 100
单耗	千克	6	5.50
单价	元	8	9
材料费用合计	元	48 000	54 450

资料中各项目与指标的关系为:

材料费用＝产量×单耗×单价
预算数为：1 000×6×8＝48 000(元)
实际数为：1 100×5.50×9＝54 450(元)
材料费用实际超过预算数为：54 450－48 000＝6 450(元)

1. 连环替代法

第一步：按照产量、单耗、单价的顺序逐个项目进行替代：

预算数：1 000×6×8＝48 000(元)　　　　　　　　　　(1)
替代产量：1 100×6×8＝52 800(元)　　　　　　　　　(2)
替代单耗：1 100×5.50×8＝48 400(元)　　　　　　　 (3)
替代单价：1 100×5.50×9＝54 450(元)　　　　　　　 (4)

第二步：计算各因素的影响方向与影响程度：

产量变动的影响：(2)－(1)　52 800－48 000＝＋4 800(元)
单耗变动的影响：(3)－(2)　48 400－52 800＝－4 400(元)
单价变动的影响：(4)－(3)　54 450－48 400＝＋6 050(元)
三个因素共同影响：4 800－4 400＋6 050＝6 450(元)

从上述计算可以看出，由于三个因素共同影响，使得实际数超过预算数 6 450 元。

在第二步计算中"＋"或"－"表示影响方向(若为"＋"也可简略不写)，"＋"表示超支，是不利差异；"－"表示节约，是有利差异。金额表示影响程度。

在运用连环替代法时，应注意几个问题：

第一，构成指标各因素间有相互依存的关系，如本例中有"材料费用＝产量×单耗×单价"这样的关系。

第二，因素替代的顺序性。在各因素替代时，要注意各因素替代的先后顺序，根据不同的分析目的、不同的理解，会有不同的排列顺序。一般来说其顺序为：先数量指标后质量指标；先基础指标后派生指标；先主要指标后次要指标。不同的排列顺序，计算分析的结果不同，所以连环替代法具有一定的假定性。在分析时，应力求这种顺序的假定具有实际的经济意义和合理性。

第三，顺序替代的连环性。每一因素变动影响程度和影响方向都是在上一次计算的基础上进行的，并采用连环替代的方法确定各因素的影响结果，只有保持逐次进行各因素的有序替代才能使各因素影响之和等于分析指标的差异金额。

2. 差额分析法

差额分析法直接用各因素实际数与预算数的差额来计算确定各因素对综合指标的影响程度和影响方向。

根据上述资料可知：

产量变动的影响：$(1\,100-1\,000)\times 6\times 8=+4\,800$（元）

单耗变动的影响：$1\,100\times(5.5-6)\times 8=-4\,400$（元）

单价变动的影响：$1\,100\times 5.5\times(9-8)=+6\,050$（元）

三个因素共同影响：$4\,800-4\,400+6\,050=6\,450$（元）

在采用差额分析法时，连环替代法中的原则仍然适用并应遵循。

四、财务分析的局限性

财务分析由于种种因素的影响，也存在着一定的局限性，具体表现在以下方面。

（一）报表本身的局限性

财务分析的很多资料来自会计报表，会计报表是会计核算的产物，是按照会计基本假定与会计准则编制的。它不可能反映企业实际的全部情况。如一些不能用货币计量反映的资料就无法在报表中得到反映；一些已经签订合同但尚未完成的交易也不能在会计上确认、计量、记录和反映等。

已经披露的财务信息存在会计估计误差，不可能是真实情况的全面准确计量。如根据谨慎性原则，会计核算在面临不确定因素的情况下，对可能发生的费用或负债不能低估，而资产或收益不能高估。因此，可能出现夸大费用和负债而少计收益和资产的情况。

管理层的各项会计政策选择，有可能降低信息的可比性。会计准则规定对同一会计事项，企业可以根据自身情况予以选择不同的会计政策和不同的会计估计。如折旧方法、存货计价方法，这些都会对会计报表产生影响。

财务报表本身真实可靠程度对财务分析也有影响。只有在真实、可靠的财务报表数据的基础上进行的分析才有意义，才能得出科学的、符合实际的结论，一些失实的会计信息会产生误导的分析，外部分析人员很难认定是否存在虚假陈述。财务报表可靠性要靠注册会计师的审计来发现和调整。但是，注册会计师不能保证财务报告没有任何错报和漏报，而且并非所有注册会计师都是尽职尽责的。因此，分析人员必须自己关注财务报表的可靠性，对于可能存在的问题保持应有的谨慎。

（二）财务分析方法的局限性

对于比较分析法来说，在实际操作时，比较的双方必须具备可比性才有意义。

对于比率分析法来说，比率分析是针对单个指标进行的，综合程度较低，在某些情况下无法得出令人满意的结论；比率指标的计算一般都是建立在以历史数据为基础的财务报表之上的，这使比率指标提供的信息与决策之间的相关性大打折扣。

对于因素分析法来说，在计算各因素对综合经济指标的影响额时，主观假定各因素的变化顺序而且规定每次只有一个因素发生变化，这些假定往往与事实不符。

并且，无论何种分析法均是对过去经济事项的反映。随着环境的变化，这些比较标准也会发生变化。而在分析时，分析者往往只注重数据的比较，而忽略经营环境的变化，这样得出的分析结论也是不全面的。

（三）财务分析指标的局限性

每一个财务指标只能反映企业的财务状况或经营状况的某一方面，每一指标都过分强调本身所反映的内容，导致整个指标体系不严密。

在判断某个具体财务指标是好还是坏，或根据一系列指标形成对企业的综合判断时，必须注意财务指标本身所反映情况的相对性，掌握好对财务指标的"可信度"。

有些财务指标的评价标准不统一。比如，不同行业的速动比率有很大差别，如采用大量现金销售的企业，几乎没有应收账款，速动比率大大低于1是很正常的。相反，一些应收账款较多的企业，速动比率可能要大于1。因此，在不同企业之间用财务指标进行评价时经常没有统一标准，不便于不同行业间的对比。

许多财务指标的计算口径不一致。比如，对反映企业营运能力指标，分母的计算可用年末数，也可用平均数，而平均数计算又有不同的方法，这些都会导致计算结果不一样，不利于比较评价。

第二节 财务比率分析

财务比率（financial ratio），是反映财务报表各数据相对关系的指标，据此可以发现和评价企业经营管理中可能存在的问题，是企业最主要的财务指标。财务报表中有大量数据，可以组成涉及企业活动各个方面的财务比率，包括偿债能力、营运能力、盈利能力和发展能力等。

一、偿债能力分析

偿债能力是企业偿还其所欠债务的能力。对偿债能力进行分析有利于对债权人进行正确的借贷决策,也有利于企业经营者进行合理的经营决策。债务一般按到期时间可以分成短期债务和长期债务,企业的偿债能力分析也就分为短期偿债能力和长期偿债能力分析两部分。

(一)短期偿债能力分析

短期偿债能力主要衡量短期内企业需要偿还流动负债的能力,即短期内企业能够转化为现金的流动资产的多少,也称变现能力或流动性。短期偿债能力指标主要包括营运资本、流动比率、速动比率、现金比率和现金流量比率等指标。

1. 营运资本

营运资本(working capital)是指流动资产超过流动负债的部分,即:

$$营运资本 = 流动资产 - 流动负债$$

根据表10-1商运公司20×6年财务报表:

$$年初营运资本 = 146\ 196 - 33\ 123 = 113\ 073(万元)$$

$$年末营运资本 = 201\ 457 - 57\ 546 = 143\ 911(万元)$$

如果流动资产与流动负债相等,并不足以保证偿债,因为债务的到期与流动资产的现金生成,不可能同步同量。而且为了维持经营,企业不可能清算全部流动资产来偿还流动负债,必须维持最低水平的现金、应收账款、存货等。况且,流动资产中的某些项目并不能转化为可用来偿债的现金,如预付账款等。因此,企业必须保持流动资产大于流动负债,即保有一定数额的营运资本作为安全边际,以防止流动负债"侵蚀"掉流动资产。以上营运资本143 911万元是流动负债"侵蚀"流动资产的缓冲。营运资本越多,流动负债的偿还越有保障,短期偿债能力越强。

营运资本之所以能够成为流动负债的"缓冲垫",是因为它是长期资本用于流动资产的部分,不需要在1年内偿还。

$$\begin{aligned}营运资本 &= (总资产 - 非流动资产) - (总资产 - 股东权益 - 非流动负债)\\ &= (股东权益 + 非流动负债) - 非流动资产\\ &= 长期资本 - 长期资产\end{aligned}$$

也就是说,当营运资本为正数时,长期资本大于长期资产,超出的部分用于流动资产。营运资本越大,财务状况越稳定。如果全部流动资产都由长期资本提供资金来源,则企业没有任何短期偿债压力。若营运资本为负数,表明长期资本小于长期资产,有部分长期资产要由流动负债提供资本来源,这意味着企业财务状况不稳定。当然,营运资本是绝对数,不便于不同历史时期或不同企业之间比较,需要结合其他比率来评价。

2. 流动比率

流动比率(current ratio)是流动资产除以流动负债的比值,其计算公式为:

$$流动比率 = \frac{流动资产}{流动负债}$$

根据商运公司 20×6 年财务报表,该公司流动比率为:

$$年初流动比率为 = \frac{146\ 196}{33\ 123} = 4.41$$

$$年末流动比率为 = \frac{201\ 457}{57\ 546} = 3.5$$

流动比率假设全部流动资产都可以用于偿还流动负债,表明每 1 元流动负债有多少流动资产作为保障。一般来说,企业流动比率高,说明企业短期偿债能力强。商运公司的计算结果表明该企业年末流动比率比年初有所下降(4.41—3.5),在其他条件不变的情况下,该公司的短期偿债能力有所下降。

企业能否偿还短期债务,一方面要看流动负债的多少,另一方面要看能变现偿债的流动资产有多少。流动资产越多,流动负债越少,则流动比率越高,说明企业短期偿债能力强,债权人的权益就越有保障。

流动比率没有统一的标准数值。一般认为,生产企业合理的最低流动比率为 2,因为流动资产中变现能力最差的存货约占流动资产的一半,剩下的流动资产至少要等于流动负债才能保障企业的短期偿债能力。但近几十年,由于经营方式和环境的改变,流动比率有下降的趋势。营业周期越短的行业,合理的流动比率越低。企业计算出的流动比率高低应与同行业的平均数相比,与本企业的历史资料相比,才能判断该指标水平的高低,也才更有意义。流动比率是相对数,便于不同企业不同时期比较,计算简单,应用广泛。

运用该指标时,必须注意以下两个问题:

(1) 流动比率假设全部流动资产都可以变为现金并用于偿债,全部流动负债都需要还清。实际上,有些流动资产的账面金额与变现金额有较大差异,如产成品等;经营性流动资产是企业持续经营所必需的,不能全部用于偿债;经营性应付项目可以滚动存续,无需动用现金全部结清。因此,流动比率是对短期偿债能力的粗略估计。

(2) 从短期债权人的角度看,自然希望流动比率越高越好。但从企业经营角度看,过高的流动比率通常意味着企业闲置资金过多,必然造成企业机会成本的增加和获利能力的降低。因此,企业应尽可能将流动比率维持在适度水平。

3. 速动比率

速动比率(quick ratio)也称酸性测试比率。速动比率是速动资产除以流动负债的比值。所谓速动资产,是指流动资产减变现能力较差且价值不稳定的存货、预付账款、1年内到期的非流动资产和其他流动资产等之后的余额。其计算公式为:

$$速动比率 = \frac{速动资产}{流动负债}$$

其中:

$$速动资产 = 货币资金 + 交易性金融资产 + 应收账款 + 应收票据$$
$$= 流动资产 - 存货 - 预付账款 - 1年内到期的非流动资产$$
$$\quad - 其他流动资产$$

由于剔除了存货等变现能力较弱且价值不稳定的资产,所以速动比率提供的偿债能力信息更可靠、更稳妥。

根据表 10-1 商运公司资产负债表,计算的速动比率为:

$$年初速动比率为 = \frac{146\,196 - 15\,517 - 35\,427}{33\,123} = 2.88$$

$$年末速动比率为 = \frac{201\,457 - 29\,846 - 51\,989}{57\,546} = 2.08$$

速动比率假设速动资产是可以用于偿债的资产,表明每 1 元流动负债有多少速动资产作为偿还保障。商运公司年末的速动比率比年初低,说明为每 1 元流动负债提供的速动资产保障降低了 0.8 元。

由于流动资产中变现能力最差的存货约占流动资产的一半,一般来说正常企业的速动比率应为 1,低于 1 的速动比率说明企业短期偿债能力偏低,企业面临较大的偿债风险。高于 1 的速动比率,虽然表明企业偿债的安全性较好,但未必是好事。因为该比率过高,意味着企业的闲置资金较多,企业的机会成本较高,获利水平将下降。另外,不同行业的速动比率有很大差别。例如,采用大量现金销售的商店,几乎没有应收账款,速动比率大大低于 1 是很正常的。相反,一些应收账款较多的企业,速动比率可能要大于 1。因此,影响速动比率可信性的重要因素是应收账款的变现能力。

4. 现金比率

速动资产中,流动性最强、可直接用于偿债的资产就是现金。与其他速动资产相比,其本身就是可以直接偿债的资产,不需等待不确定的时间,才能转换为不确定金额的现金。现金与流动负债的比值称为现金比率(cash ratio)。其计算公式为:

$$现金比率 = \frac{货币资金}{流动负债}$$

根据表 10-1 商运公司资产负债表,计算的现金比率为:

$$年初现金比率为 = \frac{21\ 439}{33\ 123} = 0.65$$

$$年末现金比率为 = \frac{26\ 042}{57\ 546} = 0.45$$

现金比率表明 1 元流动负债有多少现金资产作为偿还保障。商运公司本年的现金比率比上年下降 0.2,说明企业为每 1 元流动负债提供的现金资产保障降低了 0.2 元。

5. 现金流量比率

现金流量比率是企业一定时期的经营现金净流量与流动负债的比率。其计算公式为:

$$现金流量比率 = \frac{经营现金净流量}{流动负债}$$

其中,经营现金净流量是指一定时期内,企业经营活动所产生的现金及现金等价物流入量与流出量的差额。通常使用现金流量表中的"经营活动产生的现金流量净额",它代表企业创造现金的能力,且扣除经营活动自身所需的现金流出之后可以用来偿债的净现金流量。

根据表 10-1 和表 10-3 商运公司 20×6 年资产负债表和现金流量表,计算的现金流量比率为:

$$20×6\ 年现金流量比率为 = \frac{1\ 828}{57\ 546} = 0.03$$

现金流量比率能更好地反映企业即时偿债能力,更具说服力。当企业发生财务危机时,此项指标的计算就有很大的意义。因为它克服了可偿债资产未考虑未来变化及变现能力问题,而实际用于支付债务的通常是现金而不是其他可偿债资产。一般来说,该指标越大,表明企业经营活动产生的现金净流量越多,企业即时偿债风险越小。但与速动比率一样,该比率过高,企业的机会成本也会加大,企业的获利能力将降低。

6. 影响短期偿债能力的其他因素

上述短期偿债能力比率,都是根据财务报表中资料计算的。还有一些表外因素也会影响企业的短期偿债能力,甚至影响相当大。企业会计报表中未能反映的,但会影响企业短期偿债能力的其他因素有:

(1) 增强短期偿债能力的因素。随时可动用的银行贷款额度、准备很快变现的长期资产、企业偿债能力的声誉等,都能短期内随时变现或筹集资金,提高支付能力。

(2) 减弱短期偿债能力的因素。账面未反映的由于担保责任引起的或有负债;经营租赁合同中承诺的付款,很可能是需要偿付的债务;建造合同、长期资产购置合同中的分阶段付款,也是一种承诺,应视同需要偿还的债务。

(二) 长期偿债能力分析

长期偿债能力也称负债能力,反映企业偿付长期债务本息的能力,也是反映企业财务安全与稳定程度的主要指标。

计算和分析企业长期偿债能力的指标主要有:资产负债率、产权比率、权益乘数、利息保障倍数、现金流量利息保障倍数、现金流量债务比等。

1. 资产负债率

资产负债率(debt ratio)又称负债比率,是全部负债总额与总资产的比率。说明企业的总资产有多少是通过负债资金筹集的。其计算公式为:

$$资产负债率 = \frac{负债总额}{资产总额} \times 100\%$$

根据表10-1商运公司20×6年资产负债表,计算的资产负债率为:

$$年初资产负债率 = \frac{33\,123}{559\,053} \times 100\% = 5.92\%$$

$$年末资产负债率 = \frac{72\,007}{610\,904} \times 100\% = 11.79\%$$

该指标不仅反映企业资金结构,也反映企业清算时债权人利益的保障程度,还代表企业的举债能力。企业资产负债率越低,举债越容易。如果资产负债率高到一定程度,没有人愿意提供贷款,表明企业举债能力用尽。

一般情况下,资产负债率越小,表明企业长期偿债越有保障,举债能力越强。但是并不是说该指标对谁都是越小越好。从企业投资者角度来说,企业举债经营,借入的资金和自有资金在经营中发挥着相同的作用,只要全部资金利润率高于借入资金的利息率,企业所有者就能享受到比全部使用自有资金更高的收益率。因而该比率越大越好。当然,与此相反,如果全部资金利润率低于借入资金的利息率,所有者享受到的利润份额就会更少,收益率就会更低。因而该比率越小越好。从债权人的角度来说,他们最关心的是能否按期足额收回本金和利息,企业负债比例越低,其贷款风险则越小。因此,该比率越小越好。保守的观点认为,资产负债率不应高于50%,而国际上通常认为资产负债率在60%左右较为适当。

2. 产权比率

产权比率(equity ratio)也称资本负债率,是负债总额与所有者权益总额的比率。其计算公式为:

$$产权比率 = \frac{负债总额}{股东权益总额}$$

根据商运公司20×6年财务报表,计算的产权比率为:

$$年初产权比率 = \frac{33\ 123}{525\ 930} = 0.06$$

$$年末产权比率 = \frac{72\ 007}{538\ 897} = 0.13$$

该指标表明1元股东权益借入的债务数额,还反映债权人权益受所有者权益的保障程度。该指标越低,债权人的保障程度越高,因为在企业清算和分配剩余财产时,债权人的求偿权在所有者之前;反之,则债权人的保障程度低。

该指标反映负债资金与权益资金的比例关系,即所有者权益对债务的承受能力,它揭示了企业基本财务结构的稳定程度。产权比率高,是高风险、高报酬的财务结构;产权比率低,是低风险、低报酬的财务结构。

与资产负债率相比,产权比率侧重反映财务结构的稳健程度和自有资金对偿债风险的承受能力,而资产负债率侧重于分析债务偿付的安全性的物质保障程度。

3. 权益乘数

权益乘数(equity multiplier)又称股本乘数,表示企业的负债程度。通常的财务比率都是除数,除数的倒数叫乘数。权益除以资产是资产权益率,权益乘数是其倒数即资产除以权益。其计算公式为:

$$权益乘数 = \frac{总资产}{股东权益}$$

该公式表明股东每投入1元实际拥有和控制的总资产。在企业存在负债的情况下,权益乘数大于1。企业负债程度越高,权益乘数越大。

权益乘数与资产负债率的关系可以用下列公式表示:

$$权益乘数 = \frac{1}{1-资产负债率}$$

根据上述公式,整理后可以得到:

$$资产负债率 + \frac{1}{权益乘数} = 1$$

若把"$\frac{1}{权益乘数}$"看成是自有资金比率(即自有资金占总资产的比率),则有:

$$资产负债率 + 自有资金比率 = 1$$

权益乘数与产权比率都是资产负债率的另外两种表现形式,都能反映企业的负债程度、偿债能力与财务结构的稳定程度。权益乘数是从总资产是股东权益的多少倍的角度反映企业的负债程度和财务结构的稳定程度。产权比率是所有者权益用于偿还负债的保证程度,即从所有者权益对债权人权益的保障程度的角度反映企业负债程度及财务结构的稳定程度。

两个指标间的关系分析:

$$\begin{aligned}权益乘数 &= 资产总额 \div 所有者权益总额 \\ &= (负债总额 + 所有者权益总额) \div 所有者权益总额 \\ &= 产权比率 + 1\end{aligned}$$

即:

$$权益乘数 - 1 = 产权比率$$

4. 利息保障倍数

利息保障倍数(interest cover)是指息税前利润总额与利息费用的比率。其计算公式为:

$$\text{利息保障倍数} = \frac{\text{息税前利润}}{\text{利息费用}}$$

其中:息税前利润总额＝利润总额＋利息费用＝净利润＋所得税＋利息费用

利息费用是指企业全部利息费用,包括财务费用中的利息和计入固定资产中已经资本化的利息。

根据表 10-2 商运公司 20×6 年利润表,并假设财务费用均为利息费用,计算的利息保障倍数为:

$$20\times5\text{ 年度利息保障倍数} = \frac{41\,420 + 1\,022}{1\,022} = 41.53$$

$$20\times6\text{ 年度利息保障倍数} = \frac{37\,633 + 1\,313}{1\,313} = 29.66$$

利息保障倍数表明每 1 元利息费用有多少倍的息税前利润作为偿付保障,它是从企业收益角度反映长期偿债能力。利息保障倍数若小于1,说明企业自身产生的经营收益不能支持现有规模的债务,丧失付息能力,负债越还越多,债务将永远还不清。利息保障倍数等于 1 也很危险,因为息税前利润受经营风险影响很不稳定,而利息支付却是固定的。利息保障倍数越高,企业长期偿债能力越强,债权人的权益越有保障。究竟指标值应达到多少才是合理的,这要根据往年经验结合行业特点来判断。一般通行的指标值是不低于 3。利息保障倍数一般应计算连续几年的数据,并选择最低指标年度为标准,这样计算出的偿债能力更稳健。

5. 现金流量利息保障倍数

现金流量利息保障倍数是指经营现金净流量为利息费用的倍数。其计算公式为:

$$\text{现金流量利息保障倍数} = \frac{\text{经营现金净流量}}{\text{利息费用}}$$

根据表 10-2 和表 10-3 商运公司 20×6 年利润表和现金流量表,计算的20×6年现金流量利息保障倍数为:

$$\text{现金流量利息保障倍数} = \frac{1\,828}{1\,313} = 1.39$$

以现金流量为基础计算的利息保障倍数表明,1 元的利息费用有多少倍的经营现金净流量做保障。它比前面以收益基础计算的利息保障倍数更可靠,因为实际用于支付利息的是现金,而不是收益。

6. 现金流量债务比

现金流量债务比是指经营活动所产生的现金净流量与负债总额的比率。其计算公式为：

$$经营现金流量与债务比 = \frac{经营现金净流量}{负债总额} \times 100\%$$

根据表 10-1 和表 10-3 商运公司 20×6 年资产负债表和现金流量表，计算的 20×6 年现金流量与债务比为：

$$经营现金流量与债务比 = \frac{1\,828}{72\,007} \times 100\% = 2.54\%$$

公式中的"负债总额"，一般情况下使用年末和年初的加权平均数，为了简便，也可以使用期末数。

该比率表明企业用经营现金净流量偿付全部债务的能力。该比率越高，承担债务总额的能力越强。

除上述有关指标可以衡量企业长期偿债能力外，还有一些会计报表上不反映，但能影响企业的长期偿债能力的因素，这些因素有：

(1) 长期经营租赁：企业的经营租赁既不作资产处理又不作负债处理，若有长期的数额较大的经营租赁时，实际上形成企业的一种长期筹资，并要支付固定的租赁费用，此时会减弱企业长期偿债能力。

(2) 或有事项：是过去的交易或事项形成的状况，其结果具有不确定性。这种不确定性因素不能由企业控制其最终结果，只能由未来发生的事项确定。如企业为其他单位提供借款的担保，若借款单位到期无法偿债，则担保企业将负连带责任。在提供担保时，企业是否会承担连带责任，当时是无法确定的，这些也都会影响企业的长期偿债能力。另外如有未决诉讼，一旦判决败诉，也会影响公司的偿债能力。

二、营运能力分析

营运能力分析是反映企业资产管理效率即资产周转使用效率的高低，其指标也称资产管理比率。企业常用的指标有：应收账款周转率、存货周转率、流动资产周转率、营运资本周转率、非流动资产周转率和总资产周转率等。

(一) 应收账款周转率

应收账款周转率(accounts receivable turnover)是反映企业应收账款周转速

度的指标,是企业营业收入与应收账款平均余额的比率,即企业应收账款在一定时期(一般为1年,按365天计算)内周转的次数。其计算公式为:

$$应收账款周转率(周转次数) = \frac{营业收入}{平均应收账款余额}$$

其中:$平均应收账款余额 = \frac{(应收账款余额年初数 + 应收账款余额年末数)}{2}$

公式中,应收账款余额应为应收账款与应收票据之和。用时间表示的应收账款周转速度称为应收账款周转天数,也称为应收账款的收现期。

应收账款周转天数的公式也可以写为:

$$应收账款周转天数 = \frac{平均应收账款余额 \times 365}{营业收入} = \frac{365}{应收账款周转次数}$$

从理论上讲,应收账款是赊销引起的,应收账款周转率指标应该用赊销收入除以应收账款平均余额,而非全部营业收入,这样可以保持公式中分子、分母口径上的一致性,且更易为分析者理解与接受。但在实际工作中,企业外部使用人员无法取得赊销收入,即使企业内部使用人员取得也非易事。故在实务中,将营业收入额代替赊销收入来计算应收账款周转率指标,只要保持分析中的一贯性,现销与赊销比例稳定,一般不会影响该指标的使用价值。

根据表10-1和表10-2商运公司20×6年资产负债表和利润表,计算应收账款周转率及应收账款周转天数:

平均应收账款余额 = (17 796 + 30 412 + 54 578 + 16 963) ÷ 2 = 59 874.5(千元)

$$应收账款周转率(周转次数) = \frac{254\,662}{59\,874.5} = 4.25(次)$$

$$应收账款周转天数 = 365 \div 4.25 = \frac{59\,874.5 \times 365}{254\,662} = 85.88(天)$$

应收账款周转率表示1年中应收账款周转的次数,反映企业应收账款变现速度,体现了企业应收账款的管理效率与水平。应收账款周转天数表示从销售开始到收回现金所需的平均天数。在一定时期内(一般为1年)应收账款周转率越高,企业平均收账期(也称平均收现期)越短,应收账款回收变现的速度越快,这样就能最大限度地减少坏账损失,降低收账费用。

在计算和使用应收账款周转率时还应注意以下问题。

1. 应收账款的减值准备问题

财务报表上列示的应收账款是已经提取减值准备后的净额,而营业收入并没有相应减少。其结果是,提取的减值准备越多,应收账款周转天数越少。这种周转天数的减少不是好的业绩,反而说明应收账款管理欠佳。如果减值准备的数额较大,就应进行调整,使用未提取坏账准备的应收账款计算周转天数。报表附注中应披露应收账款减值的信息,可作为调整的依据。

2. 应收账款周转天数是否越少越好

应收账款是赊销引起的,如果赊销有可能比现金销售更有利,周转天数就不是越少越好。另外收现时间的长短与企业的信用政策有关。改变信用政策就可能会引起应收账款周转率的变化。

3. 应收账款年末余额的可靠性问题

应收账款是特定时点的存量,容易受季节性、偶然性和人为因素影响。在应收账款周转率用于业绩评价时,最好使用多个时点的平均数,以减少这些因素的影响。

(二)存货周转率

存货周转率(inventory turnover)是企业一定时期营业成本与平均存货余额的比率,是衡量企业生产经营各环节中存货运营效率的一个综合性指标。其计算公式为:

$$存货周转率(周转次数) = \frac{营业成本}{平均存货余额}$$

$$其中:平均存货余额 = \frac{(存货余额年初数 + 存货余额年末数)}{2}$$

$$存货周转期(周转天数) = \frac{平均存货余额 \times 365}{营业成本} = \frac{365}{存货周转次数}$$

根据表 10-1 和表 10-2 商运公司 20×6 年资产负债表和利润表,计算的存货周转率及存货周转天数指标为:

$$存货平均余额 = (15\,517 + 29\,846) \div 2 = 22\,681.5(千元)$$

$$存货周转率(周转次数) = \frac{220\,888}{22\,681.5} = 9.74(次)$$

$$存货周转期(周转天数) = \frac{22\,681.5 \times 365}{220\,888} = 37.47(天)$$

另外,计算存货周转率亦可以使用营业收入作为周转额。其计算公式为:

$$存货周转率 = \frac{营业收入}{平均存货}$$

$$存货周转天数 = \frac{平均存货 \times 365}{营业收入}$$

根据商运公司财务报表以营业收入为基础计算的存货周转率和存货周转天数为

$$存货周转率 = \frac{254\,662}{22\,681.5} = 11.23(次)$$

$$存货周转天数 = \frac{22\,681.5 \times 365}{254\,662} = 32.5(天)$$

存货周转率表明 1 年中存货周转的次数。存货周转天数表明存货周转 1 次需要的时间,也就是存货转换成现金平均需要的时间。计算存货周转率时,使用"营业收入"还是"营业成本"作为周转额,要看分析的目的。在短期偿债能力分析中,为了评估资产的变现能力需要计量存货转换为现金的数量和时间,应采用"营业收入"。在分解总资产周转率时,为系统分析各项资产的周转情况并识别主要的影响因素,应统一使用"营业收入"计算周转率。如果是为了评估存货管理的业绩,应当使用"营业成本"计算存货周转率,使其分子和分母保持口径一致。实际上,两种周转率的差额是毛利引起的,用哪一个计算都能达到分析目的。

存货周转率指标反映企业存货管理的总体状况,存货的周转速度是企业物资采购、产品生产、存货销售各环节管理水平和能力的综合体现,它影响企业的偿债能力和获利能力。一般来说,存货周转速度快,说明存货占用的资金少,存货的流动性强,即存货转化为货币资金或应收账款的时间短。存货周转速度慢说明存货可能存在呆滞、积压、销小存大等问题。当然存货周转天数不是越低越好。存货过多会浪费资金,存货过少不能满足流转需求。在特定的生产经营条件下企业都存在一个最佳存货水平。此外,需要注意的是,存货的不同计价方法,会对存货周转率的计算产生一定的影响。

一般来说,销售增加时会使应收账款、存货和应付账款增加,不会引起周转率的明显变化。但当企业接受大订单时,往往先增加存货,然后应付账款增加,最后才引起应收账款的增加。所以在订单没有实现前,存货周转天数的增加是正常的。反之,当销售萎缩时,存货减少,存货周转天数下降,并非是存货管理效率的提高。同时,要关注存货中原材料、在产品、半成品、产成品等的构成。在正常情况下,它们之间存在一定的比例关系。如产成品大量增加,其他存货项目减少,可能是销售不畅,放慢了生产进度。但这时的存货总量或周转率可能并没有显著变化。因此,在分析时既要重点关注变化大的项目,也不能完全忽视变化不大的项目。

(三) 流动资产周转率

流动资产周转率(current asset turnover)是反映企业流动资产周转速度的指标,是指企业一定时期营业收入与平均流动资产总额的比率。其计算公式为:

$$流动资产周转率(周转次数) = \frac{营业收入}{平均流动资产总额}$$

其中:$平均流动资产总额 = \frac{(流动资产总额年初数 + 流动资产总额年末数)}{2}$

$$流动资产周转期(周转天数) = \frac{平均流动资产总额 \times 365}{营业收入} = \frac{365}{流动资产周转率}$$

根据表10-1和表10-2商运公司20×6年资产负债表和利润表,流动资产周转率及流动资产周转天数指标为:

$$平均流动资产总额 = \frac{(146\,196 + 201\,457)}{2} = 173\,826.5(万元)$$

$$流动资产周转率(周转次数) = \frac{254\,662}{173\,826.5} = 1.47(次)$$

$$流动资产周转期(周转天数) = \frac{173\,826.5 \times 366}{254\,662} = 248.3(天)$$

流动资产周转率表明流动资产1年中周转的次数,或者说是1元流动资产所支持的营业收入。流动资产周转天数表明流动资产周转一次所需要的时间,也就是流动资产转换成现金平均所需要的时间。

企业流动资产周转率高,说明企业流动资产周转的速度快,经营效率高,即生产经营中供、产、销各环节流动资产的管理水平高。它能促使企业偿债能力的提高和盈利能力的增强。企业流动资产周转率的提高也意味着流动资产周转天数的缩短,流动资金的利用效率提高。

(四) 营运资本周转率

营运资本周转率(working capital turnover)是营业收入与营运资本的比率。其计算公式为:

$$营运资本周转率 = 营业收入 \div 营运资本$$
$$营运资本周转天数 = 365 \div (营业收入 \div 营运资本)$$

营运资本周转率表明1年中营运资本的周转次数,或者1元营运资本投资支持的营业收入。营运资本周转天数表明营运资本周转一次需要的时间,也就是营运资本转换成现金平均需要的时间。

营运资本周转率是一个综合性的比率,从严格意义上来讲,应仅有经营性资产和负债被用于计算这一指标,不包括短期借款、交易性金融资产等不是经营活动必需的项目。

(五)非流动资产周转率

非流动资产周转率(non-current asset turnover)是反映企业非流动资产周转速度的指标,是企业一定时期营业收入与非流动资产的比值。其计算公式为:

$$非流动资产周转率(周转次数) = \frac{营业收入}{非流动资产}$$

$$非流动资产周转期(周转天数) = \frac{非流动资产 \times 365}{营业收入} = \frac{365}{非流动资产周转率}$$

根据表 10-1 和表 10-2 商运公司资产负债表和利润表,计算的非流动资产周转率及非流动资产周转天数指标为:

$$上年非流动资产周转率 = \frac{307\,126}{412\,857} = 0.74(次)$$

$$本年非流动资产周转率 = \frac{254\,662}{409\,447} = 0.62(次)$$

$$上年非流动资产周转天数 = \frac{412\,857 \times 365}{307\,126} = 493.24(天)$$

$$本年非流动资产周转天数 = \frac{409\,447 \times 365}{254\,662} = 588.71(天)$$

非流动资产周转率表明 1 年中非流动资产周转的次数。非流动资产周转天数表明非流动资产周转一次需要的时间,也就是非流动资产转换成现金平均需要的时间。非流动资产周转率反映非流动资产的管理效率。分析时主要是针对企业的投资预算和项目管理,分析投资与其竞争战略是否一致,收购和剥离政策是否合理等。

(六)总资产周转率

总资产周转率(total asset turnover)是反映企业总资产周转速度的指标,是企业一定时期营业收入与平均资产总额的比值,可以用来反映企业全部资产的利用效率。其计算公式为:

$$总资产周转率(周转次数) = \frac{营业收入}{平均资产总额}$$

其中: $$平均资产总额 = \frac{(资产总额年初数 + 资产总额年末数)}{2}$$

$$总资产周转期(周转天数) = \frac{平均资产总额 \times 365}{营业收入} = \frac{365}{总资产周转率}$$

根据商运公司财务报表，计算的总资产周转率及总资产周转天数指标为：

$$平均资产总额 = \frac{(559\,053 + 610\,904)}{2} = 584\,978.5(万元)$$

$$总资产周转率(周转次数) = \frac{254\,662}{584\,978.5} = 0.44(次)$$

$$总资产周转期(周转天数) = \frac{584\,978.5 \times 365}{254\,662} = 829.55(天)$$

总资产周转率表明1年中总资产周转的次数。总资产周转天数表明总资产周转一次需要的时间，也就是总资产转换成现金平均需要的时间。总资产周转率反映了企业全部资产的利用效率。总资产周转率高（即总资产周转天数少），说明企业资产结构合理并且企业全部资源得到了充分利用。反之，则说明企业全部资产营运效率低下，全部资产提供的经营成果不多。

在分析该项指标时，若总资产全年波动较大，平均资产总额可在各季平均资产总额的基础上计算，以便更准确地反映总资产的年度平均占用额。

三、盈利能力分析

盈利能力也称获利能力，反映企业在经营活动中运用经济资源获取利润能力的高低。企业常用的获利能力指标有：营业净利率、总资产净利率、净资产收益率等指标。

（一）营业净利率

营业净利率(profit margin)是企业一定时期净利润与营业收入的比率。其计算公式为：

$$营业净利率 = (净利润 \div 营业收入) \times 100\%$$

根据表10-2商运公司20×6年利润表，计算的营业利润率指标为：

$$上年营业净利率 = (39\,706 \div 307\,126) \times 100\% = 12.93\%$$

$$本年营业净利率 = (36\,896 \div 254\,662) \times 100\% = 14.49\%$$

从上面计算结果可以看出，商运公司20×6年营业净利率比20×5年有所提高。营业净利率越高，表明企业获利能力和市场竞争力越强，发展潜力越大。

从利润表来看，企业的利润包括营业利润、利润总额和净利润三种形式。而营业收入又包括主营业务收入和其他业务收入。收入来源有商品销售收入、提供劳务收入和资产使用权让渡收入等。因此，为了全面了解企业盈利状况，需要进一步深入到利润表各项目内部进行分析。在实务中经常使用营业利润率、营业毛利率等指标来分析企业经营业务的获利水平。此外，通过考察营业利润占整个利润总额比重的升降，可以发现企业经营理财状况的稳定性、面临的危险或者可能出现的转机迹象。营业毛利率的计算公式为：

$$营业毛利率 = （毛利润 \div 营业收入）\times 100\%$$
$$营业毛利 = 营业收入 - 营业成本$$

（二）总资产净利率

总资产净利率（ROA）是企业一定时期内获得的净利润与资产总额的比率。它表明每1元资产创造的利润。它反映了企业资产综合利用效果，也是衡量企业利用债权人和所有者权益总额所取得盈利的重要指标。其计算公式为：

$$总资产净利率 = （净利润 \div 总资产）\times 100\%$$

根据表10-1和表10-2商运公司20×6年资产负债表和利润表，计算的总资产净利率指标为：

$$上年总资产净利率 = （39\,706 \div 559\,053）\times 100\% = 7.1\%$$
$$本年总资产净利率 = （36\,896 \div 610\,904）\times 100\% = 6.06\%$$

总资产净利率全面反映了企业全部资产的获利水平，是公司盈利能力的关键。因为财务杠杆提高伴随着风险并有诸多限制，提高企业净资产收益率的基本动力就只能取决于总资产净利率这一因素了。企业所有者和债权人对该指标都非常关心。一般情况下，该指标越高，说明资产的利用效率越高，获利能力越强，经营管理水平越高。企业还可以将该指标与市场利率进行比较，如果前者较后者大，则说明企业可以充分利用财务杠杆，适当举债经营，以获得更多的收益。

（三）净资产收益率

净资产收益率（ROE）也称权益净利率或自有资金收益率，是指企业一定时期净利润与净资产（或股东权益）的比率。该指标反映每1元净资产赚取的净利润。其计算公式为：

$$净资产收益率 = （净利润 \div 净资产）\times 100\%$$

根据表10-1和表10-2商运公司20×6年度资产负债表和利润表，净资产收益率指标为：

$$上年净资产收益率 = (39\,706 \div 525\,930) \times 100\% = 7.55\%$$

$$本年净资产净利率 = (36\,896 \div 538\,897) \times 100\% = 6.85\%$$

净资产收益率是反映自有资金投资收益水平的指标，是企业获利能力指标的核心。该指标侧重于从所有者权益的角度来考察和分析企业获取净利的能力，是净资产获得报酬的能力。该指标通用性强，适应范围广，不受行业局限，在国际上的企业综合评价中使用率非常高。通过对该指标的综合对比分析，可以看出企业获利能力在同行业中所处的地位，以及与同类企业的差异水平。一般来说，该比率越高，说明所有者投入所获得的回报水平将越高，企业的总体获利能力越强。

四、发展能力指标

企业不仅要生存、发展，而且要获利，分析企业发展趋势应更注重经营成长水平。对企业所有者与经营者而言，更关注企业未来较长时期的持续增长能力和发展能力。分析企业发展能力的常用指标有：资本保值增值率、资本积累率、营业收入增长率、总资产增长率、营业利润增长率等指标。

（一）资本保值增值率

资本保值增值率是企业扣除客观因素后的期末所有者权益总额与期初所有者权益总额的比率，反映企业当年资本在企业自身努力下的实际增减变动情况。其计算公式为：

$$资本保值增值率 = \frac{扣除客观因素后的期末所有者权益总额}{期初所有者权益总额} \times 100\%$$

根据表 10-1 商运公司 20×6 年资产负债表，计算的资本保值增值率为：

$$资本保值增值率 = \frac{538\,897}{525\,930} \times 100\% = 102.47\%$$

该指标计算说明商运公司 20×6 年资本实现了增值。资本保值增值率反映了投资者投入企业资本的保全性和增长性。该指标越高，资本的保全状况越好，资本的增值性越好，企业发展的后劲越足。若该指标小于 1，则说明投资者投入的资本受到了侵蚀，损害了投资者的利益，妨碍了企业的生产与发展。

（二）资本积累率

资本积累率是企业本年所有者权益增长额与年初所有者权益的比率。它反映企业当年资本的积累能力，是评价企业发展潜力的重要指标。其计算公式为：

$$资本积累率 = \frac{所有者权益年末数 - 所有者权益年初数}{年初所有者权益} \times 100\%$$

根据表 10-1 商运公司 20×6 年资产负债表,计算的资本积累率为:

$$资本积累率 = \frac{538\,897 - 525\,930}{525\,930} \times 100\% = 2.47\%$$

资本积累率是企业当年所有者权益的增长率,反映了企业所有者权益在当年的变动水平,体现了企业资本的积累情况,是企业发展强盛的标志,也是企业扩大再生产的源泉。资本积累率还反映了投资者投入企业资本的保全性和增长性。该指标若大于 0,则指标值越高表明企业的资本积累越多,防范风险、持续发展的能力越大;该指标如小于 0,表明企业资本受到侵蚀,所有者利益受到损害,应予以充分重视。

(三)营业收入增长率

营业收入增长率是企业本年营业收入增长额与上年营业收入的比率。它反映营业收入的增减变动情况。其计算公式为:

$$营业收入增长率 = \frac{本年营业收入增长额}{上年营业收入} \times 100\%$$

根据表 10-2 商运公司 20×6 年利润表,计算的营业增长率为:

$$营业收入增长率 = \frac{254\,662 - 307\,126}{307\,126} \times 100\% = -17.08\%$$

计算结果说明商运公司营业收入为负增长,即在下降。

营业收入增长率是衡量企业经营状况和市场占有能力、预测企业经营业务拓展趋势的重要指标。该指标反映了企业营业收入的成长状况及发展能力。该指标大于零,表示营业收入比上期有所增长,该指标越大,营业收入的增长幅度越大,企业销售前景越好。该指标小于零,说明营业收入减少,表示产品销售可能存在问题。

实务中,也可以使用营业收入 3 年平均增长率来反映营业收入连续 3 年的平均增长水平。营业收入 3 年平均增长率说明营业收入增长的趋势及稳定程度,它消除了个别年份的偶发因素影响,能更为准确地反映平均发展状况和发展能力。一般认为,该指标越高,表明企业经营业务持续增长势头越好,市场扩张能力越强。

(四)总资产增长率

总资产增长率是本年资产总额的增长额与年初资产总额的比率。它反映企业本期资产规模的增长情况。其计算公式为：

$$总资产增长率 = \frac{年末资产总额 - 年初资产总额}{年初资产总额} \times 100\%$$

根据表 10-1 商运公司 20×6 年资产负债表，计算的总资产增长率为：

$$总资产增长率 = \frac{610\,904 - 559\,053}{559\,053} \times 100\% = 9.27\%$$

该指标衡量企业本期资产规模的增长程度，它从企业经营资源总量的角度反映其发展能力。该指标越高，说明经营资源总量的增长越快，但该指标的增长与营业收入的增长、利润的增长应协调一致。保持适当的比率；否则，会形成盲目扩张，造成经营资源的浪费，经营资源使用效率的下降。

（五）营业利润增长率

营业利润增长率是指企业本年营业利润增长额与上年营业利润的比率。其计算公式为：

$$营业利润增长率 = \frac{本年营业利润总额 - 上年营业利润总额}{上年营业利润总额} \times 100\%$$

根据表 10-2 商运公司 20×6 年利润表，计算的营业利润增长率为：

$$营业利润增长率 = \frac{37\,560 - 40\,648}{40\,648} \times 100\% = -7.60\%$$

该指标反映了利润的增长程度。利润增长率高，表示企业获利能力强。对投资者来说，获取投资回报的增长率也高。对债权人来说，利润增长率高，则债权的安全性高，到期收回本息的风险小，对企业本身来说，利润增长率高，说明发展潜力大，可持续发展的能力强。利润增长率为负数，则表明利润下降，其原因可能有销售、管理等诸多方面因素的影响。

五、上市公司比率分析

（一）每股收益

每股收益（EPS）也称每股利润或每股盈余，反映企业普通股股东持有每一股份所能享有的企业利润或承担的企业亏损，是衡量上市公司获利能力时最常用的财务分析指标。一般来说，每股收益越高，说明公司的获利能力越强。

每股收益的计算包括基本每股收益和稀释每股收益。企业应当按照归属于普通股股东的当期净利润，除以发行在外普通股的加权平均股数计算基本每股收益。其计算公式为：

$$基本每股收益 = \frac{归属于普通股股东的当期净利润}{当期发行在外普通股的加权平均数}$$

企业存在稀释性潜在普通股的，应当分别调整归属于普通股股东的当期净利润和发行在外普通股的加权平均股数，据以计算稀释每股收益。其中，稀释性潜在普通股，是指假设当期转换为普通股会减少每股收益的潜在普通股，主要包括可转换公司债券、认股权证和股票期权等。

假设商运公司没有优先股，发行在外的普通股为 40 000 万股，根据表 10-2 商运公司 20×6 年利润表计算的每股收益为：

$$每股收益 = \frac{36\ 896}{40\ 000} = 0.92(元)$$

对投资者来说，每股收益是一个综合性的盈利概念，能比较恰当地说明收益的增长和减少。人们一般将每股收益视为企业能否成功地达到其利润目标的计量标志，也可以看作是企业管理效率、盈利能力、股利来源的标志。每股收益这一指标在不同行业、不同规模的上市公司之间具有相当大的可比性，因此在各上市公司之间的业绩比较中广泛应用。该指标越大、盈利能力越好、股利分配来源越充足、资产增值能力越强。

（二）每股股利

每股股利（DPS）是普通股分配的现金股利总额除以发行在外的普通股股数，它反映了普通股股东获得的现金股利的多少。其计算公式为：

$$每股股利 = \frac{现金股利总额 - 优先股股利}{发行在外的普通股股数}$$

每股股利是反映公司每一普通股获得股利多少的一个指标，是投资者股票投资收益的重要来源之一。该指标越大，表明企业获利能力越强。每股股利的高低，不仅取决于公司获利能力的强弱，还取决于公司的股利政策和现金是否充裕。如果企业为扩大再生产而加大留存收益，每股股利就少。

（三）股利发放率

股利发放率（POR）也称股利支付率，是普通股每股股利与每股收益的比率。它表明股份公司的净收益中有多少用于股利的分派。其计算公式为：

$$股利发放率 = \frac{每股股利}{每股收益} \times 100\%$$

假定商运公司 20×6 年度分配的普通股每股股利 0.2 元,则公司的股利发放率为:

$$股利发放率 = \frac{0.2}{0.92} \times 100\% = 22\%$$

商运公司的股利发放率为 22%,说明该公司将利润的 22% 用于支付普通股股利。股利发放率主要取决于公司的股利政策,没有一个具体的标准来判断股利发放率是大好还是小好。一般而言,如果一家公司的现金流量比较充裕,并且目前没有更好的投资项目,则可能会倾向于多发放现金股利;如果公司有较好的投资项目,则可能会少发股利,而将更多的资金用于投资。借助于该指标,投资者可以了解上市公司的股利发放政策。

(四) 每股净资产

每股净资产又称每股账面价值,是股东权益总额除以发行在外的普通股股数。其计算公式为:

$$每股净资产 = \frac{股东权益总额}{发行在外的普通股股数}$$

根据表 10-1 商运公司 20×6 年资产负债表,计算的每股净资产为:

$$每股净资产 = \frac{538\,897}{40\,000} = 13.47(元)$$

每股净资产指标反映了每股股票所拥有的资产现值,它与股票面值、发行价值、市场价值乃至清算价值往往都有较大差距。每股净资产表示每股普通股股东享有的净资产,是理论上的每股最低价。通过横向、纵向对比,可以衡量上市公司股票的投资价值。每股净资产越高,则企业发展潜力与股票的投资价值越大。但在市场投机气氛较浓时,每股净资产指标往往不太受重视。每股净资产的高低并没有一个确定的标准。但是,投资者可以比较分析公司历年的每股净资产的变化趋势,来了解公司的发展趋势和获利能力。

(五) 市价比率

1. 市盈率

市盈率(P/E)也称价格盈余比率,是上市公司普通股每股市价相当于每股收益的倍数,反映投资者对上市公司每元净利润愿意支付的价格,可以用来估计股票的投资报酬和风险。其计算公式为:

$$市盈率 = \frac{普通股每股市价}{普通股每股收益}$$

市盈率是反映上市公司获利能力的一个重要财务比率,投资者对这个比率十分重视。这一比率是投资者作出投资决策的重要参考因素之一。一般来说,市盈率高,说明投资者对该公司的发展前景看好,愿意出较高的价格购买该公司股票。所以一些成长性较好的高科技公司的股票的市盈率通常要高一些,达到20~30倍甚至更多。然而,市盈率是基于过去年度收益的指标,应注意的是,如果某一种股票的市盈率过高,则意味着这种股票具有较高的投资风险。成熟市场上的成熟公司有非常稳定的收益,通常其市盈率为10~12倍。因此,市盈率反映了投资者对公司未来前景的预期,相当于每股收益的资本化。

假定商运公司20×6年年末的股票价格为17元/股,则其市盈率为:

$$市盈率 = \frac{17}{0.92} = 18.48(倍)$$

影响股票市盈率的因素有:一是公司盈利能力的成长性。如果上市公司预期盈利能力不断提高,说明企业具有较好的成长性,即使目前市盈率较高,也值得投资者投资。二是投资者所获取报酬的稳定性。如果公司经营效益良好且相对稳定,则投资者也会获得较高的稳定收益,投资者就愿意持有该公司的股票,该公司的股票市盈率就会由于众多投资者的普遍看好而相应提高。三是市盈率也受到利率变动水平的影响。当市场利率水平变化时,市盈率也会作相应的调整。所以,上市公司的市盈率一直是广大投资者进行中长期投资的重要决策指标。

2. 市净率

市净率(PB)也称市账率,是指普通股每股市价与每股净资产的比率,反映普通股股东愿意为每元净资产支付的价格,表明市场对公司资产质量的评价,是投资者用于衡量和分析个股是否具有投资价值的工具之一。其计算公式为:

$$市净率 = 每股市价 \div 每股净资产$$
$$每股净资产 = 普通股股东权益 \div 流通在外普通股加权平均股数$$

净资产代表的是全体股东共同享有的权益,是股东拥有公司财产和公司投资价值最基本的体现,它可以用来反映企业的内在价值。一般来说,市净率较低的股票，投资价值较高。但有时较低的市净率反映的可能是投资者对公司前景的不良预期。因此，判断某只股票的投资价值时，还要综合考虑当时的市场环境以及企业经营情况、资产质量和盈利能力等因素。

3. 市销率

市销率(PS)是指普通股每股市价与每股营业收入的比率。它表示普通股股东愿意为每1元营业收入支付的价格。其中，每股营业收入是指营业收入与流通在外普通股加权平均股数的比率，它表示每个普通股创造的营业收入。其计算公式为：

$$市销率 = 每股市价 \div 每股营业收入$$
$$每股营业收入 = 营业收入 \div 流通在外普通股加权平均股数$$

市销率主要用于公司整体价值评估，比较可靠稳定。

第三节 财务综合分析

财务分析的最终目的在于全面、准确、客观地揭示和披露企业财务状况和经营成果，并借以对企业经济效益的好坏作出合理的评价。要达到这样的目的，单凭几个简单、孤立的财务比率，彼此毫无关联地分析，是很难得出合理的综合评价的。因为局部不能替代整体，某些指标的好坏不能说明整个企业经济效益的高低。只有将企业的偿债能力、营运能力、盈利能力等各项分析指标有机地联系起来，形成一套完整的体系，相互配合使用，作出系统综合评价，才能真正从总体上、本质上把握企业的真实状况。

财务综合分析就是将企业的偿债能力、营运能力、盈利能力、发展能力等各项指标统一起来作为一个有机的整体，进行相互关联的分析，从而对企业整体经济效益、财务状况、偿债能力作出较为完整和综合的评价。这里介绍两种常用的财务综合分析方法：沃尔比重评分法和杜邦财务分析体系。

一、沃尔比重评分法

沃尔比重评分法也叫财务比率综合评分法。最早是在20世纪初，由美国学者亚历山大·沃尔选择七项财务比率对企业的信用水平进行评分所使用的方法。这种方法是通过对选定的几项财务比率进行评分，计算出综合得分，并据此评价企业的综合财务状况。它解决了人们在进行财务分析时遇到的困难，即人们在计算出财务比率之后,无法判断它是偏高还是偏低。

沃尔将流动比率、产权比率、固定资产比率、存货周转率、应收账款周转率、固定资产周转率、自由资金周转率七项财务比率用线性关系结合起来,并分别给定各自的分数比重,再通过与标准比率进行比较,确定各项指标的得分及总体指标的累计分数,从而对企业的信用水平作出评价。从理论上讲,沃尔比重评分法的缺陷就是不能证明为什么要选择这七个指标,以及未能证明每个指标所占比重的合理性。尽管沃尔比重评分法在理论上有待证明,技术上也不尽完善,但它还是在实践中被广泛地加以运用。

现代社会与沃尔的时代相比,已经发生了很大的变化。我们现在使用沃尔比重评分法不能照搬他的七项指标,而要把偿债能力、营运能力、获利能力和发展能力各项指标均考虑进去。一般采用沃尔比重评分法应遵循如下程序:

(1) 选定评价企业财务状况的财务比率。在选择财务比率时需要把反映企业的偿债能力、营运能力和获利能力的三大类财务比率都包括在内,并且选择能够说明问题的重要的财务比率。

(2) 根据各项财务比率的重要程度,确定其标准评分值,即重要性系数。各项财务比率的标准评分值之和应等于 100 分。各项财务比率评分值的确定应根据企业的经营活动的性质、企业的生产经营规模、市场形象和分析者的分析目的等因素来确定。

(3) 确定各项财务比率的标准值。财务比率的标准值是指各项财务比率在本企业现实条件下最理想的数值,亦即最优值。财务比率的标准值,通常可以参照同行业的平均水平,并经过调整后确定。

(4) 计算企业在一定时期各项财务比率的实际值,并计算各财务比率实际值与标准值的关系比率。

(5) 计算各项财务比率的实际得分。各项财务比率的实际得分是关系比率和标准评分值的乘积,每项财务比率的得分都不得超过设定的上限或下限,各项财务比率实际得分的合计数就是企业财务状况的综合得分。企业财务状况的综合得分反映了企业财务状况是否良好。如果综合得分等于或接近 100 分,说明企业的财务状况是良好的,达到了预先选定的标准;如果综合得分远低于 100 分,就说明企业财务状况很差,应当采取适当的措施加以改善;如果综合得分大大超过 100 分,就说明企业的财务状况很理想。

下面采用修正沃尔比重评分法对商运公司 20×6 年的财务状况进行综合分

析,详见表 10-5。

表 10-5　商运公司 20×6 年财务比率综合评分表

财务比率	评分值(1)	标准值(2)	实际值(3)	关系比率(4) =(3)/(2)	实际得分(5) =(1)×(4)
一、偿债能力指标 1. 资产负债率 2. 已获利息倍数	20 12 8	 50% 3	 11.79% 29.66	 0.24 9.89	 2.88 79.12
二、获利能力指标 1. 净资产收益率 2. 总资产报酬率	38 25 13	 10% 6%	 6.93% 6.66%	 0.69 1.11	 17.25 14.43
三、营运能力指标 1. 总资产周转率 2. 流动资产周转率	18 9 9	 1.5 3	 0.44 1.47	 0.29 0.49	 2.61 4.41
四、发展能力指标 1. 营业增长率 2. 资本积累率	24 12 12	 10% 7%	 −17.08% 2.46%	 −1.71 0.35	 −20.52 4.20
综合得分	100				104.38

根据修正沃尔比重评分法对商运公司的财务状况进行综合评价后,得分 104.38,说明商运公司是一家财务状况不错的公司。

二、杜邦财务分析体系

杜邦财务分析体系也称杜邦财务诊断体系,是美国杜邦公司研究开发并首先运用的分析方法,故而得名。杜邦财务分析体系是从净资产收益率出发,利用各主要财务比率之间的内在关系,逐层分解,对企业经营成果和财务状况进行系统分析和评价的一种财务综合分析体系。该体系是一个多层次的财务比率分解体系。各项财务比率,可在每个层次上与本企业历史或同行财务比率比较,比较之后向下一级分解。通过逐级向下分解,逐步覆盖企业经营活动的每个环节,以实现系统、全面评价企业经营成果和财务状况的目的,分析得越具体、越深入,则能发现的问题越详细。

杜邦财务分析体系将有关分析指标按内在关系呈"金字塔"排列,如图 10-1 所示。图 10-1 通常被称作"杜邦金字塔图"。

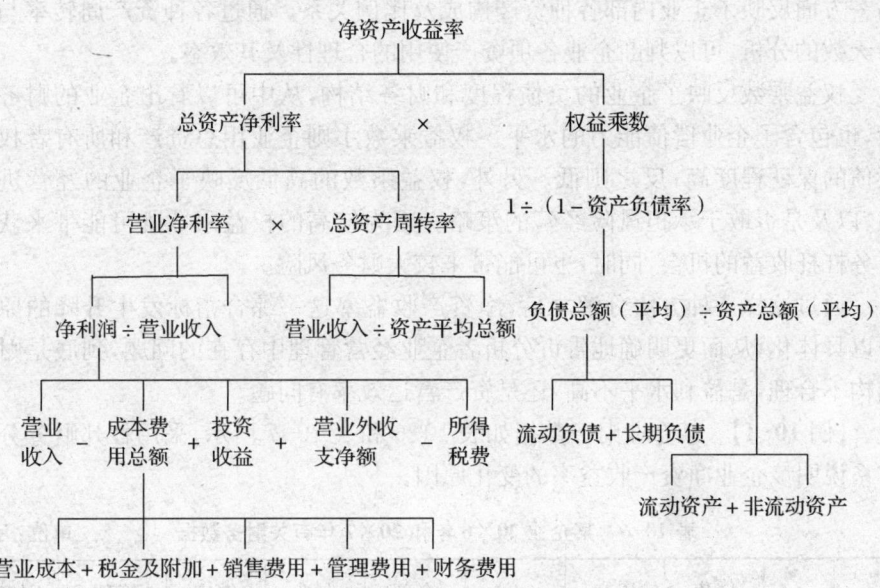

图 10-1　杜邦财务分析金字塔图

净资产收益率也称权益净利率、自有资金净利率,是杜邦分析体系的核心比率。该比率具有很好的可比性,可用于不同企业之间的比较。由于资本具有逐利性,总是流向投资报酬高的行业和企业,因此各个企业的净资产收益率就会比较接近。同时它还有很强的综合性。杜邦财务分析体系把净资产收益率指标分解为:营业净利率、总资产周转率和权益乘数三项的乘积。其计算公式为:

　　净资产收益率＝(净利润÷营业收入)×(营业收入÷总资产)×(总资产÷股东权益)
　　　　　　　　＝营业净利率×总资产周转率×权益乘数

净资产收益率综合体现了股东投入资本的获利能力,反映了企业理财目标的实现程度。该指标说明了企业投资、筹资、资金营运各项财务活动及其管理活动的效率。为了提高净资产收益率,可以从以上三个分解指标入手。无论提高其中哪个指标,净资产收益率都会提高。

营业净利率是获利能力的指标,反映了企业销售获取净利的能力。它的高低取决于营业收入及成本费用的高低及其对比关系,还取决于其他业务利润与营业外收支的高低。

总资产周转率是营运能力的指标,直接反映了总资产营运效率,可以从中看出企业的经营战略。它的高低一方面反映了营业收入与总资产间的对比关系,另一方面反映了企业内部各种资产构成及比例关系。通过各种资产周转率与周转天数的分析,可以判断企业各项资产使用的合理性及其效率。

权益乘数反映了企业的负债程度和财务结构,从中可以看出企业的财务政策,也包含了企业偿债能力的水平。权益乘数小则企业用总资产和所有者权益偿债的保证程度高;反之则低。另外,权益乘数的高低反映了企业的经营进取性,以及是否敢于承担风险经营的策略。因为较高的权益乘数既可能带来获取财务杠杆收益的机会,同时,也可能带来较大财务风险。

通过这样一种方法分解之后,净资产收益率这一综合指标发生升降的原因得以具体化,从而更明确地告诉分析者企业经营管理中存在的问题,到底是财务结构不合理,是盈利水平不高,还是资产营运效率有问题。

【例 10-1】 某企业财务数据如表 10-6 和表 10-7 所示,采用杜邦财务分析体系说明该企业净资产收益率的变化原因。

表 10-6 某企业 20×6 年和 20×7 年有关财务数据 单位:万元

年度	净利	销售收入	资产总额	负债总额	全部成本	制造成本	销售费用	管理费用	财务费用
20×6	10 284	411 224	306 223	205 677	403 967	373 535	10 203	18 668	1 562
20×7	10 654	757 614	330 580	215 660	736 747	684 262	21 741	25 718	5 026

表 10-7 某企业 20×6 年和 20×7 年有关财务比率

年度	20×6 年	20×7 年
净资产收益率	10.23%	11.01%
权益乘数	3.05	2.88
资产负债率	67.2%	65.2%
总资产净利率	3.36%	3.83%
销售净利率	2.5%	1.67%
总资产周转率(次)	1.34	2.29

分析如下:

(1) 净资产收益率。

该企业的净资产收益率从 20×6 年的 10.23% 增加到 20×7 年的 11.01%，出现了一定程度的好转，这是投资者评价投资价值和企业业绩的主要依据。

$$净资产收益率 = 权益乘数 \times 总资产净利率$$
$$20×6\ 年:10.23\% = 3.05 \times 3.36\%$$
$$20×7\ 年:11.01\% = 2.88 \times 3.83\%$$

从以上分解可以看出，该企业净资产收益率的变化是由资本结构（权益乘数）和资产利用效果（总资产净利率）共同作用的结果。

(2) 总资产净利率。

该企业总资产净利率从 20×6 年的 3.36% 增加到 20×7 年的 3.83%，有少量提高，但总体水平不高，说明企业资产利用效果不佳。

$$总资产净利率 = 总资产周转率 \times 销售净利率$$
$$20×6\ 年:3.36\% = 1.34 \times 2.5\%$$
$$20×7\ 年:3.83\% = 2.29 \times 1.67\%$$

从以上分解可以看出，总资产周转率从 20×6 年的 1.34 增加到 20×7 年的 2.29，有所提高，说明资产的利用控制较好。同时，销售净利率从 20×6 年的 2.5% 降低到 20×7 年的 1.67%，阻碍了总资产净利率的进一步提高。

(3) 销售净利率。

该企业销售净利率从 20×6 年的 2.5% 降低到 20×7 年的 1.67%，说明企业销售盈利能力下降了。

$$销售净利率 = 净利润 \div 销售收入$$
$$20×6\ 年:2.5\% = 10\ 284 \div 411\ 224$$
$$20×7\ 年:1.67\% = 12\ 654 \div 757\ 614$$

从以上分解看出，企业销售收入从 20×6 年 411 224 元增加到 20×7 年的 757 614 元，有了较大幅度的提高。而净利润从 20×6 年的 10 284 元增加到 20×7 年的 12 654 元，却只有少量上升。原因恐怕就是企业的成本费用也同时大幅上升的缘故。

(4) 成本费用。

$$全部成本 = 制造成本 + 销售费用 + 管理费用 + 财务费用$$
$$20×6\ 年:403\ 967 = 373\ 535 + 10\ 203 + 18\ 668 + 1\ 562$$
$$20×7\ 年:736\ 747 = 684\ 262 + 21\ 741 + 25\ 718 + 5\ 026$$

从上面可以看出,企业全部成本从 20×6 年的 403 967 元大幅上升到 20×7 年的 736 747 元,导致净利润只有少量增加。在销售收入大幅上升的情况下,使销售净利率下降,并最终导致净资产收益率没有明显上升。

(5) 权益乘数。

权益乘数＝资产总额÷权益总额
20×6 年:3.05＝306 223÷(306 223－205 677)
20×7 年:2.88＝330 580÷(330 580－215 660)

从以上数据看出,企业权益乘数从 20×6 年 3.05 下降到 20×7 年的 2.88,说明企业这两年的资本结构有所调整。权益乘数变小,表示企业负债程度降低,偿债能力增加,财务风险减少。

(6) 总体评价。

该企业总体状况还不错,但仍然有较大的改善空间。关键是要努力控制各项成本,尽量降低开支,让大量的销售收入真正切实地推动净资产收益率的提高,实现企业价值最大化。同时,积极调整企业资本结构,在保证偿债的同时合理适度负债,提高资金利润率,最终也能提高企业的净资产收益率。

通过杜邦财务分析体系,分析者可以了解财务指标变动的原因和变动的趋势,从而明确下一步采取措施的方向。值得指出的是,杜邦财务分析体系提供的是一种方法,即将财务比率逐层分解,而不是去建立一些新的财务指标。在实务当中,分析者也可以根据需要,将另外一些财务比率进行分解,达到解释财务状况变化的目的。

杜邦财务分析体系虽然得到广泛的运用,但也存在着一些局限性。比如,相关比率的计算口径不一致,没有区分经营性损益和金融活动损益,没有区分金融负债与金融负债等。对此,人们正在探索建立新的财务综合分析方法来解决上述问题。

第十章 财务分析　365

本章框架图

```
                                    ┌─ 营运资本
                                    ├─ 流动比率
                        ┌─ 短期偿债能力 ┼─ 速动比率
                        │              ├─ 现金比率
                        │              └─ 现金流量比率
            偿债能力分析 ┤
                        │              ┌─ 资产负债率
                        │              ├─ 产权比率
                        └─ 长期偿债能力 ┼─ 权益乘数
                                       ├─ 利息保障倍数
                                       ├─ 现金流量保障倍数
                                       └─ 现金流量债务比

                                    ┌─ 应收账款周转率
                                    ├─ 存货周转率
                        营运能力分析 ┼─ 流动资产周转率
                                    ├─ 营运资本周转率
                                    ├─ 非流动资产周转率
                                    └─ 总资产周转率

            财务比率分析                ┌─ 营业净利率
                        盈利能力分析 ┼─ 总资产净利率
                                    └─ 净资产收益率

                                    ┌─ 资本保值增值率
                                    ├─ 资本积累率
                        发展能力分析 ┤        ┌─ 营业收入增长率
                                    └─ 增长率 ┼─ 总资产增长率
                                             └─ 营业利润增长率

                                    ┌─ 每股收益
                                    ├─ 每股股利
                        上市公司比率 ┼─ 股利发放率
                                    ├─ 每股净资产
                                    │         ┌─ 市盈率
                                    └─ 市价比率┼─ 市净率
                                              └─ 市销率
```

概述
- 分析目的
- 分析基础
- 分析方法
  - 比较分析法
  - 比率分析法
  - 因素分析法
- 分析局限性

财务分析

财务综合分析
- 沃尔比重评分法
- 杜邦财务分析体系

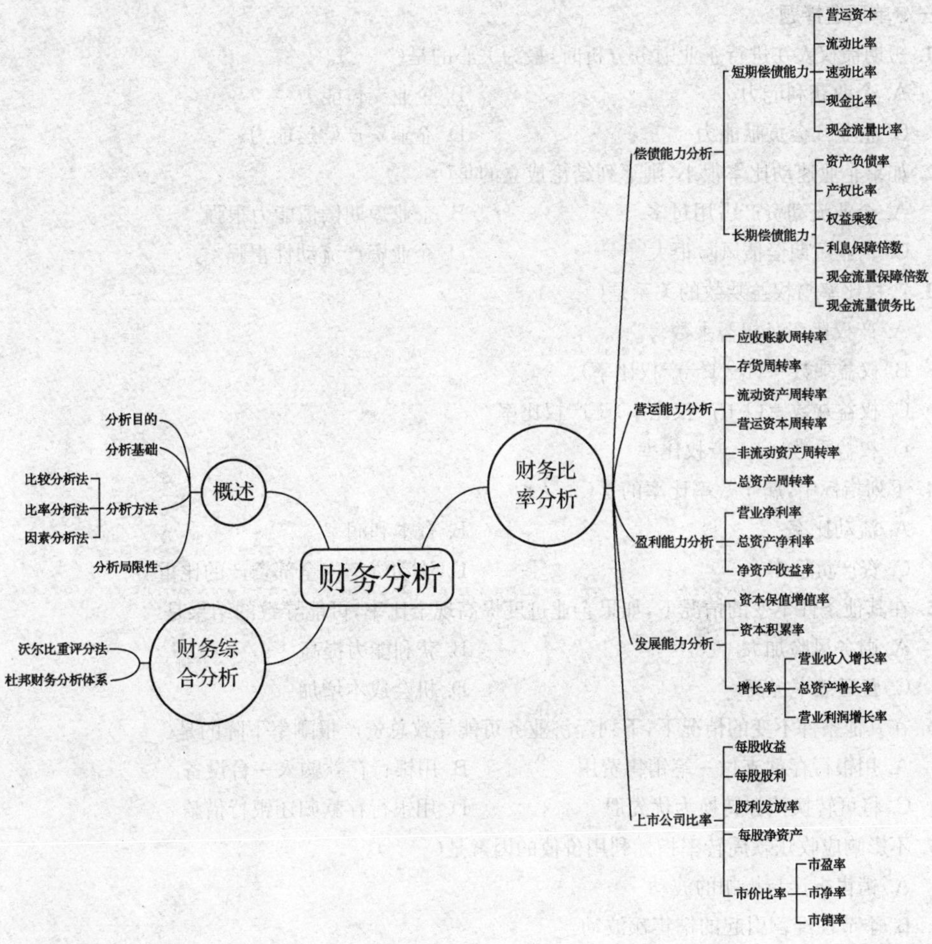

讨论题

1. 企业进行财务分析的目的是什么？
2. 财务分析的主要方法有哪些？
3. 如何评价企业的偿债能力、营运能力和盈利能力？
4. 杜邦财务分析体系主要反映哪些财务比率？它们之间是什么关系？

习 题

一、单项选择题

1. 短期债权人在进行企业财务分析时,最为关心的是( )。
   A. 企业获利能力　　　　　　　　B. 企业支付能力
   C. 企业社会贡献能力　　　　　　D. 企业资产营运能力

2. 如果企业速动比率很小,则下列结论成立的是( )。
   A. 企业流动资产占用过多　　　　B. 企业短期偿债能力很强
   C. 企业短期偿债风险很大　　　　D. 企业资产流动性很强

3. 产权比率与权益乘数的关系是( )。
   A. 产权比率×权益乘数=1
   B. 权益乘数=1÷(1-产权比率)
   C. 权益乘数=(1+产权比率)÷产权比率
   D. 权益乘数=1+产权比率

4. 下列指标中,属于效率比率的是( )。
   A. 流动比率　　　　　　　　　　B. 资本利润率
   C. 资产负债率　　　　　　　　　D. 流动资产占全部资产的比重

5. 在其他条件不变的情况下,如果企业过度提高现金比率,可能导致的结果是( )。
   A. 财务风险加大　　　　　　　　B. 获利能力提高
   C. 营运效率提高　　　　　　　　D. 机会成本增加

6. 在其他条件不变的情况下,下列经济业务可能导致总资产报酬率下降的是( )。
   A. 用银行存款支付一笔销售费用　B. 用银行存款购入一台设备
   C. 将可转换债券转换为优先股　　D. 用银行存款归还银行借款

7. 不影响应收账款周转率指标利用价值的因素是( )。
   A. 销售折让与折扣的波动
   B. 季节性经营引起的销售额波动
   C. 大量使用分期付款结算方式
   D. 大量使用现金结算的销售

8. 在杜邦分析体系中,假设其他情况相同,下列说法中错误的是( )。
   A. 权益乘数大则财务风险大
   B. 权益乘数大则权益净利润率大
   C. 权益乘数等于资产权益率的倒数
   D. 权益乘数大则资产净利润率大

9. 在公司流动比率小于1时,赊购商品一批,将会( )。

A. 使流动比率上升 　　　　　　　　B. 使流动比率下降
C. 降低营运资金 　　　　　　　　　D. 增加营运资金

10. 在分析财务信息时,股东最关注( )。
   A. 企业的社会效益 　　　　　　　B. 债权的安全性
   C. 投资回报率 　　　　　　　　　D. 企业的经营理财

11. 下列反映财务结构是否稳定的指标是( )。
   A. 资产负债率　　B. 产权比率　　C. 市净率　　D. 权益乘数

12. 企业大量增加速动资产可能导致的结果是( )。
   A. 减少资金的机会成本 　　　　　B. 增加资金的机会成本
   C. 增加财务风险 　　　　　　　　D. 提高流动资产的收益率

13. 下列各项中,可能导致资产负债率变化的业务是( )。
   A. 收回应收账款 　　　　　　　　B. 接受所有者投资转入的固定资产
   C. 用现金购买债券 　　　　　　　D. 以固定资产对外投资

14. 已获利息倍数指标中的利息费用主要是指( )。
   A. 只包括财务费用中的利息费用,不包括固定资产资本化利息
   B. 只包括固定资产资本化利息
   C. 只包括银行借款的利息费用
   D. 既包括财务费用中的利息费用,又包括计入固定资产的资本化利息

15. 反映部分与总体关系的比率为( )。
   A. 相关比率　　B. 效率比率　　C. 构成比率　　D. 趋势比率

16. 计算速动资产时,要扣除存货的原因是( )。
   A. 存货的数量不稳定 　　　　　　B. 存货的变现力差
   C. 存货的品种较多 　　　　　　　D. 存货的价格不稳定

17. 下列指标中,既是企业举债经营的前提依据,又是衡量企业长期偿债能力大小的重要标志的指标是( )。
   A. 市盈率 　　　　　　　　　　　B. 已获利息倍数
   C. 资产负债率 　　　　　　　　　D. 产权比率

18. 下列指标中,属于杜邦财务分析体系核心的是( )。
   A. 净资产收益率 　　　　　　　　B. 总资产周转率
   C. 销售净利率 　　　　　　　　　D. 总资产报酬率

19. 下列各项经济业务中,会使流动比率提高的经济业务是( )。
   A. 购买股票作为短期投资 　　　　B. 用无形资产作为企业长期投资
   C. 从银行提取现金 　　　　　　　D. 现销产成品

20. 下列选项中,( )是评价企业短期偿债能力强弱的最直接指标。
   A. 现金比率 　　　　　　　　　　B. 已获利息倍数

C. 流动比率 D. 存货周转率

21. 在某企业速动比率是 0.8 的情况下,会引起该比率提高的经济业务是(　　)。
    A. 从银行提取现金 B. 赊购商品
    C. 收回应收账款 D. 开出短期票据借款

22. 某企业年初流动比率为 2.2,速动比率为 1,年末流动比率为 2.4,速动比率为 0.9。发生这种情况的原因可能是(　　)。
    A. 当年存货增加 B. 应收账款增加
    C. 应付账款增加 D. 预收账款增加

23. 下列指标中,反映企业盈利能力的指标是(　　)。
    A. 销售净利率 B. 已获利息倍数
    C. 流动比率 D. 总资产周转天数

二、多项选择题

1. 如果流动比率过高,意味着企业存在的可能有(　　)。
    A. 存在闲置现金 B. 存在存货积压
    C. 应收账款周转缓慢 D. 偿债能力很差

2. 直接影响速动比率的因素有(　　)。
    A. 应收账款 B. 存货 C. 短期借款 D. 应收票据

3. 在其他条件不变的情况下,会引起总资产周转率指标上升的经济业务有(　　)。
    A. 用现金偿还负债 B. 借入一笔短期借款
    C. 用银行存款购入一台设备 D. 用银行存款支付 1 年的电话费

4. 下列属于发展能力的指标有(　　)。
    A. 净资产收益率 B. 资本积累率 C. 营业收入增长率 D. 总资产增长率

5. 下列各项中,可能直接影响企业净资产收益率指标的措施有(　　)。
    A. 提高营业净利率 B. 提高资产负债率
    C. 提高总资产周转率 D. 提高流动比率

6. 一般来说,提高存货周转率意味着(　　)。
    A. 存货变现的速度慢 B. 资金占用水平低
    C. 存货变现的速度快 D. 存货管理效率高

7. 反映企业营运能力的指标包括(　　)。
    A. 净资产收益率 B. 流动资产周转率
    C. 固定资产周转率 D. 存货周转率

8. 下列各项中,用于分析企业长期偿债能力的指标有(　　)。
    A. 产权比率 B. 已获利息倍数 C. 流动比率 D. 资产负债率

9. 下列各项中,属于速动资产的有(　　)。
    A. 现金 B. 应收账款 C. 其他应收款 D. 固定资产

10. 对资产负债率评价正确的有（   ）。
    A. 从债权人角度看,负债比率越大越好
    B. 从债权人角度看,负债比率越小越好
    C. 从股东角度看,负债比率越高越好
    D. 从股东角度看,当全部资本利润率高于债务利息率时,负债比率越高越好
11. 若流动比率大于1,则下列结论不一定成立的有（   ）。
    A. 速动比率大于1   B. 营运资金大于0
    C. 资产负债率大于1   D. 短期偿债能力绝对有保障
12. 由杜邦财务分析体系可知,提高净资产收益率的途径有（   ）。
    A. 提高总资产周转率   B. 提高销售利润率
    C. 降低资产负债率   D. 提高权益乘数

三、判断题

1. 当企业息税前资金利润率高于借入资金利率时,增加借入资金,可以提高自有资金利润率。（   ）
2. 用已获利息倍数指标的同行业比较分析时,应选择本企业该项指标连续几年的数据,并从稳健的角度出发以其中指标最高的年度数据作为分析依据。（   ）
3. 某公司今年与上年相比,销售收入增长10%,净利润增长9%。可以判断,该公司权益净利率比上年下降了。（   ）
4. 尽管流动比率可以反映企业的短期偿债能力,但有的企业流动比率较高,却没有能力支付到期的应付账款。（   ）
5. 权益乘数的高低取决于企业的资金结构,资产负债率越高,权益乘数越高,财务风险越大。（   ）
6. 流动比率的数值一定是越高越好。（   ）
7. 计算已获利息倍数时的利息费用,仅指计入财务费用的各项利息。（   ）
8. 权益净利率是评价企业自有资本及其积累获取报酬水平的最具综合性与代表性的指标,其适用范围广,但受行业局限。（   ）
9. 资产营运能力的强弱主要取决于资产的周转速度。（   ）
10. 企业债权人在财务分析时最关注企业的投资报酬率。（   ）
11. 产权比率侧重于揭示财务结构的稳健程度以及自有资金对偿债风险的承受能力。（   ）
12. 存货周转率指标既是反映企业流动资产流动性的一个指标,也是衡量企业生产经营各环节中存货运营效率的一个综合性指标。（   ）
13. 现销业务越多,应收账款周转率越高。（   ）

四、计算分析题

1. 某公司流动资产由速动资产和存货构成,年初存货为145万元,年初应收账款为125万元,年末流动比率为3,年末速动比率为1.5,存货周转率为4次,年末流动资产余额为270万

元。1年按360天计算。

要求：

(1) 计算该公司流动负债年末余额。

(2) 计算该公司存货年末余额和年平均余额。

(3) 计算该公司本年销货成本。

(4) 假定本年赊销净额为960万元，应收账款以外的其他速动资产忽略不计，计算该公司应收账款周转期。

2. 双龙公司20×8年有关财务资料如下：年末流动比率为2.1，年末速动比率为1.2，存货周转率为5次。年末资产总额160万元（年初160万元），年末流动负债14万元，年末长期负债42万元，年初存货成本为15万元。20×8年营业收入128万元，利息及管理费用19万元。所得税税率25%。

要求：

(1) 计算该企业20×8年年末流动资产总额、年末资产负债率、权益乘数和总资产周转率。

(2) 计算该企业20×8年年末存货成本、销售成本、净利润、营业净利率和净资产收益率。

3. 已知双龙公司20×8年有关资料如表10-8所示。

表10-8 资产负债表（简要） 单位：万元

资产	年初	年末	负债及所有者权益	年初	年末
流动资产			流动负债合计	1 750	1 500
货币资金	500	450	长期负债合计	2 450	2 000
应收账款	600	900	负债合计	4 200	3 500
存货	1 150	1 800			
流动资产合计	2 250	3 150	所有者权益合计	2 800	3 500
固定资产净值	4 750	3 850			
总计	7 000	7 000	总计	7 000	7 000

该公司20×7年度营业净利率为16%，总资产周转率为0.5次，权益乘数为2.5，净资产收益率为20%；20×8年度销售收入为4 200万元，净利润为630万元。

要求：

(1) 计算20×8年年末的流动比率、速动比率、资产负债率和权益乘数。

(2) 计算20×8年总资产周转率、营业净利率和净资产收益率（均按期末数计算）。

(3) 分析营业净利率、总资产周转率和权益乘数变动对净资产收益率的影响（假设按此顺序分析）。

4. 已知某公司资料如表10-9所示。

表10-9　某公司财务指标　　　　　　　　　　　　　　单位：万元

项目	20×7年	20×8年
营业收入净额	6 900	7 938
全部资产平均余额	2 760	2 940
流动资产平均余额	1 104	1 323

要求：

(1) 计算20×7年与20×8年的全部资产周转率、流动资产周转率和资产结构(流动资产占全部资产的百分比)。

(2) 运用差额分析法计算流动资产周转率和资产结构变动对全部资产周转率的影响。

5. 已知某公司20×8年会计报表的有关资料如表10-10所示。

表10-10　主要会计报表项目　　　　　　　　　　　　　单位：万元

资产负债表项目	年初数	年末数
资产	900	2 000
负债	350	1 200
所有者权益	550	800
利润表项目	上年数	本年数
营业收入净额	(略)	2 000
净利润	(略)	50

要求：

(1) 计算杜邦财务分析体系中的下列指标(凡计算指标涉及资产负债表项目数据的，均按平均数计算)：① 净资产收益率；② 总资产净利率(保留三位小数)；③ 营业净利率；④ 总资产周转率(保留三位小数)；⑤ 权益乘数。

(2) 用文字列出净资产收益率与上述其他各项指标之间的关系式，并用本题数据加以验证。

五、综合题

1. 某公司20×8年有关资料如表10-11所示。

表10-11　某公司有关财务指标

项目	年初数	年末数	本年数或平均数
存货(万元)	7 200	9 600	
流动负债(万元)	6 000	8 000	

(续表)

项目	年初数	年末数	本年数或平均数
总资产(万元)	15 000	17 000	
流动比率		1.5	
速动比率	0.8		
权益乘数			1.5
流动资产周转次数			4
净利润(万元)			2 880

要求：

(1) 计算流动资产的年初余额、年末余额和平均余额(假定流动资产由速动资产与存货组成)。

(2) 计算本年产品营业收入净额和总资产周转率。

(3) 计算营业净利率和自有资金利润率。

(4) 假定该公司 20×9 年的投资预测需要资金 2 100 万元，公司目标资金结构是维持权益乘数为 1.5 的资金结构，公司 20×8 年需按规定提取 10% 的法定盈余公积和 5% 的任意盈余公积。请按剩余股利政策确定该公司 20×8 年向投资者分红的金额。

2. 双龙公司 20×8 年度有关财务资料如表 10-12 所示。

表 10-12　资产负债表(简要)　　　　　　　　　　　单位：万元

资产	年初数	年末数	负债及所有者权益	年初数	年末数
现金及有价证券应	51	65	负债总额	74	134
收账款	23	28	所有者权益总额	168	173
存货	16	19			
其他流动资产	21	14			
长期资产	131	181			
总资产	242	307	负债及所有者权益	242	307

20×8 年全年实现营业收入净额 326 万元，净利润 31 万元。20×7 年营业净利率 11.23%，总资产周转率 1.31，权益乘数 1.44。

要求：

(1) 运用杜邦财务分析体系，计算 20×8 年该公司的净资产收益率。

(2) 综合分析净资产收益率指标变动的原因。

3. 某公司简要的资产负债表如表 10-13 所示。

表 10-13　简要的资产负债表　　　　　　　　　　　单位:万元

项目	金额	项目	金额
货币资金	3 000	应付账款	C
应收账款净额	5 000	应交税费	3 000
存货	A	长期负债	D
长期投资	B	实收资本	E
固定资产净值	25 000	未分配利润	1 250
合计	50 000	合计	F

企业年末流动比率为 2,年末产权比率为 0.6;以营业收入计算的存货周转率为 15 次;以营业成本计算的存货周转率为 10 次;销售毛利为 40 000 万元,投资收益为 2 000 万元,营业净利为 15 000 万元;期初存货为 10 000 万元。

要求:

(1) 计算表中用字母表示的数字。
(2) 计算该公司年末的速动比率、现金比率、资产负债率、权益乘数。
(3) 计算营业毛利率、营业净利率。

附　录

习题参考答案

第一章　导　论

一、单项选择题

1. D　2. A　3. A　4. C　5. B　6. A　7. C　8. B　9. D　10. C　11. B

二、多项选择题

1. ACD　2. ABCD　3. AB　4. ABCD　5. AD　6. ABCD　7. ABC　8. ABC　9. ABCD
10. ABC　11. BCD

三、判断题

1. ×　2. ×　3. √　4. ×　5. ×　6. √　7. ×　8. ×

第二章　财务理论基础

一、单项选择题

1. C　2. C　3. D　4. B　5. C　6. A　7. D　8. C　9. C　10. A　11. A　12. A　13. B
14. B　15. C　16. B　17. D　18. A　19. B　20. C　21. D　22. A　23. B　24. C　25. B
26. C　27. A　28. B　29. A　30. A　31. A　32. D　33. D　34. C　35. A

二、多项选择题

1. AC　2. ACD　3. AC　4. ABCD　5. ABD　6. BC　7. AD　8. ABCD　9. AB
10. ACD　11. ABC　12. ABC　13. ABD

三、判断题

1. ×　2. √　3. ×　4. ×　5. ×　6. √　7. ×　8. √　9. √　10. √　11. ×　12. √
13. ×　14. ×　15. ×　16. ×　17. √

四、计算分析题

1. 3年后应偿还的本利和 $F = 100 \times (F/P, 7\%, 3) = 100 \times 1.2250 = 122.50$(万元)

2. 现在需要存入银行本金 $P = 350 \times (P/F, 6\%, 5) = 350 \times 0.7473 = 261.555$(万元)

3. 第1年年初投资的200万元不需要折现，第2年年初投资100万元的折现期为1年，第3年年初投资180万元的折现期为2年。

$P = 200 + 100 \times (P/F, 8\%, 1) + 180 \times (P/F, 8\%, 2)$
$\quad = 200 + 100 \times 0.925\ 9 + 180 \times 0.857\ 3$
$\quad = 200 + 92.59 + 154.314 = 446.904 (万元)$

4. 查表 $(F/A, 4\%, 3)$ 为 3.122。
$A = 150 \times [1 \div (F/A, 4\%, 3)]$
$\quad = 150 \times (1 \div 3.121\ 6) = 48.052$ 万元

今后3年每年年末应存入48.052万元,就能够保证在第3年年末一次取出150万元。

5. 已知 $F = P \times (F/P, i, n)$,即 $36\ 000 = 14\ 800 \times (F/P, 9\%, n)$,
$(F/P, 9\%, n) = 36\ 000 \div 14\ 800 = 2.432\ 4$ 求 n

内插法: 10   2.367 4
         n 2.432 4
         11   2.580 4

$n = 10 + (2.432\ 4 - 2.367\ 4) \div (2.580\ 4 - 2.367\ 4) \times (11 - 10) = 10.305(年)$

6. $F = P \times (F/P, i, n)$,即 $15\ 500 = 10\ 000 \times (F/P, i, 5)$
$(F/P, i, 5) = 15\ 500 \div 10\ 000 = 1.55$

内插法: 9%   1.538 6
        i 1.55
        10%   1.610 5

$i = 9\% + (1.55 - 1.538\ 6) \div (1.610\ 5 - 1.538\ 6) \times (10\% - 9\%) = 9.158\ 6\%$

7. (1) 该项改扩建工程总投资额:
$F = A \times (F/A, 12\%, 3) = 1\ 000 \times 3.374\ 4 = 3\ 374.4(万元)$

(2) 每年年末归还借款本息 $= 3\ 374.4 \div (P/A, 12\%, 8) = 3\ 374.4 \div 4.967\ 6 = 679.28(万元)$

(3) 需要偿还年限:
$(P/A, 12\%, n) = 3\ 374.4 \div 900 = 3.749\ 3$

内插法求 n: 5   3.604 8
               n 3.749 3
               6   4.111 4

$n = 5 + (3.604\ 8 - 3.749\ 3) \div (4.111\ 4 - 3.749\ 3) \times (6 - 5) = 5.28(年)$

8. A项目回收额的现值:
$P = A \times (P/A, 8\%, 10) = 4 \times 6.710\ 1 = 26.840\ 4(万元)$

B项目回收额的现值:
前5年回收现值 $P = A \times (P/A, 8\%, 5) = 5 \times 3.992\ 7 = 19.963\ 5(万元)$
后5年回收额现值 $P = A \times (P/A, 8\%, 5)(P/F, 8\%, 5)$
$\qquad\qquad\qquad\quad = 3 \times 3.992\ 7 \times 0.680\ 6 = 8.152\ 3(万元)$
B项目回收额的现值 $= 19.963\ 5 + 8.152\ 3 = 28.115\ 8(万元)$

B项目回收额的现值比 A 项目回收额的现值多 1.275 4 万元,因此,B 投资方案比 A 投资方案优。

9. 租入设备的年金现值:
$$P = A \times (P/A, i, n) = 2\,200 \times (P/A, 8\%, 10) = 2\,200 \times 6.71 = 14\,762(元)$$
由于租用设备所需成本现值低于购买设备的买价 15 000 元,所以该公司租用设备较好。

10. (1) 债券的实际年利率 $i = \left(1 + \dfrac{r}{m}\right)^m - 1 = (1 + 8\% \div 4)^4 - 1 = 8.24\%$

(2) 由已知 $(1 + r \div 2)^2 - 1 = 8.24\%$,计算得 $r = 8.08\%$

11. (1) 期望报酬 $\overline{E} = \sum\limits_{i=1}^{n} X_i P_i = 600 \times 0.5 + 400 \times 0.3 + (-200) \times 0.2 = 380(万元)$

(2) 投资报酬的标准离差 $\sigma = \sqrt{\sum\limits_{i=1}^{n} (X_i - \overline{E})^2}$
$= \sqrt{(600-380)^2 \times 0.5 + (400-380)^2 \times 0.3 + (-200-380)^2 \times 0.2}$
$= 302.65(万元)$

(3) 标准离差率 $\dfrac{\sigma}{\overline{E}} = 302.65 \div 380 = 79.64\%$

(4) 投资总报酬率 $K = 8\% + 8\% \times 79.64\% = 14.37\%$

12. (1) 银行允许在每年年末支付款项:

设第一种付款方式下的房款现值为 P_1,第二种付款方式下的房款现值为 P_2,第三种付款方式下的房款现值为 P_3,则:

$P_1 = 20(万元)$

$P_2 = 5 \times (P/A, 10\%, 5) = 5 \times 3.790\,8 = 18.954\,0(万元)$

$P_3 = 3 \times (P/A, 10\%, 10) = 3 \times 6.144\,6 = 18.433\,8(万元)$

如果银行允许在每年年末支付房款,应该采用的付款方式为 10 年分期付款。

(2) 银行规定必须在每年年初支付款项:

$P_1 = 20(万元)$

$P_2 = 5 \times (P/A, 10\%, 5)(1 + 10\%) = 5 \times 3.790\,8 \times 1.1 = 20.849\,4(万元)$

$P_3 = 3 \times (P/A, 10\%, 10)(1 + 10\%) = 3 \times 6.144\,6 \times 1.1 = 20.277\,2(万元)$

如果银行规定必须在每年年初支付房款,应该采用的付款方式为现付 20 万元的房款。

13. 投资组合的风险系数 $= 40\% \times 1 + 30\% \times 1.5 + 30\% \times 2 = 1.45$

预期收益率 $= 5\% + 1.45 \times (12\% - 5\%) = 15.15\%$

第三章 投资管理

一、单项选择题

1. B 2. C 3. A 4. C 5. D 6. B 7. A 8. C 9. D 10. B 11. D 12. C 13. A

附录 习题参考答案

14. A 15. A 16. D 17. A 18. D 19. D 20. D

二、多项选择题

1. AB 2. CD 3. BCD 4. AD 5. AB 6. CD 7. ABC 8. AB 9. ACD 10. BCD
11. BD 12. AB 13. AC 14. AC

三、判断题

1. × 2. √ 3. √ 4. × 5. × 6. √ 7. × 8. × 9. √ 10. × 11. √ 12. √
13. × 14. √ 15. × 16. ×

四、计算分析题

1.（1）项目计算期＝1＋10＝11(年)

固定资产原值＝120 000(元)

每年计提折旧额＝$\dfrac{120\,000-6\,000}{10}$＝11 400(元)

每年净利润＝20 000×(1－25%)＝15 000(元)

则每期净现金流量为：

NCF_0＝－120 000(元)

NCF_1＝0

$NCF_{2\sim10}$＝15 000＋11 400＝26 400(元)

NCF_{11}＝15 000＋11 400＋6 000＝32 400(元)

（2）项目计算期＝1＋10＝11(年)

固定资产原值＝132 000(元)

年折旧＝$\dfrac{132\,000-6\,000}{10}$＝12 600(元)

每年净利润＝20 000×(1－25%)＝15 000(元)

则每期净现金流量为：

NCF_0＝－120 000(元)

NCF_1＝－10 000(元)

$NCF_{2\sim10}$＝15 000＋12 600＝27 600(元)

NCF_{11}＝15 000＋12 600＋6 00＋10 000＝43 600(元)

2.（1）每年计提折旧额＝60÷10＝6(万元)

20×0 年年初净现金流量为：

NCF_0＝－60(万元)

20×1 年年初现金流量为：

NCF_1＝－20(万元)

20×1—20×9 每年年末净现金流量为：

$NCF_{2\sim10}$＝(45－10－6)×(1－25%)＋6

＝27.75(万元)

20×0年年末净现金流量为：

$NCF_{11} = (45-10-6) \times (1-25\%) + 6 + 20$
$= 47.75(万元)$

$NPV = 27.75 \times (P/A, 10\%, 10 - P/A, 10\%, 1) + 47.75 \times (P/F, 10\%, 11) - 60 - 20$
$\times (P/F, 10\%, 1) = 83.84(万元)$

(2) 设 $i = 20\%$ 时：

净现值 $= (27.75 \times 4.031 \times 0.833\ 3 + 47.75 \times 0.134\ 6) - (60 + 20 \times 0.833\ 3) = 22.97(万元)$

设 $i = 24\%$ 时：

净现值 $= (27.75 \times 3.565\ 5 \times 0.806\ 5 + 47.75 \times 0.093\ 8) - (60 + 20 \times 0.8\ 065) = 8.146(万元)$

设 $i = 28\%$ 时：

净现值 $= (25.75 \times 3.184\ 2 \times 0.781\ 3 + 47.75 \times 0.0\ 662) - (60 + 20 \times 0.7\ 813) = -3.428(万元)$

$IRR = 24\% + (28\% - 24\%) \times \dfrac{8.146}{8.146 - (-3.428)} = 26.82\%$

3. 初始现金流量增加额 $= -40 + 7.5 = -32.5(万元)$

营业现金流量增加额：

旧设备折旧额 $= (7.5 - 0.75) \div 5 = 1.35(万元)$

新设备折旧额 $= (40 - 0.75) \div 5 = 7.85(万元)$

更新前后营业现金流量　　　　　　　　　　　单位：万元

项目	更新前	更新后	差额
销售收入	150	165	15
经营付现成本	110	115	5
折旧费	1.35	7.85	6.5
税前利润	38.65	42.15	3.5
所得税	9.66	10.54	0.88
税后利润	28.99	31.61	2.62
营业现金流量	30.34	39.46	9.12

终结点现金流量增加额 $= 0$

差额内部收益率：

$-32.5 + 9.12(P/A, \Delta IRR, 5) = 0$

$(P/A, \Delta IRR, 5) = 3.563\ 6$

$(\Delta IRR - 12\%) \div (14\% - 12\%) = (3.563\ 6 - 3.604\ 8) \div (3.433\ 1 - 3.604\ 8)$

$\Delta IRR = 12.48\%$

因为差额内部收益率 12.48% 高于资金成本率 10%，所以应选择更新。

4. 差额投资额 $= 80\ 000 - 43\ 000 = 37\ 000(元)$

差额年折旧额 $= \dfrac{80\ 000 - 18\ 000}{4} - \dfrac{43\ 000 - 5\ 000}{4} = 6\ 000(元)$

差额残值＝18 000－5 000＝13 000(元)
差额利润＝[8 000－(－3 000＋6 000)]×(1－25%)＝3 750(元)
$\Delta NCF_0 = -37\,000(元)$
$\Delta NCF_1 = 3\,750 + 6\,000 + 660 = 10\,410(元)$
$\Delta NCF_{2\sim3} = 3\,750 + 6\,000 = 9\,750(元)$
$\Delta NCF_4 = 3\,750 + 6\,000 + 13\,000 = 22\,750(元)$

设折现率为 i，则：
$NPV = 10\,410 \times (P/F, i, 1) + 9\,750 \times (P/F, i, 2) + 9\,750 \times (P/F, i, 3) + 22\,750 \times (P/F, i, 4) - 37\,000$

测试 $i = 12\%$, $\Delta NPV = 1\,464.49$

测试 $i = 14\%$, $\Delta NPV = -280.07$

$\Delta IRR = 12\% + \dfrac{1\,464.49}{1\,464.49 - (-280.07)} = 13.68\%$

因为 $\Delta IRR > 10\%$，所以应更新设备。

5. (1) 债券发行价格 $= 1\,000 \times 15\% \times (P/A, 15\%, 10) + 1\,000 \times (P/F, 15\%, 10) = 1\,000(元)$

(2) 债券成本 $= \dfrac{15\% \times (1 - 25\%)}{1 - 1\%} = 11.36\%$

优先股成本 $= \dfrac{19.4\%}{1 - 3\%} = 20\%$

综合资金成本 $= 11.36\% \times \dfrac{1\,600 \times 1\,000}{2\,000\,000} + 20\% \times \dfrac{2\,000\,000 - 1\,600 \times 1\,000}{2\,000\,000} = 13\%$

(3) 计算期各年经营现金净流量 $= \left(90 - 21 - \dfrac{200 - 10}{10}\right) \times (1 - 25\%) + 19 = 56.5(万元)$

(4) 净现值 $= 56.5 \times (P/A, 13\%, 10) + 10 \times (P/F, 13\%, 10) - 200$
$= 109.53(万元)$

现值指数 $= [56.5 \times (P/A, 13\%, 10) + 10 \times (P/F, 13\%, 10)] \div 200$
$= 1.61$

(5) 净现值 > 0，现值指数 > 1，该方案可行。

6. (1) 年折旧 $= \dfrac{750 - 50}{5} = 140(万元)$

年净利润 $= [(250 - 180) \times 40\,000 - 400\,000 - 1\,400\,000] \times (1 - 25\%) = 756(万元)$
$NCF_0 = -(750 + 250) = -1\,000(万元)$
$NCF_{1\sim4} = 75 + 140 = 215(万元)$
$NCF_5 = 75 + 140 + 250 + 50 = 515(万元)$
$NPV = 215 \times (P/A, 10\%, 4) + 515 \times (P/F, 10\%, 5) - 1\,000 = 1.29(万元)$

(2) 设净现值为零，年销售量为 X：
$NPV = -1\,000 + \{[(250 - 180)X - 40 - 140] \times (1 - 25\%) + 140\} \times (P/A, 10\%, 4)$

$+\{[(250-180)X-40-140]\times(1-25\%)+140+250+50\}\times(P/F,10\%,5)$

令 $NPV=0$ 解出 $X=39\,935$(件)

(3) 设净利润为零的年销售量为 X，则：

$(250-180)X-40-140=0$

解出：$X=25\,714$(件)

7. (1) 甲方案：

项目计算期 $=5$(年)

固定资产原值 $=100$(万元)

年折旧额 $=(100-5)\div 5=19$(万元)

$NCF_0=-150$(万元)

$NCF_{1\sim4}=(90-60)\times(1-25\%)+19=41.5$(万元)

$NCF_5=41.5+55=96.5$(万元)

净现值 $=41.5\times3.1699+96.5\times0.6209-150=41.47$(万元)

乙方案：

项目计算期 $=7$(年)

固定资产原值 $=120$ 万元

固定资产年折旧额 $=(120-8)\div 5=22.4$(万元)

无形资产摊销 $=25\div 5=5$(万元)

$NCF_0=-210$(万元)

$NCF_{1\sim2}=0$

经营期年总成本 $=80+22.4+5=107.4$(万元)

经营期年净利润 $=(170-107.4)\times 25\%=46.95$(万元)

$NCF_{3\sim6}=46.95+22.4+5=74.35$(万元)

$NCF_7=74.35+65+8=147.35$(万元)

净现值 $=74.5\times(4.3553-1.7355)+147.35\times0.5132-210=60.4$(万元)

甲、乙两方案的净现值均大于0，两方案均可行。

(2) 甲方案年均净现值 $=41.47\div3.7908=10.94$(万元)

乙方案年均净现值 $=60.4\div4.8684=12.41$(万元)

乙方案年均净现值大于甲方案年均净现值，因此，该企业应选择乙方案。

第四章　价值评估

一、单项选择题

1. C　2. A　3. D　4. B　5. D　6. C　7. C　8. B　9. C　10. A　11. A　12. A　13. C

二、多项选择题

1. ACD　2. AB　3. BCD　4. BCD　5. BCD　6. AC　7. CD　8. AD　9. ABCD
10. ABCD　11. ABCD　12. ABC

三、判断题

1. √ 2. √ 3. √ 4. √ 5. √ 6. × 7. √ 8. √ 9. √ 10. ×

四、计算分析题

1. (1) 每年付息,到期还本时:

债券价值 $=100\times 10\% \times (P/A,12\%,5)+100\times (P/F,12\%,5)=92.79$(元)

当市价低于此价值可购买。

(2) 到期一次还本付息时:

债券价值 $=100\times (1+10\% \times 5)\times (P/F,12\%,5)=85.13$(元)

当市价低于此价值可购买。

2. 股票预期报酬率 $=8\%+2\times (15\%-8\%)=22\%$

内在价值 $=1\times (1+10\%)\div (22\%-10\%)=9.17$(元/股)

3. (1) 债券价值 $=1\,000\times 8\% \times (P/A,5\%,5)+1\,000\times (P/F,5\%,5)=1\,129.86$(元)

因市价低于债券价值,所以应购买债券。

(2) 运用插值法得出债券到期收益率为 6.15%。

4. (1) $\beta_p=50\%\times 2+30\%\times 1+20\%\times 0.5=1.4$

$RP=1.4\times (15\%-10\%)=7\%$

$K=10\%+1.4\times 5\%=17\%$

$K_A=10\%+2\times 5\%=20\%$

$V_A=1.2\times (1+8\%)\div (20\%-8\%)=10.8$(元)

(2) 市价 12>10.8,所以出售有利。

5. (1) 债券价值 $P=(1\,000+1\,000\times 10\%\times 3)\div (1+8\%)^3=1\,031.98$(元)$>1\,020$(元)

因此,该债券可购买。

(2) 债券投资收益率 $K=(1\,130-1\,020)\div 1\,020\times 100\%=10.78\%$

6. (1) 股票的预期收益率 $=6\%+2.5\times (10\%-6\%)=16\%$

(2) 固定成长股票价值 $=1.5\div (16\%-6\%)=15$(元)

(3) 非固定成长股票价值 $=1.5\times (P/A,16\%,3)+1.5\times (1+6\%)\div (16\%-6\%)\times (P/F,16\%,3)$

$=13.56$(元)

7. (1) 平价购入,到期收益率与票面利率相同,为 10%。

(2) $V=(100\div 1.08)+(1\,000\div 1.08)=1\,019$(元)

(3) $900=100\div (1+i)+1\,000\div (1+i)$ $i=22\%$

(4) $V=(100\div 1.12)+100\div 1.12^2+100\div 1.12^3+1\,000\div 1.12^3=952$(元)$>950$(元),因此,可购买。

五、综合题

1. 采用插值法,甲股票的投资收益率 $=20.57\%$,乙股票的投资收益率 $=19.55\%$,所以应投资于甲股票。

2. (1) 计算 A、B 公司的必要收益率为：

A 公司 $K = 8\% + 2 \times (12\% - 8\%) = 16\%$

B 公司 $K = 8\% + 1.5 \times (12\% - 8\%) = 14\%$

A 公司的股票价值 $= 5 \times (P/A, 16\%, 5) + 5 \times (1 + 6\%) \div (16\% - 6\%) \times (P/F, 16\%, 5)$
$= 41.61(元)$

B 公司的股票价值 $= 2 \times (1 + 4\%) \div (14\% - 4\%) = 20(元)$

因为 A、B 公司的股票价值大于或等于其市价，所以应该购买。

(2) 证券组合收益率 $= (100 \times 40) \div (100 \times 40 + 100 \times 20) \times 16\% + (100 \times 20) \div (100 \times 40 + 100 \times 20) \times 14\%$
$= 15.34\%$

(3) 组合 β 系数 $= (100 \times 40) \div (100 \times 40 + 100 \times 20) \times 2 + (100 \times 20) \div (100 \times 40 + 100 \times 20) \times 1.5$
$= 1.83$

3. 第一，计算非正常增长期的股利现值。

计算表

年份	股利（元）	现值系数	现值（元）
1	$2 \times 1.2 = 2.4$	0.870	2.088
2	$2.4 \times 1.2 = 2.88$	0.756	2.177
3	$2.88 \times 1.2 = 3.456$	0.658	2.274
合计（3 年股利的现值）			6.539

第二，计算第三年年底的普通股内在价值

$$V_3 = \frac{D_3(1+g)}{(K-g)} = \frac{D_4}{(K-g)}$$
$= 3.456 \times 1.12 \div (0.15 - 0.12) = 129.02(元)$

计算其现值：

$PV_3 = 129.02 \times (P/F, 15\%, 3)$
$= 129.02 \times 0.658 = 84.90(元)$

最后，计算股票目前的价值：

$V_0 = 6.539 + 84.90 = 91.439(元)$

4. (1) A 股票必要收益率 $= 8\% + 1.2 \times (16\% - 8\%) = 17.6\%$

A 股票价值 $(V) = \dfrac{2 \times (1 + 10\%)}{17.6\% - 10\%} = 28.95(元)$

该投资者可以按当时市价 25 元购入 A 股票。

投资报酬率 $= \dfrac{2 \times (1 + 10\%)}{25} + 10\% = 18.18\%$

(2) 预期第一年股利：$2.8 \times (1 + 18\%) = 3.304(元)$

预期第一年股利现值:$3.304×(P/F,16\%,1)=2.85$(元)

预期第二年股利:$3.304×(1+18\%)=3.9$(元)

预期第二年股利现值:$3.898\ 8×(P/F,16\%,2)=2.9$(元)

股票价值$=2.848\ 4+2.897\ 5+\dfrac{3.898\ 8×(1+12\%)}{16\%-12\%}(P/F,16\%,2)=86.90$(元)

该投资者购入B股票的最高价格为86.9元。

第五章 筹 资 管 理

一、单项选择题

1. B 2. A 3. D 4. C 5. A 6. D 7. D 8. C 9. A 10. D 11. C 12. A 13. C 14. C 15. B 16. D 17. D 18. C 19. A 20. D

二、多项选择题

1. AD 2. ACD 3. ABC 4. AC 5. BC 6. CD 7. BCD 8. BCD 9. ABCD 10. ABCD 11. ABCD 12. ABCD 13. ABCD 14. AC 15. AD 16. ABD 17. ABCD 18. ABCD 19. BC 20. ABCD 21. ABC 22. ABCD

三、判断题

1. √ 2. √ 3. × 4. × 5. × 6. × 7. × 8. × 9. × 10. × 11. √ 12. × 13. √ 14. × 15. √ 16. √ 17. × 18. √ 19. × 20. √

四、计算分析题

1.(1)该公司增加资金需要量:

$=\left[\dfrac{16\ 000+18\ 000+28\ 000}{160\ 000}-\dfrac{15\ 000+10\ 000}{160\ 000}\right]×(200\ 000-160\ 000)$

$=(38.75\%-15.625\%)×40\ 000=9\ 250$(元)

(2)从外界追加资金量:

$=9\ 250-200\ 000×10\%×(1-60\%)=1\ 250$(元)

2.(1)用高低点法预测20×9年的资金需要量:

① $b=\dfrac{690-620}{9-7}=35$(元/台)

② 由 $y=a+bx$,代入20×8年数据,求得:

$a=y-bx=690-35×9$

$=375$(万元)

③ 建立预测资金需要量的数学模型:

$y=375+35x$

④ 预测20×9年产销量为92 000台时的资金需要量:

$y=3\ 750\ 000+35×92\ 000=6\ 970\ 000$(元)

(2)用回归分析法预测20×9年的资金需要量

① 根据已知资料整理出下表。

资金需要量预测表 单位:万元

年度	产销量(x)万台	资金需要量(y)	xy	x^2
20×4	8.0	640	5 120	64
20×5	7.5	630	4 725	56.25
20×6	7	620	4 340	49
20×7	8.5	670	5 695	72.25
20×8	9	690	6 210	81
合计	$\sum x = 40$	$\sum y = 3\,250$	$\sum y = 26\,090$	$\sum x^2 = 322.5$

② $b = \dfrac{n\sum xy - \sum x \sum y}{n\sum x^2 - (\sum x)^2}$

$= (5 \times 26\,090 - 40 \times 3\,250) \div (5 \times 322.5 - 40^2)$

$= \dfrac{5 \times 26\,090 - 40 \times 3\,250}{5 \times 322.5 - 40^2}$

$= \dfrac{450}{12.5}$

$= 36$(元/台)

$a = \dfrac{\sum y - b \sum x}{n}$

$= \dfrac{3\,250 - 36 \times 40}{5}$

$= 362$(万元)

③ 预测 20×9 年产销量为 92 000 台时的资金需要量:

$Y = 3\,620\,000 + 36 \times 92\,000 = 6\,932\,000$(元)

3. (1) 当市场利率为 8% 时:

债券发行价格 $= 100 \times 10\% \times (P/A, 8\%, 5) + 100 \times (P/F, 8\%, 5)$

$= 10 \times 3.992\,7 + 100 \times 0.680\,6 = 108$(元)

(2) 当市场利率为 10% 时:

债券发行价格 $= 100 \times 10\% \times (P/A, 10\%, 5) + 100 \times (P/F, 10\%, 5)$

$= 10 \times 3.790\,8 + 100 \times 0.620\,9 = 100$(元)

(3) 当市场利率为 12% 时:

债券发行价格 $= 100 \times 10\% \times (P/A, 12\%, 5) + 100 \times (P/F, 12\%, 5)$

$= 10 \times 3.604\,8 + 100 \times 0.567\,4 = 92.8$(元)

五、综合题

(1) 计算 20×8 年净利润及应向投资者分配的利润:

净利润＝3 000×10％＝300(万元)

向投资者分配的利润＝1 000×0.2＝200(万元)

(2) 采用高低点法计算每万元销售收入的变动资金和"现金"项目的不变资金：

每万元销售收入的变动资金＝(160－110)÷(3 000－2 000)＝0.05(万元)

不变资金＝110－0.05×2 000＝10(万元)

(3) 按 $y=a+bx$ 的方程建立资金预测模型：

a＝10＋60＋100－(60＋20)＋510＝600(万元)

b＝0.05＋0.14＋0.22－(0.10＋0.01)＝0.3(万元)

y＝600＋0.3x

(4) 预测该公司 20×9 年资金需要总量需新增资金量：

资金需要总量＝600＋0.3×3 000×(1＋40％)＝1 860(万元)

需新增资金量＝3 000×40％×0.3＝360(万元)

(5) 计算债券发行总额和债券成本：

债券发行总额＝360－(300－200)＝260(万元)

债券成本＝$\dfrac{260\times10\%\times(1-25\%)}{260\times(1-2\%)}\times100\%$＝7.65％

(6) 计算填列该公司 20×9 年预计资产负债表中用字母表示的项目：

A＝10＋0.05×3 000×(1＋40％)＝220(万元)

B＝220＋648＋1 024＋510＝2 402(万元)

D＝360－(300－200)＝260(万元)

C＝2 402－(480＋62＋260＋1 000)＝600(万元)

第六章　资 本 成 本

一、单项选择题

1. D　2. C　3. D　4. B　5. B　6. B　7. B　8. C　9. B

二、多项选择题

1. CD　2. AB　3. BC　4. AB　5. ABC　6. BC　7. CD　8. ABCD　9. ABCD

三、判断题

1. ×　2. √　3. ×　4. ×　5. ×　6. √　7. ×　8. ×　9. ×　10. ×　11. ×　12. √

13. ×

四、计算分析题

1. 筹资总额分界点＝100÷(2÷7)＝350(万元)

2. (1) 计算各种资金占全部资金比重：

长期借款 $\dfrac{1\,000}{5\,000}\times100\%$＝20％

长期债券：$\dfrac{800}{5\,000}\times 100\% = 16\%$

优先股股票：$\dfrac{1\,200}{5\,000}\times 100\% = 24\%$

普通股股票：$\dfrac{1\,500}{5\,000}\times 100\% = 30\%$

留存收益：$\dfrac{500}{5\,000}\times 100\% = 10\%$

(2) 计算加权平均资金成本 $= 20\%\times 10\% + 16\%\times 11\% + 24\%\times 13\% + 30\%\times 15\% + 10\%\times 14\%$
$= 12.78\%$

3. (1) 债券成本 $= \dfrac{1\,500\times 10\%\times(1-25\%)}{1\,500\times(1-1\%)} = 7.58\%$

(2) 优先股成本 $= 12\%\div(1-2\%) = 12.24\%$

(3) 普通股成本 $= 12\%\div(1-4\%)+4\% = 16.5\%$

(3) 综合资本成本 $= 1\,500\div 4\,000\times 7.58\% + 500\div 4\,000\times 12.24\% + 2\,000\div 4\,000\times 16.5\%$
$= 2.84\% + 1.53\% + 8.25\% = 12.62\%$

4. 筹资总额分界点(1) $400\div 25\% = 1\,600$(元)

筹资总额分界点(2) $750\div 75\% = 1\,000$(元)

(0～1 000 万元)

边际资金成本 $= 25\%\times 4\% + 75\%\times 10\% = 8.5\%$

(1 000～1 600 万元)

边际资金成本 $= 25\%\times 4\% + 75\%\times 12\% = 10\%$

(1 600 万元以上)

边际资金成本 $= 25\%\times 8\% + 75\%\times 12\% = 11\%$

第七章　资本结构

一、单项选择题

1. A 2. A 3. D 4. A 5. B 6. A 7. C 8. B 9. B 10. B 11. C 12. C

二、多项选择题

1. ABCD 2. ABC 3. ABC 4. AC 5. AD 6. BCD 7. ABD 8. CD 9. ABD

10. ABCD

三、判断题

1. √ 2. √ 3. × 4. √ 5. √ 6. × 7. √ 8. × 9. √ 10. √

四、计算分析题

1. (1) 经营杠杆系数：$DOL = \dfrac{5\ 600 \times 1 - 5\ 600 \times 1 \times 60\%}{5\ 600 \times 1 - 5\ 600 \times 1 \times 60\% - 640} = 1.4$

   (2) 财务杠杆系数：$DFL = \dfrac{1\ 600}{1\ 600 - 4\ 000 \times 45\% \times 12\%} = 1.16$

   (3) 复合杠杆系数：$DTL = DOL \times DFL = 1.4 \times 1.6 = 1.624$

2. (1) 财务杠杆系数 $= \dfrac{150}{150 - 400 \times 10\%} = 1.364$

   每股利润 $= \dfrac{(150 - 400 \times 10\%) \times (1 - 25\%)}{60} = 1.375(元)$

   (2) 每股利润增加 $= 1.23 \times (15\% \times 1.364) = 0.25(元)$

3. (1) 综合资金成本率 $= 8\% \times (1-25\%) \times \dfrac{400}{2\ 000} + 10\% \times \dfrac{200}{2\ 000} + \left(\dfrac{2.5}{20} + 5\%\right) \times \dfrac{1\ 400}{2\ 000} = 14.45\%$

   (2) 甲方案综合资金成本率 $= 10\% \times (1-25\%) \times \dfrac{300}{2\ 500} + 8\% \times (1-25\%) \times \dfrac{400}{2\ 500} + 10\% \times \dfrac{200}{2\ 500} + \left(\dfrac{3}{18} + 6\%\right) \times \dfrac{1\ 400 + 200}{2\ 500} = 17.17\%$

   (3) 乙方案综合资金成本率 $= 8\% \times (1-25\%) \times \dfrac{400}{2\ 500} + 10\% \times (1-25\%) \times \dfrac{400}{2\ 50} + 10\% \times \dfrac{200}{2\ 500} + \left(\dfrac{3}{24} + 6\%\right) \times \dfrac{1\ 400 + 300}{2\ 500} = 14.94\%$

   以上计算可知，甲方案综合资金成本率高于乙方案。应选择乙方案筹资。

4. 根据题意，直接代入公式：

   $\dfrac{(\overline{EBIT} - I_1)(1-T) - D_1}{N_1} = \dfrac{(\overline{EBIT} - I_2)(1-T) - D_2}{N_2}$

   $\dfrac{(\overline{EBIT} - 240\ 000) \times (1-T) - 0}{500\ 000} = \dfrac{[\overline{EBIT} - (480\ 000)] \times (1-T) - 0}{400\ 000}$

   解得每股利润无差异点 $\overline{EBIT} = 144$ 万元，因为预期息税前利润 150 万元大于 $\overline{EBIT}$，所以应选择发行债券筹资方式。

5. (1) 方案一年利息 $= 1\ 000\ 000 \times 8\% = 80\ 000(元)$

   方案二年利息 $= 1\ 000\ 000 \times 8\% + 2\ 500\ 000 \times 10\% = 330\ 000(元)$

   $\dfrac{(EBIT - 80\ 000) \times (1-25\%)}{300\ 000} = \dfrac{(EBIT - 330\ 000) \times (1-25\%)}{200\ 000}$

   解得：$EBIT = 830\ 000(元)$

   (2) 方案一每股收益 $= \dfrac{(1\ 000\ 000 - 80\ 000) \times (1-25\%)}{300\ 000} = 2.3(元/股)$

方案二每股收益＝$\frac{(1\,000\,000-330\,000)\times(1-25\%)}{200\,000}$＝2.51(元/股)

若企业预计在筹资后息税前利润将达到100万元,则企业应选择方案二。

(3) $DFL=\frac{830\,000}{830\,000-330\,000}=1.66$

EPS 增长率＝10%×1.66＝16.6%

6. (1) ① 增长普通股股份数＝1 000÷5＝200(万股)

② 20×8 年全年利息＝1 000×8%＝80(万元)

(2) 增发债券全年利息＝(1 000＋1 000)×8%＝160(万元)

(3) $(EBIT-80)(1-25\%)\div 4\,200=(EBIT-160)(1-25\%)\div 4\,000$

解得：$EBIT=1\,760$(万元)

因为预计息税前利润2 000万元＞1 760万元,所以应采用增发债券方案。

第八章 收益分配管理

一、单项选择题

1. C 2. A 3. C 4. A 5. B 6. B 7. C 8. C 9. C 10. A 11. A 12. A 13. C
14. C 15. B 16. C 17. A

二、多项选择题

1. CD 2. AC 3. ABC 4. AD 5. ABCD 6. AB 7. AC 8. AC 9. ACD 10. ABC
11. ABCD 12. AB 13. ABC 14. BC 15. BC

三、判断题

1. √ 2. √ 3. × 4. √ 5. × 6. √ 7. √ 8. × 9. × 10. × 11. × 12. ×
13. √ 14. × 15. √ 16. × 17. ×

四、计算分析题

1. (1) 计算公司 20×7 年可发放的股利的额度：

税后利润＝2 000×(1－25%)＝1 500(万元)

弥补亏损后利润＝1 500－100＝1 400(万元)

提取法定盈余公积＝1 400×10%＝140(万元)

提取任意盈余公积＝1 400×8%＝112(万元)

可发放股利的最高额度＝1 400－140－112＝1 148(万元)

(2) 在剩余股利政策下,该公司 20×7 年可发放的股利额和每股股利：

公司投资所需自有资金数＝$800\times\frac{1}{2.5}$＝320(万元)

20×7 年可发放的股利额＝1 400－320＝1 080(万元)

每股股利＝1 080÷3 200＝0.34(元/股)

2. (1) 剩余股利政策：

公司投资所需的自有资金=500×64%=320(万元)

可发放的股利=600×(1+5%)-320=310(万元)

(2) 固定股利政策：

20×7年按固定股利政策应支付股利=270(万元)

(3) 固定股利比例政策：

20×7年按固定股利比例政策应支付股利=600×(1+5%)×45%=283.5(万元)

(4) 正常股利加额外股利政策：

20×7年按正常股利加额外股利政策应支付股利=600×(1+5%)×1%+270=276.3(万元)

3. (1) 20×7年税后利润=[2 480×(1-55%)-570]×(1-25%)=409.5(万元)

(2) 提取的法定盈余公积=(409.5-40)×10%=36.95(万元)

(3) 提取的任意盈余公积=(409.5-40)×5%=18.48(万元)

(4) 应向投资者分配的利润=(409.5-40-36.95-18.48)×40%=125.63(万元)

(5) 当年未分配利润=(409.5-40-36.95-18.48)×60%=188.44(万元)

4. (1) 双龙公司本年度净利润：

本年净利润=(800-200×10%)×(1-25%)=585(万元)

(2) 计算双龙公司本年应计提的法定盈余公积和任意盈余公积：

应提法定盈余公积=585×10%=58.5(万元)

应提任意盈余公积=585×5%=29.25(万元)

(3) 计算双龙公司本年末可供投资者分配的利润：

可供投资者分配的利润=585-58.5-29.25+181.92=679.17(万元)

(4) 计算双龙公司每股支付的现金股利：

每股支付的现金股利=(679.17×16%)÷60=1.81(元/股)

(5) 计算双龙公司现有资本结构下的财务杠杆系数和利息保障倍数：

财务杠杆系数=800÷(800-20)=1.03

利息保障倍数=800÷20=40(倍)

(6) 计算双龙公司股票的风险收益率和投资者要求的必要投资收益率：

风险收益率=1.5×(14%-8%)=9%

必要投资收益率=8%+9%=17%

(7) 计算双龙公司股票的价值：

每股价值=1.81÷(17%-6%)=16.45(元/股)

即当股票市价低于每股16.45元时，投资者才愿意购买。

5. (1) 20×7年净利润=4 000×(1-25%)=3 000(万元)

(2) 因为权益乘数=2，所以权益资金占1÷2=50%，负债资金占1-50%=50%

20×8年投资所需权益资金=5 000×50%=2 500(万元)

20×7年分配的现金股利=3 000-2 500=500(万元)

(3) 20×7年公司留存利润＝3 000×(1－40%)＝1 800(万元)

20×8年外部资金筹集数额＝2 500－1 800＝700(万元)

(4) 20×7年发放的现金股利＝1 200×(1＋5%)×(1＋5%)×(1＋5%)＝1389.15(万元)

20×7年度公司留存的利润＝3 000－1 389.15＝1 610.85(万元)

20×8年外部资金筹资数额＝2 500－1 610.85＝889.15(万元)

(5) 20×7年发放的现金股利＝1 000＋(3 000－2 000)×10%＝1 100(万元)

20×7年度公司留存利润＝3 000－1 100＝1 900(万元)

20×8年度外部资金筹资数额＝2 500－1 900＝600(万元)

第九章　营运资本管理

一、单项选择题

1. B　2. C　3. C　4. B　5. D　6. C　7. D　8. A　9. D　10. C　11. B　12. A　13. A
14. D　15. C　16. A　17. C　18. B　19. C　20. A　21. A　22. C　23. A　24. A　25. D
26. C　27. A　28. B　29. B　30. D　31. A　32. C　33. D

二、多项选择题

1. CD　2. ACD　3. AD　4. ABD　5. ABD　6. BCD　7. AB　8. ABD　9. CD　10. ACD

三、判断题

1. √　2. ×　3. √　4. ×　5. ×　6. √　7. ×　8. ×　9. √　10. ×　11. ×　12. ×
13. √　14. ×　15. ×　16. √　17. ×

四、计算分析题

1.

现金持有量方案　　　　　　　　　　　　　　　　　　　　　　　　单位：元

方案＼项目	甲	乙	丙	丁
现金持有量	15 000	20 000	25 000	30 000
管理成本	2 000	2 000	2 000	2 000
机会成本	750	1 000	1 250	1 500
短缺成本	4 500	3 000	2 500	0
总成本	7 250	6 000	5 750	3 500

丁方案现金持有总成本最低，所以最佳现金持有量是30 000元。

2. (1) 最佳现金持有量＝$\sqrt{\dfrac{2\times 200\times 400\,000}{10\%}}$＝40 000(元)

(2) 最低现金管理成本＝$\sqrt{2\times 200\times 400\,000\times 10\%}$＝4 000(元)

(3) 有价证券变现次数＝400 000÷40 000＝10(次)

(4) 有价证券变现周期＝360÷10＝36(天)

(5) 持有机会成本＝(400 000÷2)×10％＝2 000(元)

(6) 转换成本＝(400 000÷40 000)×200＝2 000(元)

3. A 政策的收账成本：

应收账款机会成本＝$\frac{240}{360}$×60×80％×8％＝2.56(万元)

坏账损失 240×3％＝7.2(万元)

年收账费用＝1.8(万元)

收账成本合计 11.56 万元。

B 政策的收账成本：

应收账款机会成本＝$\frac{240}{360}$×45×80％×8％＝1.92(万元)

坏账损失 240×2％＝4.8(万元)

年收账费用 3.2(万元)

收账成本合计 9.92 万元。

通过计算比较,在收入一定的情况下,实施 B 政策的收账成本比实施 A 政策的收账成本低,故应选择收账成本低的 B 政策。

4. (1) 收款平均间隔天数＝10×50％＋20×30％＋30×20％＝17(天)

(2) 平均每日信用销售额＝9 000÷360＝25(万元)

(3) 应收账款平均余额＝25×17＝425(万元)

(4) 维持赊销业务所需资金＝425×60％＝255(万元)

(5) 应收账款机会成本＝255×8％＝20.4(万元)

5. (1)

信用条件备选方案分析评价表   单位:万元

项目	A方案	B方案	C方案
年赊销额	6 000	6 300	6 600
变动成本	3 600	3 780	3 960
信用成本前收益	2 400	2 520	2 640
应收账款平均余额	6 000÷8＝750	6 300÷7＝900	6 600÷6＝1 100
维持赊销业务所需资金	750×60％＝450	900×60％＝540	1 100×60％＝660
应收账款机会成本	450×10％＝45	540×10％＝54	660×10％＝66
坏账损失	6000×3％＝180	6 300×3％＝189	6 600×3％＝198
收账费用	40	50	70
信用成本	45＋180＋40＝265	54＋189＋50＝293	66＋198＋70＝334
信用成本后收益	2 400－265＝2 135	2 520－293＝2 227	2 640－334＝2 306

由于C方案的信用成本后收益较高,应以C方案为最佳方案。

(2) 应收账款平均收款天数＝10％×10＋25％×20＋65％×60＝45(天)

现金折扣＝6 600×(2％×10％＋1％×25％)＝29.7(万元)

年赊销净额＝6 600－29.7＝6570.3(万元)

应收账款平均余额＝$\frac{6\ 600}{360}$×45＝825(万元)

维持赊销业务所需要的资金＝825×60％＝495(万元)

信用条件分析评价表　　　　　　　　　　　　　单位:万元

项目	D方案(2/10,1/20,n/60)	C方案(n/90)
年赊销额	6 600	6 600
变动成本	6 600×60％＝3 960	3 960
年赊销净额	6 600－29.7＝6 570.3	
信用成本前收益	6 570.3－3 960＝2 610.3	2 640
应收账款平均余额	825	6 600÷6＝1 100
维持赊销业务所需资金	495	1 100×60％＝660
应收账款机会成本	495×10％＝49.5	66
坏账损失	6 600×2％＝132	198
收账费用	60	70
信用成本	49.5＋132＋60＝241.5	334
信用成本后收益	2 610.3－241.5＝2 368.8	2 306

计算结果表明,实行现金折扣后,企业收益增加62.8(2 368.8－2 306)万元,D方案应为最佳方案。

6. (1) 存货最佳订货批量 $Q=\sqrt{\dfrac{2\times 7\ 200\times 100}{4}}=600$(千克)

(2) 存货最佳订货次数 $N=7\ 200\div 600=12$(次)

(3) 与订货批量相关的总成本 $TC(Q)=\sqrt{2\times 7\ 200\times 100\times 4}=2\ 400$(元)

(4) 最佳存货订货周期 $T=360\div 12=30$(天)

(5) 经济订货量占用资金 $I=\dfrac{600}{2}\times 80=300\times 80=24\ 000$(元)

(6)

计算表

项目	订货批量Q					
	200	400	600	800	1 000	1 200
平均存货(千克)	100	200	300	400	500	600
储存成本(元)	400	800	1 200	1 600	2 000	2 400
订货次数(次)	36	18	12	9	7.2	6
订货成本(元)	3 600	1 800	1 200	900	720	600

(续表)

项目	订货批量 Q					
	200	400	600	800	1 000	1 200
进价成本(元)	576 000	576 000	576 000	576 000	576 000	576 000
相关成本(元)	4 000	2 600	2 400	2 500	2 720	3 000
总成本(元)	580 000	578 600	578 400	578 500	578 720	579 000

其中当 $Q=200$ 千克时：

平均存量 $= Q \div 2 = 200 \div 2 = 100$(千克)

储存成本 $= 100 \times 4 = 400$(元)

订货次数 $= 7\,200 \div 200 = 36$(次)

订货成本 $= 36 \times 100 = 3\,600$(元)

进价成本 $= 7\,200 \times 80 = 576\,000$(元)

经济订货量相关成本 $= 400 + 3\,600 = 4\,000$(元)

总成本 $= 4\,000 + 576\,000 = 580\,000$(元)

其余以此类推。

通过上表可知，当订货批量为 600 千克时，相关成本和总成本最低。

7. (1) 计算不接受折扣条件的存货总成本：

经济订货量 $= \sqrt{\dfrac{2 \times 50 \times 2\,000}{20 \times 25\%}} = 200$(千克)

订货费用 $= \dfrac{2\,000}{200} \times 50 = 500$(元)

储存成本 $= \dfrac{200}{2} \times 20 \times 25\% = 500$(元)

材料买价 $= 2\,000 \times 20 = 40\,000$(元)

存货相关总成本 $= 40\,000 + 500 + 500 = 41\,000$(元)

(2) 计算接受折扣条件的存货总成本：

订货费用 $= \dfrac{2\,000}{1\,000} \times 50 = 100$(元)

储存成本 $= \dfrac{1\,000}{2} \times 20 \times 25\% = 2\,500$(元)

材料买价 $= 2\,000 \times 20 \times (1-5\%) = 38\,000$(元)

存货相关总成本 $= 100 + 2\,500 + 38\,000 = 40\,600$(元)

计算结果表明，该企业应当接受供货方的折扣条件，这样可以节约存货成本 400 元 (41 000 − 40 600)。

8. (1) 实际利率 16%

(2) $\dfrac{12\%}{1-15\%} = 14.12\%$

(3) $\dfrac{12\,000\times 11\%}{12\,000-12\,000\times 11\%-12\,000\times 10\%}=13.92\%$

(4) $\dfrac{12\,000\times 12\%}{12\,000\div 2}=24\%$

年利率等于11%的贴现利率贷款,而补偿余额等于贷款额的10%的实际利率最低。

9. 公司若享受这一现金折扣,则必须在10天内付款:

付款金额$=10\,000\times(1-2\%)=9\,800(元)$

若不享受这一现金折扣,则最迟必须在第30天付款10 000元,这应比享受现金折扣多付200元,可以理解该公司占用货款9 800元,期限为20天,支付200元的利息,折算成年利率为:$\dfrac{200}{9\,800}\times\dfrac{360}{20}\times 100\%=36.73\%$

这一利率高于实际利率,所以该公司应争取这一现金折扣。

10. (1) 立即付款:

折扣率$=\dfrac{10\,000-9\,630}{10\,000}=3.7\%$

放弃现金折扣成本$=\dfrac{3.7\%}{1-3.7\%}\times\dfrac{360}{90-0}=15.37\%$

(2) 30天付款:

折扣率$=\dfrac{10\,000-9\,750}{10\,000}=2.5\%$

放弃现金折扣成本$=\dfrac{2.5\%}{1-2.5\%}\times\dfrac{360}{90-30}=15.38\%$

(3) 60天付款:

折扣率$=\dfrac{10\,000-9\,870}{10\,000}=1.3\%$

放弃现金折扣成本$=\dfrac{1.3\%}{1-1.3\%}\times\dfrac{360}{90-60}=15.81\%$

最有利的付款日期60天,价格为9870元。

10. 某公司拟采购一批商品,供应商报价为90天付款,价格10 000元,但是如果:

(1) 立即付款,价格为9 630元。

(2) 30天内付款,价格为9 750元。

(3) 31天至60天付款,价格为9 870元。

假设银行借款利率为15%,每年按360天计算。

要求:计算放弃现金折扣成本,并确定该公司最有利的付款日期和付款价款。

第十章 财务分析

一、单项选择题

1. B 2. C 3. D 4. B 5. D 6. A 7. D 8. D 9. A 10. C 11. B 12. B 13. B

14. D 15. C 16. B 17. B 18. A 19. D 20. A 21. D 22. A 23. A

二、多项选择题

1. ABC 2. ACD 3. AD 4. BCD 5. ABC 6. BCD 7. BCD 8. ABD 9. ABC
10. BD 11. ACD 12. ABD

三、判断题

1. √ 2. × 3. √ 4. √ 5. √ 6. × 7. × 8. × 9. √ 10. × 11. √ 12. √
13. √

四、计算分析题

1. (1) 年末流动负债＝270÷3＝90(万元)

(2) 年末存货余额 (270－存货)÷90＝1.5 年末存货＝135(万元)

年平均存货＝(145＋135)÷2＝140(万元)

(3) 营业成本÷平均存货＝存货周转率 营业成本＝140×4＝560(万元)

(4) 年末应收账款＝270－135＝135(万元)

应收账款平均余额＝(125＋135)÷2＝130(万元)

应收账款周转率＝960÷130＝7.385

应收账款周转期＝360÷7.385＝48.75(天)

2. (1) 年末流动资产＝1.4×2.1＝29.4(万元)

年末资产负债率＝(14＋42)÷160＝35％

权益乘数＝1÷(1－35％)＝1.54

总资产周转率＝128÷160＝0.8(次)

(2) 年末存货＝29.4－1.2×14＝12.6(万元)

平均存货＝(15＋12.6)÷2＝13.8(万元)

营业成本＝13.8×5＝69(万元)

净利润＝(128－69－19)×(1－25％)＝30(万元)

营业净利率＝30÷128×100％＝23.44％

净资产收益率＝23.44％×0.8×1.54＝28.88％

3. (1) 流动比率＝3 150÷1 500＝2.1

速动比率＝(450＋900)÷1 500＝0.9

资产负债率＝3 500÷7 000＝50％

权益乘数＝1÷(1－50％)＝2

(2) 总资产周转率＝4 200÷7 000＝0.6

营业净利率＝630÷4 200＝15％

净资产收益率＝630÷3 500＝18％

(3) 20×8 年净资产收益率 0.6×15％×2＝18％

20×7 年净资产收益率 0.5×16％×2.5＝20％

18%－20%＝－2%
其中：营业净利率变动对净资产收益率的影响
(15%－16%)×0.5×2.5＝－1.25%
总资产周转率变动对净资产收益率的影响
15%×(0.6－0.5)×2.5＝3.75%
权益乘数变动对净资产收益率的影响
15%×0.6×(2－2.5)＝－4.5%

4. (1) 上年全部资产周转率＝6 900÷2 760＝2.5(次)
本年全部资产周转率＝7 938÷2 940＝2.7(次)
上年流动资产周转率＝6 900÷1 104＝6.25(次)
本年流动资产周转率＝7 938÷1 323＝6.0(次)
上年流动资产比重＝1 104÷2 760＝40%
本年流动资产比重＝1 323÷2 940＝45%
(2) 6×45%＝2.7 6.25×40%＝2.5
流动资产周转率变动影响(6－6.25)×40%＝－0.1(次)
资产结构变动影响 6×(45%－40%)＝0.3(次)

5. (1) ① 净资产收益率：$\dfrac{50}{(550+800)\div 2}=7.41\%$

② 总资产净利率：$\dfrac{50}{(900+2\,000)\div 2}=3.45\%$

③ 营业净利率：50÷2 000＝2.5%

④ 总资产周转率：$\dfrac{2\,000}{(900+2\,000)\div 2}=1.38(次)$

⑤ 权益乘数：$\dfrac{(900+2\,000)\div 2}{(550+800)\div 2}=2.15$

(2) 净资产收益率＝营业净利率×总资产周转率×权益乘数
2.5%×1.38×2.15＝7.41%

五、综合题

1. (1) 流动资产：期初余额 6000×0.8＋7 200＝12 000(万元)
期末余额 8 000×1.5＝12 000(万元)
平均余额(12 000＋12 000)÷2＝12 000(万元)
(2) 销售收入净额：12 000×4＝48 000(万元)
总资产周转率：48 000÷[(15000＋17 000)÷2]＝3(次)
(3) 营业净利率：2 880÷48 000＝6%
权益净利率：6%×3×1.5＝27%
(4) 投资所需自有资金＝$2\,100\times\dfrac{1}{1.5}=1\,400$(万元)

提取法定盈余公积＝2 880×10%＝288(万元)

提取任意盈余公积＝2 880×5%＝144(万元)

向投资者分红＝2 880－288－144－1 400＝1 048(万元)

2. (1) 20×8年：

营业净利率＝31÷326＝9.51%

总资产周转率＝$\dfrac{326}{(307+242)\div 2}$＝1.19(次)

权益乘数＝$\dfrac{1}{1-134\div 307}$＝1.78

20×8年净资产收益率＝9.51%×1.19×1.78＝20.14%

(2) 20×7年净资产收益率＝11.23%×1.31×1.44＝21.18%

营业净利率变动的影响＝(9.51%－11.23%)×1.31×1.44＝－0.032 4

总资产周转率变动的影响＝9.51%×(1.19－1.31)×1.44＝－0.016 4

权益乘数变动的影响＝9.51%×1.19×(1.78－1.44)＝0.038 5

合计＝－0.032 4－0.016 4＋0.038 5＝－0.010 3

20×8年净资产收益率比20×7年降低,其主要原因是营业净利率降低,总资产周转率降低,说明企业的盈利能力和资产管理能力变差；而权益乘数有所提高,说明该企业的债务增加,其财务风险增加。

3. (1) 收入÷存货－成本÷存货＝15－10　毛利÷存货＝5

40 000÷平均存货＝5　平均存货＝40 000÷5＝8 000(元)

(10 000＋A)÷2＝8 000　A＝6 000(元)；B＝11 000(元)

流动资产÷流动负债＝2　14 000÷流动负债＝2

流动负债＝14 000÷2＝7 000(元)　C＝7 000－3 000＝4 000(元)

所有者权益：50 000÷(1＋0.6)＝31 250(元)

E＝31 250－1 250＝30 000(元)

D＝50 000－7 000－31 250＝11 750(元)

(2) 现金比率：3 000÷7 000＝0.43

资产负债率：18 750÷50 000＝37.5%

权益乘数：50 000÷31 250＝1.6

(3) 营业收入：8 000×15＝120 000(元)

营业毛利率：40 000÷120 000＝33%

营业净利率：15 000÷120 000＝12.5%

附表一

复利终

期数	1%	2%	3%	4%	5%	6%	7%	8%	9%	10%
1	1.0100	1.0200	1.0300	1.0400	1.0500	1.0600	1.0700	1.0800	1.0900	1.1000
2	1.0201	1.0404	1.0609	1.0816	1.1025	1.1236	1.1449	1.1664	1.1881	1.2100
3	1.0303	1.0612	1.0927	1.1249	1.1576	1.1910	1.2250	1.2597	1.2950	1.3310
4	1.0406	1.0824	1.1255	1.1699	1.2155	1.2625	1.3108	1.3605	1.4116	1.4641
5	1.0510	1.1041	1.1593	1.2167	1.2763	1.3382	1.4026	1.4693	1.5386	1.6105
6	1.0615	1.1262	1.1941	1.2653	1.3401	1.4185	1.5007	1.5809	1.6771	1.7716
7	1.0721	1.1487	1.2299	1.3159	1.4071	1.5036	1.6058	1.7138	1.8280	1.9487
8	1.0829	1.1717	1.2668	1.3686	1.4775	1.5938	1.7182	1.8509	1.9926	2.1436
9	1.0937	1.1951	1.3048	1.4233	1.5513	1.6895	1.8385	1.9990	2.1719	2.3579
10	1.1046	1.2190	1.3439	1.4802	1.6289	1.7908	1.9672	2.1589	2.3674	2.5937
11	1.1157	1.2434	1.3842	1.5395	1.7103	1.8983	2.1049	2.3316	2.5804	2.8531
12	1.1268	1.2682	1.4258	1.6010	1.7959	2.0122	2.2522	2.5182	2.8127	3.1384
13	1.1381	1.2936	1.4685	1.6651	1.8856	2.1329	2.4098	2.7196	3.0658	3.4523
14	1.1495	1.3195	1.5126	1.7317	1.9799	2.2609	2.5785	2.9372	3.3417	3.7975
15	1.1610	1.3459	1.5580	1.8009	2.0789	2.3966	2.7590	3.1722	3.6425	4.1772
16	1.1726	1.3728	1.6047	1.8730	2.1829	2.5404	2.9522	3.4259	3.9703	4.5950
17	1.1843	1.4002	1.6528	1.9479	2.2920	2.6928	3.1588	3.7000	4.3276	5.0545
18	1.1961	1.4282	1.7024	2.0258	2.4066	2.8543	3.3799	3.9960	4.7171	5.5599
19	1.2081	1.4568	1.7535	2.1068	2.5270	3.0256	3.6165	4.3157	5.1417	6.1159
20	1.2202	1.4859	1.8061	2.1911	2.6533	3.2071	3.8697	4.6610	5.6044	6.7275
21	1.2324	1.5157	1.8603	2.2788	2.7860	3.3996	4.1406	5.0338	6.1088	7.4002
22	1.2447	1.5460	1.9161	2.3699	2.9253	3.6035	4.4304	5.4365	6.6586	8.1403
23	1.2572	1.5769	1.9736	2.4647	3.0715	3.8197	4.7405	5.8715	7.2579	8.2543
24	1.2697	1.6084	2.0328	2.5633	3.2251	4.0489	5.0724	6.3412	7.9111	9.8497
25	1.2824	1.6406	2.0938	2.6658	3.3864	4.2919	5.4274	6.8485	8.6231	10.835
26	1.2953	1.6734	2.1566	2.7725	3.5557	4.5494	5.8074	7.3964	9.3992	11.918
27	1.3082	1.7069	2.2213	2.8834	3.7335	4.8823	6.2139	7.9881	10.245	13.110
28	1.3213	1.7410	2.2879	2.9987	3.9201	5.1117	6.6488	8.6271	11.167	14.421
29	1.3345	1.7758	2.3566	3.1187	4.1161	5.4184	7.1143	9.3173	12.172	15.863
30	1.3478	1.8114	2.4273	3.2434	4.3219	5.7435	7.6123	10.063	13.268	17.449
40	1.4889	2.2080	3.2620	4.8010	7.0400	10.286	14.794	21.725	31.408	45.259
50	1.6446	2.6916	4.3839	7.1067	11.467	18.420	29.457	46.902	74.358	117.39
60	1.8167	3.2810	5.8916	10.520	18.679	32.988	57.946	101.26	176.03	304.48

附表一 复利终值系数表

值系数表

期数	12%	14%	15%	16%	18%	20%	24%	28%	32%	36%
1	1.1200	1.1400	1.1500	1.1600	1.1800	1.2000	1.2400	1.2800	1.3200	1.3600
2	1.2544	1.2996	1.3225	1.3456	1.3924	1.4400	1.5376	1.6384	1.7424	1.8496
3	1.4049	1.4815	1.5209	1.5609	1.6430	1.7280	1.9066	2.0872	2.3000	2.5155
4	1.5735	1.6890	1.7490	1.8106	1.9388	2.0736	2.3642	2.6844	3.0360	3.4210
5	1.7623	1.9254	2.0114	2.1003	2.2878	2.4883	2.9316	3.4360	4.0075	4.6526
6	1.9738	2.1950	2.3131	2.4364	2.6996	2.9860	3.6352	4.3980	5.2899	6.3275
7	2.2107	2.5023	2.6600	2.8262	3.1855	3.5832	4.5077	5.6295	6.9826	8.6054
8	2.4760	2.8526	3.0590	3.2784	3.7589	4.2998	5.5895	7.2058	9.2170	11.703
9	2.7731	3.2519	3.5179	3.8030	4.4355	5.1598	6.9310	9.2234	12.166	15.917
10	3.1058	3.7072	4.0456	4.4114	5.2338	6.1917	8.5944	11.806	16.060	21.647
11	3.4785	4.2262	4.6524	5.1173	6.1759	7.4301	10.657	15.112	21.199	29.439
12	3.8960	4.8179	5.3503	5.9360	7.2876	8.9161	13.215	19.343	27.983	40.037
13	4.3635	5.4924	6.1528	6.8858	8.5994	10.699	16.386	24.759	36.937	54.451
14	4.8871	6.2613	7.0757	7.9875	10.147	12.839	20.319	31.691	48.757	74.053
15	5.4736	7.1379	8.1371	9.2655	11.974	15.407	25.196	40.565	64.359	100.71
16	6.1304	8.1372	9.3576	10.748	14.129	18.488	31.243	51.923	84.954	136.97
17	6.8660	9.2765	10.761	12.468	16.672	22.186	38.741	66.461	112.14	186.28
18	7.6900	10.575	12.375	14.463	19.673	26.623	48.039	86.071	148.02	253.34
19	8.6128	12.056	14.232	16.777	23.214	31.948	59.568	108.89	195.39	344.54
20	9.6463	13.743	16.367	19.461	27.393	38.338	73.864	139.38	257.92	468.57
21	10.804	15.668	18.822	22.574	32.324	46.005	91.592	178.41	340.45	637.26
22	12.100	17.861	21.645	26.186	38.142	55.206	113.57	228.36	449.39	866.67
23	13.552	20.362	24.891	30.376	45.008	66.247	140.83	292.30	593.20	1 178.7
24	15.179	23.212	28.625	35.236	53.109	79.497	174.63	374.14	783.02	1 603.0
25	17.000	26.462	32.919	40.874	62.669	95.396	216.54	478.90	1 033.6	2 180.1
26	19.040	30.167	37.857	47.414	73.949	114.48	268.51	613.00	1 364.3	2 964.9
27	21.325	34.390	43.535	55.000	87.260	137.37	332.95	784.64	1 800.9	4 032.3
28	23.884	39.204	50.066	63.800	102.97	164.84	412.86	1 004.3	2 377.2	5 483.9
29	26.750	44.693	57.575	74.009	121.50	197.81	511.95	1 285.6	3 137.9	7 458.1
30	29.960	50.950	66.212	85.850	143.37	237.38	634.82	1 645.5	4 142.1	10 143
40	93.051	188.83	267.86	378.72	750.38	1 469.8	5 455.7	19 427	66 521	*
50	289.00	700.23	1 083.7	1 670.7	3 927.4	9 100.4	46 890	*	*	*
60	897.60	2 595.9	4 384.0	7 370.2	20 555	56 348	*	*	*	*

* ≥99 999

附表二

复利现

期数	1%	2%	3%	4%	5%	6%	7%	8%	9%	10%
1	.9901	.9804	.9709	.9615	.9524	.9434	.9346	.9259	.9174	.9091
2	.9803	.9712	.9426	.9246	.9070	.8900	.8734	.8573	.8417	.8264
3	.9706	.9423	.9151	.8890	.8638	.8396	.8163	.7938	.7722	.7513
4	.9610	.9238	.8885	.8548	.8227	.7921	.7629	.7350	.7084	.6830
5	.9515	.9057	.8626	.8219	.7835	.7473	.7130	.6806	.6499	.6209
6	.9420	.8880	.8375	.7903	.7462	.7050	.6663	.6302	.5963	.5645
7	.9327	.8606	.8131	.7599	.7107	.6651	.6227	.5835	.5470	.5132
8	.9235	.8535	.7874	.7307	.6768	.6274	.5820	.5403	.5019	.4665
9	.9143	.8368	.7664	.7026	.6446	.5919	.5439	.5002	.4604	.4241
10	.9053	.8203	.7441	.6756	.6139	.5584	.5083	.4632	.4224	.3855
11	.8963	.8043	.7224	.6496	.5847	.5268	.4751	.4289	.3875	.3505
12	.8874	.7885	.7014	.6246	.5568	.4970	.4440	.3971	.3555	.3186
13	.8787	.7730	.6810	.6006	.5303	.4688	.4150	.3677	.3262	.2897
14	.8700	.7579	.6611	.5775	.5051	.4423	.3878	.3405	.2992	.2633
15	.8613	.7430	.6419	.5553	.4810	.4173	.3624	.3152	.2745	.2394
16	.8528	.7284	.6232	.5339	.4581	.3936	.3387	.2919	.2519	.2176
17	.8444	.7142	.6050	.5134	.4363	.3714	.3166	.2703	.2311	.1978
18	.8360	.7002	.5874	.4936	.4155	.3503	.2959	.2502	.2120	.1799
19	.8277	.6864	.5703	.4746	.3957	.3305	.2765	.2317	.1945	.1635
20	.8195	.6730	.5537	.4564	.3769	.3118	.2584	.2145	.1784	.1486
21	.8114	.6598	.5375	.4388	.3589	.2942	.2415	.1987	.1637	.1351
22	.8034	.6468	.5219	.4220	.3418	.2775	.2257	.1839	.1502	.1228
23	.7954	.6342	.5067	.4057	.3256	.2618	.2109	.1703	.1378	.1117
24	.7876	.6217	.4919	.3901	.3101	.2470	.1971	.1577	.1264	.1015
25	.7798	.6095	.4776	.3751	.2953	.2330	.1842	.1460	.1160	.0923
26	.7720	.5976	.4637	.3604	.2812	.2198	.1722	.1352	.1064	.0839
27	.7644	.5859	.4502	.3468	.2678	.2074	.1609	.1252	.0976	.0763
28	.7568	.5744	.4371	.3335	.2551	.1956	.1504	.1159	.0895	.0693
29	.7493	.5631	.4243	.3207	.2429	.1846	.1406	.1073	.0822	.0630
30	.7419	.5521	.4120	.3083	.2314	.1741	.1314	.0994	.0754	.0573
35	.7059	.5000	.3554	.2534	.1813	.1301	.0937	.0676	.0490	.0356
40	.6717	.4529	.3066	.2083	.1420	.0972	.0668	.0460	.0318	.0221
45	.6391	.4102	.2644	.1712	.1113	.0727	.0476	.0313	.0207	.0137
50	.6080	.3715	.2281	.1407	.0872	.0543	.0339	.0213	.0134	.0085
55	.5785	.3365	.1968	.1157	.0683	.0406	.0242	.0145	.0087	.0053

附表二 复利现值系数表

值系数表

期数	12%	14%	15%	16%	18%	20%	24%	28%	32%	36%
1	.8929	.8772	.8696	.8621	.8475	.8333	.8065	.7813	.7576	.7353
2	.7972	.7695	.7561	.7432	.7182	.6944	.6504	.6104	.5739	.5407
3	.7118	.6750	.6575	.6407	.6086	.5787	.5245	.4768	.4348	.3975
4	.6355	.5921	.5718	.5523	.5158	.4823	.4230	.3725	.3294	.2923
5	.5674	.5194	.4972	.4762	.4371	.4019	.3411	.2910	.2495	.2149
6	.5066	.4556	.4323	.4104	.3704	.3349	.2751	.2274	.1890	.1580
7	.4523	.3996	.3759	.3538	.3139	.2791	.2218	.1776	.1432	.1162
8	.4039	.3506	.3269	.3050	.2660	.2326	.1789	.1388	.1085	.0854
9	.3606	.3075	.2843	.2630	.2255	.1938	.1443	.1084	.0822	.0628
10	.3220	.2697	.2472	.2267	.1911	.1615	.1164	.0847	.0623	.0462
11	.2875	.2366	.2149	.1954	.1619	.1346	.0938	.0662	.0472	.0340
12	.2567	.2076	.1869	.1685	.1373	.1122	.0757	.0517	.0357	.0250
13	.2292	.1821	.1625	.1452	.1163	.0935	.0610	.0404	.0271	.0184
14	.2046	.1597	.1413	.1252	.0985	.0779	.0492	.0316	.0205	.0135
15	.1827	.1401	.1229	.1079	.0835	.0649	.0397	.0247	.0155	.0099
16	.1631	.1229	.1069	.0980	.0709	.0541	.0320	.0193	.0118	.0073
17	.1456	.1078	.0929	.0802	.0600	.0451	.0259	.0150	.0089	.0054
18	.1300	.0946	.0808	.0691	.0508	.0376	.0208	.0118	.0068	.0039
19	.1161	.0829	.0703	.0596	.0431	.0313	.0168	.0092	.0051	.0029
20	.1037	.0728	.0611	.0514	.0365	.0261	.0135	.0072	.0039	.0021
21	.0926	.0638	.0531	.0443	.0309	.0217	.0109	.0056	.0029	.0016
22	.0826	.0560	.0462	.0382	.0262	.0181	.0088	.0044	.0022	.0012
23	.0738	.0491	.0402	.0329	.0222	.0151	.0071	.0034	.0017	.0008
24	.0659	.0431	.0349	.0284	.0188	.0126	.0057	.0027	.0013	.0006
25	.0588	.0378	.0304	.0245	.0160	.0105	.0046	.0021	.0010	.0005
26	.0525	.0331	.0264	.0211	.0135	.0087	.0037	.0016	.0007	.0003
27	.0469	.0291	.0230	.0182	.0115	.0073	.0030	.0013	.0006	.0002
28	.0419	.0255	.0200	.0157	.0097	.0061	.0024	.0010	.0004	.0002
29	.0374	.0224	.0174	.0135	.0082	.0051	.0020	.0008	.0003	.0001
30	.0334	.0196	.0151	.0116	.0070	.0042	.0016	.0006	.0002	.0001
35	.0189	.0102	.0075	.0055	.0030	.0017	.0005	.0002	.0001	*
40	.0107	.0053	.0037	.0026	.0013	.0007	.0002	.0001	*	*
45	.0061	.0027	.0019	.0013	.0006	.0003	.0001	*	*	*
50	.0035	.0014	.0009	.0006	.0003	.0001	*	*	*	*
55	.0020	.0007	.0005	.0003	.0001	*	*	*	*	*

*＜.0001

附表三

年金终

期数	1%	2%	3%	4%	5%	6%	7%	8%	9%	10%
1	1.0000	1.0000	1.0000	1.0000	1.0000	1.0000	1.0000	1.0000	1.0000	1.0000
2	2.0100	2.0200	2.0300	2.0400	2.0500	2.0600	2.0700	2.0800	2.0900	2.1000
3	3.0301	3.0604	3.0909	3.1216	3.1525	3.1836	2.2149	3.2464	3.2781	3.3100
4	4.0604	4.1216	4.1836	4.2465	4.3101	4.3746	4.4399	4.5061	4.5731	4.6410
5	5.1010	5.2040	5.3091	5.4163	5.5256	5.6371	5.7507	5.8666	5.9847	6.1051
6	6.1520	6.3081	6.4684	6.6330	6.8019	6.9753	7.1533	7.3359	7.5233	7.7156
7	7.2135	7.4343	7.6625	7.8983	8.1420	8.3938	8.6540	8.9228	9.2004	9.4872
8	8.2857	8.5830	8.8923	9.2142	9.5491	9.8975	10.260	10.637	11.028	11.436
9	9.3685	9.7546	10.159	10.583	11.027	11.491	11.978	12.488	13.021	13.579
10	10.462	10.950	11.464	12.006	12.578	13.181	13.816	14.487	15.193	15.937
11	11.567	12.169	12.808	13.486	14.207	14.972	15.784	16.645	17.560	18.531
12	12.683	13.412	14.192	15.026	15.917	16.870	17.888	18.977	20.141	21.384
13	13.809	14.680	15.618	16.627	17.713	18.882	20.141	21.495	22.953	24.523
14	14.947	15.974	17.086	18.292	19.599	21.015	22.550	24.214	26.019	27.975
15	16.097	17.293	18.599	20.024	21.579	23.276	25.129	27.152	29.361	31.772
16	17.258	18.639	20.157	21.825	23.657	25.673	27.888	30.324	33.003	35.950
17	18.430	20.012	21.762	23.698	25.840	28.213	30.840	33.750	36.974	40.545
18	19.615	21.412	23.414	25.645	28.132	30.906	33.999	37.450	41.301	45.599
19	20.811	22.841	25.117	27.671	30.539	33.760	37.379	41.446	46.018	51.159
20	22.019	24.297	26.870	29.778	33.066	36.786	40.995	45.752	51.160	57.275
21	23.239	25.783	28.676	31.969	35.719	39.993	44.865	50.423	56.765	64.002
22	24.472	27.299	30.537	34.248	38.505	43.392	49.006	55.457	62.873	71.403
23	25.716	28.845	32.453	36.618	41.430	46.996	53.436	60.883	69.532	79.543
24	26.973	30.422	34.426	39.083	44.502	50.816	58.177	66.765	76.790	88.497
25	28.243	32.030	36.459	41.646	47.727	54.863	63.249	73.106	84.701	98.347
26	29.526	33.671	38.553	44.312	51.113	59.156	68.676	79.954	93.324	109.18
27	30.821	35.344	40.710	47.084	54.669	63.706	74.484	87.351	102.72	121.10
28	32.129	37.051	42.931	49.968	58.403	68.528	80.698	95.339	112.97	134.21
29	33.450	38.792	45.219	52.966	62.323	73.640	87.347	103.97	124.14	148.63
30	34.785	40.568	47.575	56.085	66.439	79.058	94.461	113.28	136.31	164.49
40	48.886	60.402	75.401	95.026	120.80	154.76	199.64	259.06	337.88	442.59
50	64.463	84.579	112.80	152.67	209.35	290.34	406.53	573.77	815.08	1 163.9
60	81.670	114.05	163.05	237.99	353.58	533.13	813.52	1 253.2	1 944.8	3 034.8

值系数表

期数	12%	14%	15%	16%	18%	20%	24%	28%	32%	36%
1	1.0000	1.0000	1.0000	1.0000	1.0000	1.0000	1.0000	1.0000	1.0000	1.0000
2	2.1200	2.1400	2.1500	2.1600	2.1800	2.2000	2.2400	2.2800	2.3200	2.3600
3	3.3744	3.4396	3.4725	3.5056	3.5724	3.6400	3.7776	3.9184	3.0624	3.2096
4	4.7793	4.9211	4.9934	5.0665	5.2154	5.3680	5.6842	6.0156	6.3624	6.7251
5	6.3528	6.6101	6.7424	6.8771	7.1542	7.4416	8.0484	8.6999	9.3983	10.146
6	8.1152	8.5355	8.7537	8.9775	9.4420	9.9299	10.980	12.136	13.406	14.799
7	10.089	10.730	11.067	11.414	12.142	12.916	14.615	16.534	18.696	21.126
8	12.300	13.233	13.727	14.240	15.327	16.499	19.123	22.163	25.678	29.732
9	14.776	16.085	16.786	17.519	19.086	20.799	24.712	29.369	34.895	41.435
10	17.549	19.337	20.304	21.321	23.521	25.959	31.643	38.593	47.062	57.352
11	20.655	23.045	24.349	25.733	28.755	32.150	40.238	50.398	63.122	78.998
12	24.133	27.271	29.002	30.850	34.931	39.581	50.895	65.510	84.320	108.44
13	28.029	32.089	34.352	36.786	42.219	48.497	64.110	84.853	112.30	148.47
14	32.393	37.581	40.505	43.672	50.818	59.196	80.496	109.61	149.24	202.93
15	37.280	43.842	47.580	51.660	60.965	72.035	100.82	141.30	198.00	276.98
16	42.753	50.980	55.717	60.925	72.939	87.442	126.01	181.87	262.36	377.69
17	48.884	59.118	65.075	71.673	87.068	105.93	157.25	233.79	347.31	514.66
18	55.750	68.394	75.836	84.141	103.74	128.12	195.99	300.25	459.45	770.94
19	63.440	78.969	88.212	98.603	123.41	154.74	244.03	385.32	607.47	954.28
20	72.052	91.025	102.44	115.38	146.63	186.69	303.60	494.21	802.86	1 298.8
21	81.699	104.77	118.81	134.84	174.02	225.03	377.46	633.59	1 060.8	1 767.4
22	92.503	120.44	137.63	157.41	206.34	271.03	469.06	812.00	1 401.2	2 404.7
23	104.60	138.30	159.28	183.60	244.49	326.24	582.63	1 040.4	1 850.6	3 271.3
24	118.16	158.66	184.17	213.98	289.49	392.48	723.46	1 332.7	2 443.8	4 450.0
25	133.33	181.87	212.79	249.21	342.60	471.98	898.09	1 706.8	3 226.8	6 053.0
26	150.33	208.33	245.71	290.09	405.27	567.38	1 114.6	2 185.7	4 260.4	8 233.1
27	169.37	238.50	283.57	337.50	479.22	681.85	1 383.1	2 798.7	5 624.8	11 198.0
28	190.70	272.89	327.10	392.50	566.48	819.22	1 716.1	3 583.3	7 425.7	15 230.3
29	214.58	312.09	377.17	456.30	669.45	984.07	2 129.0	4 587.7	9 802.9	20 714.2
30	241.33	356.79	434.75	530.31	790.95	1 181.9	2 640.9	5 873.2	12 941	28 172.3
40	767.09	1 342.0	1 779.1	2 360.8	4 163.2	7 343.2	27 290	69 377	*	*
50	2 400.0	4 994.5	7 217.5	10 436	21 813	45 497	*	*	*	*
60	7 471.6	18 535	29 220	46 058	*	*	*	*	*	*

*>99 999

附表四

年金现

期数	1%	2%	3%	4%	5%	6%	7%	8%	9%
1	0.9901	0.9804	0.9709	0.9615	0.9524	0.9434	0.9346	0.9259	0.9174
2	1.9704	1.9416	1.9135	1.8861	1.8594	1.8334	1.8080	1.7833	1.7591
3	2.9410	2.8839	2.8286	2.7751	2.7232	2.6730	2.6243	2.5771	2.5313
4	3.9020	3.8077	3.7171	3.6299	3.5460	3.4651	3.3872	3.3121	3.2397
5	4.8534	4.7135	4.5797	4.4518	4.3295	4.2124	4.1002	3.9927	3.8897
6	5.7955	5.6014	5.4172	5.2421	5.0757	4.9173	4.7665	4.6229	4.4859
7	6.7282	6.4720	6.2303	6.0021	5.7864	5.5824	5.3893	5.2064	5.0330
8	7.6517	7.3255	7.0197	6.7327	6.4632	6.2098	5.9713	5.7466	5.5348
9	8.5660	8.1622	7.7861	7.4353	7.1078	6.8017	6.5152	6.2469	5.9952
10	9.4713	8.9826	8.5302	8.1109	7.7217	7.3601	7.0236	6.7101	6.4177
11	10.3676	9.7868	9.2526	8.7605	8.3064	7.8869	7.4987	7.1390	6.8052
12	11.2551	10.5753	9.9540	9.3851	8.8633	8.3838	7.9427	7.5361	7.1607
13	12.1337	11.3484	10.6350	9.9856	9.3936	8.8527	8.3577	7.9038	7.4869
14	13.0037	12.1062	11.2961	10.5631	9.8986	9.2950	8.7455	8.2442	7.7862
15	13.8651	12.8493	11.9379	11.1184	10.3797	9.7122	9.1079	8.5595	8.0607
16	14.7179	13.5777	12.5611	11.6523	10.8378	10.1059	9.4466	8.8514	8.3126
17	15.5623	14.2919	13.1661	12.1657	11.2741	10.4773	9.7632	9.1216	8.5436
18	16.3983	14.9920	13.7535	12.6896	11.6896	10.8276	10.0591	9.3719	8.7556
19	17.2260	15.6785	14.3238	13.1339	12.0853	11.1581	10.3356	9.6036	8.9601
20	18.0456	16.3514	14.8775	13.5903	12.4622	11.4699	10.5940	9.8181	9.1285
21	18.8570	17.0112	15.4150	14.0292	12.8212	11.7641	10.8355	10.0168	9.2922
22	19.6604	17.6580	15.9369	14.4511	13.1630	12.0424	11.0612	10.2007	9.4424
23	20.4558	18.2922	16.4436	14.8568	13.4886	12.3034	11.2722	10.3711	9.5802
24	21.2434	18.9139	16.9355	15.2470	13.7986	12.5504	11.4693	10.5288	9.7066
25	22.0232	19.5235	17.4131	15.6221	14.0939	12.7834	11.6536	10.6748	9.8226
26	22.7952	20.1210	17.8768	15.9828	14.3752	13.0032	11.8258	10.8100	9.9290
27	23.5596	20.7059	18.3270	16.3296	14.6430	13.2105	11.9867	10.9352	10.0266
28	24.3164	21.2813	18.7641	16.6631	14.8981	13.4062	12.1371	11.0511	10.1161
29	25.0658	21.8444	19.1885	16.9837	15.1411	13.5907	12.2777	11.1584	10.1983
30	25.8077	22.3965	19.6004	17.2920	15.3725	13.7648	12.4090	11.2578	10.2737
35	29.4086	24.9986	21.4872	18.6646	16.3742	14.4982	12.9477	11.6546	10.5668
40	32.8347	27.3555	23.1148	19.7928	17.1591	15.0463	13.3317	11.9246	10.7574
45	36.0945	29.4902	24.5187	20.7200	17.7741	15.4558	13.6055	12.1084	10.8812
50	39.1961	31.4236	25.7298	21.4822	18.2559	15.7619	13.8007	12.2335	10.9617
55	42.1472	33.1748	26.7744	22.1086	18.6335	15.9905	13.9399	12.3186	11.0140

附表四 年金现值系数表

值系数表

期数	10%	12%	14%	15%	16%	18%	20%	24%	28%	32%
1	0.9091	0.8929	0.8772	0.8696	0.8621	0.8475	0.8333	0.8065	0.7813	0.7576
2	1.7355	1.6901	1.6467	1.6257	1.6052	1.5656	1.5278	1.4568	1.3916	1.3315
3	2.4869	2.4018	2.3216	2.2832	2.2459	2.1743	2.1065	1.9813	1.8684	1.7663
4	3.1699	3.0373	2.9173	2.8550	2.7982	2.6901	2.5887	2.4043	2.2410	2.0957
5	3.7908	3.6048	3.4331	3.3522	3.2743	3.1272	2.9906	2.7454	2.5320	2.3452
6	4.3553	4.1114	3.8887	3.7845	3.6847	3.4976	3.3255	3.0205	2.7594	2.5342
7	4.8684	4.5638	4.2882	4.1604	4.0386	3.8115	3.6046	3.2423	2.9370	2.6775
8	5.3349	4.9676	4.6389	4.4873	4.3436	4.0776	3.8372	3.4212	3.0758	2.7860
9	5.7590	5.3282	4.9164	4.7716	4.6065	4.3030	4.0310	3.5655	3.1842	2.8681
10	6.1446	5.6502	5.2161	5.0188	4.8332	4.4941	4.1925	3.6819	3.2689	2.9304
11	6.4951	5.9377	5.4527	5.2337	5.0286	4.6560	4.3271	3.7757	3.3351	2.9776
12	6.8137	6.1944	5.6603	5.4206	5.1971	4.7932	4.4392	3.8514	3.3868	3.0133
13	7.1034	6.4235	5.8424	5.5831	5.3423	4.9095	4.5327	3.9124	3.4272	3.0404
14	7.3667	6.6282	6.0021	5.7245	5.4675	5.0081	4.6106	3.9616	3.4587	3.0609
15	7.6061	6.8109	6.1422	5.8474	5.5755	5.0916	4.6755	4.0013	3.4834	3.0764
16	7.8237	6.9740	6.2651	5.9542	5.6685	5.1624	4.7296	4.0333	3.5026	3.0882
17	8.0216	7.1196	6.3729	6.0472	5.7487	5.2223	4.7746	4.0591	3.5177	3.0971
18	8.2014	7.2497	6.4674	6.1280	5.8178	5.2732	4.8122	4.0799	3.5294	3.1039
19	8.3649	7.3658	6.5504	6.1982	5.8775	5.3162	4.8435	4.0967	3.5386	3.1090
20	8.5136	7.4694	6.6231	6.2593	5.9288	5.3527	4.8696	4.1103	3.5458	3.1129
21	8.6487	7.5620	6.6870	6.3125	5.9731	5.3837	4.8913	4.1212	3.5514	3.1158
22	8.7715	7.6446	6.7429	6.3587	6.0113	5.4099	4.9094	4.1300	3.5558	3.1180
23	8.8832	7.7184	6.7921	6.3988	6.0442	5.4321	4.9245	4.1371	3.5592	3.1197
24	8.9847	7.7843	6.8351	6.4338	6.0726	5.4509	4.9371	4.1428	3.5619	3.1210
25	9.0770	7.8431	6.8729	6.4641	6.0971	5.4669	4.9476	4.1474	3.5640	3.1220
26	9.1609	7.8957	6.9061	6.4906	6.1182	5.4804	4.9563	4.1511	3.5656	3.1227
27	9.2372	7.9426	6.9352	6.5135	6.1364	5.4919	4.9636	4.1542	3.5669	3.1233
28	9.3066	7.9844	6.9607	6.5335	6.1520	5.5016	4.9697	4.1566	3.5679	3.1237
29	9.3696	8.0218	6.9830	6.5509	6.1656	5.5098	4.9747	4.1585	3.5687	3.1240
30	9.4269	8.0552	7.0027	6.5660	6.1772	5.5168	4.9789	4.1601	3.5693	3.1242
35	9.6442	8.1755	7.0700	6.6166	6.2153	5.5386	4.9915	4.1644	3.5708	3.1248
40	9.7791	8.2438	7.1050	6.6418	6.2335	5.5482	4.9966	4.1659	3.5712	3.1250
45	9.8628	8.2825	7.1232	6.6543	6.2421	5.5523	4.9986	4.1664	3.5714	3.1250
50	9.9148	8.3045	7.1327	6.6605	6.2463	5.5541	4.9995	4.1666	3.5714	3.1250
55	9.9471	8.3170	7.1376	6.6636	6.2482	5.5549	4.9998	4.1666	3.5714	3.1250